本报告的出版得到

国家重点文物保护专项补助经费资助

云南省文物考古研究所田野考古报告第 6 号

江川李家山

——第二次发掘报告

云南省文物考古研究所
玉溪市文物管理所 编著
江川县文化局

文物出版社
北京·2007

封面设计：周小玮

责任印制：张道奇

责任编辑：秦 彧

图书在版编目（CIP）数据

江川李家山——第二次发掘报告/云南省文物考古研究所，玉溪市文物管理所，江川县文化局编. —北京：文物出版社，2007.11

ISBN 978－7－5010－2215－1

Ⅰ. 江… Ⅱ. ①云…②玉…③江… Ⅲ. 古代滇人墓－发掘报告－江川县 Ⅳ. K878.85

中国版本图书馆 CIP 数据核字（2007）第 073103 号

江 川 李 家 山

—— 第二次发掘报告

云南省文物考古研究所

玉 溪 市 文 物 管 理 所 编著

江 川 县 文 化 局

*

文 物 出 版 社 出 版 发 行

（北京市东直门内北小街 2 号楼）

http://www.wenwu.com

E-mail：web@wenwu.com

北京燕泰美术制版印刷有限责任公司制版

北京燕泰美术制版印刷有限责任公司印刷

新 华 书 店 经 销

889×1194 1/16 印张：35 插页：3

2007 年 11 月第 1 版 2007 年 11 月第 1 次印刷

ISBN 978－7－5010－2215－1 定价：400.00 元

LIJIASHAN AT JIANGCHUAN

—— The Second Report on Excavation

by

Yunnan Provincial Institute of Cultural Relics and Archaeology

Yuxi City Administrative Office of Cultural Relics

Jiangchuan County Bureau of Cultural Affairs

Cultural Relics Press

Beijing · 2007

目　录

插 图 目 录

彩 版 目 录

第一章　绪言

第一节　地理环境

1972 年云南省江川县李家山古墓群进行了第一次发掘，清理了大批古代滇人墓葬，出土了大量的铜器、铁器、玉器、玛瑙器等各种遗物，其中铜牛虎案以生动的艺术造型和精湛的制作工艺赢得了世人赞誉。经国家文物局批准，1991 年底至 1992 年，云南省文物考古研究所与玉溪市文物管理所、江川县文化局等单位组成联合考古队，对江川李家山古墓群进行了第二次发掘。这次发掘被评为 1992 年全国十大考古新发现之一，也是云南继晋宁石寨山、江川李家山第一次发掘之后，古代滇文化的又一重要考古发现。

云南地处祖国的西南边陲，位于喜马拉雅山脉之东、云贵高原西部的横断山区。北回归线从南部穿过，为低纬度高原地区。地势西北高东南低，多条江河流经，山高谷深，气候成立体分布，气候变化主要受海拔高低的影响。地势较高的山区终年无酷暑——为高寒山区；而地势较低的河谷地带则常年无严寒——属亚热带气候。山间常有许多大小不等的盆地，这些盆地虽在海拔较高的高原，却无严寒酷暑，周围高山环抱，阻止了冬季寒风的吹入，地处低纬度，日照充足，四季如春——为人类耕作居住和繁衍生息提供了优良的环境。自古以来云南各族人民就辛勤地劳作生活在这片高原红土地上。

如果这些山间盆地中有湖泊，环境则更好。湖泊不仅保障了古人耕作的水源，也是渔猎的场所，提供了另一种经济来源。云南中部就分布着多个湖泊，如滇池、抚仙湖及阳宗海、星云湖和杞麓湖，它们略呈南北一线排列，犹如镶嵌在高原上的一颗颗珍珠。盆地之间一山相隔，湖泊周围都有较宽阔的耕地，云南中部的这些盆地凭借优越的自然条件，长期成为云南的经济和政治中心区域。

江川县城在昆明市南约 100 公里，处于江川盆地，盆地中有星云湖（图一）。北有梁王山与昆明盆地相隔，东北有一座不太高的野牛山与澄江盆地的抚仙湖隔开。星云湖水北经野牛山间不长的小溪海门河流入抚仙湖，再经海口河汇入珠江上游的南盘江。

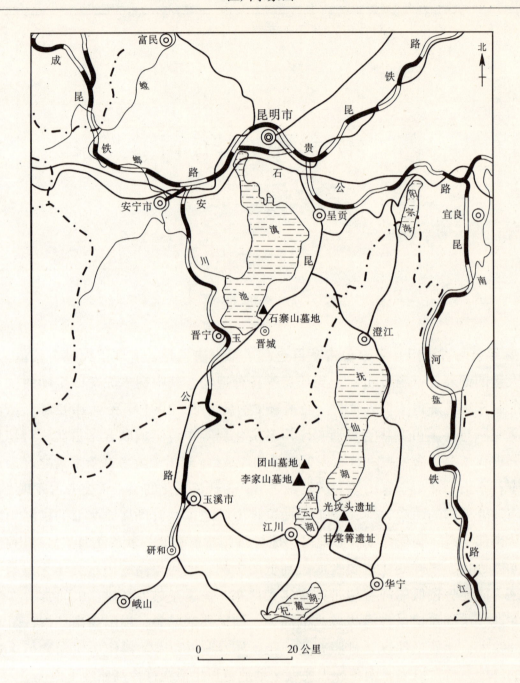

图一　江川李家山地理位置示意图

　　盆地里较平坦的地方和湖泊边的宽阔平地，云南俗称为坝子或平坝。星云湖居江川盆地中部，把江川盆地分隔为南北两块坝子，即北边的江城坝和南边的大街坝。李家山地处北纬24°24′08″，东经102°47′13″，位于县城北约12公里的星云湖西北隅，江城坝子的南边沿，山后西北依梁王山余脉多依山，为突入坝子的小山丘，高出湖水面100余米。山顶地势较平，前面山坡较陡，后与多依山之间为山间流水冲出的溪谷（彩版一，1）。从山顶鸟瞰，东南星云湖水碧波荡漾，东、北大片良田中点缀村庄，东北透过野牛山的丫口，依稀可见抚仙湖一汪湖水（彩版一，2）。山下有温泉涌出，水温宜人，约 35℃。高原冬季晴天的清晨，不是浓雾弥漫，就是青霜覆地，唯李家山附近无雾无霜。奇特的自然景观，想必也是古人选择李家山作为墓地的重要原因。山下有村，现属江川县江城镇早街村。据当地村民说，早年星云湖水原到村边，渔民在星云湖里捕鱼，每天清晨很早就到村边的街市贩卖，故名早街村。李家山墓地北距著名的石寨山滇王墓地约 40 公里，东北约 3 公里有团山古墓群，东南约 20 公里抚仙湖南端的湖旁台地上有甘棠菁旧石器时代遗址和光坟头青铜时代贝丘遗址。

第二节　历史沿革

江川县有悠久的历史，战国末属于滇国，秦朝沿袭。

汉武帝元封二年（前 109 年），汉王朝派兵入滇，滇王降，汉朝赐王印，仍命统治其地。设置益州郡，郡治在滇池（今晋城），领俞元等 24 县。江川为俞元县地，"县治龙池洲"。辖境大致为以抚仙湖、星云湖为中心的现澄江、江川、玉溪等地。

三国蜀建兴三年（225 年），诸葛亮平定南中，改益州郡为建宁郡，郡治迁味县（今曲靖），俞元县属之。

西晋武帝泰始七年（271 年），分益州之建宁、兴古、云南、交州之永昌，合四郡为宁州，辖 45 县。其中建宁郡统 17 县，江川县属之。太康三年（282 年），废宁州入益州，立南夷校尉以护之。西晋惠帝太安二年（303 年），复置宁州。分建宁郡为晋宁、建宁二郡。俞元县属晋宁郡。

南朝刘宋时期（420～479 年），继东晋之后设宁州。俞元县仍属晋宁郡。南朝萧齐时期（479～502 年），继刘宋之后仍设宁州，晋宁郡仍领七县，俞元县属之。南朝萧梁时期（502～557 年），初期仍设宁州，郡县依然。梁武帝太清二年（548 年），侯景乱梁，宁州刺史徐文盛被召开赴荆州参与平定侯景之乱。此后，宁州便被爨氏割据，江川属西爨地。

隋开皇十年（590 年），在曲靖设置南宁州总管府，仍统治原来宁州地区。

唐武德元年（618 年），唐朝建立，开南宁置南宁州，江川置绛县。县治碌云异城（今龙街），领地为前俞元县境。武德七年（624 年），析南宁州置西宁州，割南宁州之绛县属西宁州。贞观八年（634 年），改西宁州为黎州，领两县，绛县和梁水县，州治在今江川县伏家营乡旧州村。唐肃宗上元元年（760 年），南诏向东兼并黎州等地后，设河阳等郡，河阳郡属下有江川县（有说江川之名始于此）。

五代后晋高祖天福元年（936 年），通海节度使段思平从大兴义国杨干贞手中夺取政权，次年建立大理国。参与夺取政权的三十七部都有封地，因么些蛮功劳较大，段乃析其子为三部，分治今澄江、江川、玉溪，称江川步雄部。

元宪宗六年（1255年），改步雄部为江川千户所，属罗伽万户府。元世祖至元八年（1271年），分大理等处为三路，江川属中路。至元十三年（1276年），设立云南行中书省，置江川州，州治在今龙街，领双龙县（今前卫、后卫一带），县治在今后卫古城山，属澄江路。至元二十年（1283年），降州为县，废双龙县入江川县。此后历代相沿称江川县。

明洪武十七年（1384年）二月，改澄江路为澄江府，府治设在今澄江县城。江川县隶澄江府。崇祯七年（1634年），因星云湖水满溢，县城房屋倾倒，将县城由龙街迁到江川驿（现江城镇）。

清沿明制，称江川县，仍隶澄江府。

民国初年，江川属滇中道，治所在今蒙自，又称蒙自道。1930年废道制，后设专员督察区，江川被划为第三督察区，专员驻弥勒县城。

1950年10月，江川县解放，属玉溪地区。1950年11月将县城由江城迁到大街。1958年10月，江川县和玉溪县合并，称玉溪县。1961年又分开，仍称江川县，县治仍设在大街。

江川县的考古工作主要是新中国成立后开展的，主要发现有以下几项：

1972年李家山古墓群第一次发掘。1966年调查，1972年原云南省博物馆文物工作队进行了第一次考古发掘，清理墓葬27座，出土青铜器1300余件及大批铁器、玉器等随葬器物①。

1976年团山古墓群发掘。1975年底调查，1976年3月原云南省博物馆文物工作队进行发掘，清理小型墓11座，出土青铜器38件、陶器2件，并采集青铜器22件②。

1984年进行文物普查，发现多处古遗址、墓葬、古建筑等。

1989年甘棠箐旧石器遗址发掘。1984年文物普查中发现，1986年6月实地考察，1988年9月再次考察，1989年2月详查，1989年11月原云南省博物馆古人类研究室和江川县文化馆进行了发掘，出土有石器及动物化石等③。

第三节　发掘经过

自1972年第一次发掘后的20年间，李家山古墓群受到当地政府和群众的认真保护。1991年5月，地质部门为了解李家山地下矿产资源，在山上开挖了数十条探槽，其中一条探槽在山顶部无意间破坏古墓1座，墓内文物遭损坏，原玉溪地区文物管理所和江川

① 云南省博物馆：《云南江川李家山古墓群发掘报告》，《考古学报》1975年2期。
② 云南省博物馆文物工作队：《云南江川团山古墓群发掘简报》，《文物资料丛刊（8）》，1983年12月。
③ 张兴永、高峰、马波、侯丽萍：《云南江川百万年前旧石器遗存的初步研究》，《思想战线》1989年4期。

县文物管理所赴现场处理，并收回部分随葬铜器[①]。同时山顶部的部分古墓葬的墓口也受到不同程度的破坏，为保护这些古墓，经国家文物局批准，云南省文物考古研究所会同玉溪市文物管理所、江川县文化局及有关部门组成考古发掘队，对李家山古墓群进行了第二次发掘。

江川李家山第二次发掘，自 1991 年 12 月至 1992 年 5 月，共清理墓葬 58 座。1972 年第一次发掘后，经过 20 多年的自然变化和农业生产，山顶地貌变化极大，特别是西北角已紧贴第一次发掘区域形成断壁。第二次发掘时清去第一次发掘区域的部分回填表土，揭露出第一次发掘的 M24、M21、M16 等墓坑，确定其位置，设立了永久性基点。并以第一次发掘所绘制的墓葬分布平面图为基础，将第二次发掘的墓葬逐一测量绘制成统一的墓葬分布平面图。墓葬编号也沿袭第一次发掘的编号顺序，继续编为 M28～M84。其中 M59 系二墓叠压，分别编为 M59A、M59B。墓内随葬器物按田野发掘规程和惯例编号。唯 M68 较特殊，填土中发现一组器物和人残骨，似专门埋入，故在墓号后加"土"字标明；墓底椁内西北角，上下累叠放置两独木箱，箱内装满器物，为保持资料的完整性，便于今后的研究，分别编为箱一和箱二，箱内所出器物编号在墓号后加"X1"、"X2"以示区别。

1994 年 4 月至 5 月，因工作需要，清理墓葬 1 座，编号为 M85。

1997 年 3 月至 4 月，1 座墓葬遭到破坏，部分器物随之散失。对该墓进行清理，并收回部分散失器物，该墓编号为 M86，收回的器物编号在墓号后器号前加"0"。

1991 年底至 1992 年的发掘和其后的零星清理，共清理墓葬 60 座。墓葬中出土了大量随葬器物，田野编号 2248 件（套），共计约 29915 件（套）。经整理其中铜器 2395 余件；铁器和铜铁合制器 344 余件；金银器约 6000 余件，重 9000 多克；玉器约 4000 件；石器 21 件；竹木漆器和陶器数量不多；以及数以万计的玛瑙、绿松石、琉璃器、海贝和少量的水晶珠、蚀花石髓珠、琥珀珠等。江川李家山古墓群经多次调查、勘探和发掘后，基本确定了中心区重点保护范围，2001 年被批准为全国重点文物保护单位。

---

① 玉溪地区文管所、江川县文管所：《江川李家山新近出土文物调查》，《云南文物》第 32 期（玉溪地区专号），1992 年。

第二章　墓葬形制

第一节　墓葬概述

一　地层关系

多次发掘的范围都集中在李家山顶部。山顶经多年耕作，近代地表植被遭受损毁，水土流失很严重，雨季时常有泥石流发生。其后又反复深耕、平整土地，因此山顶墓地的地层已非原生堆积，表土层下即为生土，或为风化程度深浅不一、疏松坚硬不等的基岩，墓坑都开口于表土层下。在地势较低洼，表土层厚超过 1 米的地带，情况也是这样，墓坑也都开口于表土层下。有些墓的墓口和墓坑上段已被严重破坏。

李家山古墓群主要分布在山顶部及接近顶部的西南坡，在墓地中存在分群埋葬的迹象，由一至几座大型墓及其周围的中、小型墓组成一群，每群墓葬都比较密集（图二）。当然，这种情形可能与地下因素有一定关系，在生土层较厚及岩石较松软地带，墓葬比较密集。其间也发生一些叠压、打破关系。由于地表已遭破坏，表土层下即露出墓口，因而这些墓葬缺乏明确的地层证据，需要通过相互间的叠压、打破关系来求得彼此的层位关系和相对年代。存在叠压、打破关系的墓葬共有十二组，涉及第二次发掘的 32 座墓，约占此次发掘墓葬的二分之一。

第一组　由 M45 开始的打破关系。M45 打破 M52；M52 打破 M61；M61 又被 M50 打破；而 M50 同时还打破 M51 和 M70；其中 M51 打破 M48 又被 M31 打破；M70 还被 M57 打破；M57 被 M49 打破。示意图（以→表示叠压打破关系，下同）如下：

```
M45→M52→M61    M31
          ↑       ↓
        M50→M51→M48
          ↓
M49→M57→M70。
```

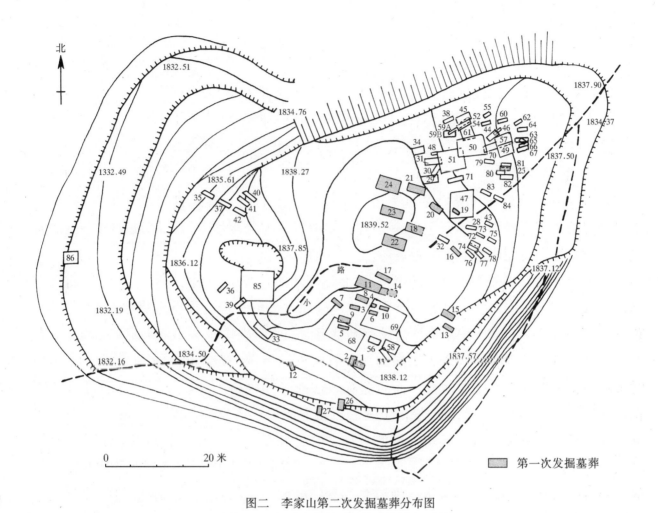

图二　李家山第二次发掘墓葬分布图

　　第二组　以 M63 开始的打破关系。M63 打破 M65；M65 又被 M66 打破；M66 还打破 M67。即：M63→M65

　　　　　　　　　　　　　　　　　　　↑

　　　　　　　　　M66→M67。

　　第三组　M72 打破 M74；M74 又打破 M77。即：M72→M74→M77。

　　第四组　M29 打破 M30。即：M29→M30。

　　第五组　M39 打破 M85。即：M39→M85。

　　第六组　M44 打破 M46。即：M44→M46。

　　第七组　M53 打破 M58。即：M53→M58。

　　第八组　M59A 叠压在 M59B 之上。即：M59A→M59B。

　　第九组　第一次发掘的 M5、M9 分别叠压在 M68 之上和打破 M68。即：

　　　　　　M5→M68←M9。

　　第十组　第一次发掘的 M4、M6、M10 分别叠压在 M69 之上。即：

M6

↓

M4→M69←M10。

第十一组　第一次发掘的 M19 叠压在 M47 之上。即：M19→M47。

第十二组　第一次发掘的 M25 打破 M80 和 M81。即：M80←M25→M81。

这些叠压、打破关系，为墓葬间的早晚关系，提供了重要的地层层位根据。

二　墓葬形制

60 座墓全是竖穴土坑墓，墓坑下段大多挖凿入基岩内，有的直接就开凿在基岩内。基岩为黄褐色夹有灰白色、红色条带脉的石英砂岩，风化程度不等，坚硬松软不同。基岩上有由基岩风化而成的生土，为黄褐色夹灰白色和红色的花土，含有碎石。厚度不一，多不足 1 米（第一次发掘的部分区域，生土厚度超过 2 米）。墓坑挖成不甚规整的长方形，四壁平直，稍向内收，墓底略小于墓口，底部大多较平坦。根据山势地表高低不同，墓坑两端深浅不一。表明挖掘墓坑时没有平整地面，直接在山顶和山坡上挖掘墓坑。

少数墓坑的一壁有一级岩石二层台。一般是墓坑下掘一段，碰到坚硬岩石，由于当时工具难以下掘，或因挖凿缓慢，而向墓坑一端或一侧延移到硬度较低的岩石处继续下掘。这样，墓坑掘成后，墓坑一壁的坚硬岩石就形成极不规整的二层台。如 M68 东端下掘 1 米多后碰到坚硬岩石，墓坑沿两侧壁向西移，使墓口长 6 米余，东端留有宽 1.1～1.4、高 2.35～2.9 米的岩石二层台。而 M47 墓坑挖凿成横长方形，墓底南壁凿有较规整的二层台，宽 0.7～1、高 0.4 米，则似有意专门凿成的二层台。M69 墓坑的西北和东北角留有三角形二层台，分别长 1.3～1.8、宽 0.5～0.8、高约 2 米，似故意凿成的，且南壁和东南角下段，坚硬的岩石突出墓壁，东壁岩石较硬，愈往下愈内收，底部形成斜坡，似为避让坚硬岩石。

这些墓葬墓坑大小、深浅不一。根据墓坑的规模分大、中、小型墓。其差别主要表现在墓坑的宽度上，少数中、小型墓的墓口长度与大型墓相当，但中型墓不及大型墓宽，小型墓又不及中型墓宽。

大型墓　共 7 座。墓坑规模大，墓口长 4～6.8、宽 2.9～6.6 米，底长 3.2～4.76、宽 2.5～4.86 米，深多超过 3 米。墓内随葬品丰富，器物种类齐全。随葬器物百余件至数百件不等。

中型墓　共 18 座。墓坑规模较大型墓小，尤其是墓底部明显较大型墓小许多。墓口长 2～3、宽 1 米以上，深多超过 1 米。墓中随葬器物的数量、质量往往相差较大。如 M71 的随葬器物，数量达 50 余件，且器类较全，但无铜鼓、贮贝器、棒锤等礼仪器及仪仗器。而 M58 仅随葬铜钏一组 4 件。

小型墓　共 34 座。墓坑规模较中型墓小，墓口长度大多为 2 米左右，少数与中型墓相当，但墓底部则小于中型墓，宽度不足 0.9 米，深多为 1 米左右。随葬器物少，数件至十余件不等，器类也不多，少数几座墓甚至无随葬器物。

M33 墓室南部已被破坏，长 3.6、残宽 0.76、深 0.8 米。随葬器物也散失殆尽，无法确定其类型。

墓坑基本呈东西向，即由山顶向山脚方向，西南坡越过山脊的后坡也是这样，为山顶向山谷方向，根据山势不同略有差别。头向朝西或朝东，以朝西居多。

墓内填土大多用挖凿出的土石回填，土质土色与生土和风化岩石相近，难以辨认。少数为紫色或红褐色黏土，胶黏性强，晒干后板结较硬，因其色似干涸的羊血，当地俗称"羊肝土"，可能是从其他地方取运来的，与生土差别较大，容易辨认。

大型墓墓坑埋葬填平一段时间后，又在墓坑的填土中再挖一祭祀坑。大致呈圆形，圜底。径 1.5～3.6、深 1.25～2 米。坑内埋入一块其他地方搬运来的石灰石块，石块未经加工，带有尖端，略呈锥形的自然形状，尖端朝上放置（彩版二，1）。坑内填土为黑色，含大量炭屑和烧灰，当为祭祀时焚烧所遗。祭祀坑的位置常偏离墓坑中央，如 M69 的祭祀坑偏南并挖破墓口南壁；M51 的祭祀坑偏于西南角，使东北角被 M50 打破，表明墓葬埋葬时地表没有留标记，经过一段时间后再来挖坑祭祀时，墓坑位置已不能准确辨别。在祭祀坑里埋锥形大石块，可能具有镇墓和辟邪的作用。

M68 祭祀坑底的墓坑填土内，中部埋有铜茎铁腊剑、龙首形玉坠、海贝等一组器物及零星人骨，似殉葬的侍卫。四周发现鹿头骨和鹿角。

三　葬具与葬俗

大型墓内都发现有木椁、木棺的痕迹。部分中、小型墓底发现有木棺残痕。这些木质葬具朽残严重，木质基本已朽尽不见。朽后残痕各墓保存情况不一，有的位置散乱，估计因椁、棺朽残坍塌情形不同所致。综合多座墓葬发现的朽木灰痕、零星的朽木残片，及田野发掘时发现的其他情况分析，大致可知木质椁、棺的形状和结构。

木椁　近方形略长，用原木和稍劈方的原木，或厚板作壁。以原木粗细不同端交错横叠放置，相邻的原木两端垂直交叉，交接处劈榫相扣，构成"井干式"木框作四壁。上有盖，用原木横铺一层，下无底，如罩。原木径 0.1～0.28 米。有的椁外钉有装饰用的鼓形、卷云形铜椁钉，以及圆锥形铜泡钉。似乎是以鼓告知神灵或以彩云托椁到另一世界。M69 椁框最大，长 3.6、宽 3.2、高 1.2 米，用厚板作壁，椁板髹漆，朱红色底，绘黑彩纹饰，椁外钉卷云形铜椁钉和圆锥形铜泡钉。M57 椁框最小，长 3、宽 1.93、高 0.7 米，椁外仅钉 1 枚鼓形铜椁钉。

木棺　长方形，用厚木板构成，无头、足两端板，盖板用三块长板纵铺。大型墓内棺长 2～2.2、宽 0.8～1.2、残存最高的 0.4 米，棺板厚 4～10 厘米。中、小型墓内棺较窄，宽约 0.5 米。大型墓内有的主棺用整块宽大的木板作底板，宽 0.88～1.2 米。有的四周钉有铜牛头装饰。M51 棺盖板残片上髹漆，朱红色底，绘黑彩纹饰。

棺置椁内右侧，左侧形成边厢。二人合葬的主棺也放置右侧。

大、中型墓的棺内常用金、玉、玛瑙、绿松石、琉璃等制作的各种管、珠、扣、片、条等形式的饰件，缝缀在一块麻布面的被状物上，大致呈长方形，宛如珠宝缝缀的"珠被"，覆盖在尸体殓衾上。各墓缝缀的饰件形式丰简不等，数量也多寡不一，原来的位置及缝缀形状亦残乱不全。M47 是出土饰件数量最多的墓之一，局部保存也比较好，用玉、玛瑙、绿松石、琉璃等各种形式的饰件横穿缀成许多行横串，其中间缀花形饰、片形饰、条形饰、珠饰等黄金饰件，串串相连，缝缀而成。保存较好部分长约 1.4 米，宽度因两侧包裹尸体，向下卷曲并已散乱，不甚明了（彩版二，2）。M68 "珠襦"覆盖的圆形铜扣饰上，遗留有麻布的残朽碎片（彩版二，3）。这种葬具可能就是古文献中的所谓"珠襦玉柙"。《汉书·佞幸传·董贤》："及至东园祕器，珠襦玉柙，豫以赐贤，无不备具。"颜师古注引《汉旧仪》："珠襦，以珠为襦，如铠状，连缝之，以黄金为缕。要以下，玉为柙，至足，亦缝以黄金为缕。"[①]《后汉书·礼仪志》："登遐……守宫令兼东园匠将女执事，黄绵、缇缯、金缕玉柙如故事。"刘昭注也引《汉旧仪》："帝崩……以玉为襦，如铠状，连缝之，以黄金为缕。腰以下以玉为札，长一尺，[广]二寸半，为柙，下至足，亦缝以黄金缕。"[②]大型墓棺内的"珠襦"上往往还缝缀有多片神兽形透空浮雕片饰，形状如龙似虎，用黄金铸制，或铜铸胎包金片，或铜铸表面鎏金。这一情况和古代文献记载也相吻合。《西京杂记》："汉帝送死皆珠襦玉匣，形如铠甲，连以金缕。武帝匣上皆镂为龙鸾凤龟麟之象，世谓之蛟龙玉匣。"[③]"玉柙（匣）"当为中原地区河北满城汉墓等地已发现的"玉衣"[④]。"珠襦"则极可能就是这种"珠被"。以"珠襦"覆盖或包裹尸体的现象在石寨山墓地多次发掘和李家山墓地第一次发掘的大型墓内也都曾发现过，是"滇文化"中由来已久的葬具和葬俗。

在 M47 和 M69 内发现尸体装殓捆扎的痕迹。尸体骨殖已朽没，棺底板上堆积有较厚的装殓等物朽后遗留的黑色灰土状腐物，腐物层下棺底板上留有粗麻绳痕迹，麻绳痕迹呈白色，较粗，以麻丝捻成三股，编作辫状，纵横交错呈网状，绳径约 1.5 厘米（彩版二，4）。可知原尸体用衣衾装殓后用粗麻绳捆扎，再覆裹"珠襦"入棺。这种情形在石寨山墓地多次发掘和李家山墓地第一次发掘的大型墓内都未发现过，而与长沙马王堆汉墓尸

① 《汉书·佞幸传》，中华书局，1962 年。
② 《后汉书·礼仪志下》，中华书局，1965 年。
③ 《西京杂记》卷一，三秦出版社，2006 年。
④ 中国社会科学院考古研究所等：《满城汉墓发掘报告》，文物出版社，1980 年。河北省博物馆等：《定县 40 号汉墓出土的金缕玉衣》，《文物》1976 年 7 期。安徽省亳县博物馆：《亳县曹操宗族墓葬》，《文物》1978 年 8 期。

体用衣衾包裹后，再捆扎九道黄色丝带的情形颇相类似①，属中原地区传入云南的葬俗。

大型墓内出有牛牙，保存较好的还保持着整齐的齿列排序，当为殉葬的牛头或整牛，由于骨骼已朽，无法判断。M47 出于陪葬棺底，似殉葬牛头。M51 出于主棺北侧边厢内近头端，周围随葬器物放置留出的空间较大，似殉葬整牛。M50 出有紧靠在一起的两组牛牙，殉二牛头。牛牙多为乳齿，或为齿冠高、磨耗很少的恒齿，当是用尚未长成的小牛殉葬。

墓内人骨大多已朽没。从少数墓中残存的零星骨骼，以及大型墓内尸体装殓用粗麻绳捆扎的情形看，当为仰身直肢。

随葬品根据墓主性别不同而作不同的组合，甚至铜执伞俑和铜杖头饰等器物上的人物形象，也与墓主性别相同。男性墓随葬工具和兵器，以剑、斧、矛、扣饰为基本组合；女性墓以铜钏为主，少有工具，大型墓则随葬工具和少量仪仗兵器。

随葬器物中装饰品基本放置在身旁相应的佩戴位置，如钏出于腕臂，玦出于头部两侧的耳部，扣饰出自腹部。兵器中剑茎首向上，置于腰部身侧；长柄的兵器、仪仗器和工具置于身侧或棺底板下，锋刃部向头端。唯 M47 较特殊，长柄兵器和仪仗器置主棺"珠襦"上，锋刃部向足端。礼仪葬仪器执伞俑分别置棺两端，铜鼓和贮贝器多置头端。仅 M68 铜鼓和贮贝器重叠累置于足端；M51 铜鼓和贮贝器分别置于边厢内头足两端。

根据随葬品组合及发现的残骨情况判断，葬式大多为单人葬，也有部分二人合葬。合葬分二男合葬、二女合葬、男女合葬三种。二人头向，大型墓朝同一端，中、小型墓则分别朝两端。

第二节　典型墓葬分述

清理的 60 座墓，除 M33 和 M86 破坏较严重、M36 和 M42 没有随葬器物外，其余墓室底部都保存比较完整。下面选择大型墓及部分保存较好的中、小型墓，从形制、葬具、随葬器物等方面加以详细介绍。

一　M28

墓坑上段已破坏，墓口深 0.3 米，墓底至墓口深 0.12～0.18、长 1.98、宽 0.62～0.66 米。方向 282°。填土为"羊肝土"（图三；彩版三，1）。葬具和人骨已朽，墓主为一男性。随葬铜器 8 件，有 B 型 I 式铜斧、E 型 I 式铜矛、Ea 型 III 式铜剑、铜镖饰、B 型 II 式圆形铜扣饰和 B 型 III 式圆形铜扣饰各 1 件，E 型 II 式铜镞 2 件。铜剑和铜扣饰置于死者腰际和腹部，铜矛置身侧，尖向头端，铜镖饰紧靠铜矛，铜斧和铜镞位于铜镖饰下。

---

① 湖南省博物馆等：《长沙马王堆一号汉墓》，文物出版社，1973 年。

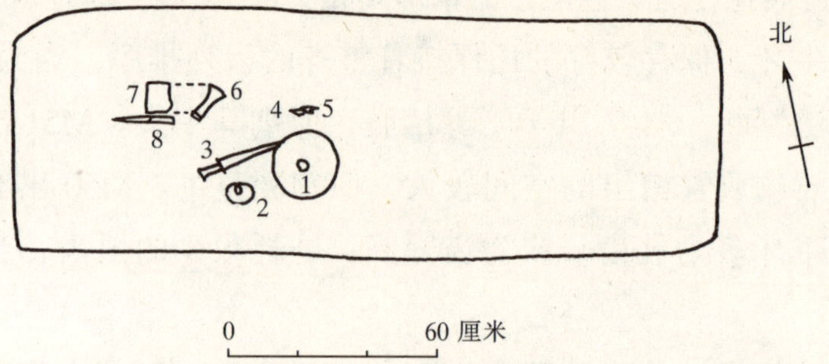

图三　M28墓葬平面图

1、2. 圆形铜扣饰　3. 铜剑　4、5. 铜镞　6. 铜斧　7. 铜箙饰　8. 铜矛

二　M32

墓口已破坏，墓口距地表深0.35、长3.01、宽0.8米，墓底至墓口深0.22～0.52、长2.88、宽0.8米。墓底两端略高，中部稍低。方向296°。填土为"羊肝土"（图四；彩版三，2）。葬具和人骨已朽，墓主为一女性。随葬A型Ⅰ式铜钏10件，分为两组各5件，累叠作圆筒状佩于死者左、右腕臂。另有绿松石小珠覆于死者头和胸部。

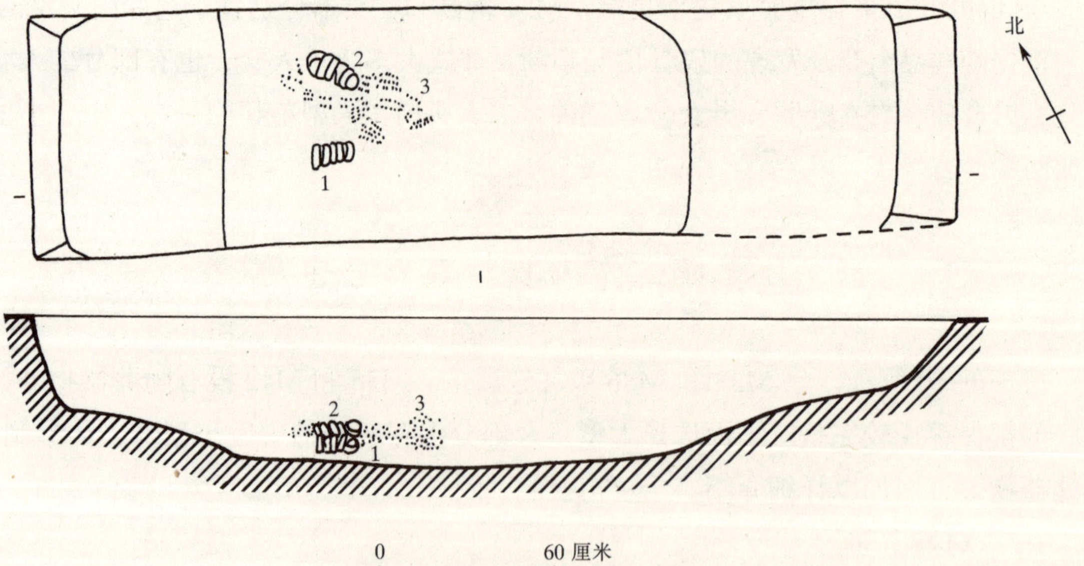

图四　M32墓葬平、剖面图

1、2. 铜钏　3. 绿松石珠

三　M58

墓口距地表深0.46、长3、宽1.8～1.9米，墓底至墓口深1.2米，较墓口略小。四壁较直。方向100°。填土上部为"羊肝土"，下部夹杂小碎石块（图五）。木棺和人骨已朽，仅见残痕，木棺痕高约0.6米。墓主为一女性，随葬A型Ⅰ式铜钏4件，累叠作圆

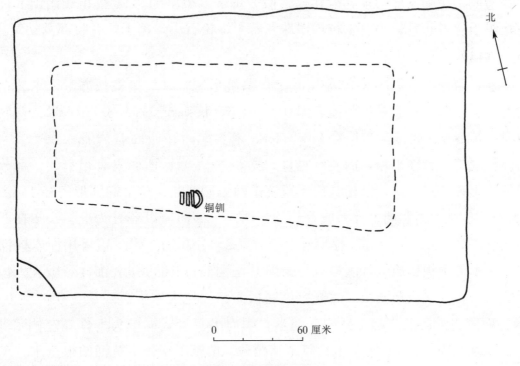

0　　　　　　　　　60 厘米

图五　M58 墓葬平面图

筒状佩于死者左腕臂。

四　M34

墓口距地表深 0.1、长 2.34、宽 1.3～1.4 米，墓底至墓口深 1.2～1.4、长 2.34、宽 0.75～1.3 米。方向 254°。填土为黄褐色花土（图六；彩版四，1）。墓口东端稍宽，但东北角岩壁坚硬，内收成不规整的二层台，使墓底西端较宽。葬具和人骨已朽，头端发现

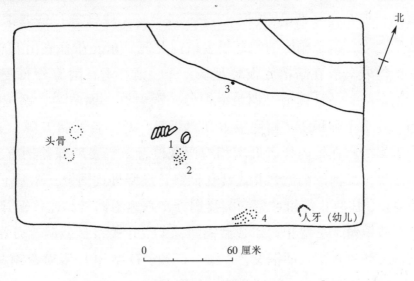

0　　　　　　　　60 厘米

图六　M34 墓葬平面图
1.铜钏　2、4.绿松石小珠　3.玛瑙珠

死者头骨朽痕，足端发现幼童乳齿几枚，似为母子合葬。随葬 A 型 II 式铜钏 5 件，累叠作圆筒状佩于死者腕臂，另有 1 粒玛瑙珠和若干绿松石小珠覆于死者腹部及幼童身上。

五 M47

大型墓，第一次发掘的 M19 叠压其上。墓坑形制特殊，呈横长方形，东北角向北突出（图七；彩版四，2）。墓口距地表深 0.3～0.6、长 4.6、宽 5.3～6.6 米，墓底至墓口深 4～4.4、长 3.9、宽（含二层台）4～4.86 米。南面和西面有岩石二层台，台高 0.4 米。南面较规整，台面平坦，内侧壁竖直，宽 0.7～1 米；西面只有很窄的一部分。填土为黄褐色花土夹大量石块，祭祀坑位于墓坑中间偏靠西北，略呈椭圆形，径 1.62～2.45、深 1.25 米。墓坑为南北向，葬具放置却为东西向，墓向应以葬具为准，头端在西，方向 263°。一椁二棺，为二男合葬。椁痕长 2.7、宽 2.4、高约 1 米。盖板用原木横铺，四面用厚约 8 厘米的木板构成，外表钉有卷云形 B 型铜椁钉 21 件作装饰（彩版五，1）。椁内并列置棺两具，仅遗底板残块。右侧主棺底板为整块宽大木板，残长 2.05、宽 0.88、厚 0.04 米，南侧边沿向上凸起，高约 3 厘米，四周出有 III 式铜牛头 5 件。左侧陪葬棺由 4 块长木板构成，残长 2.1、宽 1 米，较主棺稍薄。两棺下横贯墓坑铺两根垫木，东、西两端各一，残宽 0.2、厚 0.045 米（彩版五，2）。主棺覆有"珠襦"，田野观察"珠襦"似两面缝缀，里面以蓝、红色琉璃珠、管为主，间少量金珠、泡、片等缝缀；外面则缝缀玉珠、管，玛瑙珠、管，绿松石珠、扣，间金珠、片饰、神兽形片饰等。"珠襦"覆盖在上面，两侧向下卷曲，没有包裹下面。因此棺底木板上留有清晰的捆扎尸体的麻绳痕，纵 9 横 19 道成网格状，纵粗横细，每一纵横交叉处穿系一白色玛瑙扣。陪葬棺则简单得多，仅见少量珠饰。棺内和棺椁间放置数百件随葬品，大多为铜器和铜铁合制器。多集中于主棺周围放置，礼仪葬仪器在棺椁间，铜鼓、铜贮贝器等多放主棺头端，铜执伞俑置于主棺两端；兵器和仪仗器最多，戈、矛、钺、啄、棒锤等长柄器多锋刃部向足端放在主棺"珠襦"之上，附金鞘饰的剑置于主棺内北侧，东北角墓底出有较多的铜骹铁矛；生产工具锄、铲等农具放在陪棺底板下足端，斧、锛、凿、削等分布较乱；生活用具很少，有铜炉、铜镜等；马具铜衔、铜策、铜铃、铜辔饰、铜节约、铜三通筒、铜泡和铜甲、铜盾饰等，几乎全堆积于陪棺底板下（彩版五，3）；装饰品玉镯、玉玦、玉觿形饰、铜扣饰、金饰等多分布在棺内死者周围相应佩戴位置。主要随葬器物有 B 型 II 式和 D 型尖叶形铜锄，A 型 I 式梯形铜锄，II 式镂孔铜锄，A 型 III 式铜铲，A 型 I 式、A 型 III 式和 B 型 II 式方銎铜斧，B 型 II 式和 C 型椭圆銎铜斧，六边銎铜斧和礼仪铜斧，A 型和 B 型 II 式铜锛，A 型 II 式铜凿，A 型 II 式和 B 型铜削，A 型 II 式和 B 型铜卷刃器，A 型、C 型和 D 型无胡铜戈，A 型和 B 型长胡铜戈，A 型、C 型、D 型和 E 型横銎铜戈，A 型 III 式、B 型 II 式、C 型 II 式、D 型 I 式、D 型 II 式、E 型 II 式、E 型 III 式、F 型、H 型铜矛，A 型和 B 型 II 式铜钕，A 型和 B 型铜戚，A 型、B 型、C 型和 D 型铜钺，II 式铜啄，A 型 II 式

和 B 型铜叉，A 型Ⅱ式、B 型Ⅱ式和 C 型铜棒锤，铜镦，A 型Ⅰ式、A 型Ⅳ式、B 型Ⅱ
式、B 型Ⅲ式、Ea 型Ⅰ式、Ea 型Ⅲ式、Ea 型Ⅳ式、Eb 型Ⅱ式、F 型Ⅰ式、F 型Ⅱ式、G
型Ⅱ式和 G 型Ⅲ式铜剑，A 型和 B 型Ⅲ式铜镖，A 型Ⅱ式、A 型Ⅳ式和 B 型铜鞘饰，铜
弩机，F 型铜镞，铜甲饰，铜盾饰，铜炉，铜镜，铜簪，B 型Ⅱ式、B 型Ⅲ式和 B 型Ⅳ式
圆形铜扣饰，A 型Ⅲ式和 B 型Ⅲ式方形铜扣饰，鸡、孔雀、虎、猴、狐围边铜扣饰，虎、
熊、猪、二牛、骑士猎鹿、房屋浮雕铜扣饰，Ⅱ式铜鼓，鼓形和桶形铜贮贝器，铜执伞
俑，铜鱼，铜网状器，铜衔，铜镳，铜节约，铜三通筒，铜铃，铜策，铜泡等铜器；A
型Ⅰ式、B 型和 C 型铜銎铁斧，铜銎铁凿，铜銎铁刃卷刃器，B 型铁刀，A 型Ⅱ式、B 型
Ⅱ式和 C 型铜骹铁矛，Ab 型、D 型、F 型铜茎铁腊剑和 A 型铁剑，铁鞭等铁器；A 型Ⅱ
式和 C 型鞘饰，簪，钏，珠，泡等金银器；B 型玉镯，B 型、D 型和 E 型玉玦，A 型、B
型和 C 型玉觿形饰，玉扣，玉管，玉珠，玛瑙扣，玛瑙管，玛瑙珠，玛瑙瑱，绿松石管，
绿松石扣，绿松石珠，琉璃管，琉璃珠，琥珀珠，蚀花石髓珠等玉、石器。

六 M51

大型墓，西壁打破 M48，东北角和西壁分别被 M50 和 M31 打破（图八）。墓口距地
表深 0.6~0.9、长 5.5、宽 4~4.5 米，墓底至墓口深 2.8~3.7、长 4~4.3、宽 3~3.2
米。南、北壁下有宽 0.1~0.2、高约 0.1 米的台阶（彩版六，1）。方向 270°。填土为黄
褐色花土夹大量石块。祭祀坑偏靠西南，呈椭圆形，径约 2~2.5、深约 2 米。墓底横挖
凿三条沟槽，槽上在右侧棺下纵铺二块垫木板。一椁单棺，椁痕长 3.1、宽 2.5、高约
1.2 米，厚木板构成，板厚 0.1 米（彩版六，2）。椁内壁四周均发现漆皮，朱红和黑两种
颜色，推测原曾髹漆彩绘，朱红色底绘黑色纹，外钉鼓形 A 型椁钉 14 枚。棺置右侧，左
侧为边厢，棺底板由 3 块组成，长 2.2、宽 1.25、棺板厚 0.1 米。残片可见髹朱红色漆，
绘黑色线条、三角齿、云纹组合图案。四周出有Ⅱ式铜牛头 5 件。棺盖板上和下都发现
有"人"字形编织的竹席痕迹。棺内有"珠襦"，田野清理时发现，棺盖板下即露出大量
的玛瑙扣、珠、绿松石管、珠等各式"珠襦"饰物，其下有松软的黑色腐物堆积层，而
在较厚的腐物堆积层下，又见大量的各式"珠襦"饰物和玉镯、玉玦、金银簪、金腰带
饰、金银夹、金银指环、各种铜扣饰等随身佩戴的装饰品（彩版七，1）。因此可知原尸
体装殓后再用"珠襦"整体包裹入棺，棺底板上没有留下麻绳痕迹。700 余件随葬器物中
铜器、铜铁合制器和金器居多，大多置于棺内和棺底板下，部分放置在边厢内。铜鼓、
贮贝器置边厢头足两端，铜执伞俑和铜伞盖分别置棺两端，铜编钟放在棺下足端；附金
鞘饰的铜、铁剑和环首刀置棺北侧，长柄的兵器、仪仗器、工具置棺下（彩版七，2）；
生活用具、马具及部分铜茎铁腊剑置边厢内；装饰品置死者身旁，金腰带饰束腰间并于
腹前扣戴圆扣饰，动物围边铜扣饰置棺南侧和足端。另在边厢底部留有一层红、黑色漆
皮和金银钏、铜饰件，应为漆器朽后所遗。随葬器物主要有 A 型Ⅱ式和 B 型Ⅱ式尖叶形

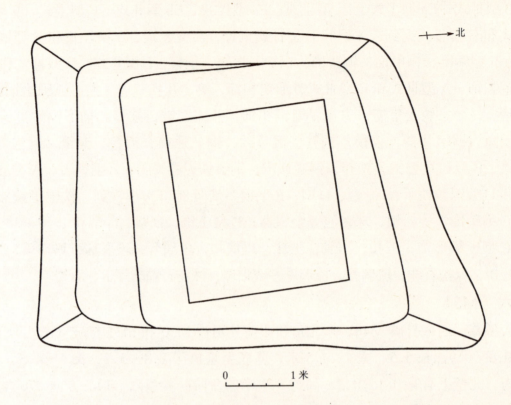

图七（一）　M47墓坑平面图

1~19、243.铜樟钉（21）　20.玉策　21.铜鼓　22、23.铜贮贝器（2）　24.铜炉　25、26.铜执伞俑（2）　27.木器盖（3）　28、29、31~34、81、93、98、103~105.铜矛（12）　30、122.铜殳（2）　35、39、40、80、83、84、92、207.铜斧（8）　36、65、66、68~74.铜戈（10）　37、75~79.铜钺（5）　38、85.铜锛（2）　41、63.金银花形饰（76）　42.框形金饰（5）　43、55、233、235、245、247.铜骹铁矛（20）　44.铜护手甲　45、204.神兽形金片饰（18）　46、47、173、180、184②.金珠（948）　48.金银钏（3）　49、182、185、236.玛瑙扣（109）　50、56、178、197.玉玦（23）　51、52、124、133、134、179、184①③、186、187、196.各式珠、管、扣（3531）　53、62、106~110、119、120、127、143~145、147、157、158、160、167、174、175、208.铜剑（21）　54、162、164、189、209、210、212、213.铜茎铁腊剑（8）　57、59、220、250.铜辔饰及节约（82）　58、223、244.铜三通筒（6）　60.甲虫形金泡　61、195、237、249.铜泡等马具（110）　64、102.铜叉（2）　67.铜啄　81.铜戚（2）　86、87.铜蛇纲网状器　88、89.铜凿（2）　90、91.铜卷刃器（2）　94.金云形饰（2）　95.铁鞭　96、100.铜鱼（2）　97、101、118.铜棒锤（3）　99.铜铲　111~117、131、132、136、137、140~142、148~156、161、191、232.铜扣饰（32）　121、123.铜削（2）　125、176、194.玉觿形饰（60）　126、146、172.玉镯（5）　128.陶弹丸（未能取）　129、130.铜銎铁斧（2）　135.连珠条形金饰及卷边长方形金饰（106）　138、203.铜牛头（5）　139、163、170.铁剑及铜镖（3）　159.铜銎铁刃卷刃器　165.金泡（28）　166.铜花形饰（7）　168、169、171、190.铜茎铁腊剑及金鞘饰（4）　177.金簪（2）　181.卷边长方形金饰（7）　183.金圆片饰　184④.金夹（3）　188、226、246.铜铃（4）　192.金鞘饰　193.银圆片饰　198、228.竹人形饰（5）　199、241.铜銎铁刃凿（2）　200、238.铜盾饰（19）　201、202、227.铁刀（14）　205、206.铜镜（2）　211.铜剑及金鞘饰　214、224、242.铜镦（11）　215~218.铜锄（4）　219.铜镞（8）　221.铜马衔（5）　222.铜叉形器　225.铜面具　229.铜胫甲（2）　230.金银铜泡（112）　231.铜策（4）　234.金盾饰　239.铜弩机（2）　240.铜簪　248.陶片　251.绿松石及琉璃小珠（1包）　252.银镖（个别遗物因压在下面图中无法表现出来，下同不注）

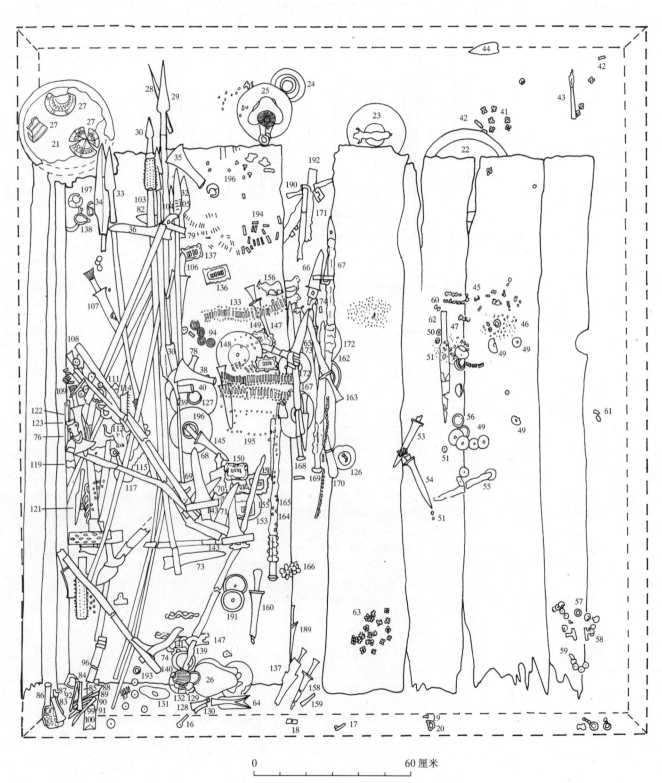

北

0　　　　　　　　60厘米

图七（二）　　M47椁室平面图

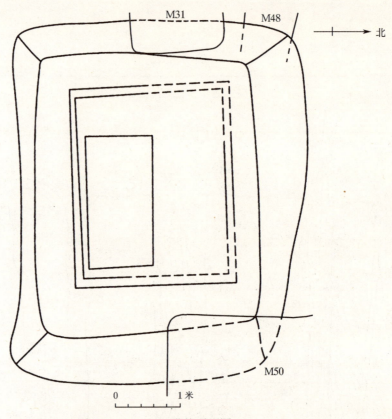

图八（一）　M51 墓坑平面图

1～4、6～13、112、197.铜樽钉（14）　　5、14、99、149、191、195、196、211.玉玦（70）　　15、34、119、356.铜泡（87）　　16、131、286、306、307、328、330～332.铜斧（9）　　17～20、22、23、132.铜銎铁刃斧（7）　　21、288、309、333、340、350.铜钺（6）　　24、32、37、38、277.铜策（6）　　25、26、82、85、172、214、293.铜盾饰（10）　　27、47、113、135、176、248、290、291、296、329.铜镦（10）　　28、31.铜三通筒（2）　　29.连珠条形金饰（148）　　30、35、279.铜铃（3）　　33、153、212.金银框形饰（24）　　36、90.漆器金饰（2）　　39、93、295、351.铜杖头饰及镦（7）　　40、72、77、92、97、249.绿松石扣（230）　　41、78、243.玉标首（5）　　42、314.铜胫甲（2）　　43、167、234、314.陶片　　44、59、311.铁铤铜镞（8）　　45、46、56、61、62、318、324.铜骹铁矛（8）　　48.铜镞（4）　　49、53、80、94.铜牛头（4）　　50、51、64、162、346.漆器银铜饰（5）　　52、98.铜贝形饰（36）　　54、66、67、69、111、117、118、158、213、254.铜茎铁腊剑（10）　　55、207、208.玉管（236）　　57、83.金银圆片挂饰（48）　　58.铜马具（35）　　60.铜骹铁戟　　63、157-1.铜殳（2）　　68.铜箶饰及镦（3）　　70、71.铜茎铁腊剑及铁刀（4）　　73、292.铜护手甲（9）　　74、218、230、246.铁刀（7）　　75.方形琉璃片饰（10）　　76、89、96.金花形饰（66）　　79、257.金簪（4）　　81、171.铜臂甲（2）　　84、316、317、326、327.铜锄（5）　　86、150.铜釜（3）　　87.铜伞盖　　88、173.金泡（53）　　91.银、铜泡（45）　　95、190、258.玛瑙扣（209）　　100～104、110、114、115、120、124、126、155、159、184.铜剑（14）　　105、147、148、165、187、188、198～201、231、232、245、255.玉镯（18）　　106.铜圆筒状器　　107、125、127～129、163、175、178、180、193、202、203、210、220～227、235～237、240～242、253、270～276.铜扣饰（38）　　108、109、116、216、217.铜茎铁腊剑及金鞘饰（5）　　121.金鞘饰　　122、123、154、156.铜剑及鞘饰（4）　　130.铜钺形器　　133.铜锛　　134.铜卷刃器　　136、137、141、144.铜銎铁凿（4）　　138、139、142、143.铜銎铁卷刃器（4）　　140.铜凿　　145.铜盖弓帽（14）　　146、182.金夹（3）　　151.贝泡（2）　　152.神兽形铜片饰（2）　　160、302.铜削（2）　　161.银夹（2）　　164、205、239、247."凹"字形铜牌饰（5）　　166.圆片形铜器（4）　　167.木条（支撑伞盖的）　　168、169、209、259、355.绿松石、琉璃、玛瑙等珠、管、扣（2366）　　170.卷边长方形银饰（126）　　174.神兽形金片饰（4）　　177、215.铁鞭（2）　　179.玉珌　　181、183、204.铜剑及金鞘饰（3）　　185.金钏（2）　　186.金葫芦形饰　　189.金珠（357）　　192、325.玉觿形饰（53）　　194、349.玉坠及玉杆（7）　　206.金腰带钩　　219、228、229、233.铁剑（4）　　238、354.刻纹竹片（5）　　244.铜带钩　　250.玛瑙瑱（52）　　251.金管形饰　　252.各式金珠及铜珠（426）　　256.金银指环（4）　　260、261.铜执伞俑（2）　　262.铜鼓　　263.铜贮贝器　　264～269.铜编钟（6）　　278.铁衔　　280、281、283、299～301、320、321、323、353.铜矛（10）　　282、284、285、303～305、308、310、313、315、335、348.铜戈（12）　　287.铜弩机　　289.铜镜　　297.玉镍　　298.陶弹丸（5）　　319.铜戚　　322.铜盘　　334.铜啄　　336.铜叉（2）　　337.铜铲　　338、352.铜鱼（2）　　339、341、342.铜棒锤（3）　　343.铜蛇纲网状器（2）　　344.铜罐　　345.陶壶　　347.铜铃及勺形器（3）

北

图八（二）　M51 椁室平面图

0　　　　　　　　　　60 厘米

铜锄，A 型 II 式梯形铜锄和 II 式镂孔铜锄，A 型 III 式铜铲，B 型 I 式方銎铜斧，B 型 II 式和 C 型椭圆銎铜斧，六边形銎铜斧和礼仪铜斧，A 型和 B 型 II 式铜锛，A 型 II 式铜凿，A 型 II 式和 B 型铜削，A 型 II 式铜卷刃器，A 型、B 型、C 型和 D 型无胡铜戈，A 型、B 型和 D 型长胡铜戈，A 型、B 型、C 型和 D 型横銎铜戈，A 型 III 式、B 型 II 式、B 型 III 式、D 型 II 式、E 型 II 式、E 型 III 式、F 型 II 式和 H 型铜矛，A 型和 B 型铜殳，A 型铜戚，A 型、B 型、C 型和 D 型铜钺，II 式铜啄，A 型 II 式和 B 型铜叉，A 型 II 式、B 型 II 式和 C 型铜棒锤，铜镦，A 型 IV 式、B 型 III 式、D 型 II 式、Ea 型 IV 式、Ea 型 V 式、Eb 型 II 式、F 型 I 式、F 型 II 式、G 型 I 式、G 型 II 式、G 型 III 式、G 型 V 式和 H 型铜剑，A 型铜镖，A 型 II 式、A 型 III 式、A 型 IV 式和 B 型铜鞘饰，铜弩机，E 型 I 式铜镞，铜箙饰，铜盾饰，铜甲饰，铜釜，铜盘，铜罐，铜镜，铜带钩，A 型 I 式、B 型 II 式、B 型 III 式和 B 型 IV 式圆扣饰，A 型 III 式和 B 型 III 式长方形铜扣饰，鸡、孔雀、蛇、豹、猴、狐、狮等围边铜扣饰，虎、二牛、骑士猎鹿浮雕铜扣饰，I 式铜鼓，桶形铜贮贝器，铜执伞俑，铜伞盖，铜盖弓帽，铜编钟，铜鱼，铜蛇纲网状器，铜杖头饰，神兽形铜片饰，I 式、II 式、III 式和 IV 式"凹"字形铜牌饰，铜辔饰，铜节约，铜三通筒，铜铃，铜策，铜泡等铜器；A 型 I 式、A 型 II 式和 B 型铜銎铁斧，铜銎铁凿，铜銎铁刃卷刃器，A 型、B 型和 C 型铁刀，A 型 II 式和 C 型铜骹铁矛，Ab 型、B 型、D 型、E 型和 F 型铜茎铁剑，A 型和 B 型铁剑，铁鞭，I 式铁铤铜镞等铁器；A 型 I 式、C 型、D 型和 E 型鞘饰，簪，钏，腰带饰，珠，泡等金银器；A 型、B 型、C 型、D 型和 E 型玉镯，A 型、B 型、C 型、D 型和 E 型玉玦，A 型和 B 型玉觿形饰，玉管，玉珠，玉坠，玉标首，玉珌，玉璜，玉镖，玛瑙扣，玛瑙珠，玛瑙管，玛瑙瑱，绿松石扣，绿松石管，绿松石珠，方形琉璃片饰，琉璃管，琉璃珠等玉、石器等。

七 M57

大型墓，西壁打破 M70，南壁被 M49 打破（图九；彩版八，1）。墓坑上段已被破坏，墓口距地表深 0.7、长 4、宽 2.9 米，墓底至墓口深 2.5、长 3.25、宽 2.47 米。方向 266°。填土为黄褐色花土夹少量石块。祭祀坑居中略偏西，残存径近 1、深不足 0.2 米，坑内的石灰石块也被搬走。一椁单棺，椁痕长 2.3、宽 1.93、残高 0.7 米。木板构成，未髹漆，仅发现 A 型鼓形铜椁钉 1 件。椁盖板南北横铺。棺置右侧，左侧成边厢。棺盖板和底板保存较好，盖板用多块木板东西纵铺，底板由三块木板拼合成，残长 2.2、宽 1.07 米。也未髹漆，四周出有铜牛头 4 件和铜牛角 1 件（彩版八，2）。椁、棺板痕残宽 0.2~0.4、厚 0.05~0.07 米（彩版九，1）。棺内覆"珠襦"，棺底板上缝缀"珠襦"的玛瑙扣和绿松石扣有穿孔的一面向上，可知棺内"珠襦"卷曲包裹尸体（彩版一〇）。数百件随葬器物主要是铜器，及部分铜铁合制器和金器。铜鼓、贮贝器置边厢头端；铜甲、铜釜、铜镜和漆器等置边厢内；铜执伞俑分置棺两端；各种扣饰置棺内"珠襦"上的东

图九（三）　M57 椁室平面图（棺板面下）

图九（四）　M57 椁室平面图（椁室下）

南部；剑也多放在"珠襦"上，部分铜剑横置在中部，3件附金鞘饰的剑则纵置于棺内
"珠襦"北侧中部；长柄兵器和仪仗器、工具、马具等置棺底板下（彩版九，2）；玉玦、
镯等装饰品于"珠襦"内随身佩戴位置。主要随葬器物有 A 型 I 式尖叶形铜锄，A 型 I
式梯形铜锄，II 式镂孔铜锄，A 型 I 式和 A 型 II 式铜铲，A 型 I 式和 C 型 I 式方銎铜斧，
B 型 I 式、C 型和 D 型椭圆銎铜斧，礼仪铜斧，A 型 I 式铜凿，A 型 I 式铜削，A 型 I 式
铜卷刃器，A 型、B 型、C 型和 D 型无胡铜戈，A 型和 B 型长胡铜戈，A 型、C 型、D 型
和 E 型横銎铜戈，A 型 I 式、A 型 III 式、B 型 II 式、B 型 III 式、E 型 II 式、E 型 III 式、F
型和 H 型铜矛，B 型 II 式铜殳、A 型铜戚，A 型、B 型、C 型和 D 型铜钺，A 型 II 式和 B
型铜叉，II 式铜啄，A 型 II 式、B 型 II 式和 C 型铜棒锤，铜镦，A 型 I 式、A 型 IV 式、B
型 II 式、B 型 III 式、D 型 II 式、Ea 型 II 式、Ea 型 III 式、Ea 型 IV 式、F 型 I 式、F 型 II
式、G 型 I 式、G 型 II 式、G 型 III 式、G 型 V 式和 H 型铜剑，A 型铜镖，A 型 I 式、A 型
II 式和 B 型铜鞘饰，铜弩机，A 型和 E 型 I 式铜镞，铜甲，铜盾饰，铜镜，铜簪，A 型
I 式、B 型 II 式和 B 型 IV 式圆形铜扣饰，A 型 III 式和 B 型 III 式长方形铜扣饰，鸡、孔雀、
蛇、虎、猴、狐、狮等动物围边铜扣饰，虎、熊、猪、二牛、骑士猎鹿、房屋透空浮雕
铜扣饰，II 式铜鼓，桶形铜贮贝器，铜执伞俑，铜鱼，铜网状器，铜衔，铜镳饰，铜三
通筒，铜铃，铜策，铜泡等铜器；A 型 I 式铜銎铁斧，铜銎铁凿，铜銎铁刃卷刃器，A
型和 B 型铁刀，A 型 I 式、C 型和 D 型 II 式铜骹铁矛，Ab 型和 F 型铜茎铁腊剑，铁鞭等
铁器；A 型 II 式、A 型 IV 式和 D 型鞘饰，珠，泡等金银器；B 型玉镯，B 型、C 型和 D 型
玉玦，A 型玉觽形饰，玉管，玉珠，玛瑙扣，玛瑙管，玛瑙珠，玛瑙瑱，绿松石管，绿
松石扣，绿松石珠，琉璃管等玉、石器。

八　M68

大型墓，第一次发掘的 M5 叠压其上，M9 打破其北壁（图一〇；彩版一一，1）。墓
口距地表深 0.5~0.85、长 6.1~6.8、宽 4.15~4.5 米，墓底至墓口深 3.8~4.15、长
4.56、宽 3.65 米。墓口较长，东壁有不规则的斜坡二层台，高 2.35~2.9、宽 1.1~1.4
米。石质坚硬，没有风化裂隙，使墓坑下掘困难而向西延移，墓坑底部则很规整。方向
296°，分层填土埋葬，上、下层为黄褐色化土夹石块，上层厚约 1.5~1.85 米；中层为厚
约 1 米的采自河湖边的砾石层，由粗砂和卵石堆积而成，较疏松；下层厚约 1.3 米。祭
祀坑略偏西，圆形，径约 3.6、深 1.5 米。坑中锥状石灰石块较大，重愈一吨，发掘时上
端已露出地面约 0.4 米。祭祀坑内填土，上层为较疏松的黑灰土，下层为较紧密的黑黄
杂花土。墓坑填土的中层砾石层中部挖有一长椭圆形坑，径 0.8~2.3、深约 1 米，坑底
几近椁顶部。坑内出有 D 型铜茎铁腊剑和 A 型 I 式龙首形玉坠各 1 件，B 型玛瑙扣 2 件，
海贝及人残骨，极可能是陪葬的侍卫。坑四周的墓坑填土中埋有鹿骨、角，极粗壮。一
椁单棺已朽，椁痕约长 3.25、宽 2.6、高 1.1 米。沿椁外四周出有卷云形 B 型铜椁钉

12 件，部分榫钉的钉端还留有榫的残碎木块。棺置南侧，北侧成边厢，棺痕约长 2.2、宽 1 米，四周出有Ⅰ式铜牛头 4 件。边厢西部即头端上下叠置二独木箱，长方形，用整段圆木刳凿槽挖空，上封盖木板而成。箱内主要放置大量的铜剑、圆形铜扣饰、浮雕铜扣饰、玉管等，箱底装铺玛瑙扣和海贝，玛瑙扣多数很大，玉管玉质较好，许多还保持绿色或局部呈绿色，似属赐赠之物，故另行编号（彩版一一，2）。上叠箱编为 X1，长 1.76、宽约 0.5、残高 0.12～0.29 米，主要放置圆形铜扣饰和浮雕铜扣饰等。下置箱编为 X2，长 1.55、宽 0.5、残高 0.16～0.22 米，主要放置铜剑（彩版一二，1、2）。数百件随葬器物分布棺榫内，棺内裹"珠襦"及随身佩戴的装饰品，头端有金簪、金泡形头饰和玉玦，腰间束金腰带饰，腹前置多件圆形铜扣饰，并扣 1 件入金腰带饰之方孔，足端置铜鼓、铜贮贝器、生产工具等，棺下沿榫中线主要放置长柄兵器和仪仗器，剑及金鞘饰置头端，铜伞盖分置箱盖上中部和箱下足端（彩版一一，3）。随葬器物主要有 A 型Ⅰ式和 B 型Ⅰ式尖叶形铜锄，Ⅰ式镂孔铜锄，B 型Ⅰ式铜铲，B 型Ⅰ式和 D 型方銎铜斧，A 型Ⅰ式和 A 型Ⅱ式椭圆銎铜斧，三角、六边和八边銎铜斧，B 型Ⅰ式和 C 型铜锛，A 型Ⅰ式和 B 型铜削，A 型Ⅰ式铜卷刃器，C 型、E 型和 G 型无胡铜戈，A 型和 E 型长胡铜戈，B 型横銎铜戈，A 型Ⅱ式、C 型Ⅰ式、D 型Ⅰ式、D 型Ⅱ式、F 型Ⅰ式和 G 型铜矛，A 型铜殳，B 型铜戚，Ⅰ式、Ⅱ式和Ⅲ式铜啄，A 型Ⅰ式铜叉，A 型Ⅰ式和 B 型Ⅰ式铜棒锤，C 型Ⅰ式铜镦，A 型Ⅰ式、Ea 型Ⅰ式、Ea 型Ⅱ式和 G 型Ⅰ式铜剑，A 型、B 型Ⅰ式、B 型Ⅱ式、B 型Ⅲ式、B 型Ⅳ式、C 型Ⅱ式和 D 型Ⅰ式铜镖，A 型Ⅰ式铜鞘饰，铜弩机，C 型、D 型和 F 型铜镞，铜箙饰，铜盾饰，铜甲，铜鍪，B 型Ⅲ式和 B 型Ⅳ式圆形铜扣饰，A 型Ⅱ式和 B 型Ⅲ式长方形铜扣饰，鸡、猴围边铜扣饰，二牛交合、虎豹噬鹿浮雕铜扣饰，Ⅰ式铜鼓，鼓形铜贮贝器，铜伞盖，铜网状器，Ⅲ式"凹"字形铜牌饰，铜啬饰，铜节约，铜三通筒，铜铃，铜策，铜泡等铜器；A 型Ⅰ式铜銎铁斧，铜銎铁凿，铜銎铁刃卷刃器，B 型和 C 型铁刀，B 型Ⅰ式和 C 型铜骹铁矛，Ab 型、C 型、D 型、E 型、F 型和 G 型铜茎铁腊剑，A 型和 B 型铁剑，铁鞭等铁器；A 型Ⅰ式、B 型、C 型、E 型、F 型和 G 型鞘饰，茎首，镖，发针，腰带饰，珠，泡等金银器；B 型玉镯，A 型、B 型和 D 型玉玦，A 型和 B 型玉觿形饰，玉管，玉珠，玉坠，石坠，玛瑙扣，玛瑙瑱，玛瑙管，玛瑙珠，绿松石扣，绿松石珠，琥珀珠，蚀花石髓珠，琉璃管，琉璃珠等玉、石器。X1 内放置 A 型Ⅰ式和 A 型Ⅱ式铜削，D 型铜矛，B 型铜戚，A 型Ⅰ式、C 型Ⅰ式、C 型Ⅱ式、D 型Ⅰ式、D 型Ⅱ式、G 型Ⅲ式和 G 型Ⅳ式铜剑，A 型、B 型Ⅱ式和 E 型铜镖，A 型Ⅰ式铜鞘饰，A 型Ⅲ式铜盾饰，A 型Ⅱ式、A 型Ⅴ式、B 型Ⅱ式、B 型Ⅲ式和 B 型Ⅳ式圆形铜扣饰，猴子围边铜扣饰，二牛、四虎噬牛、虎豹噬牛、二虎噬鹿、虎豹噬鹿、三人猎豹、七人猎豹、三人猎虎、八人猎虎、多人缚牛浮雕铜扣饰等铜器；Aa 型、C 型、E 型、F 型铜茎铁腊剑和 A 型铁剑；C 型和 E 型金鞘饰；玉管、玉坠、石坠、玛瑙扣、玛瑙管、玛瑙珠、绿松石扣等玉、石器和海贝等。X2内放置有G型铜矛，A型Ⅰ式、A型Ⅱ式、A型Ⅲ式、C型Ⅰ式、C型Ⅱ式、C型Ⅲ式、D型Ⅰ式、D型Ⅱ式、Ea型Ⅰ式、Ea型Ⅱ式、G型Ⅰ式、G型Ⅱ式和G型Ⅳ式铜剑，A型Ⅰ式鞘饰，B型Ⅱ式长方形铜扣饰，猴、狐围边扣饰等铜器；Aa型铜茎铁腊剑；玉管、玉坠、玉标首、玛瑙扣、玛瑙珠，绿松石扣等玉、石器。

九　M71

墓口距地表深0.6、长2.4、宽1~1.1米，墓底至墓口深0.85~1.48米（图一一；彩版一三，1）。方向275°。填土为黄褐色花土。木棺已朽，头端出有铜牛角4件，棺内仅见3段人残骨和5枚人牙。随葬器物60余件，以铜器居多，及部分铜铁合制器。有A型Ⅲ式椭圆銎铜斧和八边銎铜斧，A型和B型Ⅱ式铜锛，A型Ⅰ式铜削，A型、B型、D型无胡铜戈和A型长胡铜戈，C型Ⅰ式、D型Ⅱ式、E型Ⅲ式铜矛，B型铜戚，Ⅱ式铜啄，F型Ⅰ式和G型Ⅰ式铜剑，A型Ⅲ式铜鞘饰，E型Ⅰ式铜镞，Ⅰ式铜臂甲，A型Ⅲ式、B型Ⅳ式圆形铜扣饰和A型Ⅱ式长方形铜扣饰，Ⅱ式猴子围边铜扣饰和疗牛铜扣饰，Ⅰ式铜柄铁削，Aa型铜茎铁腊剑，B型玉镯，C型石坠各1件；E型椭圆銎铜斧、Λ型Ⅱ式铜锛、A型Ⅰ式铜矛、A型Ⅰ式铜剑、铜簸饰、铜銎铁刃卷刃器各2件；Ea型Ⅰ式铜剑、B型Ⅱ式圆形铜扣饰、铜銎铁凿、B型玉觿形饰各5件；A型玉觿形饰29件。另有数十玛瑙扣、珠和绿松石珠、海贝。随葬品置于棺内死者身旁，剑置于胸部，长柄器多置右侧，铜铁合制器和石坠置足端，铜臂甲和玉镯佩右臂腕，扣饰在腹部并沿两腿间向下放置。

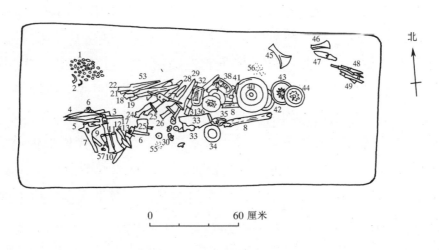

0 　　　　　　　　60 厘米

图一一　M71墓葬平面图

1. 海贝　2、8、57. 铜牛角（5）　3~5、20、21. 铜矛（5）　6. 铜啄　7、13~15. 铜戈（4）　9~11、45、49. 铜斧（5）　12. 铜戚　16、18、19、23、24、27~29、31、52. 铜剑（9）　17、22、50、53. 铜削（4）　25、35. 铜簸饰（2）　26. 铜茎铁腊剑　30. 玛瑙扣（11）　32、36、38~44. 铜扣饰（9）　33. 铜臂甲　34. 玉觿形饰（34）　37. 玉镯　46. 铜锛　47. 石坠　48. 铜銎铁凿及铜銎铁刃卷刃器（7）　51. 铜柄铁削　55. 玛瑙珠（43）　56. 绿松石小珠

一〇　M73

墓坑挖掘在山坡上，墓口距地表深0.4～0.6、长2.4、宽0.6～0.66米，墓底至墓口深0.44～0.9米。方向305°。填土为黄褐色花土夹碎石块（图一二）。葬具已朽，墓坑两端分别各残存1个人头骨朽迹，墓主为二男性。随葬铜器6件，有A型Ⅱ式方銎铜斧、E型Ⅰ式铜矛、Eb型Ⅰ式铜剑、A型铜镞、A型Ⅳ式圆形铜扣饰和A型Ⅱ式长方形铜扣饰各1件。

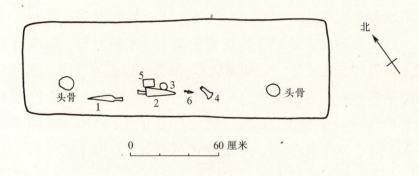

图一二　M73墓葬平面图
1.铜矛　2.铜剑　3.圆形铜扣饰　4.铜斧　5.长方形铜扣饰　6.铜镞

一一　M50

大型墓，西南角打破M51的东北角，北壁打破M61的南壁，东壁打破M70的西部（图一三；彩版一三，2）。墓口距地表深0.2～0.6、长4.74、宽4.26米，墓底至墓口深3.1米。方向247°。填土为黄褐色花土夹石块。祭祀坑略偏靠西南，不甚规整，略呈椭圆形，坑内石灰石块约1.1×0.6米。一椁单棺已朽，椁痕约长3、宽2.1、高1米。棺置中部略靠北，南北两侧成边厢。棺痕约长2.35、宽0.96、残高0.4米。随葬器物主要放置在椁棺间的南北两侧边厢及足端内，棺下和棺内仅有少量随葬品。北侧边厢置生产工具和兵器；南侧边厢多置装饰品和少量兵器；足端置放马具；棺下头端置铜鼓，中部置铜盘。另在棺下头端和足端棺椁间的马具下分别发现牛牙，牛牙排列得很整齐，应该是用两牛头殉葬。随葬器物主要有A型Ⅲ式尖叶形铜锄，A型Ⅱ式梯形铜锄，Ⅱ式镂孔铜锄，A型Ⅲ式铜铲，A型Ⅱ式和B型Ⅲ式方銎铜斧，A型Ⅲ式椭圆銎铜斧，A型Ⅱ式半圆銎铜斧，A型Ⅱ式铜凿，A型Ⅱ式铜削，B型无胡铜戈，C型Ⅲ式、E型Ⅰ式、F型Ⅱ式、H型铜矛，A型铜殳，Ⅱ式铜啄，A型Ⅱ式铜叉，A型Ⅱ式、B型Ⅱ式和C型铜棒锤，A型Ⅱ式、C型Ⅳ式、D型和E型铜镦，A型Ⅰ式、Ea型Ⅱ式、Eb型Ⅰ式和J型铜剑，A型铜镖，铜簇饰，铜盾饰，铜臂甲，铜盘，B型Ⅱ式和B型Ⅳ式圆形铜扣饰，A型Ⅲ式和B型Ⅲ式长方形铜扣饰，Ⅱ式铜鼓，Ⅰ式和Ⅱ式"凹"字形铜牌饰，铜辔饰，铜节约，铜三通筒，铜当卢，铜策，铜泡，铜马珂等铜器；A型Ⅰ式铜銎铁斧、铜銎铁凿、铜銎铁刃卷刃器、A型铁刀、C型铜骹铁矛、Ab型和F型铜茎铁腊剑、A型铁剑、铁鞭等铁器；

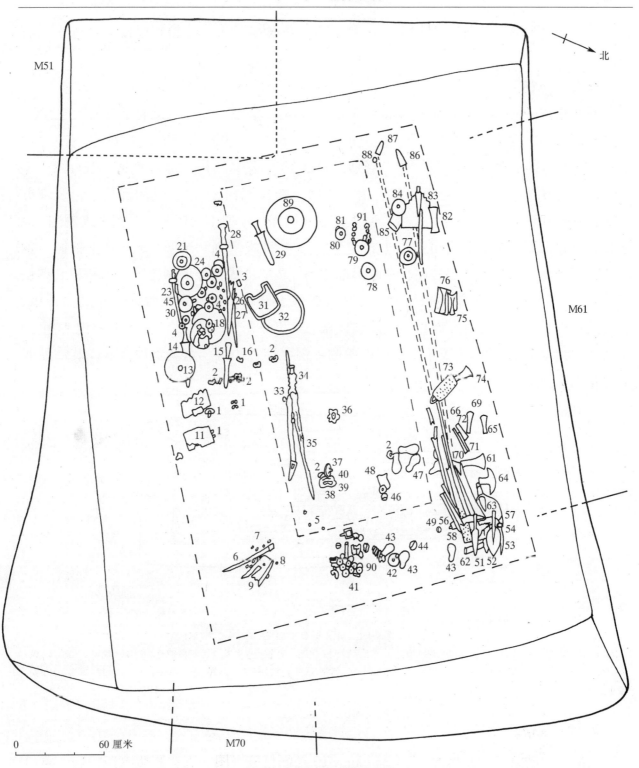

图一三 M50墓葬平面图

1.金花形饰（5） 2.神兽形金片饰（8） 3.金珠（13） 4.玛瑙扣（11） 5、40.铜泡钉（6） 6.铜骹铁矛 7、30.绿松石扣（17）
8、10、33.铜泡（36） 9.铜臂甲 11～13、17、19、21、22.铜扣饰（7） 14、34.铜茎铁腊剑（2） 15、23、25、29.铜剑（4） 18.
玉镯 24.绿松石小珠 26.铜殳 27.铜削 28.铁剑 32.铜盘 35.铁鞭及刀（2） 36、42、45、77～79、84.铜盾饰（7） 37.铜镜
38.神兽形铜片饰 41.铜马具（30） 43、47.铜马珂（8） 44、46、49、59.铜策（6） 50.铁矛 51～53、66.铜矛（4） 54.铜啄
55、68、86、87.铜镦（4） 56、57.铜戈（2） 58、60、62.铜棒锤（3） 61、65、74、82.铜斧（4） 63、73、83.铜锄（3） 64.铜
钺 67.铜圆筒状器 69.铜銎铁斧 70.铜銎铁凿 71.铜銎铁卷刃器 72.铜凿 75.铜叉 76.铜铲 80、81.漆器铜饰（2） 88.漆器铜
纽饰 89.铜鼓 90、91.牛牙（90在41下，91在棺板下）

花形饰、神兽形片饰、珠等金银器；B型玉镯、玛瑙扣、绿松石扣和绿松石珠等玉、石器。

一二　M53

西北角打破M58。墓口距地表深0.3、长2.54、宽0.9~1米，墓底至墓口深0.94~1.25、长2.18、宽0.75~0.8米。墓坑凿于岩石内，四壁皆为岩石，规整平直。方向325°。填土为黄褐色花土（图一四；彩版一四，1）。木棺已朽，留有痕迹，长1.8、宽0.56、残高0.35米。人骨已朽，墓主为一男性。随葬器物35件，以铜器居多，及部分铜铁合制器和铁器。有B型Ⅰ式和C型Ⅰ式方銎铜斧、A型Ⅰ式铜凿、A型Ⅰ式铜削、A型Ⅱ式铜卷刃器、A型Ⅰ式和D型Ⅰ式铜矛、Ea型Ⅲ式铜剑、A型铜镖、B型铜镦、铜箙饰、铜带钩、A型Ⅳ式和B型Ⅳ式圆形铜扣饰、B型Ⅲ式长方形铜扣饰、A型和B型铁刀、铁矛、Ab型和F型铜茎铁腊剑、B型玉镯各1件；A型Ⅲ式铜盾饰、Ⅱ式铜胫甲、Ⅱ式铜臂甲、B型Ⅱ式圆形铜扣饰、A型铜策、C型铜骹铁矛各2件；各型铜泡1组20件；玛瑙扣1组24件。主要集中于棺内两侧，铜甲饰置头端，东侧置放兵器，装饰品佩于死者相应部位。

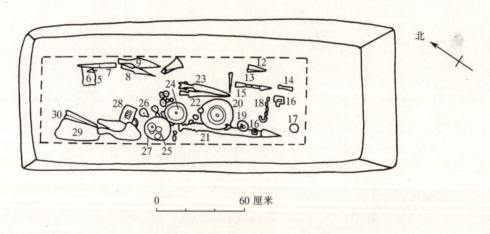

图一四　M53墓葬平面图

1.铁矛　2.铜带钩　3、20、24、25、28.铜扣饰　4、8.铜削　5.铜镦　6.铜箙饰　7、14.铜骹铁矛　9、23.铜矛　10、11.铜斧　13.铜凿　15、21.铜茎铁腊剑　16.铜策　17.铜泡　18.铁削　19.铜盾饰　22.铜剑　26.玛瑙扣（24）　27.玉镯　29.铜臂甲　30.铜泡（20）

一三　M69

大型墓，被第一次发掘的M4、M6和M10叠压打破（图一五；彩版一四，2）。墓口距地表深0.2、长6.76、宽4.54~5.6米，墓底至墓口深3.05~3.58、长4.66、宽5.1~5.55米。西北角和东南角留有三角形二层台，分别长1.8和1.3、宽0.8和0.5、高2.3和2米。方向274°。填土黄褐色花土夹较大石块。祭祀坑大，偏靠南并挖破墓口南壁，径约4、深约2米。一椁二棺，为二女性合葬。椁痕长3.52、宽3.52、高约1.2米。

外钉卷云形 B 型铜樟钉 14 件和 B 型圆形铜泡钉 59 件。铜樟钉和铜泡钉相间分布，2 铜樟钉间 4 铜泡钉，铜泡钉发现深度不一，似作上下二排钉在樟外装饰。内髹漆彩绘。二棺并列置于墓室南部，彼此相距 0.1 米，棺下两端横铺垫木。主棺底板为整块宽大木板，长 2.05、宽 1.2 米，也髹漆，四周出有 II 式铜牛头 5 件（彩版一五，1）。棺内覆"珠襦"，底板上留有殓尸捆扎的麻绳痕迹；陪棺长 2.1、宽 0.72 米，也覆"珠襦"，较简单。大量随葬器物主要置棺樟间和棺下，棺内只有装饰品。铜执伞俑置主棺两端；铜鼓、铜贮贝器、铜壶、铜卮、漆盒等置头端；铜凿、铜钺、铜剑、铜釜、铜匜、铜镜、小铜鼓、铁锸、铁钺、玉镯等置主棺下；铜斧、铜戈、铜杖头饰、铜镦等置陪棺下；棺内装饰品置死者身旁佩戴位置，主棺置多组金、铜钏（彩版一五，2）。铜锄、铜铲置边厢足端，另在北部的边厢底部发现较多朱红、黑色漆皮，当为漆器朽后所遗（彩版一六，1）。随葬器物主要有 A 型 III 式和 C 型尖叶形铜锄、B 型梯形铜锄、II 式镂孔铜锄、B 型 II 式铜铲、A 型 III 式和 C 型 III 式方銎铜斧、D 型椭圆銎铜斧、A 型 II 式铜卷刃器、D 型无胡铜戈、E 型 I 式和 J 型铜矛、E 型铜钺、铜镦、Ea 型 III 式铜剑、铜釜、铜炉、铜壶、铜匜、铜盒、铜卮、铜镜、鼓形和桶形铜贮贝器、铜执伞俑、A 型 III 式铜钏、B 型和 C 型铜杖头饰等铜器（彩版一六，2）；铁锸、A 型铁刀、C 型铜骹铁矛和铁矛等铁器；B 型鞘饰、A 型和 B 型钏、心形片饰、珠、泡等金银器；A 型、B 型、C 型、D 型、E 型和 F 型玉镯、A 型和 D 型玉玦、A 型、B 型和 C 型玉觽形饰、玉管、玉珠、玉坠、玉纺轮、石甲虫饰、玛瑙瑱、玛瑙管、玛瑙珠、绿松石扣、绿松石珠、琥珀珠、蚀花石髓珠、琉璃管、琉璃珠等玉、石器。

一四　M82

墓口距地表深 1、长 2.85、宽 1.2~1.3 米，墓底距墓口深 0.3、长 2.8、宽 1.1~1.3 米。方向 273°。填土为黄褐色花土（图一六；彩版一七，1）。葬具和人骨已朽，两端均遗几枚人牙。随葬器物分两组放置，北侧一组为剑、斧、矛、扣饰等男性器物；南侧一组为钏、杖头饰等女性器物。应为男女合葬墓。男性在左侧，头向东；女性居右侧，头朝西。随葬器物 24 件，以铜器居多。有 B 型 II 式和 C 型 II 式方銎铜斧、A 型 III 式和 B 型 III 式铜矛、C 型 II 式铜镦、Ea 型 III 式铜剑、B 型 III 式长方形铜扣饰、A 型铜杖头饰、A 型铁刀、B 型 II 式铜骹铁矛、Ab 型铜茎铁腊剑各 1 件；D 型玉玦 2 件；B 型 III 式圆形铜扣饰 3 件；A 型 III 式铜钏 8 件，分两组各 4 件；另有 170 件玛瑙、琥珀、绿松石制成的管、珠扣及绿松石小珠缝缀的"珠襦"和装饰品。

一五　M85

大型墓，西南角被 M39 打破（图一七；彩版一八，1）。墓口距地表深 0.4~0.8、长 5.82、宽 4.83 米，墓底距墓口深 5.9、长 4.76、宽 4.29 米。墓坑几乎全都开凿在岩石中，但四壁规整。方向 84°。填土为黄褐色花土夹石块，上部遭破坏，祭祀坑情况不明。

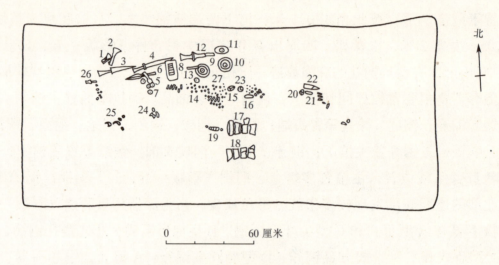

图一六　M82墓葬平面图

1、2.铜斧　3、6.铜矛　4.铜剑　5.铜骹铁矛　7、20.玛瑙扣　8.长方形铜扣饰　9、10、11.圆形铜扣饰　12.铜茎铁腊剑
13.铁刀　14.玛瑙管珠　15、23.绿松石扣　16.琥珀珠　17、18.铜钏　19.蚀花石髓珠　21.玛瑙管　22.铜镦　24.鼓形饰品
25.玉玦　26.铜杖头饰　27.绿松石小珠

一椁单棺已朽，椁用原木架搭，原木直径16～28厘米，大小头交错叠累。椁痕长2.48、
宽2.13、高约1.2米，未髹漆也没有椁饰。棺置于南部，棺下铺垫厚9～20厘米的细砂
土，北部成边厢。棺长2.1、宽0.8、高仅存0.4、棺板厚约0.06米，髹漆。M85墓坑规
模巨大，但椁较小，随葬品中金属器和玉石器也较少，主要放置在棺周围和边厢内（彩
版一八，2）。棺南置铜戈、铜矛、铜剑、铜茎铁腊剑、铁剑、铁刀等；棺西置铜棒锤、
铜锄等；棺下置铜斧、铜钺、铜叉等；边厢西部置铜贮贝器、铜马具等，中部和东部置
有很多漆器和漆器上的金饰、鎏金铜饰及铜戹、铜镜等，惜漆器胎均已朽毁，无法取出
或复原，仅见大量红色漆皮，有的绘黑色线条，并多层叠累，器形似有盾、盘、盒等；
棺内覆较简单的"珠襦"，装饰品置于死者佩戴位置，头部为金钗、中部为玉镯。足端有
漆簸、铁镞、铜弩机等散放，可能原置于棺上，后塌陷散落于此。随葬器物有A型Ⅳ式
尖叶形铜锄，A型Ⅲ式梯形铜锄和Ⅱ式镂孔铜锄，B型Ⅲ式方銎铜斧和礼仪铜斧，A型Ⅱ
式铜削，A型Ⅱ式铜卷刃器，D型无胡铜戈，C型Ⅲ式铜矛，D型铜钺，A型Ⅱ式铜叉，
A型Ⅱ式、B型Ⅱ式和C型铜棒锤，铜镦，Ea型Ⅲ式铜剑，铜弩机，铜盾饰，铜戹，铜
镜，B型Ⅳ式圆形铜扣饰，A型Ⅲ式长方形铜扣饰，桶形铜贮贝器，葫芦形铜片饰，铜銎
饰，铜三通筒，铜铃，铜策等铜器；B型铁刀、F型铜茎铁腊剑、A型铁剑、C型铜骹铁
矛和铁矛、铁铤铜镞和铁镞、铁衔等铁器；A型Ⅱ式鞘饰、簪、珠、泡等金银器；B型玉
镯、E型玉玦、石坠、石板、石圆片、玛瑙扣、玛瑙管、玛瑙珠、绿松石扣等玉、石器。

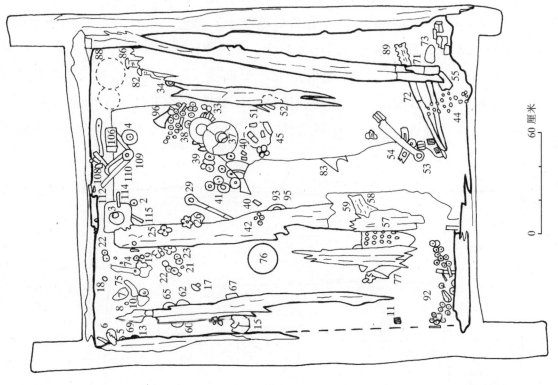

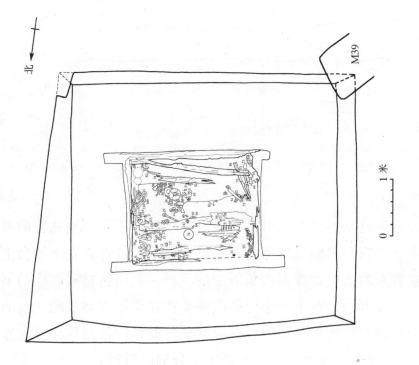

图一七　M85 墓坑及椁室平面图

1. 金簪　3、4、26. 铜盾饰 (3)　5~7、10~12、17、62、67、68. 铜马珂　8、20、21、31、74. 绿松石扣 (64)　9、69. 铜策 (4)　13、16、60、63、65. 铜圆片形器 (27)　14、19、23、25、30、42. 金花形饰 (11)　15、58. 铁铤铜镞及漆箙 (27)　18、24、33、61、111. 金泡 (28)　22. 神兽形金片饰 (6)　27. 玉珠 (2)　28、36. 金珠 (157)　29、39、75、110、112. 铁刀 (5)　32. 长方形金片饰 (45)　34、41. 玛瑙扣 (85)　35. 玛瑙珠 (15)　37、40、45. 玉镯　38、76、78. 铜扣饰 (3)　43. 铁镞 (8)　44. 陶弹丸 (25)　47、99、104、105. 漆器　48、50. 铜剑 (2)　49. 铜削　51、57、108、114. 铜驽机 (2)　54. 铜散铁矛 (2)　55、56、90. 铜锄 (3)　59. 漆盾　64. 铁衔　66、79、81、94. 铁剑 (2)　70、73. 铜镦　80. 铜削 (2)　71、72、89. 铜棒锤 (3)　77. 铜肜贝器　82、86. 铜茎铁啭剑及金鞘饰 (3)　83、96. 铜叉　84. 铜锄 (2)　85. 铜矛 (4)　88. 铜戈　91. 铜卷刀具 (2)　92. 铜马具 (30)　93. 漆盒　95. 铜镜　98. 陶壶　100. 铁矛　101~103. 漆器铜圈足饰　116. 铜匜　106. 长方形石板　107. 圆形石片　113. 石坠　115. 漆器铜圈足饰　116. 铜匜

一六　M49

北壁打破 M57（图一八）。墓口距地表深 0.3、长 3、宽 2.1 米，墓底距墓口深 1.4～
1.6、长 2.9、宽 1.74 米。方向 260°。填土为黄褐色花土。墓底北部即左侧较高如棺台，
并有棺痕。随葬器物 26 件，装饰品置棺内死者身旁，铜熏炉、铜镜等置棺旁，铜锄、铜
杖头饰等置南部（彩版一七，2）。有 A 型 Ⅲ 式尖叶形铜锄、C 型铜杖头饰、E 型铜镦、
铜锥形器、勺形铜器、孔雀形铜镇、铜熏炉、漆奁、B 型铁刀各 1 件、A 型 Ⅲ 式铜钏 2
件、B 型 Ⅱ 式铜钏 11 件，铜镜、D 型玉玦各 2 件，以及金、玉、玛瑙、绿松石等制成的
管、珠饰 52 件。

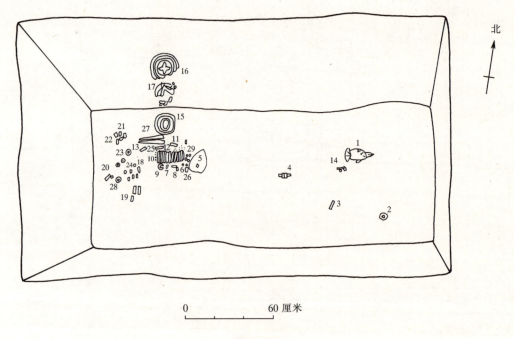

图一八　M49 墓葬平面图

1. 孔雀形铜镇　2. 铜镦　3. 铜锥形器　4. 铜杖头饰　5. 铜锄　6、18、23. 玛瑙珠　7. 铜片　8、26. 绿松石珠　9. 玉玦　10、
19. 铜钏　11～13. 玉管　14. 牙齿（人）　15. 铜熏炉　16. 漆奁银釦及铜镜　17. 铜镜　20. 琥珀珠　21、28. 绿松石管　22. 水
晶珠　24. 琉璃珠　25. 金珠　27. 铁刀

　　以上介绍的典型墓葬，大体可以反映出李家山古墓群第二次发掘不同时期墓葬的基
本特点。同时考虑到古代历史上用新材料制作的器物和新创的器具，往往首先由社会上
层使用，逐渐向社会的中下层普及的历史规律在古墓群中的反映，即用新材料制作的器
物和新创的器具首先出现在大型墓葬内，在中、小型墓内随葬往往要较大型墓晚一些的
现象，分类时会使同一种类型墓葬中的大型墓和中、小型墓随葬器物的特点具有一定差
异。以此分析，可将李家山第二次发掘的墓葬分为四种类型。分别说明如下：

　　第一类　以 M28、M32、M58 为代表，包括 M48、M52、M59B、M61 等。均为中小
型墓，主要特点为：

1．墓坑多挖掘在生土较厚的地方，填土用外地运来的红褐色"羊肝土"。

2．均为单人葬。

3．随葬器物以铜器为主，装饰品很少，工具、兵器、装饰品等均为铜铸。

4．随葬器物中方銎斧为銎口无箍状旋纹的 B 型 I 式或 E 型方銎斧。女性墓随葬的铜钏为叠成上端较大呈圆筒状的 A 型 I 式。

第二类　以 M34、M47、M51、M68、M71、M73 为代表，包括 M31、M46、M57、M59A、M65、M66、M67、M70。主要特点为：

1．挖掘墓坑不再选地方，遇到坚硬岩石处墓坑向一侧避让延移，另一侧留有坚硬岩石呈不规则的二层台。用挖出的土石回填。

2．有部分二人合葬。

3．大型墓的随葬器物有礼仪器、葬仪器、仪仗器和成套马具，并有大量金银器、铜铁合制器和铁器。中、小型墓仍以铜器为主，中型墓出有少量铜铁合制器，装饰品增多。

4．随葬器物中方銎铜斧为近銎口处铸有一道箍状旋纹的 A 型 II 式、A 型 III 式和 B 型 II 式，女性墓随葬的铜钏为叠成束腰圆筒状的 A 型 II 式或 B 型 I 式。

第三类　以 M69、M82、M85 为代表，包括 M29、M30、M44、M45、M50、M53、M63 等。此类墓葬的基本结构及葬俗方面与第二类墓相似，但又有自身的特点：

1．大型墓的墓坑规模大，下掘不避让坚硬岩石，墓坑不延移，墓壁规整。

2．随葬器物铜铁合制器和铁器明显增多，漆器痕迹和漆器饰件发现较多。

3．大型墓内铜器和铁器减少，人物和动物形象的浮雕铜扣饰已不见，漆器痕迹发现较多。中、小型墓内普遍出现铜铁合制器和铁器、马具、漆器饰件、装饰品等。

4．随葬器物中方銎铜斧为近銎口处铸有多道箍状旋纹的 B 型 III 式和 C 型 III 式，女性墓随葬的铜钏为叠成束腰圆筒状，两端的二件粗端向内平折的 A 型 III 式。

第四类　以 M49 为代表，包括 M39、M86。此类墓发现少，仅 3 座，并且 M86 遭受破坏。故使此类墓特点有所局限，但与前三类墓仍明显不同：

1．墓坑规模较第二类和第三类墓大型墓的墓坑小，但较中型墓宽大。

2．墓中没有其他墓内常见的"珠襦"。玉、石器中可用于缝缀"珠襦"的玛瑙珠、绿松石珠等数量少，屈指可数，应为装饰用。

3．随葬器物减少，海贝随葬的现象消失。

4．其他大型墓内习见的礼仪器、葬仪器、仪仗器已不见。金银器几乎绝迹。而发现有铜釜、铜甑、铜熏炉等实用的生活用具。

以上所述四类墓葬特点的差异，说明江川李家山第二次发掘的墓葬可以分为几个不同时期。

第三章　随葬器物

江川李家山第二次发掘出土了许多随葬器物，根据质地可以分为铜器、铁器、金银器、竹漆器、玉石器、陶器和贝器等。29915 件。

第一节　铜器

2395 件。铜器是古代滇人墓中的主要随葬品之一，不仅数量巨大，而且造型独特，纹饰精美。铜器按用途可分为生产工具、兵器、生活用具、扣饰、鼓和贮贝器、葬仪和礼仪器、装饰品、马具、其他等几大类。这种分类只是大致的划分，许多铜器有多种用途，如铜斧既是生产工具又可作兵器和狩猎的武器；一些兵器同时也是仪仗器；钏既是装饰品也是生活用具等。

铜器制作多采用浑铸，雕塑和透空高浮雕的部分用分铸，或失蜡法分铸，然后榫接、铸接成整体，锻打的很少。大型墓内的部分器物表面呈光亮的银灰色，许多器物在锈迹斑驳间也可发现锈蚀层下器物表面发出的银灰色光。北京科技大学冶金与材料史研究所的科研人员对多件标本进行了检测，确定这些器物表面镀了一层很薄、很均匀的锡，致使这些器物表面十分光亮，闪发银灰色的锡光。镀锡层硬度较低，与生产工具和兵器之功用无益，但是镀锡可以起到装饰和防锈的作用，这些镀锡的铜器当属葬仪和礼仪器。少数大型墓中出土的部分铜器表面还曾进行过鎏金。

一　生产工具

183 件。器形主要有铜锄、铜铲、铜斧、铜锛、铜凿、铜削、铜卷刃器等。铜锄有 34 件，锄叶呈薄板，正面中线上段隆起銎，有的出土时留有表面涂成红色的曲木残柄。根据锄叶形状可分为尖叶形铜锄、梯形铜锄、镂孔铜锄三类，主要出于大型墓内，部分銎部及锄身上沿铸有纹饰、或表面镀锡，当属礼仪器。铜斧有 80 件，根据銎部形状及纹饰分为方銎铜斧、椭圆銎铜斧、半圆銎铜斧、多边銎铜斧和可能专供祭祀或仪仗用的礼仪铜斧五类。出于大型墓的部分铜斧表面镀锡，当属礼仪器。铜斧有作工具用者，也有作兵器用者。工具斧较厚重，表面无纹饰或铸简单纹饰，所装曲木柄较短；兵器斧稍显轻薄，表面铸纹也较繁缛，并多有附耳，装柄较长。为便于叙述一并在此介绍。

1.尖叶形铜锄

18件。锄身如同前端尖锐的阔树叶，前锋呈锐角，上端两侧成圆肩或折肩。根据肩部和銎的差异分四型。

A型　8件。圆肩，銎断面呈三角形。根据肩部变化分四式。

Ⅰ式　1件。标本M68：328，锄叶宽，肩较平上鼓，最宽处较高，銎两侧有对称钉孔。残长28.5、宽24.4、銎宽7厘米（图一九，1；彩版一九，1）。

Ⅱ式　2件。锄身较窄，肩上鼓，下段稍长，最宽处略低。标本M57：204，銎两侧有对称钉孔，饰雷纹。通长24.1、宽19.2、銎宽6.5厘米（图一九，2；彩版一九，2）。标本M51：84，銎两侧有对称钉孔，表面镀锡。残长23.3、宽17.2、銎宽6厘米。

Ⅲ式　2件。锄身较宽，肩下斜外鼓，最宽处在中部偏上。标本M69：226，銎两侧饰雷纹。通长26.8、残宽21、銎宽6.2厘米（图一九，3；彩版一九，3）。

Ⅳ式　3件。锄身较窄，肩下垂外鼓，最宽处在中部。标本M86：040，銎两侧有对称钉孔，口部有三道箍状弦纹。通长27.6、宽21、銎宽6.7厘米（图一九，4；彩版一九，4）。

B型　6件。斜折肩，銎断面呈三角形。分二式。

Ⅰ式　4件。锄身平，两侧呈圆弧形，下聚成尖。标本M68：327，銎两侧有对称钉孔，表面镀锡。通长26.7、宽23.2、銎宽6.6厘米（图一九，5；彩版一九，5）。

Ⅱ式　2件。锄身下段向上翘，两侧上段和下端较直，圆弧相连。标本M51：317，銎两侧有对称钉孔，锄身正面上沿及銎饰雷纹，表面镀锡。通长30.3、宽23.3、銎宽5.7厘米（图一九，6；彩版一九，6）。

C型　2件。斜折肩较平，銎断面呈梯形，下段近尖处作圆弧形。标本M69：223，銎正面饰云纹，两侧及锄身上沿饰雷纹，表面镀锡。通长27.2、宽22.7、銎宽5厘米（图一九，7；彩版一九，7）。

D型　1件。标本M47：215，銎断面呈半圆形，圆肩下斜外鼓，銎上部近口处有四道箍状弦纹，正面饰卷云纹。残长28.2、宽22.5、銎宽5.5厘米（图一九，8；彩版一九，8）。

另外还有1件较独特，可能属礼仪器。标本M51：316，圆肩下斜，锄身两侧波状弯曲，下段向上翘，銎断面呈三角形，三面各有一钉孔，正面铸一极大的蝉形纹，形态生动，近口处有三道凸弦纹。通长24.2、宽15.5、銎宽4.6厘米（图一九，9；彩版一九，9）。

2.梯形铜锄

7件。锄身略呈梯形，前端宽平，銎断面作梯形。根据锄身不同分二型。

A型　5件。锄身两侧呈阶梯状向上内收。分三式。

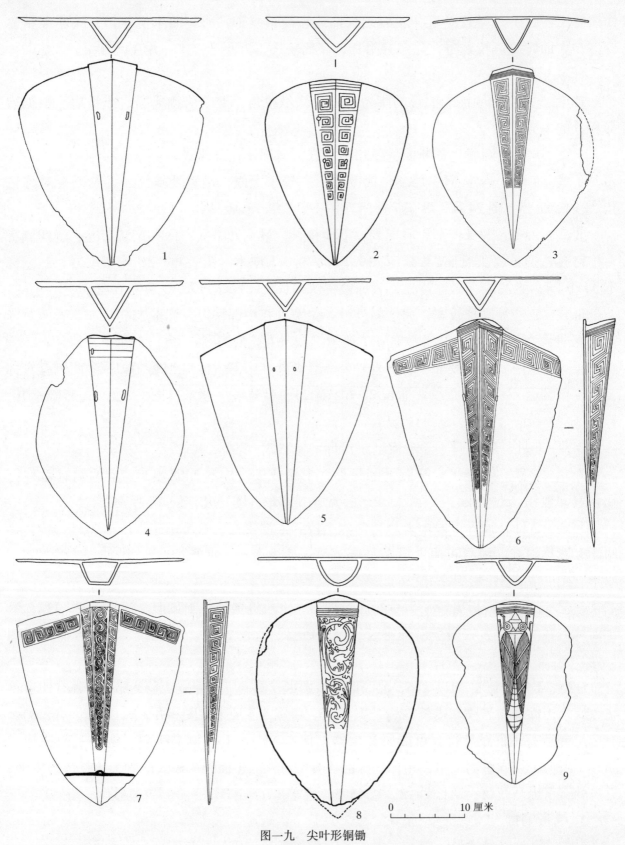

图一九　尖叶形铜锄

1.A 型Ⅰ式 M68：328　　2.A 型Ⅱ式 M57：204　　3.A 型Ⅲ式 M69：226　　4.A 型Ⅳ式 M86：040　　5.B 型Ⅰ式 M68：327　　6.B 型Ⅱ式
M51：317　　7.C 型 M69：223　　8.D 型 M47：215　　9.异型 M51：316

Ⅰ式　2件。三级阶梯，刃微弧，銎正面与锄身两侧阶梯对应呈台阶状向下渐低。标本 M57：200，銎饰小乳丁组成的雷纹，近口处有三道弦纹。通长 19.5、刃宽 19、銎宽 4 厘米（图二〇，1；彩版二〇，1）。

Ⅱ式　2件。略同Ⅰ式，平刃较宽。标本 M51：327，銎饰刻线和小乳丁组成的雷纹，近口处有三道弦纹，表面镀锡。通长 20.6、刃宽 21.8、銎宽 4 厘米（图二〇，2；彩版二〇，2）。

Ⅲ式　1件。标本 M85：55，锄身两侧二级阶梯较高，位于肩部，平刃，刃部高，面积大，銎正面无台阶。通长 18.8、残宽 17.6、銎宽 3.3 厘米（图二〇，3；彩版二〇，3）。

B型　2件。锄身略呈上大下小的梯形，肩部稍下斜，平刃。标本 M69：225，銎正面

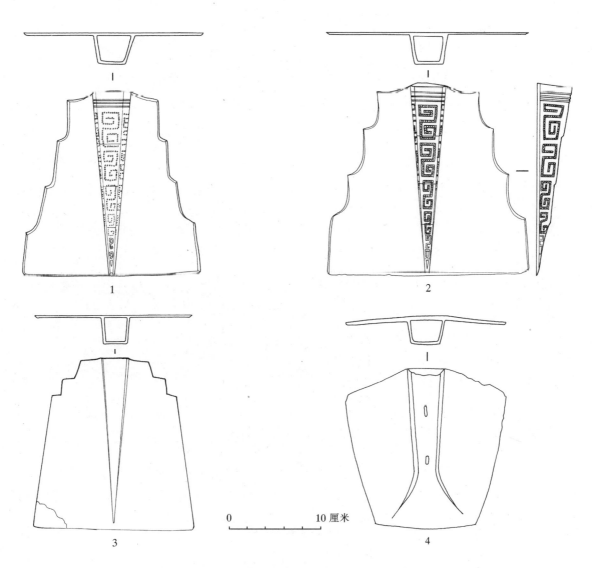

图二〇　梯形铜锄
1.A型Ⅰ式 M57：200　2.A型Ⅱ式 M51：327　3.A型Ⅲ式 M85：55　4.B型 M69：225

有两个钉孔，表面镀锡。通长17、刃宽10.8、銎宽3.8厘米（图二〇，4；彩版二〇，4）。

3. 镂孔铜锄

9件。锄身略呈长方形半圆筒状，顶部稍圆，上段较宽，平刃，刃端较窄，底部多数有镂孔，顶部有与锄身垂直相交的方銎。分二式。

Ⅰ式　2件。底部与两侧折接，薄壁，銎较长。标本M68:319，底部上段有两排三角形孔，表面镀锡。通长29.6、残刃宽9、銎长6.1、宽3.3厘米（图二一，1；彩版二〇，

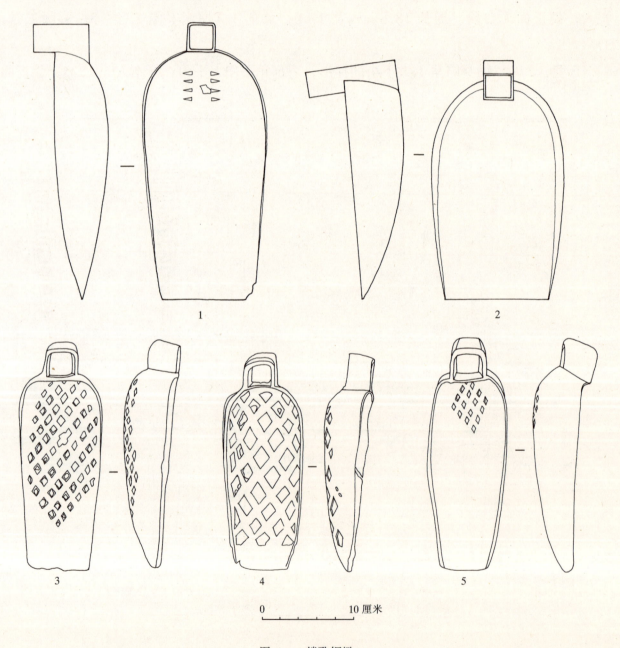

0　　　　　　　　　10厘米

图二一　镂孔铜锄

1. Ⅰ式 M68:319　2. Ⅰ式 M68:318　3. Ⅱ式 M50:73　4. Ⅱ式 M47:218　5. Ⅱ式 M69:221

5）。标本 M68∶318，底部无镂孔。通长 25.6、残刃宽 11.2、銎长 9.6、宽 3 厘米（图二一，2；彩版二〇，6）。

Ⅱ式　7件。厚壁，短銎，底部有菱形镂孔。标本 M50∶73，镂孔小。通长 24.3、刃宽 6.2、銎长 3.2、宽 3.4 厘米（图二一，3；彩版二〇，7）。标本 M47∶218，镂孔大。通长 22.8、残刃宽 4.8、銎长 2.9、宽 3.5 厘米（图二一，4；彩版二〇，8）。标本 M69∶221，上段有小孔，表面镀锡。通长 24.7、刃宽 5、銎长 3.6、宽 3.8 厘米（图二一，5；彩版二〇，9）。

4. 铜铲

9件。铲身略呈长方形板状，刃端稍宽，正面中线隆起銎，下端分成三股突起的脊。有的出土时留有直木残柄。主要出自大型墓内，部分銎上铸纹饰，表面镀锡，显然属礼仪器。根据銎不同分二型。

A型　6件。銎断面呈半圆形。分三式。

Ⅰ式　2件。铲身较窄，刃内弧。銎较低，下端脊直，口部突出铲身。标本 M57∶166，銎口内凹，正面有对称钉孔。残长 20.7、刃宽 8.6、銎宽 4.6、高 1.8 厘米（图二二，1；彩版二一，1）。

Ⅱ式　1件。标本 M57∶162，铲身稍宽，平刃。銎较高，下端两侧脊微下弧，正面为浮雕蛇头，背面有一钉孔。通长 20.5、刃宽 9.7、銎宽 3.6、高 2.5 厘米（图二二，2；彩版二一，2）。

Ⅲ式　3件。铲身较宽，下段向上翘。銎高，下端两侧脊下弧，正面为浮雕蛇头。标本 M51∶337，两肩斜直，表面镀锡。残长 20.5、刃宽 10.2、銎宽 3.5、高 2.8 厘米（图二二，3；彩版二一，3）。

B型　3件。銎断面呈三角形，铲身上段两侧上翘。分二式。

Ⅰ式　1件。标本 M68∶342，铲身较长，刃微内弧，曲肩，銎部三面各有一钉孔。通长 21.6、刃宽 10.1、銎宽 5.1、高 2.7 厘米（图二二，4；彩版二一，4）。

Ⅱ式　2件。铲身较短、较厚，平刃。标本 M69∶219，斜直肩，銎部三面各有一钉孔，正面饰雷纹，表面镀锡。通长 17.5、残刃宽 9.1、銎宽 4、高 2.7 厘米（图二二，5；彩版二一，5）。

5. 方銎铜斧

35件。銎断面略呈方形，双面刃，少数銎上部一侧附单耳。分五型。

A型　11件。銎两侧较直，窄刃。分三式。

Ⅰ式　3件。銎口作横长方形。标本 M57∶205，刃微弧，銎正背面有对称钉孔，表面镀锡。通长 9.1、残刃宽 4.3、銎宽 3.1、高 2.2 厘米（图二三，1；彩版二一，6）。

Ⅱ式　5件。銎口近方形，近銎口处有一道箍状凸弦纹，刃较Ⅰ式稍宽。标本 M64∶

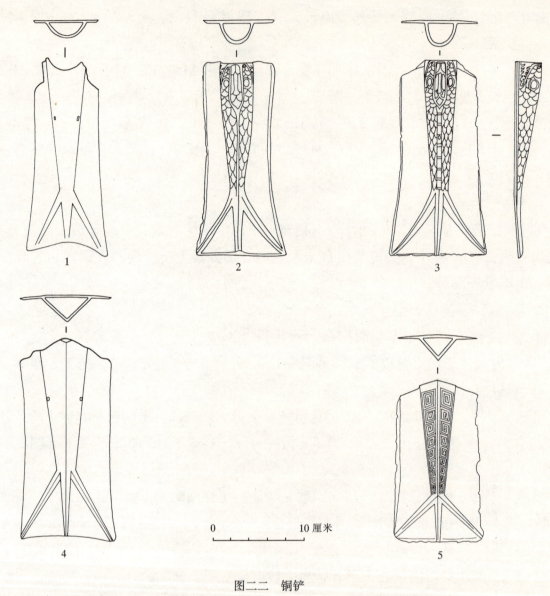

图二二　铜铲

1.A型Ⅰ式 M57:166　2.A型Ⅱ式 M57:162　3.A型Ⅲ式 M51:337　4.B型Ⅰ式 M68:342　5.B型Ⅱ式 M69:219

16，刃稍弧，銎正背面有对称钉孔。残长11.3、刃宽5.7、銎宽3.2、高2.9厘米（图二三，2；彩版二一，7）。

Ⅲ式　3件。銎口处有三道箍状凸弦纹。标本 M69:186，銎两面饰头下尾上的龙纹及方格纹，并有对称钉孔，平刃两端残，表面镀锡。通长11.8、残刃宽5.7、銎宽3.2、高2.9厘米（图二三，3；彩版二一，8）。

B型　13件。通体细长，銎两侧下段略内收，似束腰状。分三式。

Ⅰ式　8件。刃部较长。标本 M68:293，銎两面有对称钉孔，刃微弧，表面镀锡。残长11.9、刃宽5.7、銎宽2.4、高2.2厘米（图二三，4；彩版二二，1）。

Ⅱ式　2件。近銎口处有一道箍状凸弦纹。标本 M82:1，刃微弧，使用后偏一侧。残

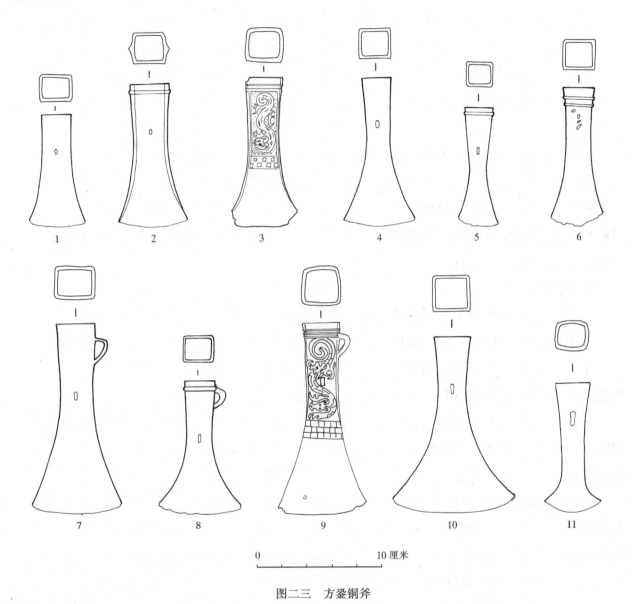

0　　　　　　　　　　　　10 厘米

图二三　方銎铜斧

1.A 型 I 式 M57：205　2.A 型 II 式 M64：16　3.A 型 III 式 M69：186　4.B 型 I 式 M68：293　5.B 型 II 式 M82：1　6.B 型 III 式 M50：65
7.C 型 I 式 M53：10　8.C 型 II 式 M82：2　9.C 型 III 式 M69：208　10.D 型 M68：315　11.E 型 M54：2

长 9.5、刃宽 3.2、銎宽 2.3、高 2.1 厘米（图二三，5；彩版二二，2）。

III 式　3 件，近銎口处有两道或三道箍状凸弦纹。标本 M50：65，近銎口处有两道箍状凸弦纹，刃残，表面镀锡。残长 11.2、刃宽 4.1、銎宽 3.2、高 2.4 厘米（图二三，6；彩版二二，3）。

C 型　8 件。銎较长，近口处一侧附半环单耳，刃较 A、B 型略宽，微弧近平。分三式。

I 式　4 件。标本 M53：10，銎两面有对称钉孔。残长 15.2、刃宽 7.2、銎宽 3.3、高 3.2 厘米（图二三，7；彩版二二，4）。

Ⅱ式　2件。近銎口处有一道箍状凸弦纹。标本 M82：2，銎两面有对称钉孔。残长 10.6、刃宽 6.6、銎宽 2.5、高 2.3 厘米（图二三，8；彩版二二，5）。

Ⅲ式　2件。近銎口处有三道箍状凸弦纹。标本 M69：208，刃两端残损，銎两面饰头下尾上的龙纹及方格纹。通长 15.3、残刃宽 7、銎宽 3.1、高 3 厘米（图二三，9；彩版二二，6）。

D 型　2件。銎两侧内弧，弧刃宽大。标本 M68：315，銎两面有对称钉孔，表面镀锡。残长 13.9、刃宽 9.9、銎宽 2.9、高 2.8 厘米（图二三，10；彩版二二，7）。

E 型　1件。是唯一的单面刃方銎斧。标本 M54：2，銎较长，两侧向下内收，两面有对称钉孔，单面弧刃较短，锈残较重。残长 10.3、刃宽 4.4、銎宽 2.7、高 2.5 厘米（图二三，11；彩版二二，8）。

6. 椭圆銎铜斧

21 件。銎断面呈椭圆或扁圆形，銎上部多附有耳，弧形刃。分六型。

A 型　7件。銎口齐平，双面刃。分三式。

Ⅰ式　1件。标本 M68：347，銎两面有对称钉孔，刃较窄，表面镀锡。通长 15、残刃宽 8.4、銎径 2.7～3.6 厘米（图二四，1；彩版二三，1）。

Ⅱ式　3件。銎一侧附半环单耳，刃较窄。标本 M68：364，銎口近圆形，銎两面有对称钉孔，附耳处有两道凸弦纹，其间饰扭瓣纹，下饰有菱形和三角形纹组合图案，表面镀锡。通长 15、残刃宽 8.2、銎径 3.3～3.4 厘米（图二四，2；彩版二三，2）。

Ⅲ式　3件。銎一侧附半环单耳，宽刃外弧。标本 M71：11，环銎铸有锯齿纹间隔的多道纹饰，有涡纹、缠绕纹，刃部上端饰三角纹。通长 14.6、刃宽 9.6、銎径 2.5～3.8 厘米（图二四，3；彩版二三，3）。

B 型　4件。銎两侧附半圆双耳，双面刃。分二式。

Ⅰ式　1件。标本 M57：203，銎两面有对称钉孔，銎口齐平，刃较窄。通长 13.6、残刃宽 6.6、銎径 3.1～4 厘米（图二四，4；彩版二三，4）。

Ⅱ式　3件。銎口内弧，刃较宽。标本 M51：286，銎饰一道云纹，下有一蝌蚪形纹，表面镀锡。通长 15.4、刃宽 8.9、銎径 3.1～3.9 厘米（图二四，5；彩版二三，5）。

C 型　3件。銎一侧附半环单耳，双面刃，起刃平面极高。标本 M51：328，銎部起刃，平面上端两面有对称钉孔，附耳处有两道凸弦纹，其间饰云纹，起刃平面两侧饰编结纹，表面镀锡。残长 14.1、刃宽 7.9、銎径 2.8～3.8 厘米（图二四，6；彩版二三，6）。

D 型　3件。通体扁平且短，銎断面呈两面平的扁椭圆形，口内弧。双面刃宽大外弧，两端外翘。标本 M57：175，銎有两道凸弦纹，下面一道在正面向下卷曲成略作半圆形纹饰，两面各有一钉孔。通长 11、刃宽 11、銎径 1.5～4.1 厘米（图二四，7；彩版二

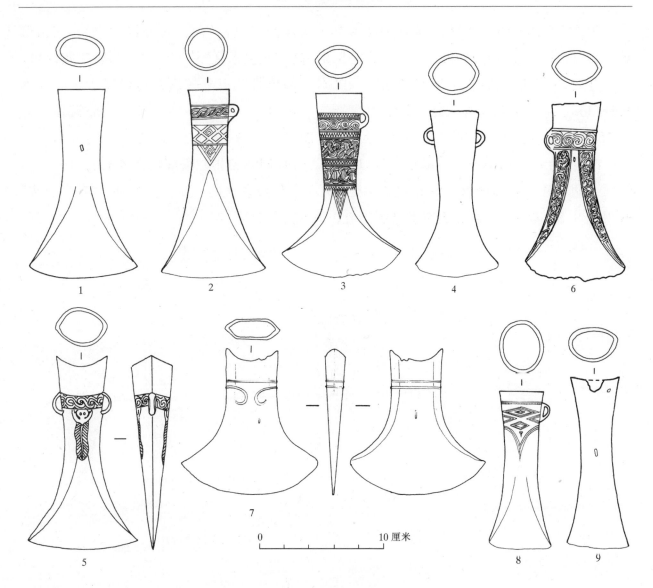

图二四　椭圆銎铜斧

1. A型Ⅰ式 M68:347　2. A型Ⅱ式 M68:364　3. A型Ⅲ式 M71:11　4. B型Ⅰ式 M57:203　5. B型Ⅱ式 M51:286　6. C型 M51:328

7. D型 M57:175　8. E型 M71:10　9. F型 M83:4

三，7）。此型斧不属滇文化原有器形，而常见于元江流域的古墓中。

E型　2件。通体浑厚，銎高，断面呈竖椭圆形，双面窄刃。标本 M71:10，銎饰菱形、三角形纹，一侧附半环单耳，两面有对称钉孔。通长 12.7、残刃宽 5.1、銎径 3.6～4.4 厘米（图二四，8；彩版二三，8）。

F型　2件。通体细长，銎部背面较平，单面窄刃。标本 M83:4，銎口微内弧，正面有一钉孔。残长 13.6、残刃宽 5、銎径 2.6～3.8 厘米（图二四，9；彩版二三，9）。

7. 半圆銎铜斧

8件。銎断面略作半圆形，单面刃。分二型。

A型　6件。刃部宽大，銎两侧稍内弧。分二式。

Ⅰ式　2件。器形相同。标本 M68:366，銎两面有对称钉孔，正面饰菱形、三角形纹，刃微弧。残长 14.2、刃宽 8.7、銎宽 3.8、高 2.6 厘米（图二五，1；彩版二四，1）。

Ⅱ式　4件。銎较长，下部较细，一侧附半圆单耳，刃部较扁，刃微弧近平。标本M51:306，銎下部两面有二钉孔，正面口部饰一道栉纹，下有一蝌蚪纹，表面镀锡。通长 15.2、残刃宽 10、銎宽 3.7、高 2.5 厘米（图二五，2；彩版二四，2）。

B 型　2件。通体浑圆，厚重，銎口近方。标本 M68:348，銎部两面各有一钉孔，刃微弧，两端残，表面镀锡。出土时留有表面涂红色的残曲木柄，向一侧弯曲。通长 15.9、残刃宽 8.5、銎宽 4、高 3.5 厘米（图二五，3；彩版二四，3）。

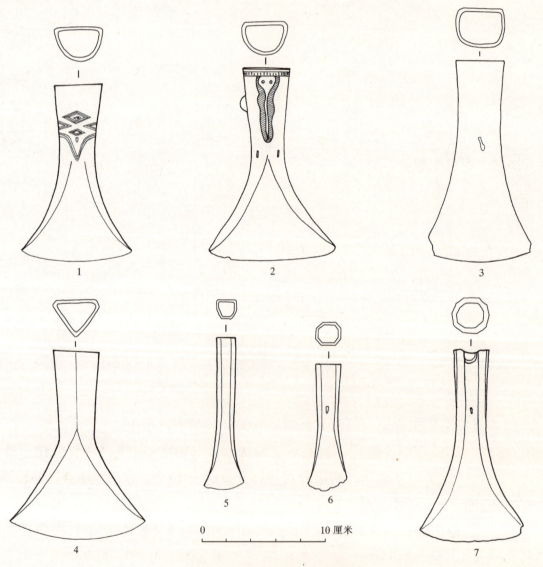

图二五　半圆銎铜斧和多边銎铜斧

1. A 型Ⅰ式半圆銎铜斧 M68:366　2. A 型Ⅱ式半圆銎铜斧 M51:306　3. B 型半圆銎铜斧 M68:348　4. A 型多边銎铜斧 M68:314

5. B 型多边銎铜斧 M51:131　6. C 型多边銎铜斧 M71:49　7. C 型多边銎铜斧 M68:346

8. 多边銎铜斧

7件。根据銎部断面不同分三型。

A型　1件。銎部断面呈三角形。标本M68:314，单面刃宽阔，外弧，表面镀锡。通长15.3、刃宽11.2、銎宽3.7、高2.9厘米（图二五，4；彩版二四，4）。

B型　4件。銎部断面呈六边形。通体细长，銎正面隆起，背面平，断面似八边形的一半，单面窄刃，微弧。标本M51:131，刃部使用后偏一侧，表面镀锡。长12.1、残刃宽2.5、銎宽1.5、高1.4厘米（图二五，5；彩版二四，5）。

C型　2件。銎部断面呈八边形，銎部较长，双面刃，有对称钉孔。标本M71:49，刃窄，残破。残长10、刃宽3.1、銎宽2、高1.8厘米（图二五，6；彩版二四，6）。标本M68:346，刃较宽，銎部壁厚，表面镀锡。残长15.2、刃宽8、銎宽2.8、高2.7厘米（图二五，7；彩版二四，7）。

9. 礼仪铜斧

9件。器形奇特，装饰精美，打磨光滑，保存也较完好，仅发现于大型墓及个别中型墓中，不宜做生产工具使用，可能是专作祭祀或仪仗等用的礼仪器。分五型。

A型　4件。凯旋图纹椭圆形銎，两面铸有浮雕的战斗凯旋图纹。通体细长，双面平刃，较窄。其中3件两面浮雕图形相同。标本M57:159，銎部浮雕图形为三人，中一人骑马，着披风，头后束髻，跣足，双手持兵器长柄，腕臂佩多钏，占画面大部。身侧两人行走，前行者持长曲柄斧；后随者着布满横条纹的衣裤，用一绳捆双手与骑马人相连，似为俘虏。刃及銎口稍残。残长16.4、刃宽7.1、銎径2.5~4.1厘米（图二六，1；彩版二四，8）。另一件标本M51:332，銎部两面浮雕图形不同，一面与前述图形略同，唯后面人亦着披风，披发，长发后飘。另一面为一人骑马，面向后看，右手提一人头，身侧跟随二人，前行者左手持剑，背部负物，后随者持盾，一手高扬，好像战斗凯旋而归正与欢迎的人群召唤。刃及銎口稍残，刃部扁平，表面镀锡。残长16.5、刃宽7.2、銎径2.8~4厘米（图二六，2；彩版二五，1、2）。

B型　2件。蝉纹半圆形銎，正面铸浮雕蝉纹。刃部略作三角形，扁平，单面刃，微弧近平。标本M51:331，銎部浮雕蝉闭翅停立，形象极生动，銎背面饰云纹、三角形、涡纹组成的图案，刃稍残，刃部两侧饰带状云纹，表面镀锡。残长16.7、刃宽9.5、銎宽3.9、高3.5厘米（图二六，3；彩版二五，3）。标本M51:330，銎部浮雕蝉，双翅在身体两侧张开竖立，头部为半圆形鳞纹，刃稍残，刃部两侧及銎背面饰雷纹，表面镀锡。残长16.3、刃宽8、銎宽3.3、高3.3厘米（图二六，4；彩版二六，1）。

C型　1件。蛇头纹。标本M47:207，半圆形銎，正面铸有浮雕的蛇头。单面弧刃稍残，銎口有一道箍状凸弦纹，銎部正、背面各有二钉孔。残长16.3、刃宽7.7、銎宽4.4、高3.6厘米（图二六，5；彩版二五，4）。

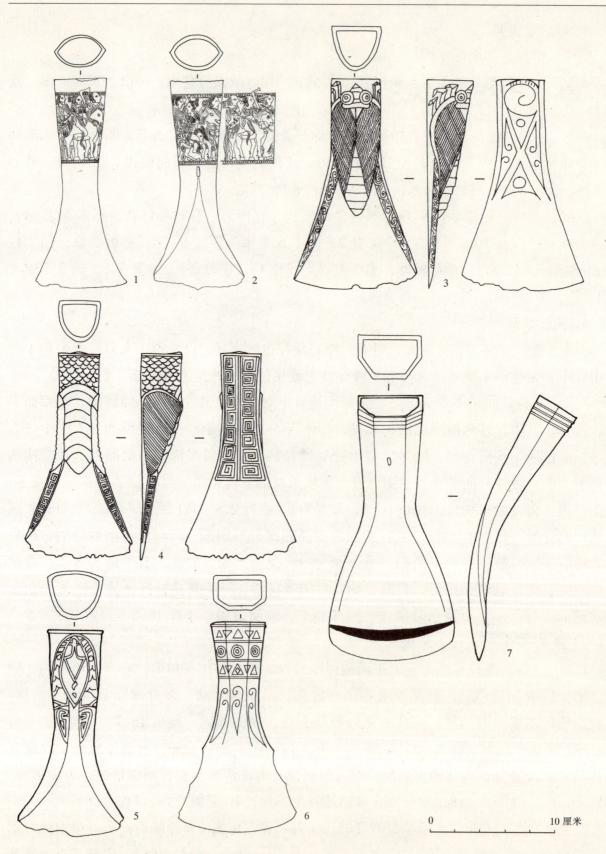

图二六　礼仪铜斧

1. A型 M57:159　2. A型 M51:332　3.B型 M51:331　4.B型 M51:330　5.C型 M47:207　6.D型 M64:17　7.E型 M51:307

D 型　1 件。梯形。标本 M64∶17，斧身两侧呈阶梯状向上弧并内收成梯形，单面弧刃。銎正面隆起作六棱，两面有对称钉孔，銎口有一道箍状凸弦纹，正面纹饰用弦纹分成四段，自銎口以下分别为三角形、同心圆、三角形和变形云纹。銎口及刃稍残。残长 16.9、刃宽 9.5、銎宽 4.4、高 3 厘米（图二六，6；彩版二五，5）。

E 型　1 件。曲腰。标本 M51∶307，刃部向上弯曲成曲腰斧。銎正面隆起作六棱，刃部两侧弧出，中部下弧，单面弧刃也下弧。銎部有对称钉孔，銎口处有三道箍状凸弦纹。通长 20.9、刃宽 8、銎长 10.8、宽 4.8、高 4 厘米（图二六，7；彩版二五，6）。

10. 铜锛

5 件。銎断面略呈半圆形，单面刃。根据刃部差异分二型。

A 型　1 件。标本 M61∶1，长銎，正面有一钉孔，短刃，两端外翘，起刃平面窄。锈蚀残损严重。残长 11.1、残刃宽 3.8、銎宽 3.4、高 2.3 厘米（图二七，1；彩版二六，2）。

B 型　4 件。銎两侧斜直向下内收。长刃，弧刃较宽，起刃平面高且宽。标本 M63∶4，銎部有对称钉孔，刃经使用略偏一侧。残长 11.9、刃宽 5.8、銎宽 3.2、高 2.2 厘米（图二七，2；彩版二六，3）。

锛与半圆銎斧相似，均为半圆形銎，单面刃。但器形较小，表面无纹也无附耳。从昆明羊甫头滇文化墓中发现的装曲木柄情况看，木柄向正面弯曲，可知应为锛①。

11. 铜凿

10 件。长条形，一端作刃，另一端内空为銎。根据刃、銎不同分二型。

A 型　8 件。双面刃，銎断面略成方形，分三式。

Ⅰ 式　2 件。刃端较窄，正、背两面斜直，下聚成刃锋。标本 M57∶212，两侧铸制的合范线略偏，刃稍残。残长 12.2、残刃宽 1.2、銎宽 1.9、高 1.6 厘米（图二七，3；彩版二六，4）。

Ⅱ 式　5 件。刃端较窄，正、背两面銎部斜直稍平，刃部急剧倾斜聚成刃锋。标本 M51∶140，平刃，銎部正面有一钉孔，近口处饰一道雷纹。通长 11.8、刃宽 1.4、銎宽 2、高 1.8 厘米（图二七，4；彩版二六，5）。

Ⅲ 式　1 件。标本 M47∶88，刃端较窄，正、背两面斜直，近下端急斜成刃，刃稍残，銎部有对称钉孔，近口处有一道箍状凸弦纹，表面镀锡。残长 13.3、刃宽 1.3、銎宽 2.3、高 2.1 厘米（图二七，5；彩版二六，6）。

B 型　2 件。单面刃，銎断面呈梯形，背面平直，正面较窄斜直，近下端急剧下斜出刃，两侧于急剧下斜处稍内收，使刃稍宽。标本 M86∶1-3，銎部有长方形对称钉孔，銎内

---

① 云南省文物考古研究所、昆明市博物馆、官渡区博物馆：《云南昆明羊甫头墓地发掘简报》，《文物》2001 年 4 期。

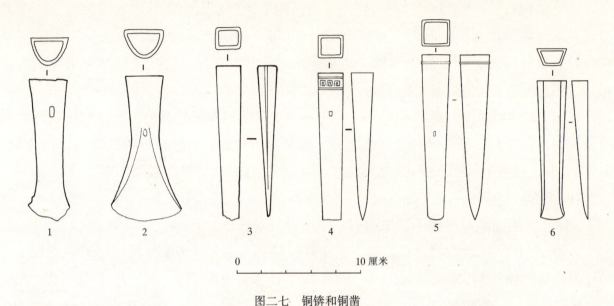

图二七　铜锛和铜凿

1.A 型铜锛 M61:1　2.B 型铜锛 M63:4　3.A 型 I 式铜凿 M57:212　4.A 型 II 式铜凿 M51:140　5.A 型 III 式铜凿 M47:88　6.B 型铜凿 M86:1－3

留有残木柄。通长 11.2、刃宽 1.9、銎宽 2.1、高 1.2 厘米（图二七，6；彩版二六，7）。

12. 铜削

30 件。长条形，器较薄，由刃和柄相连而成，大多锈蚀。根据刃和柄不同分三型。

A 型　20 件。柄内空作扁圆銎状，口内凹呈鸭嘴形张开状，单刃扁平，前端尖，刃背与柄背略成直线相连接。分二式。

I 式　10 件。柄较扁，多无纹饰，个别有弦纹。标本 M70:3，背微弧，平直刃，柄中部有三道细凸弦纹，柄口残。残长 18.6、刃长 10.2、銎径 0.8～2 厘米（图二八，1；彩版二七，1）。

II 式　10 件。柄较圆，中部下侧附半环单耳，刃微向内曲。部分柄部表面有纹饰，因器薄纹浅，已锈蚀难辨。标本 M50:27，柄中部附半环单耳处有五道细凸弦纹，前端有一孔，表面纹饰锈蚀莫辨。残长 21.8、刃长 13.3、銎径 1.2～2.1 厘米（图二八，2；彩版二七，2）。

B 型　8 件。实心细长柄，后端尖，前端与刃背略成直线相连接，刃部作扁平长条，前端尖，刃略向内曲，背较厚，部分柄背后端立有透雕动物，皆锈蚀难辨。标本 M71:22，柄断面为圆形，刃部背微弧，后端立有一兽，锈蚀无法辨别。通长 24、刃长 16、柄径 0.4 厘米（图二八，3；彩版二七，3）。标本 M35:2，较特殊，柄断面作半圆形，刃部向下弯曲，凹背弧刃，正面突起成单面刃，制作粗糙，锈蚀严重。残长 18.3、残刃长 9 厘米（图二八，4；彩版二七，4）。

C 型　2 件。通体扁平，作小无格剑形，刃部断面呈扁菱形，双刃，后端圆，柄实心

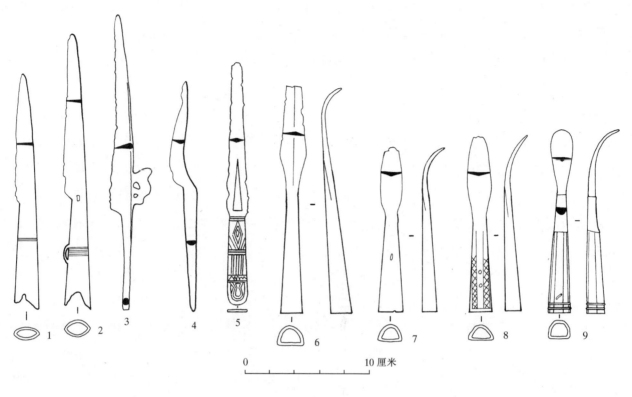

图二八　铜削和铜卷刃器

1.A型Ⅰ式铜削 M70:3　　2.A型Ⅱ式铜削 M50:27　　3.B型铜削 M71:22　　4.B型铜削 M35:2　　5.C型铜削 M30:6　　6.A型Ⅰ式铜卷刃器 M68:71　　7.A型Ⅱ式铜卷刃器 M53:12　　8.A型Ⅱ式铜卷刃器 M51:134　　9.B型铜卷刃器 M47:91

扁平，首端圆。标本 M30:6，柄及刃后段饰曲线级、锯齿级、平行线级、菱形级和三角形纹组合图案，刃部稍残。残长 19.7、残刃长 12.7、厚约 0.3 厘米（图二八，5；彩版二七，5）。

13. 铜卷刃器

15 件。器形似矛却细小，刃部前段向上卷曲。銎正面隆起，断面呈半圆形，刃部也正面突起，中线起棱，断面作扁三角形。用途不明，因与其他生产工具同放置墓内，当属工具，推测卷刃器可能作"点种棒"破土端的点种工具使用。根据刃部差别分二型。

A 型　14 件。刃部似矛刃，前锋长，后锋短。分二式。

Ⅰ式　4 件。刃部较长，前锋狭长，两刃平直，平面呈长菱形。标本 M68:71，銎部较长，留有残木柄，刺端残，表面镀锡。残长 17.8、刃宽 2.1、銎宽 2.2、高 1.4 厘米（图二八，6；彩版二七，6）。

Ⅱ式　10 件。刃部较短，前锋略弧，前端圆无刺。标本 M53:12，銎正面有一钉孔。通长 12.9、刃宽 2.1、銎宽 1.8、高 1.4 厘米（图二八，7；彩版二七，7）。标本 M51:134，刃前端残，銎部正面沿中线较平，两侧有棱，有二对称钉孔，两侧面饰网格纹。残长 13.6、刃宽 1.8、銎宽 1.8、高 1.2 厘米（图二八，8；彩版二七，8）。

B型　1件。标本 M47：91，刃部较短，前端圆，且较宽，后端长，銎正面顶部平，两侧起棱，前段收细成实心半圆形，近口处有两道凸弦纹，表面镀锡。通长 14.6、刃宽 1.8、銎宽 1.7、高 1.4 厘米（图二八，9；彩版二七，9）。

二　兵器

890 件。器形有铜戈、铜矛、铜殳、铜戚、铜钺、铜啄、铜叉、铜棒锤、铜镦、铜剑、铜镖、铜鞘饰、铜弩机、铜镞、铜箙饰、铜镙、铜盾饰、铜甲饰等。铜戈有 54 件，出于大型墓及个别中型墓内，似乎标志着墓主的政治地位或军事指挥权，根据援末装柲方式和结构的差异，分无胡铜戈、长胡铜戈和横銎铜戈。铜甲饰有 48 件，薄铜片制成，中部和边沿有小孔，可缝缀在革甲或棉甲上作装饰，并能增强革甲、棉甲的防护能力。铜片厚不足 0.1 厘米，出土时大多已成碎片，原状和件数不甚清楚，经拼对和修复可辨识大部。据甲片的形状有铜胫甲、铜臂甲和铜护手甲。胫甲和臂甲均卷成上端粗下端细的圆筒形，胫甲较粗，臂甲较细。都分二式，Ⅰ式用一片宽铜片卷曲而成，周围边缘卷边。Ⅱ式分为三片弯曲铜片，侧面相连围成圆筒。部分残片辨识不甚准确。大型墓内所出的表面常鎏金。在两件甲片上发现裂隙处有修补的痕迹，在裂隙两侧凿对称小孔，用薄铜片剪成的铜丝穿过小孔在背面弯折铆固连接。修补的铜丝也两面鎏金。似在使用过程中裂损，用鎏金的铜丝修补。

1. 无胡铜戈

31 件。援末阑侧两穿，内呈长方形，阑侧有一长方形孔。援后段中线有一太阳纹，中央有一圆孔，部分圆孔未穿透。援末中部和内后端有以人形为主，云纹、绳纹等组成的图案，援末图案常有边线内弧的方形外框。根据援部形状分七型。

A型　6件。援狭长，微向上弯曲，尖锋稍圆，前端较厚，中线起棱，断面呈菱形。标本 M51：310，援末及内上铸有单人形图案，太阳纹中央圆孔未穿透，锋稍残，表面镀锡。通长 26.3、援长 20.1、阑宽 7.7 厘米（图二九，1；彩版二八，1）。

B型　5件。援扁平，略直，上刃平，下刃稍向上斜，前锋尖。标本 M50：57，出土时附长 65.5 厘米的残木柲，援末和内上均饰三人形图案，太阳纹呈椭圆形，中央圆孔未穿透。残长 26.2、残援长 20.3、阑宽 8.8 厘米（图二九，2；彩版二八，2）。

C型　8件。援身宽，稍上曲，上刃向内弯曲，下刃向上斜，尖锋略作三角形。援前段中线突起的柱状脊突起，后段宽阔。阑较长，两端伸出援外。标本 M51：313，刃稍残，太阳纹略呈桃形，中央孔作桃形未穿透，援末饰二人、内上饰三人形图案，人形简化，表面镀锡。通长 25.2、援长 18.8、阑宽 11.2 厘米（图二九，3；彩版二八，3）。

D型　5件。扁平直援，前端锋刃齐平。标本 M51：305，刃、锋稍残，援末阑侧无穿，太阳纹中央圆孔未穿透，其后饰水滴纹。内后端饰三人头，两侧为人头头发向上卷曲。表面镀锡。残长 26.6、残援长 20.1、阑宽 8.6 厘米（图二九，4；彩版二九，1）。标

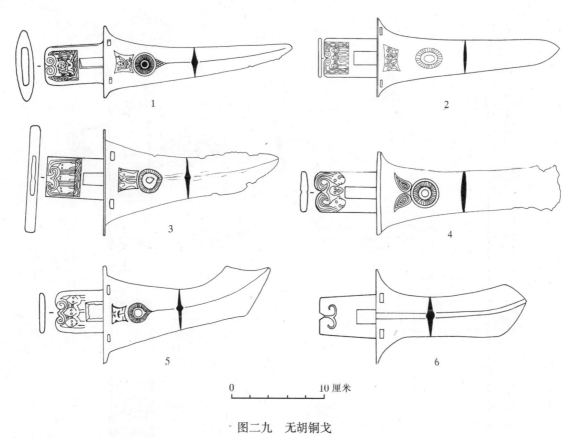

图二九 无胡铜戈

1.A 型 M51∶310 2.B 型 M50∶57 3.C 型 M51∶313 4.D 型 M51∶305 5.E 型 M68∶338 6.G 型 M68∶341

本 M47∶36，出土时附长 133 厘米的残木柲，表面涂红色。

E 型 3 件。曲刃，宽援向上弯曲，下刃斜直，前端向上折，上刃向内双曲。前端尖锋略作三角形上翘，援前段中线有圆柱状脊突起。阑较宽，两端伸出援外。标本 M68∶338，太阳纹略呈桃形，中央圆孔，援末纹饰锈蚀模糊，内上饰简化的三人形图案。通长 23.1、援长 18.1、阑宽 10.3 厘米（图二九，5；彩版二九，2）。

F 型 3 件。援身窄，微上曲，前段微向上弯曲，后段较平直，前端尖锋略作三角形，援身前段中线突起圆柱状脊。标本 M51∶282，刃及尖锋稍残，援上太阳纹略呈桃形，中央有桃形孔，援末饰二人、内上饰三人形图案。残长 23、残援长 16.6、阑宽 7.9 厘米。附有铜柲，铜柲断面作椭圆形，向下渐扁，上端有扁长方形孔以受内，顶端铸有一立体公牛立在鼓形座上，下端连铸有镦，略作扁平长方形，底端为双面刃的尖锋。环柲铸有多道锯齿纹、云纹、牛形纹等组成的图案，镦上纹饰一面为持剑羽人，另一面为两排同心圆，四周为扭绳纹，戈和柲表面镀锡。通长 69.6 厘米（图三〇；彩版三〇）。

G 型 1 件。标本 M68∶341，窄援平直，前端略宽向上弯曲，下刃平直前端上折，上刃内曲前端下折，尖锋略作三角形，援身中线有圆柱状脊突起，无纹饰，内后端较阑侧窄。通长 22.6、援长 16.4、阑宽 9.6 厘米（图二九，6；彩版二九，3）。

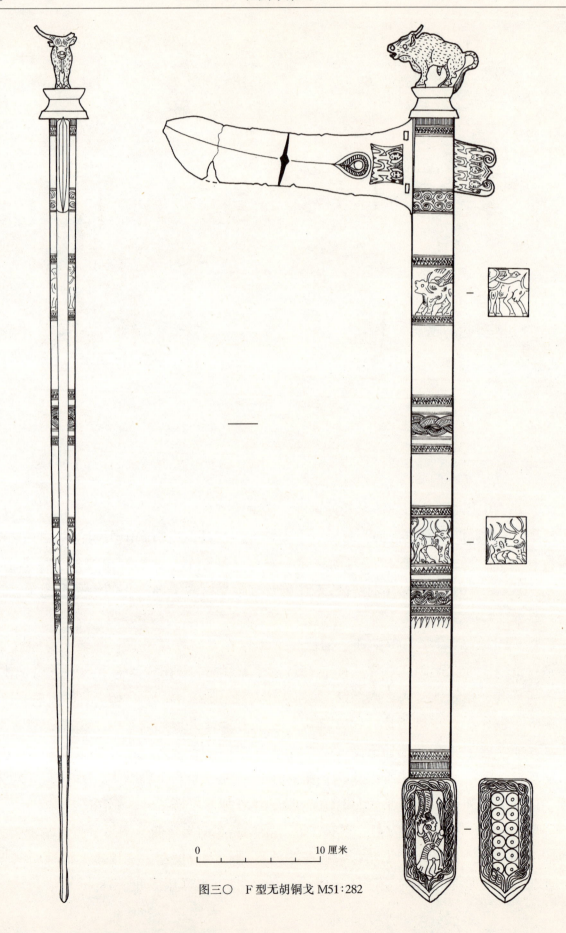

0　　　　　　　　　　　　10 厘米

图三〇　F型无胡铜戈 M51：282

2. 长胡铜戈

9件。长胡，有三至五个穿，部分穿有痕而未贯通成孔。长方形内，援狭长，后段有宽大的脊，突起极高。分二型。

A型 6件。直援较平，尖锋圆，前段断面呈扁圆形，后段脊两侧有凹槽，向后渐高渐宽，至胡前沿处向内折收成长条形，内空，断面略成方形。内前端有方形孔。标本M57:169，有四穿，其中一穿未贯通成孔。通长28.7、援长23.3、胡高12.9厘米（图三一，1；彩版三一，1）。

B型 3件。曲援，胡较长，援中段弯曲，前端弧形刃，锋尖聚在上缘。宽脊向后渐高，后端在援与内之间成张开的双翼。内前段作两枋上下交叉状，后端似一牛头，牛角、耳向两侧伸出。两翼、胡和内上都有纹饰。标本M51:304，胡上三穿，其中一穿未贯通成孔，纹饰以云纹为主体，辅以其他纹组成，脊后段有剔点纹，表面镀锡。通长28.1、援长21.8、胡高14.7厘米（图三一，2；彩版三一，2）。

3. 横銎铜戈

14件。无阑，无胡。援与内之间有横銎，管筒状；銎断面呈椭圆形，上端封闭，与援略成垂直相交。分五型。

A型 3件。短銎，援狭长稍向上曲，中线起棱，尖锋略圆，后段较厚而内空，与銎内相通。内略呈长方形。标本M51:315，刃、锋稍残，援刃锋利，銎有钉孔，内上有四兽，两兽相背而坐，另两兽后躯相连，立于坐兽身上，吻与坐兽头顶相接，似嬉戏的小兽，表面镀锡。残长27.2、残援长20.1、銎长10.1、銎径2.1～3厘米（图三一，3；彩版三一，3）。

B型 3件。援宽较短，向上弯曲，尖锋略呈三角形，前段中线有圆柱状脊突起。内略呈方形。援上饰有太阳纹，援末及内上饰人形纹，环銎铸有多道纹饰。标本M68:68，刃、锋稍残，援末有两穿，援上太阳纹中央有圆孔，援末饰二人、内上饰三人形图案，銎上有以云纹为基调，与雷纹、锯齿纹、弦纹组成图案。残长23.1、残援长17.2、銎长10.9、銎径2～2.9厘米（图三一，4；彩版三一，4）。

C型 3件。长銎，直援狭长，援末宽阔，前锋偏弧刃，上聚成尖锋，中线有脊，脊两侧各有两道槽。援后段较厚而内空与銎内相通。内略呈方形，后端稍窄。援后段、銎、内上均有以蛇形为主体的纹饰。标本M51:284，援后段有三对称钉孔，銎上有四对称钉孔。援上有太阳纹，中央圆孔未穿透，前有一大鲵形纹，后有缠蛇纹。内上有缠蛇纹，环銎饰多道缠蛇纹、网格纹和雷纹等组成的图案，表面镀锡。通长27.7、援长20.5、銎长15.3、径2.4～2.9厘米（图三一，5；彩版三二，1）。

D型 3件。通体铸成立体的右手反握一字格短剑形状。手及腕臂中空作銎，剑首作内，略呈方形，后端略宽。剑腊作援，直而扁平，尖锋稍圆，后部有一圆孔。此型戈形

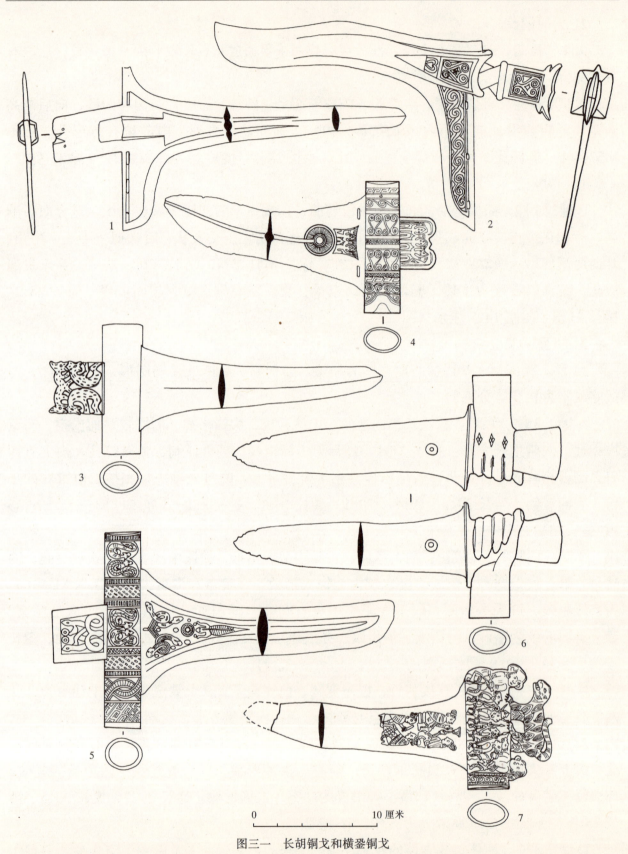

图三一 长胡铜戈和横銎铜戈

1.A型长胡铜戈 M57：169 2.B型长胡铜戈 M51：304 3.A型横銎铜戈 M51：315 4.B型横銎铜戈 M68：68 5.C型横銎铜戈 M51：
284 6.D型横銎铜戈 M51：308 7.E型横銎铜戈 M57：181

如权力之手，持利剑高悬于芸芸众生之上，很可能专作仪仗器使用。标本 M51：308，刃、锋稍残，内上沿出刃，銎部手背上有菱形纹，表面镀锡。通长 26.2、援长 18.6、銎长 9、銎径 2.2~3.2 厘米（图三一，6；彩版三二，2）。

E 型　2 件。器形相同，无内，长援微上曲，曲刃，前段中线有棱，后段宽平。銎背中部铸有一立体圆雕的立虎，尾向上卷曲于背，呈缓慢行走之态。援后部和銎两面铸有浮雕人物形象。援部为浅浮雕四男子，皆着短披风，头顶束螺髻、跣足，分上下两排，各二人相对。上排左首一人坐一铜鼓上，余三人跪坐。銎部为七人猎虎，三四相对，皆上身赤裸，仰面盯着銎背的立虎，两端二人身材高大，头部伸出銎背，呈两面相同的浮雕，一人持曲柄斧，一人持戈；中间五人较小，其中四人持矛，一人持剑。銎口处饰云纹图案。此型戈很可能作记事、祭祀或仪仗器使用。銎背的立虎和伸出的人头与銎、援浑铸而成，两侧连续的合范线清晰可见。标本 M57：181，援尖锋残，銎部有对称钉孔，表面镀锡。残长 32.2、残援长 24、銎长 11.2、径 2.6~3.7 厘米（图三一，7；彩版三二，3）。

4．铜矛

113 件。其中部分为仪仗器，据 M68 发现的木柲痕迹，仪仗矛及柲总长约 2.8 米。分十型。

A 型　22 件。刃狭长，后锋直短，与前锋呈圆直角相接。分三式。

Ⅰ式　10 件。刃中线略有脊不明显，扁圆筒状骹，两侧对称半圆耳，两面有对称钉孔，骹口内凹。环绕骹铸有数道云纹、双旋纹、雷纹、弦纹等组合图案。刃后端铸有三角形纹。标本 M71：20，通长 33、刃长 22、宽 3.8、骹径 1.6~3.1 厘米（图三二，1；彩版三二，1）。

Ⅱ式　4 件。圆筒状骹贯刃大部，刃中后段中线作圆柱状脊，刃后端稍宽，骹侧有耳，环绕骹铸有数道卷云纹、双旋纹、弦纹等组合图案。标本 M48：2，保存较好，骹侧半环单耳，无纹饰。残长 27.5、残刃长 19.4、残刃宽 4.6、骹径 2.4 厘米（图三二，2；彩版三三，2）。

Ⅲ式　8 件。刃后锋平，前端双刃急聚呈三角形刺，中线起脊，圆筒状骹。骹上铸有纹饰。标本 M51：283，刃后端铸有三角形纹、双旋纹。环骹有数道三角齿纹、回旋纹、蚕纹、雷纹、弦纹等组合图案，表面镀锡。通长 28.7、刃长 20.5、刃宽 4、骹径 2 厘米（图三二，3；彩版三三，3）。

B 型　13 件。刃狭长，后锋圆短，前锋微内弧。分三式。

Ⅰ式　5 件。刃部扁平，中线稍显脊，刃锋内弧明显，扁圆筒状骹，两侧对称半圆耳，骹口内凹，环骹铸多道纹饰组合图案。标本 M83：7，骹饰多道回旋纹、雷纹、云纹等组合图案。残长 30.9、刃长 20.3、刃宽 3.1、骹径 1.7~2.7 厘米（图三二，4；彩版

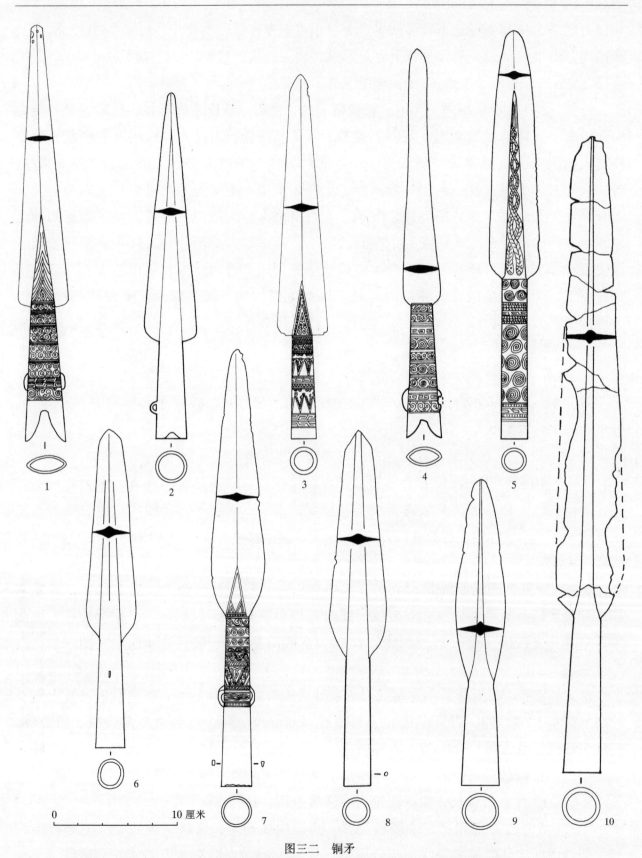

图三二　铜矛

1.A型Ⅰ式 M71:20　2.A型Ⅱ式 M48:2　3.A型Ⅲ式 M51:283　4.B型Ⅰ式 M83:7　5.B型Ⅱ式 M57:193　6.B型Ⅲ式 M57:199

7.C型Ⅰ式 M71:5　8.C型Ⅱ式 M47:33　9.C型Ⅲ式 M85:87　10.C型Ⅲ式 M85:101

三三，4）。

Ⅱ式　3件。刃较宽，内弧较明显，中线圆柱状脊与圆筒状骹贯连。脊上饰二蛇缠绕，环骹饰数道双旋纹、穗状纹、雷纹等组合图案。标本 M57：193，残长 32.5、残刃长 19.6、残刃宽 4、骹径 2 厘米（图三二，5；彩版三三，5）。

Ⅲ式　5件。刃锋微内弧，近直，前端急聚成刺，中线圆柱状脊后与圆筒状骹贯接，前作脊棱。标本 M57：199，通长 25、刃长 16.1、刃宽 3.8、骹径 2 厘米（图三二，6；彩版三三，6）。

C型　30件。刃呈柳叶形，前锋斜直微弧，后锋圆，中线突起脊，圆筒状骹。分三式。

Ⅰ式　20件。刃锋前端窄，后端稍宽，骹长。标本 M71：5，刃后端饰三角形纹，骹侧对称半圆耳，环骹上段饰数道回旋纹、绚纹、弦纹等组合图案，通长 35、刃长 21.2、刃宽 4.3、骹径 2 厘米（图三二，7）。标本 M68：141，刃较长，中线圆柱状脊，刃锋前端急聚成三角形刺，表面镀锡。通长 48.8、刃长 34.3、刃宽 5.2、骹径 2.1 厘米（彩版三四，1）。

Ⅱ式　3件。刃前端较宽，急聚成三角形刺，中线脊棱直达刺尖。标本 M47：33，表面镀锡。通长 28.3、刃长 18、刃宽 4.5、残骹径 2.1 厘米（图三二，8；彩版三四，2）。

Ⅲ式　7件。后锋前倾，使双刃作弧形，前端急聚成刺，中线起圆柱状脊。标本 M85：87，刺残，骹内留有残柲。残长 24.7、残刃长 16、残刃宽 3.9、骹径 3 厘米（图三二，9；彩版三四，3）。其中 2 件刃特长，后端较窄，中线圆柱状脊，骹短，内留残柲，锈蚀残损严重，可能属仪仗器。标本 M85：101，残长 51.2、残刃长 38.5、残刃宽 5、骹径 2.6 厘米（图三二，10；彩版三四，4）。

D型　12件。刃后锋长且前倾，最宽处向前近中部，中线起脊，圆筒状骹。分二式。

Ⅰ式　6件。狭刃。标本 M68：161，骹侧对称半圆耳，环骹上段铸有菱形纹，表面镀锡。通长 28.7、刃长 18、刃宽 3.3、骹径 1.9 厘米（图三三，1；彩版三四，5）。

Ⅱ式　6件。刃较宽，脊后端和环骹饰两道蚕纹、栉纹图案。标本 M71：4，通长 24.1、刃长 15.9、刃宽 4、骹径 1.7 厘米（图三三，2；彩版三四，6）。

E型　19件。刃后锋前倾，内弧，与前锋折接，刃中线起脊，圆筒状骹。分三式。Ⅱ、Ⅲ式多出于大型墓内，可能属礼仪器。

Ⅰ式　8件。刃后锋微弧近直，与前锋圆角折接。标本 M45：10，长 31.7、刃长 20.7、刃宽 4.1、骹径 2.1 厘米（图三三，3；彩版三五，1）。

Ⅱ式　4件。刃后锋内弧明显，两侧折角突出，前端急聚成刺，刃末骹上端有两道箍，箍间呈枣形。标本 M57：221，通长 32.6、刃长 22.3、刃宽 4.7、骹径 2.4 厘米（图三三，4；彩版三五，2）。

Ⅲ式　7件。刃后锋曲，内弧至末端外圆。标本 M57：165，刃后端和环骹饰三角形纹、雷纹、绚纹等组合图案。通长 32.5、刃长 18.4、刃宽 4.9、骹径 2.1 厘米（图三三，5；彩版三五，3）。标本 M57：194，长刃，两侧折角处各有一小圆孔，分别悬挂赤裸铜人，男性，头顶螺髻，双手背剪，捆腕悬吊。环骹上段饰数道双旋纹、雷纹、三角齿纹等组合图案，刃刺端残。铜人用失蜡法分铸，以铜丝拧固在矛两侧小孔悬挂。残长 43.4、

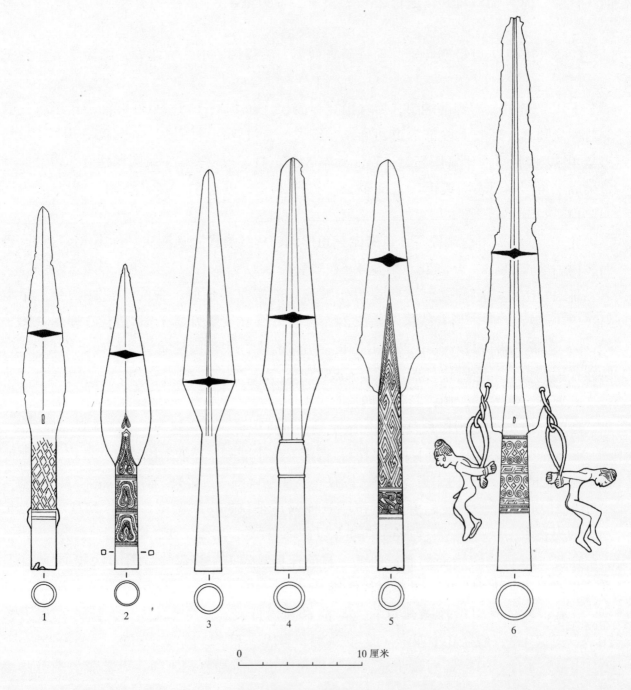

0　　　　　　　　　　10 厘米

图三三　铜矛

1.D 型 Ⅰ式 M68：161　　2.D 型 Ⅱ式 M71：4　　3.E 型 Ⅰ式 M45：10　　4.E 型 Ⅱ式 M57：221　　5.E 型 Ⅲ式 M57：165　　6.E 型 Ⅲ式 M57：194

残刃长 32.4、刃宽 5.6、骹径 2.6 厘米（图三三，6；彩版三五，5）。

F 型　5 件。宽叶形刃，短而阔，中线起脊，两侧叶扁平，圆筒状长骹。标本 M51：280，表面镀锡。通长 24.6、刃长 15、刃宽 7.9、骹径 2.3 厘米（图三四，1；彩版三六，1）。标本 M57：163，刃中线突起圆柱状脊，后端饰太阳纹和三角形纹，骹口饰一道绚纹。残长 26.1、残刃长 14.6、刃宽 8.1、骹径 2.8 厘米（图三四，2；彩版三六，2）。此外，标本 M57：195，刃前端窄长伸出，形状特殊，刃后端饰雷纹和旋涡纹，环骹上段饰多道回旋纹、雷纹、绚纹、栉纹等组合图案，骹下段为浮雕蹲蛙，下身缠一条小蛇。残长 28.6、残刃长 18、刃宽 6、骹径 2.1 厘米（图三四，3；彩版三五，4）。

G 型　3 件。曲刃，中线脊厚，圆筒状骹略扁，两侧对称半圆耳，骹口内凹。标本 M68：163，环骹饰多道三角形纹、绚纹、同心圆纹、云纹等组合图案。残长 24.4、残刃长 16.5、刃宽 3.8、骹径 1.8~2 厘米（图三四，4；彩版三六，3）。

H 型　4 件。刃后锋后掠成倒刺状翼，前端急聚成三角形刺，中线突起圆柱状脊，圆筒状骹，环骹上段饰多道三角形纹、双旋纹、栉纹、雷纹等组合图案。标本 M47：31，表

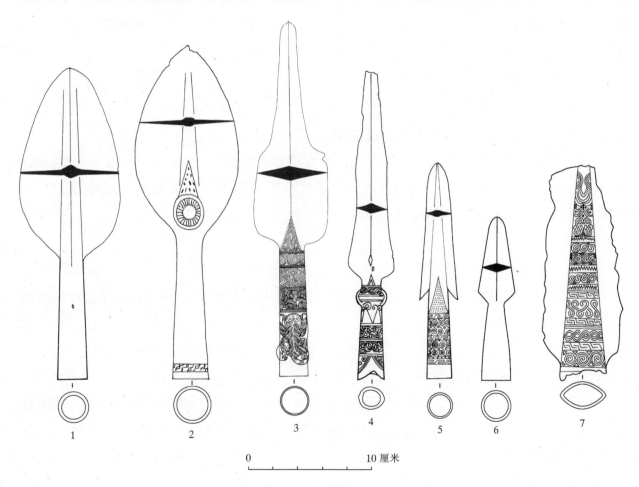

0　　　　　　　　　　10 厘米

图三四　铜矛

1. F 型 51：280　2. F 型 M57：163　3. F 型 M57：195　4. G 型 M68：163　5. H 型 M47：31　6. I 型 M54：1　7. J 型 M69：200

面镀锡。通长 17.2、刃长 11.1、刃宽 3.1、骹径 2 厘米（图三四，5；彩版三六，4）。

I 型　3 件。器形小，刃前端急聚成三角形刺，后锋直与前锋折接，中线起脊棱较厚，圆筒状骹下段较粗。标本 M54:1，通长 12.8、刃长 6.5、残刃宽 3、骹径 2.5 厘米（图三四，6；彩版三六，5）。

J 型　2 件。现存形状相若，刃前段残，两侧及骹口残损重，出自女性大型墓内，不知是否有意除去前段。宽刃，短骹，刃部两侧扁平，刃锋斜直，扁圆筒状骹贯入刃部，中线有棱，饰多道双旋纹、回旋纹、三角齿纹、雷纹、绚纹组合图案，骹口宽，有两道箍状弦纹，表面镀锡。标本 M69:200，残长 18.4、残刃长 17.2、刃宽 6.8、骹径 2.3～4 厘米（图三四，7；彩版三六，6）。

5. 铜殳

12 件。矛与狼牙棒结合而成的兵器，上端为矛，下端为棒。分二式。

I 式　9 件。整体基本作矛形，狼牙棒作骹形，断面呈椭圆形，上段起八棱，两侧半圆双耳，口分作二齿由两侧伸出。矛刃狭长，前锋斜直微内弧，前端急聚成刺，后锋折，平直，中线起棱较厚，断面呈菱形。标本 M68:133，棒棘刺间铸有缠绳地纹，下段为绚纹、同心圆纹、弦纹等组合图案，表面镀锡。通长 38.8、矛刃长 24.8、刃宽 4.5、銎径 2.4～3.3 厘米（图三五，1；彩版三七，1）。

II 式　3 件。上端为有骹矛，矛棒相连处作铜鼓形，柳叶形矛刃，前端急聚成三角形刺，后锋圆，中线起棱，圆筒状骹。狼牙棒作八棱，下端短圆銎，銎口分作四、五齿伸出。标本 M47:30，銎口分作四齿，残损，表面镀锡。长 27.5、銎径 3.2 厘米（图三五，2；彩版三七，2）。标本 M51:63，銎口分作四齿，矛刃稍残，表面镀锡。残长 28.5、銎径 3.2 厘米（图三五，3；彩版三七，3）。

6. 铜戚

10 件。扁平刃，略呈卵圆形，前端尖出，中线起脊。根据装柲方式不同分二型。

A 型　3 件。以内固柲。刃后端铸有方形内，刃中部有孔，孔周为太阳纹，前接剔刺点三角纹，刃末较厚，上侧边缘有另铸的一立体狐，蹲伏，回首仰视，身下有钉榫，通过刃侧两面二小榫孔铆接，内后端饰卷云纹。标本 M51:319，表面镀锡。通长 22.9、刃长 17.5、刃宽 10.9 厘米（图三五，4；彩版三八，1）。

B 型　7 件。以銎固柲。刃后端两面隆起并向后伸出直銎，扁圆筒状，较短。器形略似矛，从昆明羊甫头古墓地滇文化墓葬发现同类器的装柲情况看，以銎装固曲柲。知其当属戚①。器形较小，銎上侧铸有立体动物或半环耳，刃后端和銎铸纹饰。标本 M68:

---

① 云南省文物考古研究所、昆明市博物馆、官渡区博物馆：《云南昆明羊甫头墓地发掘简报》，《文物》2001 年 4 期。

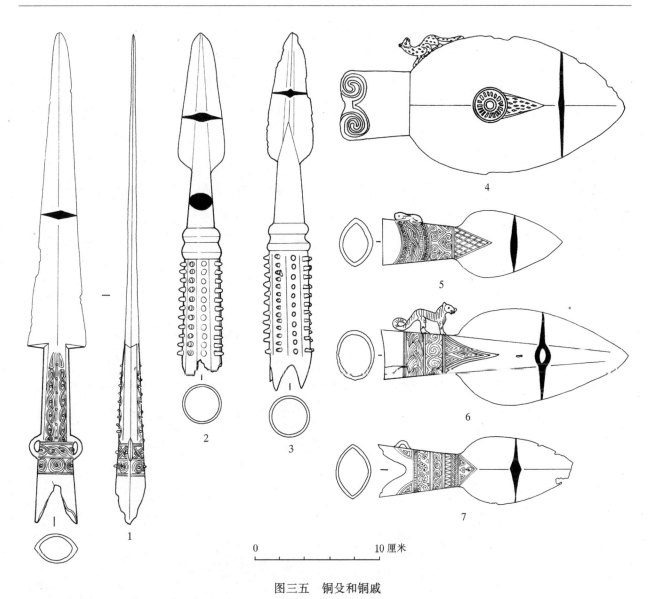

0　　　　　　　　　　　　　10 厘米

图三五　铜殳和铜戚

1.Ⅰ式铜殳 M68∶133　2.Ⅱ式铜殳 M47∶30　3.Ⅱ式铜殳 M51∶63　4.A型铜戚 M51∶319　5.B型铜戚 M68∶307　6.B型铜戚 M68∶304　7.B型铜戚 M68X1∶24

307，刃中部厚，脊不明显，銎侧铸伏兔，刃后端饰菱形网格纹，环銎饰数道双旋纹、三角齿纹、绹纹、弦纹等组合图案。通长 14.6、刃长 8.8、刃宽 5.1、銎径 2.1～3.4 厘米（图三五，5；彩版三八，2）。标本 M68∶304，刃中线突起圆柱状脊，銎口内弧，銎侧铸立豹，刃后端饰雷纹，环銎饰多道回旋纹、绹纹、弦纹组合图案。表面镀锡。通长 19.7、刃长 13.6、刃宽 7.6、銎径 2.8～3.8 厘米（图三五，6；彩版三八，4）。标本 M68X1∶24，銎口内凹，一侧半环耳，刃后端饰三角形纹，环銎饰多道羽状纹、三角齿纹、回旋纹、蚕纹组合图案，表面镀锡。残长 16、残刃长 9、刃宽 5.3、銎径 3～3.9 厘米（图三五，7；彩版三八，3）。

7. 铜钺

20件。刃部宽阔，双面弧刃，出自大型墓内。分六型。

A型　4件。刃部呈新月形，宽而低矮，两端上翘，椭圆筒状銎，銎口内凹，一侧附半环单耳。标本M51：288，銎口铸弯曲的弦纹三道，銎下段铸弦纹三道，间饰绳索纹，刃一端稍残。表面镀锡。通长11.9、残刃宽15.6、銎径2.4～3.3厘米（图三六，1；彩版三九，1）。

B型　3件。刃部较宽，呈新月形，略高，两端上翘，刃呈半圆形弧出，椭圆筒状銎，銎口平，一侧附半环单耳。标本M51：333，环銎下段铸有多道弦纹、绹纹、三角齿纹和双旋纹等组合图案，刃两端稍残，表面镀锡。通长9.9、残刃宽11.8、銎径2.8～

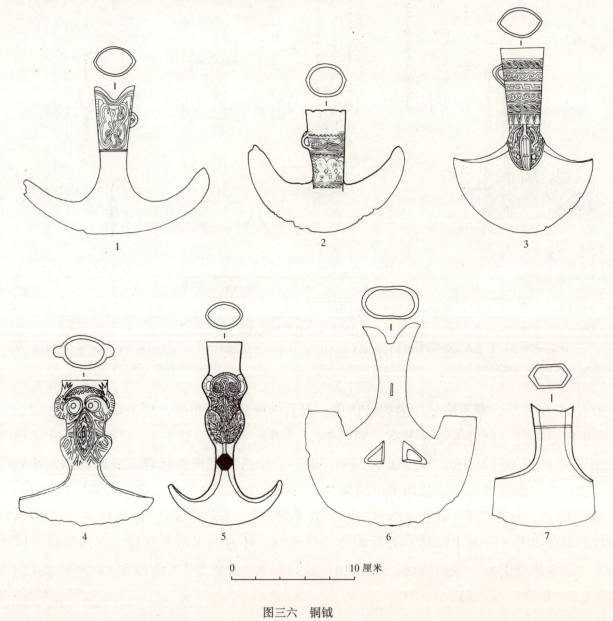

0　　　　　　　　　　　　　　　　10厘米

图三六　铜钺

1.A型M51：288　2.B型M51：333　3.C型M51：309　4.D型M51：340　5.D型M57：211　6.E型M69：190　7.F型M51：21

3.3厘米（图三六，2；彩版三九，2）。

C型　3件。器形相同，刃部略呈半圆形，较高，两端尖锐微上翘，刃极弧出。椭圆形銎，銎口平，一侧附半环单耳，下端为浮雕蛇头，蛇口衔咬刃部。环銎铸多道绚纹、回旋纹、雷纹、三角形纹、弦纹等组合图案。标本M51：309，表面镀锡。通长14.7、刃宽11.2、銎径2.3～3.5厘米（图三六，3；彩版三九，6）。

D型　7件。椭圆形銎部铸浮雕蟾蜍，两面相同，为头向銎口的蹲伏蟾蜍背面，前足环成双耳。有雌雄之分，多成对同出。雌性3件，銎部较短，蟾蜍身较宽，背上有扁圆形纹，刃部较宽，两端向外平伸。标本M51：340，刃稍残，表面镀锡。残长11.9、残刃宽11.2、銎径2.6～3.7厘米（图三六，4；彩版三九，3）。雄性4件，蟾蜍身较窄，銎较细长，新月形刃，两端尖锐上翘。标本M57：211，残长14.8、刃宽9.1、銎径2.2～2.8厘米（图三六，5；彩版三九，4）。

E型　2件。刃部扁平，略呈半圆形，两端齐平上翘，宽刃极弧出，中部有两个三角形镂孔。椭圆形銎，銎口内凹，两侧外侈，有对称钉孔。标本M69：190，銎口和刃稍残，表面镀锡。残长16.5、刃宽13.9、銎径2.4～4.5厘米（图二六，6；彩版三九，7）。

F型　1件。标本M51：21，通体略作靴形，扁平，刃部略呈横长方形，銎偏一侧接刃部，断面作扁六边形，銎口中部下凹，两侧突出，正面铸一道弦纹。长9.9、刃宽7.7、銎径1.8～3.2厘米（图三六，7；彩版三九，5）。这种靴形钺显然不是滇文化固有的器物，而在江川之南的元江一带常见，当属两地文化相互交流中所获。

8. 铜啄

13件。直长刺，后端接横銎，圆管状銎，与刺垂直相交成"丁"字形。分三式。

Ⅰ式　2件。短銎，銎两端开口，刺前端渐细，尖锐，断面呈圆形或菱形，后端接銎处窄。标本M68：351，刺断面呈菱形，表面镀锡。残长24.5、刺长21.5、銎高5.2、銎径3厘米（图三七，1；彩版四〇，1）。

Ⅱ式　9件。长銎，刺前端扁平，双面刃，后端较宽连銎，断面呈菱形。椭圆形管状銎，上端封闭，中部有太阳纹，两端环銎数道双旋纹、三角齿纹、弦纹等组合图案，銎背有两面相同透空浮雕的狐或鹿，其中狐4件，鹿5件。标本M71：6，銎背为四狐，中间二狐相背而坐，两端各立一狐。通长23、刺长18、銎高15、銎径2～2.6厘米（图三七，2；彩版四〇，2）。标本M68：334，銎背为三立鹿，作回首上望状，中间之鹿较小。通长25.2、刺长19.2、銎高14.8、銎径2.2～2.7厘米（图三七，3；彩版四〇，3）。

Ⅲ式　2件。刺后端宽与銎连，前端亦较宽，椭圆形銎，背有四狐。标本M68：332，表面镀锡。通长24.5、刺长20.2、銎高14.3、銎径2.2～2.8厘米（图三七，4；彩版四〇，4）。

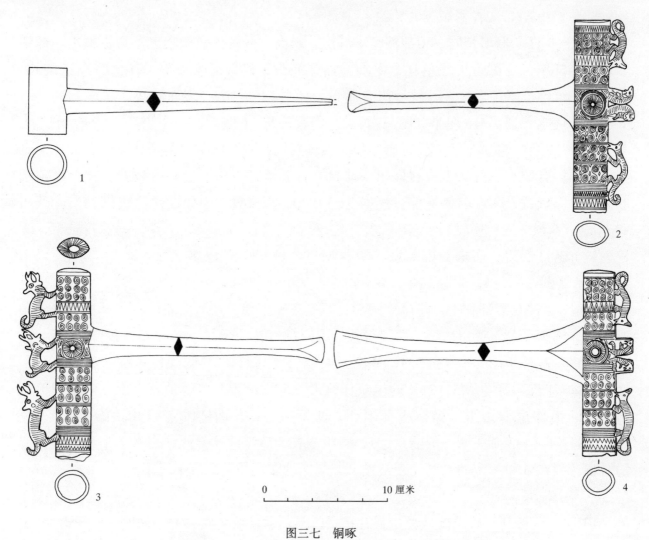

图三七 铜啄

1. Ⅰ式 M68:351　2. Ⅱ式 M71:6　3. Ⅱ式 M68:334　4. Ⅲ式 M68:332

9. 铜叉

9件。叉身略作长方形，束腰，前端分为两岔，呈蛇的舌状，后为椭圆筒状銎，贯入叉身中线作粗壮的脊。均出自大型墓内，当属专用的仪仗器。分二型。

A型　6件。銎两面铸浮雕蛇头，叉身前端的两岔叉锋狭长，向两侧外分。分二式。

Ⅰ式　1件。标本 M68:154，銎上端叉身末为浮雕蛇头，使叉身宛如蛇头吐出的巨大舌信，长銎，下段饰鳞纹，如蛇身，表面镀锡。通长 29、叉身长 19.5、銎径 2.9～3.8 厘米（图三八，1；彩版四一，1）。

Ⅱ式　5件。脊顶部平，前端分成两股入叉锋，短銎，叉身末浮雕蛇头朝向銎口，中脊上为两蛇身，互相缠绕。标本 M51:336-2，表面镀锡。通长 19.5、叉身长 16.5、銎径 2.6～3.6 厘米（图三八，2；彩版四一，2）。

B型　3件。叉锋短，叉锋间内弧并起双面刃，中脊前端分成两股，銎口内凹如张开

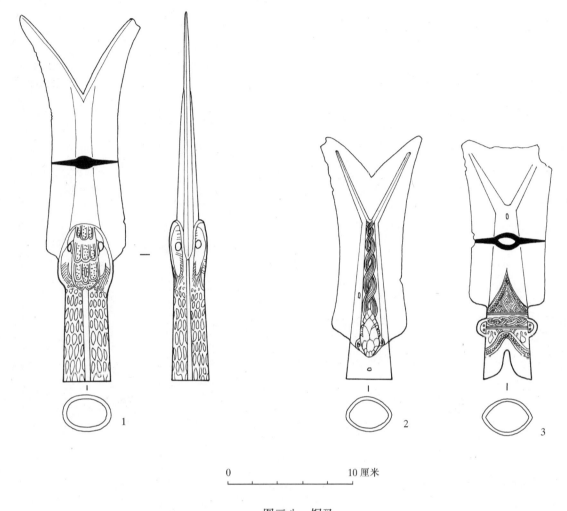

图三八　铜叉
1.A 型 I 式 M68:154　2.A 型 II 式 M51:336－2　3.B 型 M57:164

的鸭嘴，銎两侧对称半圆耳。标本 M57:164，叉身后部和銎部饰三角形纹、雷纹、绚纹组合图案。残长 19.1、叉身长 12.8、銎径 2.8～4 厘米（图三八，3；彩版四一，3）。

10．铜棒锤

18 件。分三型。

A 型　6 件。空心多棱棒形。分二式。

I 式　1 件。标本 M68:266，器形短，顶部微上鼓，上端较粗，下端稍细，有短銎。器身局部突有棱，未纵贯器身，镂排列不规则、大小不一的孔。通长 17.5、锤径 4.9、銎径 4 厘米（图三九，1；彩版四一，4）。

II 式　5 件。七棱和八棱棒形，下端收细成圆筒状长銎，銎口分作三齿伸出，顶部平，其中 2 件铸有立体的立狗。标本 M51:341，八棱棒，下端稍细，顶端铸立狗，表面镀锡。通长 57.5、锤径 5.2、銎径 3.4、狗高 4 厘米（图三九，3；彩版四一，5）。

B 型　7 件。空心多棱棒形，器身每面沿中线铸有一排锥状狼牙刺。分二式。

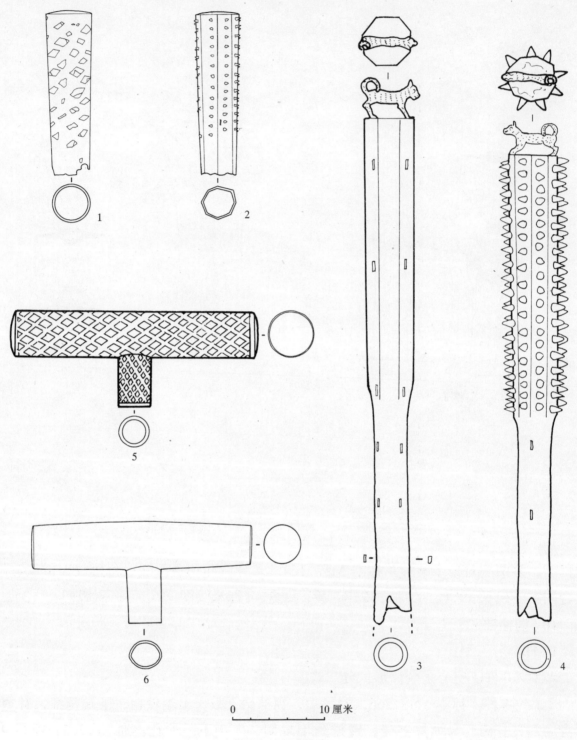

图三九　铜棒锤

1.A 型 I 式 M68:266　2.B 型 I 式 M68:264　3.A 型 II 式 M51:341　4.B 型 II 式 M51:342　5.C 型 M51:339　6.C 型 M57:176

　　I 式　2 件。器形短，八棱柱状，下端略细，短銎亦作八棱，刺细小。标本 M68:264，通长 17.5、锤径 4.5、銎径 3.6、刺高约 0.5、径约 0.3 厘米（图三九，2；彩版四二，2）。

Ⅱ式 5件。器身六至八棱，下端收细成圆筒状长銎，銎口分作三齿和四齿伸出，其中2件顶端铸有一立体的立狗。标本M51：342，八棱棒，狼牙刺粗壮，顶端铸立狗，銎口分作四齿，表面镀锡。通长52.6、锤径4.8、銎径3.5、狗高4、刺高约1.7、径约0.7厘米（图三九，4；彩版四二，1）。

C型 5件。横置空心圆筒状，两端有底，中部呈"丁"字形接圆筒状銎，遍镂菱形孔。标本M51：339，通长26.7、锤径4.7、通高9.8、銎径3.3厘米（图三九，5；彩版四二，3）。有的因铸制原因，部分镂孔未穿透。标本M57：176，唯一一件未镂孔。长24、锤径4.7、高10.4、銎径3.1厘米（图三九，6；彩版四二，4）。

铜棒锤均出自大型男性墓内，不同型式的3件共出一墓（M51），当属专用的仪仗器。

11. 铜镦

65件。接于长兵器柄和杖的下端。分五型。

A型 7件。椭圆锥状，下端渐细且渐扁，中、上部有对称钉孔。分二式。

Ⅰ式 5件。标本M51：329，下端两侧收成三角形尖，近口处由四股细绳纹组成的一道箍状宽弦纹。通长17.2、口径3～3.8厘米（图四〇，1；彩版四二，1）。标本M51：135，器形小，下端平。通长4.6、口径1.1～1.6厘米（图四〇，2；彩版四三，2）。标本M51：248-2，器形小，下端收向一侧。通长4、口径2～2.5厘米（图四〇，3；彩版四三，3）。

Ⅱ式 2件。略突起八棱。标本M50：55，口部有一道箍状弦纹。通长16.3、口径3～3.8厘米（图四〇，4；彩版四三，4）。

B型 2件。半圆锥形，近口处有对称钉孔。标本M47：224-8，通长7.9、口径2.7～3.6厘米（图四〇，5；彩版四三，5）。

C型 29件。圆锥形，近口处有对称钉孔。分四式。

Ⅰ式 15件。较粗。标本M68：207，表面镀锡。通长6.9、口径2.4厘米（图四〇，6；彩版四三，6）。

Ⅱ式 7件。细长，有的表面鎏金，有的与铜鼓形杖头同出，当为铜杖镦。标本M69：146，表面鎏金。通长12.9、口径1.4厘米（图四〇，7；彩版四三，7）。

Ⅲ式 4件。下段一侧作斜平面。标本M51：47，通长10.4、口径3.3厘米（图四〇，8；彩版四三，8）。

Ⅳ式 3件。体较长，圆口，下作八棱锥形。标本M85：73，通长11.2、口径3.8厘米（图四〇，9；彩版四三，9）。

D型 15件。略作圆筒形，向下微收细，下端作圆锥状，锥度大小不等，近口处有对称钉孔。标本M47：224-9，下端锥度较大，器内留残木柲和铁销钉。通长8、口径2.9厘米（图四〇，10；彩版四四，1）。标本M47：224-3，下端锥度中，近口处有弦纹

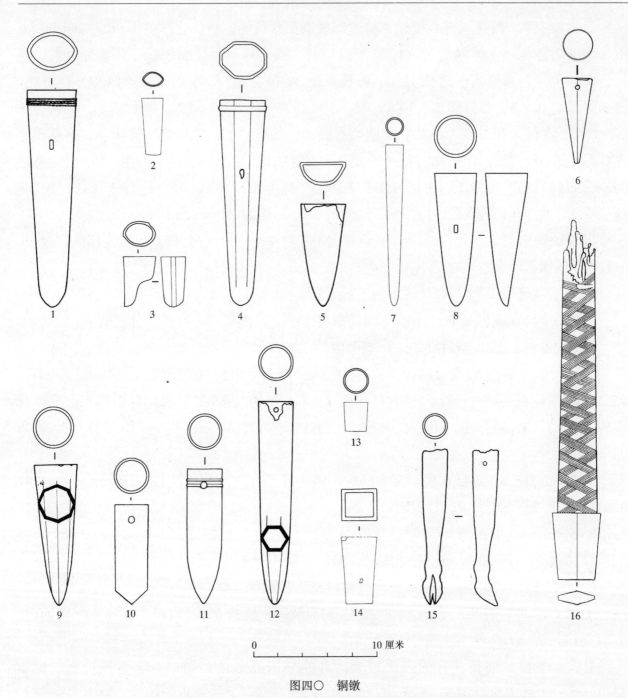

图四〇 铜镦

1.A型Ⅰ式 M51:329   2.A型Ⅰ式 M51:135   3.A型Ⅰ式 M51:248-2   4.A型Ⅱ式 M50:55   5.B型 M47:224-8   6.C型Ⅰ式
M68:207   7.C型Ⅱ式 M69:146   8.C型Ⅲ式 M51:47   9.C型Ⅳ式 M85:73   10.D型 M47:224-9   11.D型 M47:224-3   12.D型
M57:150   13.E型 M57:191   14.异型 M68:316   15.异型 M51:351-2   16.异型 M51:176

两道，下刻折线纹。通长 10.5、口径 3 厘米（图四〇，11；彩版四四，2）。标本 M57：
150，下端作六棱锥形，锥度较小，尖因使用而圆钝。通长 16、口径 2.7 厘米（图四〇，
12；彩版四四，3）。

E型   9件。器形小，圆筒状，口稍大，平底微下弧。标本 M57：191，通长 2.3、口

径 1.8 厘米（图四〇，13；彩版四四，4）。

此外还有 3 件，器形特异，无法归入各型，分别说明。标本 M68：316，断面略作方形，两侧束腰，平底，下部有对称钉孔。通长 5.3、口宽 2.8、口高 2.6 厘米（图四〇，14；彩版四四，5）。标本 M51：351－2，上段作长圆筒状，下段为立体鹿蹄形，近口处两侧有对称钉孔，与鼓形杖头同出，表面镀锡。通长 12.3、口径 2 厘米（图四〇，15；彩版四四，7）。标本 M51：176，断面略作菱形，下端细，平底，内留残木柲一段，断面作椭圆形，表面有交叉缠绕的细绳痕迹。通长 5.4、口径 1.9～3.9、残木柲长 25.2 厘米（图四〇，16；彩版四四，6）。

12. 铜剑

179 件。皆为短剑，茎亦短。从出土的手形銎戈、狩猎浮雕扣饰等反映的用剑方法可知，手反握持剑，即手之虎口向剑首，拳眼向剑腊握茎使用。有无格与有格之别，格极窄而长，呈"一"字形，中间稍高，两端圆。部分无格剑和有格剑之间有承袭关系。分十型。

A 型 25 件。无格，空心扁圆茎，稍束腰，首端较粗，首作"八"字形，顶端有一圆孔。腊狭长，双锷斜直，后端宽，内折收窄微内弧，腊末与茎之间有短"颈"，可装配竹木或革格。茎两面铸有纹饰，有的铸作浅槽镶嵌绿松石小珠。分四式。

Ⅰ式 19 件。茎与腊间"颈"较短。标本 M68X2：26－4，茎部和"颈"上铸有绚纹、双旋纹、菱形纹和线条纹组合图案，表面镀锡。通长 36.6、茎长 10、腊宽 3.6 厘米（图四一，1；彩版四五，1）。标本 M68X2：28－1，茎上条带状镶嵌绿松石小珠，沿茎周边并中分四格，格内铸长三角形纹。残长 33.4、茎长 8.4、腊宽 3.6 厘米（图四一，2）。

Ⅱ式 2 件。茎部铸浮雕纹，后段为蟾蜍，前段为缠绕的藤条，藤条上有菱形纹，似乎表明此型剑使用时茎部缠有藤条或绳索，锈蚀残损甚重。标本 M68X2：25－1，表面镀锡。残长 19、残茎长 8.8、残腊宽 3 厘米（图四一，3；彩版四五，2）。

Ⅲ式 2 件。首顶端圆孔向上呈管状伸出，管口作喇叭形。标本 M68X2：7－2，茎上饰绿松石小珠镶嵌的条带和突线组成的旋纹图案。残长 37、茎长 10.9、残腊宽 4.3 厘米（图四一，4；彩版四五，3）。

Ⅳ式 2 件。茎与腊间"颈"较长，首较高，腊后端内折较小。标本 M51：114，茎部铸有三角齿纹、三角形纹等组合图案，锋残。残长 35.3、茎长 9.2、残腊宽 4 厘米（图四一，5）。

B 型 7 件。茎首似张开的蛇口。分三式。

Ⅰ式 1 件。标本 M63：6，空心扁圆茎，稍束腰，首端较宽，中间半圆形向上突出首，首顶端上下分开，如张开的蛇口，茎与腊末之间有短"颈"，无格。茎部铸线条纹，近首处略作两个三角形，其间下凹，如蛇双眼，腊后段中线饰蕉叶纹。残长 36.3、茎长

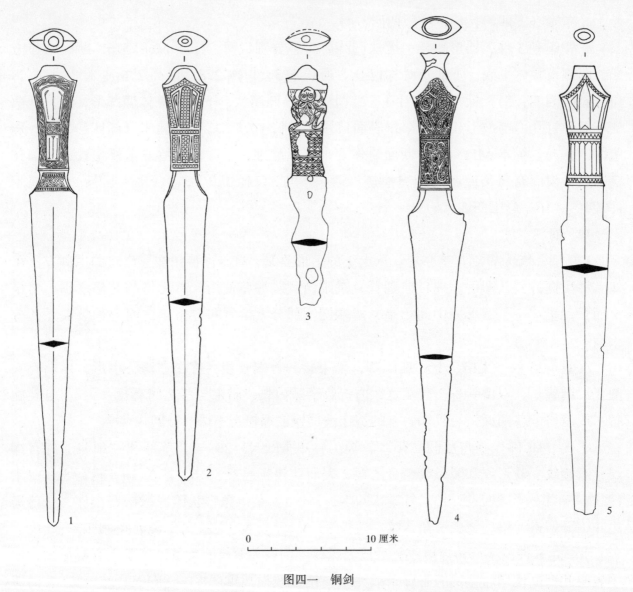

图四一 铜剑

1.A型Ⅰ式M68X2:26-4 2.A型Ⅰ式M68X2:28-1 3.A型Ⅱ式M68X2:25-1 4.A型Ⅲ式M68X2:7-2 5.A型Ⅳ式M51:114

8.9、腊宽4.3厘米（图四二，1；彩版四五，4）。

Ⅱ式 3件。有格，茎腊间"颈"较长，接格中间，首突出，顶端分开如张开的蛇口，腊中线起圆柱状脊，双锷斜直，前端急聚成尖锋，后端较宽，弧形外展接格两端。标本M57:25-1，茎上铸粗壮的平行短线纹组合图案。通长33.7、茎长11.1、格长7.6、腊宽5.2厘米（图四二，2；彩版四五，5）。

Ⅲ式 3件。茎铸成立体蛇头形，内空，蛇头作首，张口露齿，蛇颈弯曲作茎，后连接格，背面有菱形巨鳞，腹面为横格鳞。标本M47:119，残长26、茎长12.3、格长8、腊宽4.6厘米（图四二，3；彩版四五，6）。

C型 7件。空心圆柱茎，首端较粗，半球形首，顶端有一圆孔。分三式。

Ⅰ式 3件。无格，腊扁平，双锷斜直，后端内折稍斜，茎稍束腰，中部略突出，环

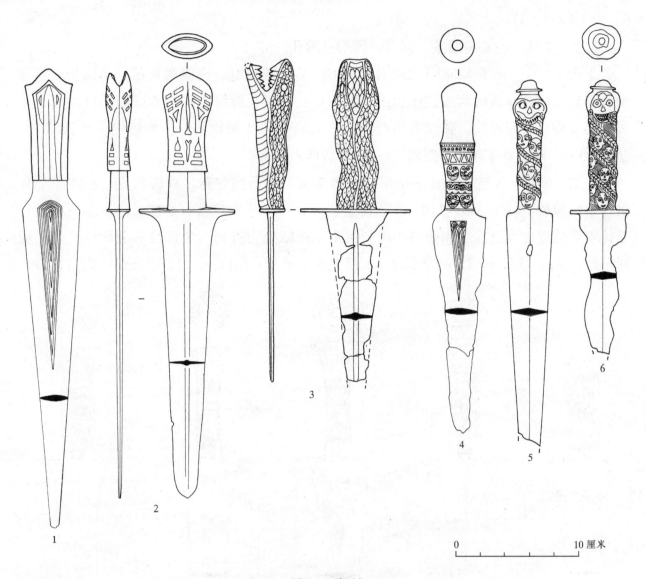

图四二　铜剑

1.B型Ⅰ式 M63:6　2.B型Ⅱ式 M57:25－1　3.B型Ⅲ式 M47:119　4.C型Ⅰ式 M68X1:11－1　5.C型Ⅱ式 M68X2:26－1　6.C型Ⅲ式 M68X2:13－1

茎下段铸有多道点线纹、连珠纹、三角形纹、绚纹、双旋纹和叶纹组合图案，其中双旋纹下连二叶组成的图案，似人面部，腊后段中线饰蕉叶纹。标本 M68X1:11－1，腊稍残，表面镀锡。残长 28、茎长 10.2、残腊宽 4.1 厘米（图四二，4；彩版四六，1）。

Ⅱ式　2件。无格，首半球形突起，下作扁平环状，腊中线稍起棱，后端内折平。环茎铸浮雕人面，盘旋排列，一蛇盘绕其间相隔，分作四行，两面首端人面较大，双目圆瞪突出，阔口，龇牙咧嘴，咬蛇颈部。标本 M68X2:26－1，表面镀锡。残长 29.3、茎长 10.3、腊宽 3.8 厘米（图四二，5；彩版四六，2）。

Ⅲ式　2件。有格，腊中线起棱，较厚，环茎铸浮雕人面间蛇。标本 M68X2:13－1，腊格残损严重，表面镀锡。残长 21.5、茎长 10.4、残格长 4.6、腊宽 3.9 厘米（图四二，

6；彩版四六，3）。

D型　7件。空心扁圆茎，圆首，顶端一圆孔。分二式。

Ⅰ式　1件。标本 M68X1：28－1，无格，茎首端较宽，两侧微束腰，半圆形首，茎中段铸有二凤纹，头向两端，作顶面，尾羽极长，相互缠绕，其上为弧曲的绞绳纹，下段为多道绚纹、回旋纹、弦纹等组合图案。腊扁平，残损较多，表面镀锡。残长28.1、茎长10.1、残腊宽4厘米（图四三，1；彩版四六，4）。

Ⅱ式　6件。有格，茎首端稍窄，扁圆形首，腊后端较宽，双锷斜直，后端弧形外展，中线起棱。标本 M51：110，首、锋稍残，首环形镶嵌绿松石小珠，已脱落现槽，环茎铸有多道双旋纹、雷纹和弦纹等组合图案，接格处为直列三角齿纹和羽状纹，表面镀锡。残长32、茎长10.1、残格长7.4、腊宽5.4厘米（图四三，2；彩版四六，5）。

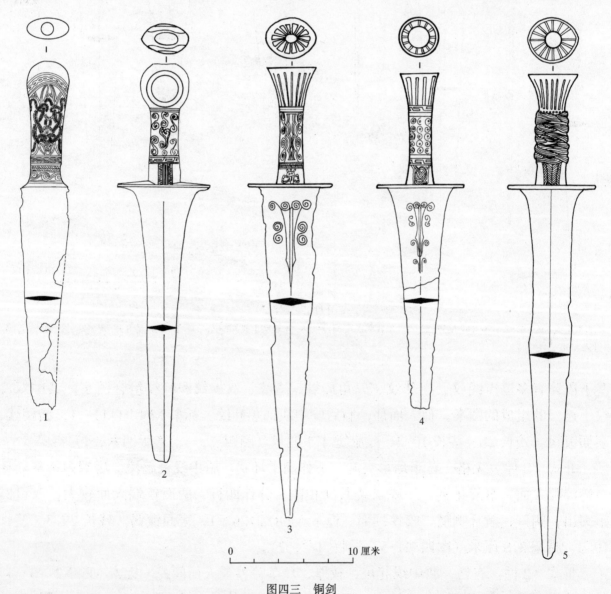

0　　　　　　　　　10 厘米

图四三　铜剑

1.D型Ⅰ式 M68X1：28－1　2.D型Ⅱ式 M51：110　3.Ea型Ⅰ式 M68X2：21　4.Ea型Ⅰ式 M71：52　5.Ea型Ⅰ式 M68X2：24－1

E 型　89 件。空心椭圆茎，喇叭形空首，环首作平行线镂孔，有的镂孔未全贯穿，有格。根据茎不同分两亚型。

Ea 型　80 件。茎稍束腰。分五式。

Ⅰ式　27 件。腊后段较宽，扁平，前段中线稍起棱，双锷略曲。标本 M68X2：21，环茎铸有双旋纹、菱形纹、羽状纹等组合图案，接格处两面各有一展翅鸥鹑，腊后段中线有云纹和曲线组成较长的图形。锋稍残，表面镀锡。残长 35.6、茎长 9.5、格长 6.9、腊宽 4.9 厘米（图四三，3；彩版四七，1）。其中 3 件茎上铸作排列整齐的乳丁和曲线地纹，两端各有一道雷纹，接格处为绳结纹，腊后段中线有云纹和曲线组成的较长图形。标本 M71：52，锋残，残长 26.6、茎长 8.8、格长 6.7、腊宽 5 厘米（图四三，4；彩版四七，4）。出于 M68X2 内的剑中有部分茎部以藤条缠绕为缑。标本 M68X2：24－1，锋略残，茎接格处两面铸羽状纹，茎中部藤条"人"字形缠绕。残长 38.4、茎长 8.6、格长 6.9、腊宽 4.8、藤条径 0.4～0.5 厘米（图四三，5；彩版四七，2、3）。

Ⅱ式　21 件。腊中线稍起棱，双锷微曲近直，前端急聚成锋。标本 M68X2：2，环茎铸多道回旋纹、三角齿纹、羽状纹等组合图案，接格处为羽状纹。通长 38.2、茎长 8.4、格长 7、腊宽 5.1 厘米（图四四，1；彩版四七，5）。

Ⅲ式　22 件。腊中线起圆柱状脊，较厚，双锷微曲近斜直。标本 M81：3，锋残，环茎铸多道回旋纹、雷纹、同心圆纹等组合图案，接格处为羽状纹。残长 28.6、茎长 8、格长 6.2、腊宽 4.7 厘米（图四四，2；彩版四七，6）。

Ⅳ式　6 件。腊中线起圆柱状脊，两侧微凹成纵，双锷微曲近斜直，前端急聚成锋。茎中间镶嵌管状珠形扁圆玛瑙片一周，大多脱落。标本 M47：127，茎上铸有多道回旋纹、雷纹、三角齿纹等组合图案，首残，表面镀锡。残长 33.6、茎长 9.1、残格长 5.6、残腊宽 5.2 厘米（图四四，3；彩版四八，1）。

Ⅴ式　4 件。腊后端作吞口状，形与腊相同，较宽厚。腊前端较宽，双锷微曲近直，中线起棱，两侧微凹成纵，茎中线起棱，断面略呈菱形，中间铸有浮雕的缠绕绳索纹。标本 M51：115，锋残，茎上铸有多道回旋纹、雷纹、三角形纹组合图案。残长 34.5、茎长 9.5、残格长 6.5、腊宽 5.5 厘米（图四四，4；彩版四八，2）。

Eb 型　6 件。茎中段稍粗，首端稍细，两侧起棱，两面沿中线有一排长方形镂孔，两旁略起多条折棱。分二式。

Ⅰ式　3 件。茎两面长方形镂孔未贯穿，腊较短，中线较厚，微起棱，双锷微弧近斜直。标本 M74：2，锋稍残，茎两面各起四棱，断面略呈上下对称不规则的扁十边形，首平行线镂孔未贯穿。残长 24.3、茎长 8.4、格长 6.9、腊宽 4.5 厘米（图四四，5；彩版四八，3）。

Ⅱ式　3 件。腊较长，后端作吞口状，前端较宽，双锷微弧近直，中线起棱，两侧微

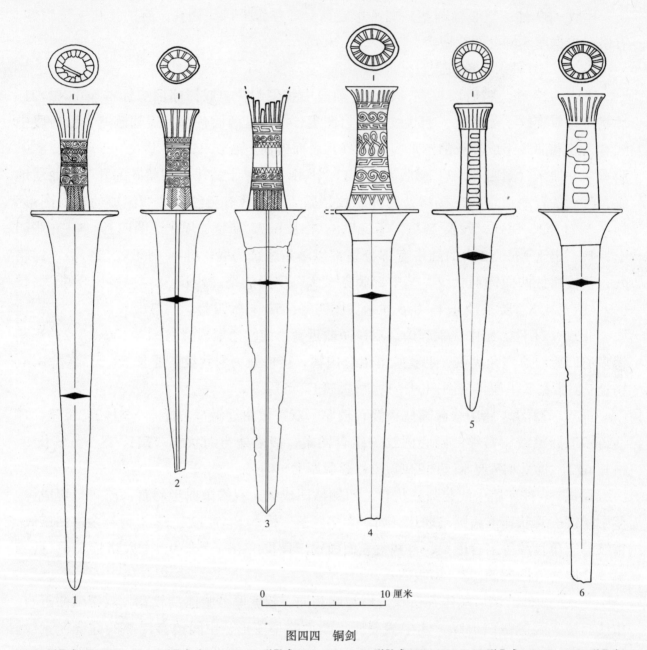

图四四　铜剑

1.Ea 型 Ⅱ式 M68X2:2　2.Ea 型Ⅲ式 M81:3　3.Ea 型Ⅳ式 M47:127　4.Ea 型Ⅴ式 M51:115　5.Eb 型Ⅰ式 M74:2　6.Eb 型Ⅱ式 M51:155-1

凹成纵。标本 M51:155-1，锋残，茎两面各起二棱。残长 38.6、茎长 9.3、格长 6.8、腊宽 5.8 厘米（图四四，6；彩版四八，4）。

　　还有 3 件，难以归入两亚型中，器形相同，茎两端细，中部稍鼓。标本 M57:27-1，锋残，环茎铸多道雷纹、弦纹组合图案，接格处为羽状纹。残长 29.3、茎长 10.7、格长 8.3、腊宽 5.2 厘米（图四五，1；彩版四八，5）。

　　F 型　14 件。空心圆柱茎，稍束腰，腊后端较宽，曲锷。分二式。

　　Ⅰ式　8 件。空首，边沿齐平，有的附玉标首，腊较长。标本 M68X2:10-2，双锷弯曲较大，环茎铸有四道雷纹和弦纹组合图案，接格处为双旋纹，首端有一钉孔可穿销固定玉标首，玉标首呈椭圆锥形，首面平，乳白色泛绿斑，茎端残。通长38.8、茎长7.8、格长7.9、腊宽5.7厘米，玉标首长3.3、首径3.8~7.4厘米（图四五，2；彩版四八，6）。标本M57:33，锋残，双锷弯曲较小，环茎铸有多道弦纹。残长29.1、茎长7.4、格长6.6、腊宽5.2厘米（图四五，3；彩版四九，1）。

　　Ⅱ式　6件。椭圆形平首，茎中线起棱，断面略呈菱形，格长，腊宽阔较短，中线起圆柱状脊，双锷弯曲，前端急聚成三角形锋。其中三座大型男性墓内出土的3件配附剑鞘，形略似剑腊，较短，鞘口宽，两侧弯曲，中间突出，断面呈扁长方形，鞘末略呈心形，向上斜翘，背面上部有两突起的穿系。鞘内用薄木片衬垫剑腊。标本M47:110-1为剑，首铸有多圈云纹、羽状纹、三角形纹组合图案，环茎有多道回旋纹、雷纹、绚纹、

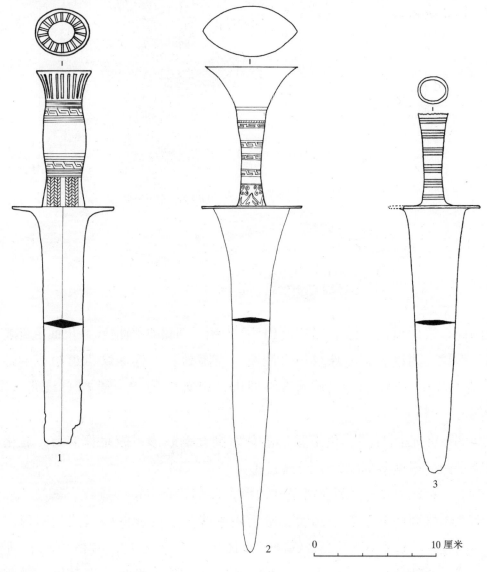

图四五　铜剑
1.E型 M57:27-1　2.F型Ⅰ式 M68X2:10-2　3.F型Ⅰ式 M57:33

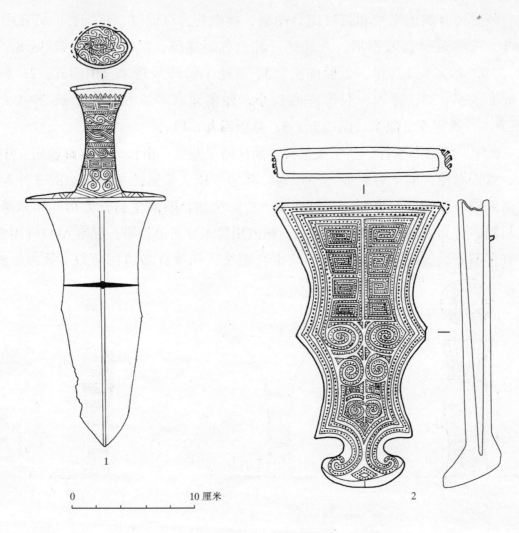

图四六　铜剑、鞘
1. F 型 Ⅱ 式 M47:110-1　2. 鞘 M47:110-2

栉纹等组合图案，表面镀锡。标本 M47:110-2 为鞘，口部两侧稍残，正面上部铸有两排雷纹，下部为涡纹，间以乳丁连珠纹组合图案，周围为乳丁连珠纹三道组成的边框。剑通长 28.8、茎长 8.6、格长 11.4、腊宽 8.7 厘米，鞘通长 22.8、宽 14.2 厘米（图四六，1、2；彩版四九，2）。

G 型　24 件。空心圆柱茎，稍束腰，茎首作倒置铜鼓形，鼓足作空首，有格，腊后端较宽，双锷弯曲。根据茎部纹饰不同分五式。

Ⅰ 式　5 件。茎部起六棱，断面略呈六边形，环茎铸有多道回旋纹、绹纹、栉纹、弦纹等组合图案，接格处两面各有一鸥鹆，腊后段中线为云纹和曲线组成的图形，略呈三角形，双锷弯曲较多。标本 M57:26，锋圆，残长 28.6、茎长 10、残格长 5.4、腊宽 4.6 厘米（图四七，1；彩版四九，3）。标本 M51:156-1，附 A 型 Ⅲ 式铜鞘饰，腊前段较狭长，双锷急聚成三角形锋，表面镀锡。通长 33.5、茎长 9.7、格长 5.7、腊宽 4.4 厘米

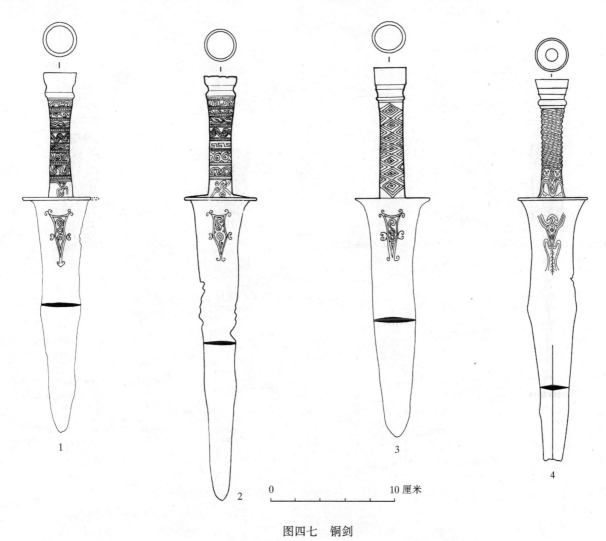

图四七　铜剑

1.G型Ⅰ式 M57:26　2.G型Ⅰ式 M51:156-1　3.G型Ⅱ式 M57:93　4.G型Ⅲ式 M51:154-1

（图四七，2；彩版四九，4）。

Ⅱ式　5件。环茎铸重叠菱形纹，腊后段中线为云纹和曲线组成的图案，双锷弯曲较少。标本 M57:93，腊较短，锋圆。通长29.2、茎长10.5、格长6、腊宽4.7厘米（图四七，3；彩版四九，5）。

Ⅲ式　6件。坏茎铸浮雕藤条缠缭，腊前段中线起棱，后段有纹饰，双锷弯曲较多。标本 M51:154-1，锋残，茎缠缭藤条上有菱形纹，接格处为人面和曲线纹，腊后段为大鲵，表面镀锡。残长30.7、茎长9.6、格长5.7、腊宽5厘米（图四七，4；彩版五〇，1）。

Ⅳ式　6件。茎部铸浮雕人物或人面，双锷弯曲较少，弧度较小。标本 M68X2:17，锋残，茎两面相同，为一箕踞而坐之人，腹前佩圆形扣饰，双手曲肘垂裆，浑身缠蛇，足下相互缠绕的两蛇身经格延至腊后段中线，似为专门弄蛇之人。残长36.5、茎长9.9、格长9.3、腊宽6.5厘米（图四八，1；彩版五〇，2、3）。标本 M68X2:26-3，茎两面

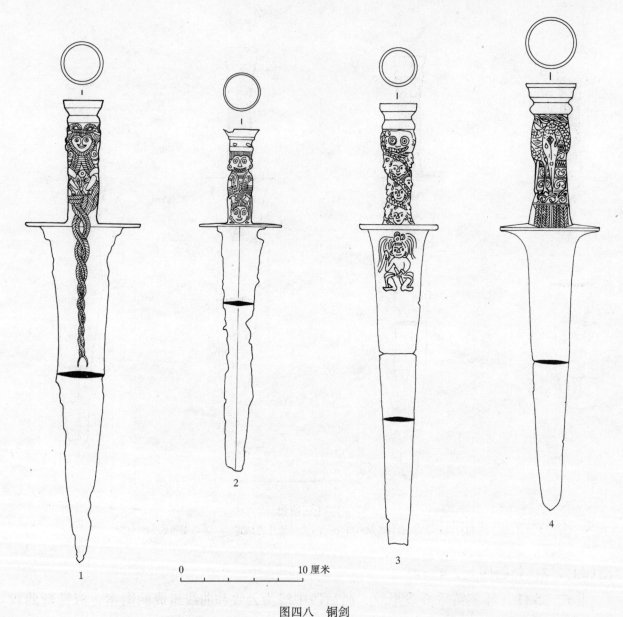

图四八　铜剑

1.G型Ⅳ式 M68X2∶17　2.G型Ⅳ式 M68X2∶26-3　3.G型Ⅳ式 M57∶35　4.G型Ⅴ式 M57∶28-1

相同，为一站立之人，双眼大而圆，口极宽阔，龇牙咧嘴，额佩大泡形头饰，戴大耳环，以二绣有雷纹的长条布搭双肩垂前后，束腰带作外衣，内为有横条纹的圆领衣，两腋垂长条饰于胸前，腕臂戴多钏和宽镯，双手垂腹前，右手反握短剑，左手提一人头之发，人头圆目阔口，戴耳环，似为猎首。腊锈蚀较甚，后部有浮雕，残损莫辨，表面镀锡。残长26.9、茎长7.3、格长5.8、腊宽4.4厘米（图四八，2；彩版五〇，4）。标本 M57∶35，锋残，茎两面相同，为环茎盘旋排列的人面，以蛇身盘绕其间相隔，分作四行，人面圆目，戴耳环，首端人面较大，双目突出，口极宽阔，龇牙咧嘴，咬住蛇颈。腊后端为一浮雕之人，圆目阔口，戴大耳环，发束于头顶，佩三圆形发饰，插羽，向两侧弯曲。

双足分膝作马步半蹲，腰束长条带沿腿垂足，腕戴宽镯，双手各持一短棒状物，右手曲肘上举，左手垂于裆，似在舞蹈。残长34.9、茎长9.6、格长6.1、腊宽4.9厘米（图四八，3；彩版五〇，5）。

Ⅴ式　2件。环茎铸一浮雕鹤纹，首尾相交，长足，喙长而尖，向下啄食，以多道回旋纹、双旋纹、绚纹、三角齿纹等组合图案作地纹，接格处为羽状纹，腊双锷微曲近斜直。标本M57∶28-1，锋圆，通长33.5、茎长11.9、格长7.8、腊宽4.6厘米（图四八，4；彩版五〇，6）。

H型　3件。矛形剑，略似A型Ⅰ式矛。扁圆骹，口内凹，铸有立体物，不能装柲，只能手持作茎。腊中线起棱，两侧微凹成纵。标本M57∶37，锋残，骹口即首端为一兽，形似虎，张口，垂尾，环茎铸有多道雷纹、双旋纹等组合图案，腊末为复线三角形纹。残长32.2、茎长11.8、腊宽3.3厘米（图四九，1；彩版五一，1）。标本M51∶124，首端兽形似豹，身躯较长拱腰，长尾曲垂，尾端卷成环，茎两侧对称半圆耳，环茎铸多道双旋纹、弦纹等组合图案，腊后段中线为羽状纹，锋稍残。残长34.8、茎长13.2、腊宽3.3厘米（图四九，2；彩版五一，2）。标本M72∶7，锋残，骹口内首端铸作扁圆球状，骹整体形如蛇口衔珠，茎两侧对称半圆耳，扁圆球首铸有方格网纹，环茎铸多道回旋纹、雷纹、三角齿纹等组合图案，腊后段中线为蕉叶纹。残长20.5、茎长11.5、残腊宽3厘米（图四九，3；彩版五一，3）。

Ⅰ型　2件。"山"字形宽格，格于腊端沿腊两侧和中线分为三股，两侧内弧，茎端圆。空心圆柱茎，束腰，格端也收细，圆形平首，微上鼓，中间有一圆孔。腊中线起圆柱状脊，双锷斜直。标本M68X1∶4，茎两面铸双头连体公鸡纹，以环茎多道弦纹和米点纹为地纹，锷锋及后端残，表面镀锡。残长33、残茎长6.8、残格宽4、残腊宽3.9厘米（图四九，4；彩版五一，4）。此型剑不是滇文化原有的器形，1972年第一次发掘时仅见一件[1]，而在云南西部常见，当为不同文化间相互交流中所获。

J型　1件。标本M50∶23，锋、首稍残，另制作的铜首和格。凹盘圆首，背面有分两杈的短茎，横穿一小圆孔。实心扁平宽茎，首端较窄，有一小圆孔与首对应，穿销以固定首，格端也有一小圆孔，"凹"字形宽格，断面呈菱形，腊中线起棱较厚，并于棱顶沿中线有血槽直贯锋尖，两侧微凹成纵，断面略呈菱形，双锷微弧，后部近格处有突起的兽面纹，其余布满密集的蜂窝状浅凹痕，犹如锻打留下的小圆形锤痕，首表面鎏金。残长43.3、茎长9.7、格长6.3、腊宽3.8厘米（图四九，5；彩版五一，5）。此件剑显然不是云南古代文化固有的器物，以往从未发现过，而与楚、越文化中的剑相类。

在清理时发现M68X2内的部分剑两侧各有一木条，前端插入圆锥状泥内固定，后端剑

---

① 云南省博物馆：《云南江川李家山古墓群发掘报告》，《考古学报》1975年2期。

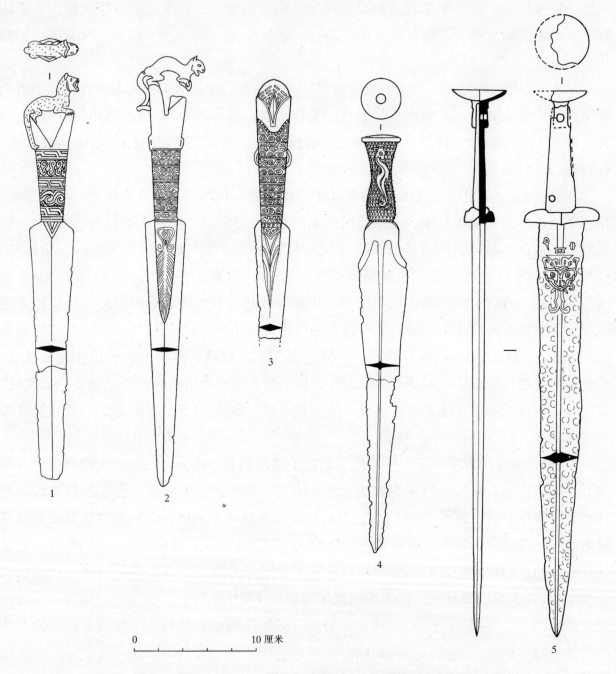

0　　　　　　　　　　10厘米

图四九　铜剑
1.H型 M57:37　2.H型 M51:124　3.H型 M72:7　4.I型 M68X1:4　5.J型 M50:23

格处刻有缺口，卡在剑格两端。木条呈长条锥形，长33.7～36厘米（彩版五二，1、2）。

13. 铜镖

48件。《说文解字·金部》："镖，刀削末铜也。"段注："削者，刀鞞也……俗作鞘。刀室之末，以铜饰之曰镖。鞞用革，故其末饰铜耳。"可知镖即剑鞘末端的铜饰。鞘用革或竹、木制成，已朽，偶见残痕。镖大多残破不全。分五型。

　　A型　25件。扁方筒状，下端收尖，尖端圆钝，断面略呈扁长方形，背面略外弧，侧面上端内收，与正面圆弧相接，正面上弧，中线隆起宽粗脊棱，口部有大致作方形的缺口，两侧稍曲。正面缺口下脊棱两侧和背面近口处两侧有对称钉孔，以装固在鞘上。背面饰三角齿纹和同心圆纹。少数正面缺口上有"桥"连接，使缺口下段呈方形孔。长短不一。标本M76:3-2，通长10.9、宽4厘米（图五〇，1；彩版五三，1）。标本M45:1，正面缺口边角稍曲，正背面刻有符号。通长15、宽4.2厘米（图五〇，2；彩版五三，2）。

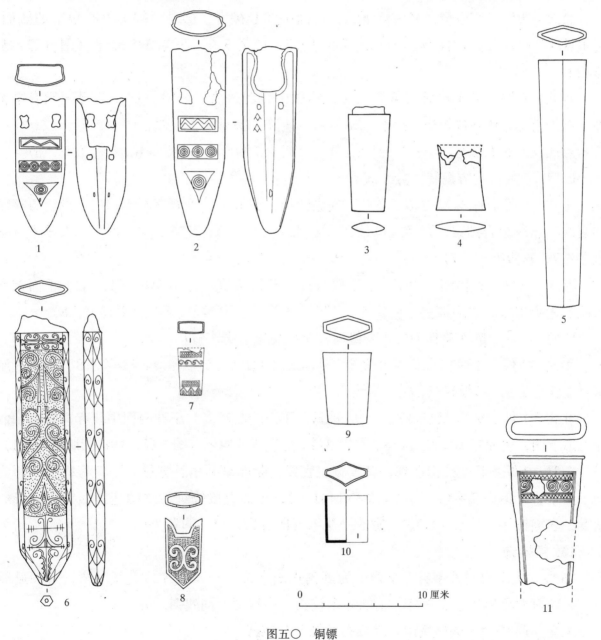

图五〇　铜镖

1.A型 M76:3-2　2.A型 M45:1　3.B型Ⅰ式 M68:102-1　4.B型Ⅱ式 M68:36　5.B型Ⅲ式 M47:139-2　6.B型Ⅳ式 M68:254　7.C型Ⅰ式 M38:6　8.C型Ⅱ式 M68:215-2　9.D型Ⅰ式 M68:176　10.D型Ⅱ式 M47:175　11.E型 M68X1:41-3

B型　11件。扁圆筒状。分四式。

Ⅰ式　2件。底较窄，平底微下弧。标本 M68：102－1，两面中部有三对长方形小钉孔，表面鎏金。通长7.7、口残宽3.4、底宽2.6厘米（图五○，3；彩版五三，3）。

Ⅱ式　3件。束腰，底较宽，平底微上弧，两侧有很窄的侧面。标本 M68：36，口部残，表面鎏金。残长5.2、底宽4厘米（图五○，4；彩版五三，4）。标本 M68：360－1，附于铜茎铁腊剑的残鞘末端。通长3厘米。

Ⅲ式　4件。底较窄，平底微下弧，正面中线起棱脊，器身两侧上段有很窄的侧面。标本 M47：139－2，背面有三小孔。通长19.7、口宽3.9、底宽2.5厘米（图五○，5；彩版五三，5）。

Ⅳ式　2件。下端收成三角形尖底，两面中线起棱脊，两侧微凹，器身两侧有窄侧面，向外折出，中线成折棱。标本 M68：254，残碎，拼对基本复原，两面饰卷云纹，中段有米点地纹，底尖端有一小孔。通长21.1、口宽4.3厘米（图五○，6；彩版五三，6）。

C型　7件。扁方筒状。分二式。

Ⅰ式　1件。标本 M38：6，平口，平底较窄，器形小，正面有不规则的云纹、方格纹和复线三角纹组合图案，背面近口处有两小孔。通长3.9、口宽2.1、底宽1.7厘米（图五○，7；彩版五三，7）。

Ⅱ式　6件。口内凹，中部平，下端收成三角形尖底。标本 M68：215－2，正面饰卷云纹、米点地纹，表面镀锡。通长5.7、口宽3厘米（图五○，8；彩版五三，8）。

D型　3件。断面略作菱形，两侧有较窄的侧面。分二式。

Ⅰ式　2件。平底较窄，表面鎏金。标本 M68：176，通长5.7、口宽3.8、底宽3厘米（图五○，9；彩版五三，9）。

Ⅱ式　1件。标本 M47：175，平底稍宽，正面隆起较高。正背两面中线起棱较高，两侧弧形下凹，表面镀锡。通长3.8、口宽3.5、底宽3.3厘米（图五○，10；彩版五四，1）。

E型　2件。锈蚀残损严重，口较宽，底残，断面呈圆角长方形，平口有折边，两侧向下渐窄，下部内弧束收。标本 M68X1：41－3，正面上段饰锯齿纹间连续回旋纹组成的图案，表面镀锡。残长10.3、口宽5.7厘米（图五○，11；彩版五四，2）。

14．铜鞘饰

16件。大多出自大型男性墓内，为剑鞘正面之饰。长条薄片，上宽下窄，上端弧形凹入，两侧对称伸出二、三处，上端伸出较长。多程度不同残损。分二型。

A型　13件。下端略宽出，无镂孔纹饰。分四式。

Ⅰ式　4件。器形基本相同，两侧上端、中部和下部三处对称伸出，上端和中部两侧伸出略呈长方形，下部伸出呈半圆形，下端略呈倒梯形宽出。中间纵向稍弧起，上端和中部两侧伸出及下端的背面有突起的穿系五个，以便和鞘连接。正面为浅浮雕纹饰，中间为三蛇缠绕，蛇头聚于上端，蛇身纹相异，向下渐小，下端为男女二人相对跪坐，同伸双手，接递一壶，上端两侧伸出分别为青龙、白虎，面向同侧，中部两侧伸出为兔头正面，下部两侧伸出为卷云纹。标本 M68X1:25-3，长 28.2、上宽 9.8、下宽 4.6 厘米（图五一，1；彩版五五，1）。

Ⅱ式　3件。下端宽，两侧弧形，中间平，背面两侧有八对称穿系，正面中间缠绕的三蛇，其中二蛇口衔鱼，上端两侧伸出为面相对的青龙、白虎，中部两侧伸出略呈梯形，兔头简化。标本 M51:122-2，上下端略残。残长 36.8、上宽 11、下宽 6.7 厘米（图五一，2；彩版五五，2）。

Ⅲ式　3件。下端稍宽，两侧上端和中部二处伸出，上端两侧伸出较短，中部两侧伸出位置较高。中间突起，中线起棱，两侧有五对称双联孔，以便与鞘连接。正面下端仅有一浅浮雕男子，箕踞而坐，双手上举，中间为二蛇缠绕，上端为一展翅鸥鸮，圆面尖喙，双眼圆大，双爪抓抱蛇身，上端两侧伸出为其双翅，中部两侧伸出无兔头纹。标本 M51:156-2，边沿多处残，表面镀锡。残长 37.7、上宽 11、下宽 3.4 厘米（图五一，3；彩版五四，3）。

Ⅳ式　3件。外形略同Ⅲ式，通体平，正面无纹饰，以连续穿孔，中间连线作剑腊形，上段大致沿周边，既可与鞘连接，穿缀之物亦作装饰，下端边沿有双联孔。标本 M47:144-2，上端及一侧残损。残长 37、上宽 12.6、下宽 6.3 厘米（图五一，4；彩版五六，1）。

B型　3件。通体平，中间中部为三角形和半圆形镂孔；两侧有对称双联孔以连接鞘。两侧上端和中部二处伸出，上端中间饰雷纹，两侧伸出饰复线水滴纹；中部两侧伸出略呈三角形，饰复线三角形纹。标本 M51:154-2，下部残损，中间两侧残留对称双联孔。残长 27.7、上宽 11.9 厘米（图五一，5；彩版五六，2）。

15. 铜弩机

11件。其中 2 件郭、牙、悬刀等各部件俱全，铸制打磨精细。郭前端两侧收窄。面上有箭槽，栓塞一端有帽，另一端有一小孔横穿。标本 M51:287，郭前端斜收，郭内铸隶书阳文"七年三月棘阳"，郭、望山、牙、悬刀、栓塞上均阴刻"二"符号。悬刀的扳部前面向右倾斜，沿两棱边凿有八个与侧面对穿的小孔。望山下连的机牙结构与其余机牙不同，很可能是连弩。栓塞帽作六边形，顶圆形并弧出。通高 14.2、郭长 11.9 厘米（图五二，1；彩版五七，1、2）。标本 M57:40，郭前端台阶状折收，栓塞帽呈方形，郭后端、望山、机牙、悬刀、栓塞上均阴刻隶书"河内工官七百卅丙"。通高 17.3、郭长 10.5 厘米（图五二，2；彩版五七，3）。这两件弩机显然是从中原传入云南的。标本 M85:54，仅无郭，牙、悬刀等俱备，栓塞帽呈方形。通高 15.6 厘米。其余铜弩机均无郭和栓塞（唯标本 M86:4-7 仅存栓塞），器形较小，单薄，机牙部制作粗糙，铜质差，应

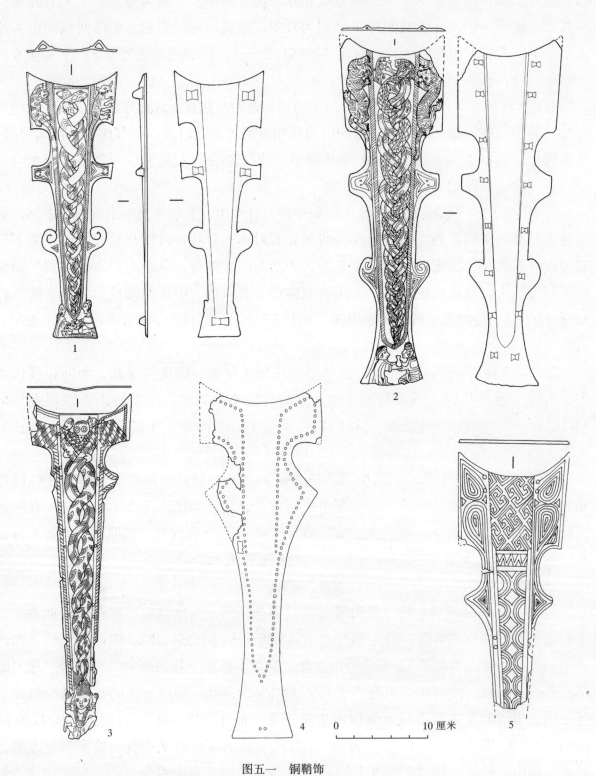

图五一　铜鞘饰

1.A型Ⅰ式 M68X1:25-3　2.A型Ⅱ式 M51:122-2　3.A型Ⅲ式 M51:156-2　4.A型Ⅳ式 M47:144-2　5.B型 M51:154-2

是专为随葬而制的明器。标本 M47:239-1，仅有望山和悬刀，望山和扳部两面铸雷纹。
通高 13.2 厘米（图五二，3；彩版五七，4）。

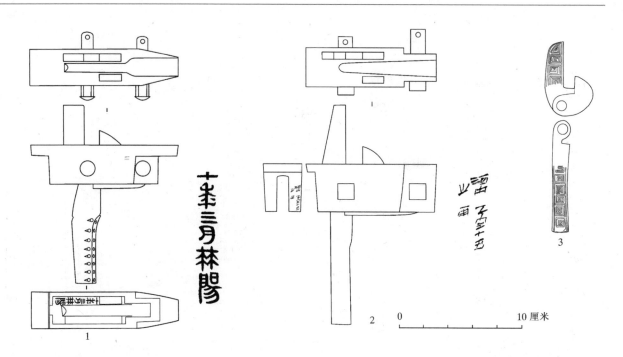

图五二　铜弩机

1.M51：287　2.M57：40　3.M47：239-1（1、2铭文为原大）

16.铜镞

153件。分六型。

A型　3件。镞身呈柳叶形，断面作菱形，前锋近前端急聚成刺，圆筒状空心铤，镞尖至铤末中线起棱。标本 M73：6，铤末残。残长 4.3、刃宽 1、铤径 0.5 厘米（图五三，1；彩版五八，1）。

B型　8件。镞身扁平，略呈宽叶形，前锋弧刃，后锋齐平，中线有一后端封闭的血槽，圆筒状空心铤。标本 M53：5，铤末残。残长 6.2、刃宽 2.1、铤径 0.8 厘米（图五三，2；彩版五八，2）。

C型　2件。镞身狭长，前锋斜直，后锋稍前倾，中线起粗脊，脊两侧各有一道后端贯通的血槽，圆筒状空心铤。标本 M72：9，刺和铤末稍残。残长 4.4、刃宽 1.1、铤径 0.6 厘米（图五三，3；彩版五八，3）。

D型　66件。镞身长，前锋微弧，后锋呈两翼后掠，成倒须，中线起粗脊，脊两侧各有一道后端贯通的血槽。圆筒状空心铤，表面起棱。标本 M68：105，刺稍残。残长 5.2、翼宽 1.6、铤径 0.7 厘米（图五三，4；彩版五八，4）。

E型　21件。镞身较宽，前锋弧刃，前端急聚成刺，后锋分成两翼后掠作倒须。中线粗脊突起，脊两侧有血槽。圆柱状实心铤。分二式。

Ⅰ式　13件。前锋中后段较平直，后锋中间齐平，外侧两翼细长，中脊两侧血槽后端封闭，无关。标本 M71：35，通长 5.7、翼宽 1.5、铤径 0.3 厘米（图五三，5；彩版五

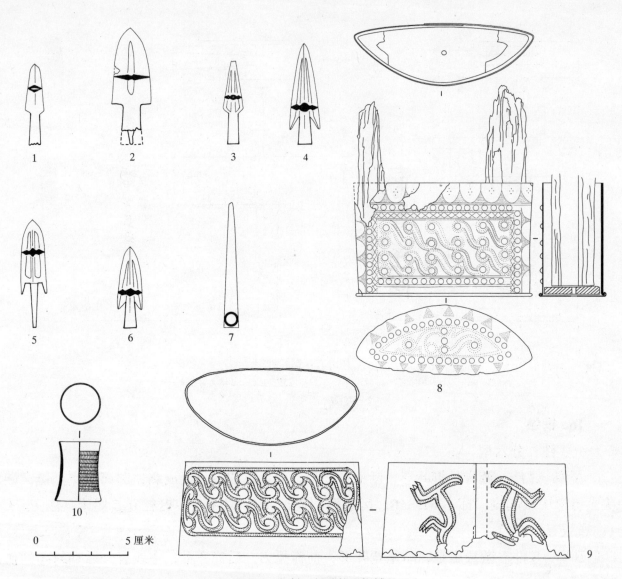

图五三　铜镞、铜箙饰和铜镖

1.A 型铜镞 M73:6　2.B 型铜镞 M53:5　3.C 型铜镞 M72:9　4.D 型铜镞 M68:105　5.E 型 Ⅰ 式铜镞 M71:35　6.E 型 Ⅱ 式铜镞
M28:5　7.F 型铜镞 M47:219　8.铜箙饰 M51:68－1　9.铜箙饰 M43:4　10.铜镖 M68:302－4

八，5）。

　　Ⅱ式　8件。中脊两侧血槽后端贯通，有关，断面呈菱形。标本 M28:5，铤较短。通
长 4.4、残翼宽 1.4、关径 0.7、铤径 0.3 厘米（图五三，6；彩版五八，6）。

　　F 型　53件。空心长圆锥形。有的与其他型镞共出，也有单独多件同出的，M47 则
仅只出此型镞。似为槁末饰，但锥端尖锐，且部分与其他镞同出于一箙饰内，应为镞。
可能作训练或用于射猎飞禽，及兔鼠类小动物，均残损，径 0.6～0.9 厘米。标本 M47:
219，保存最长，表面镀锡。残长 6.6、径 0.9 厘米（图五三，7；彩版五八，7）。

　　17. 铜箙饰

　　16件。用薄铜片锻打制成，略作半圆筒形，下有平底，底正中有一小圆孔。装固于

竹制箭箙下端作饰，与镞同出，有的内盛镞。均破碎残损，从残片可看出长短不一，长5~12.5厘米，复原2件。标本M51:68-1，正面和底部锻有排列整齐的突起乳丁，并錾锥刺点连成的地纹，地纹为围乳丁的蟠螭纹、长方形边框和三角形纹等组合图案。内留竹箭箙残片，通高6、口径3.7~9.3厘米（图五三，8；彩版五九，1）。标本M43:4，下端较窄，底残，正面为乳丁和锥刺地纹，背面两侧锻有身体突起、边沿錾一周锥刺纹的二兽，形似兔，相背而坐。通高5、口径3.7~10.3厘米（图五三，9；彩版五九，2）。

18. 铜鍱

2件。俗称扳指，与金、银鍱或玉鍱同出，器形和纹饰与金、银鍱相同，束腰圆管状，一端较细，铸有多道羽状纹。标本M68:302-4，表面呈黑色，可能是在佩戴使用过程中，长期与手汗液中的尿酸发生化学反应所致。通长3.1、径2.2~2.5厘米（图五三，10；彩版五九，3）。

19. 铜盾饰

103件。圆形铜片，正面中央半球形突起，背面相对应内凹，有横梁可穿缀固定在革盾或漆盾上。分三型。

A型　36件。正面下凹呈浅盘状。分三式。

Ⅰ式　4件。正面半球形突起较低，中央再向上突起，背面为一横梁。标本M68:86，正面中央再突起，饰八芒太阳纹，太阳作半球形，芒间有斜线纹。直径6.9厘米（图五四，1；彩版六〇，1）。

Ⅱ式　2件。器形大，正面中央再突起顶端为鎏金凹面圆盘的圆管柱，背面为十字相交的横梁。正面镀锡。标本M68:200，直径14.2、通高5.3、盘径5.4厘米（图五四，2；彩版六〇，4）。

Ⅲ式　30件。正面中央再突立一实心圆锥形长棘刺，背面有一或十字相交的横梁。标本M50:77，正面微凹，鎏金，背面为一横梁，棘刺尖使用圆钝。直径约10.7、通高3.3、刺高2.1厘米（图五四，3；彩版六〇，3）。标本M68X1:1，棘刺粗，刺尖使用圆钝，背面为十字相交的横梁。直径7.4、通高2.9、刺高1.8厘米（图五四，4；彩版六〇，5）。

B型　6件。面平，正面中央半球形突起上再突立一实心圆锥形棘刺，背面有一横梁，器形较小。标本M57:130，中央突起的半球上有对称四孔，刺尖使用圆钝。直径3.6、通高1.6、刺高0.9厘米（图五四，5；彩版六〇，2）。

C型　61件。正面上凸，周围平沿一圈，中央半球形突起上再突立一实心圆锥形棘刺，背面为一横梁，少数几件正面鎏金。标本M86:36，刺尖因使用稍圆。直径9.1、通高2.9、刺高1.3厘米（图五四，6；彩版六〇，6）。

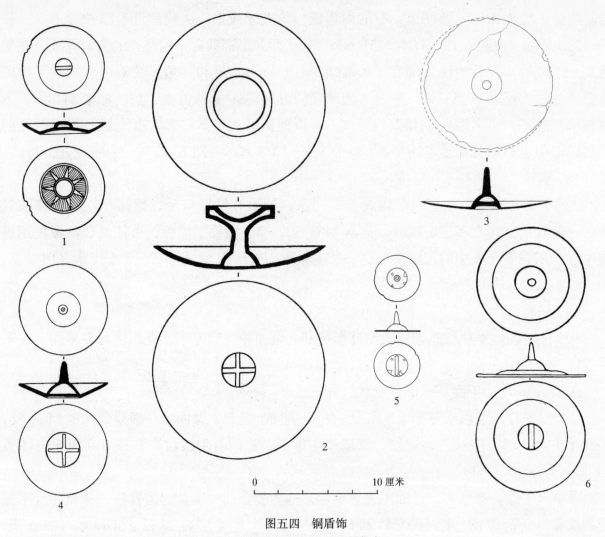

图五四　铜盾饰

1.A型Ⅰ式 M68:86　2.A型Ⅱ式 M68:200　3.A型Ⅲ式 M50:77　4.A型Ⅲ式 M68X1:1　5.B型 M57:130　6.C型 M86:36

20．铜胫甲

11件。圆筒状，上粗下细，上端稍敛，上段稍外鼓，下段收细，下端侈开，通体如人小腿。分二式。

Ⅰ式　9件。上沿平，下沿斜。侧面留开口，上沿和开口边沿有双连小孔。均出自大型墓内，表面鎏金。残高 25.9～32 厘米。标本 M51:314，2件，一件局部修复，残高 30～32 厘米，另一件中部边沿有一长约 2.5 厘米的裂隙，用表面鎏金的铜丝铆固三处（图五五，1；彩版六一，1）。

Ⅱ式　2件。上下沿平，每片相应的上宽下窄，边沿都有双连小孔，三片的弯曲弧度和宽窄不等。标本 M53:29-2，高 23.9、三片分别宽 5.7～8.9、7.2～9、8～10.4（残）、围成筒上径 11.2、下径 8.7 厘米（图五五，2；彩版六二，1）。

21．铜臂甲

17件。椭圆筒状中间束收，下段内收较多。分二式。

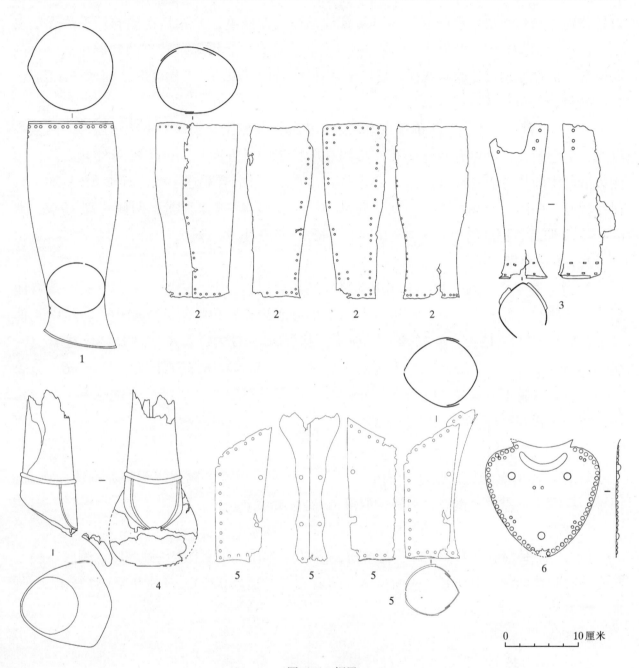

图五五　铜甲

1. Ⅰ式铜胫甲 M51:314　2. Ⅱ式铜胫甲 M53:29-2　3. Ⅰ式铜臂甲 M71:33　4. Ⅰ式铜臂甲 M51:81　5. Ⅱ式铜臂甲 M53:29-1　6. 铜护手甲 M51:292-2

　　Ⅰ式　8件。正面上沿中部凹入，两旁高低不同，下沿平，有卷边。背面留开口。近下沿处有二至三行穿孔。标本 M71:33，大部修复，上沿凹入两侧各有一行穿孔，下沿有二行穿孔，上沿和背面开口处稍残。残高20.9、上径8.9、下径6.5厘米（图五五，3；彩版六一，2）。其中2件较特殊，筒身较圆，中间收束很少，近直，下端稍细，背面留开口。上沿斜，正面伸出一片，略作椭圆形。似臂甲和护手甲结合在一起。上下两端近口处分别饰有半圆状背空凸起的一道粗弦纹，均残损极重，尤其是连接的护手片无法复原。标本 M51:81，下段残缺，上段与粗弦纹相连饰有呈半圆弧形背空凸起的粗条纹。圆筒甲身与护手片相接处原有残损，后用金片补缀。残高 19.5、上端径 8.2 厘米（图五五，4；彩版六一，4）。

Ⅱ式　9件。上沿斜，下沿平，有卷边。中间一片较窄，上端较宽略呈菱形，两侧各有二、三个圆孔，上沿有双连小孔，两侧片形状相同，方向相反，下沿对称向后斜，内侧边沿与中间片对应有重合的二、三个圆孔，其余三边沿有双连小孔。标本 M53:29-1，保存较好，中间片上端略残。中间片残高 20.4、宽 4.4~8.1 厘米，两侧片高 19.7、宽 6.4~7.2 厘米，围成筒上径 8.8~10.4、下径 7~7.7 厘米（图五五，5；彩版六二，2）。

22．铜护手甲

20件。略呈心形的平片，上端中部略作倒梯形突出，上沿内弧。上部突起一条弯曲粗线，两侧和下部各有一突泡，边沿有一周小突泡，其外和中间有双连小孔。其中 4 件较小，残高 12.8~12.9、宽 12.9~13 厘米。其余 16 件较大，残高 15~15.5、宽 16.1~16.3 厘米。标本 M51:292-2，下端稍残。残高 15.5、宽 16.3 厘米（图五五，6；彩版六一，3）。从骑士俑铜鼓的俑身上可看到护手甲穿戴在手背和肘部，与臂甲下、上端相连，防护手背和肘部。

三　生活用具

57件。器形有铜鍪、铜釜、铜甑、铜炉、铜壶、铜洗、铜盘、铜杯、铜匜、铜盒、铜罐、铜卮、铜熏炉、铜镜、铜簪、铜带钩等。

1．铜鍪

1件。标本 M68:194，残碎，器壁薄，侈口，折沿，高领上收，圆鼓腹，圜底。腹上部两侧有竖置的圆环形双耳，表面鎏金并附着烟炱。通高 12.3、口径 8.4、腹径 12.1 厘米（图五六，1；彩版六三，1）。

2．铜釜

8件。侈口较大，折沿宽阔，鼓腹扁矮，平底。分三式。

Ⅰ式　4件。口、腹部无耳，底下无足。M51 所出 2 件，形状大小相同，圆鼓腹，平底较小。标本 M51:150-1，通高 10、口径 20、腹径 18.4、底径 9.3~10.2 厘米（图五六，2；彩版六三，2）。M57 所出 2 件形状大小相当，器形小，铸制粗糙，腹、底不甚圆，略呈卵形，圆鼓腹，底较大，周有折边，显然系明器。标本 M57:144，通高 7.4、口径 12.8、腹径 11.6~12.5、底径 6.8~7.2 厘米（图五六，3；彩版六三，3）。

Ⅱ式　2件。M86 所出，唇稍向内平折，上缘锉磨平，两侧有分铸后再铸接的绳纹椭圆环状扁平立耳，腹上鼓下收，表面附满烟炱。标本 M86:053，双耳外侈，平底微内凹。通高 14.3、高 10.3、口径 20、腹径 18.4 厘米（图五六，4；彩版六三，4）。标本

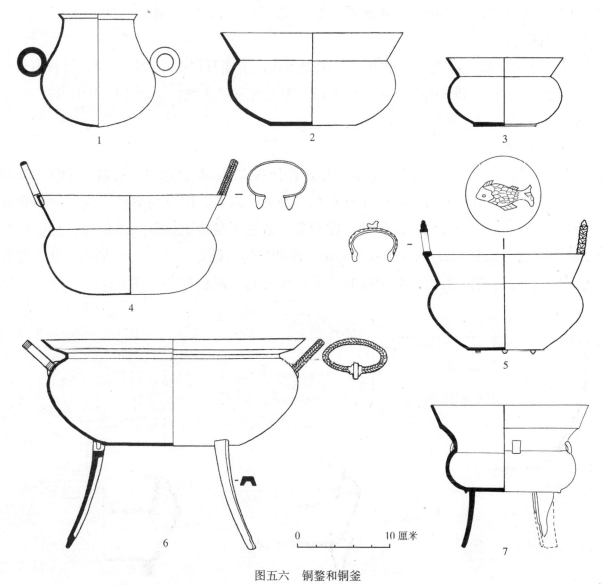

图五六 铜鍪和铜釜

1. 铜鍪 M68:194　2. Ⅰ式铜釜 M51:150－1　3. Ⅰ式铜釜 M57:144　4. Ⅱ式铜釜 M86:053　5. Ⅱ式铜釜 M86:052　6. Ⅲ式铜釜 M51:150－2　7. Ⅲ式铜釜 M69:191

M86:052，双耳直立，耳上各铸一圆雕小水鸟，平底下铸四小乳丁状足，内铸有一条鱼纹，表面镀锡。通高 14.2、高 10.6、口径 17.3、腹径 16.3~16.6 厘米（图五六，5；彩版六三，5）。

Ⅲ式　2件。腹部铸有耳，底下铸有三足。标本 M51:150－2，口沿中部折若盘状，腹部上圆鼓，下内收。肩腹部两侧铸有绳纹半圆环状立耳，外侈，横置，断面略呈方形，与肩腹相连处有三道带状箍。底铸有三凿形高足，外侈，微曲，断面梯形，下端收细，中段内侧空。通高 22.7、口径 28.8、腹径 27、底径 14.8 厘米（图五六，6）。标本 M69:191，釜身如倒置的小铜鼓，以鼓面、胴、腰、足分别作釜底、腹、颈、口。颈腹间有四小宽耳。底周有褶边，下浑铸有三扁平足，微曲，稍侈，下端稍窄。表面镀锡。通高 15、口径 17.2、腹径 13.5、底径 10.4 厘米（图五六，7；彩版六三，6）。

3. 铜甑

1 件。标本 M86:1，敞口，斜折沿，弧腹内收，平底有算孔，对称四分，每分内算孔作平行长条形，与相邻分内的算孔互相垂直。腹部有三道弦纹。通高 14、口径 22、底径 10 厘米（图五七，1；彩版六四，1）。

4. 铜炉

2 件。器形小，似薰炉或手炉。炉身和炉算分别铸制，炉身敛口，折肩，平底，底侧附蹄足。炉算斜直腹，平底，底中铸有算孔，中央一圆孔，围三角形孔一圈，呈多角星形，口沿内收外展，中有圆口，外沿也作圆形，盖在炉身口上，算插入炉身，悬于炉身中。表面镀锡。标本 M47:24，炉身不甚圆，底侧另铸三蹄足，空心，底侧和蹄足上端有小孔，用细铜钉铆固。算口沿弧形隆起，圆口周突起一圈粗弦纹，算孔作七角星形。通

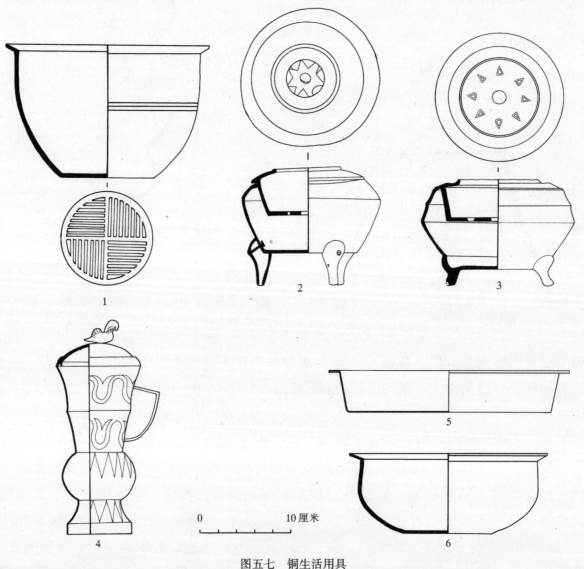

图五七　铜生活用具

1. 铜甑 M86:1　2. 铜炉 M47:24　3. 铜炉 M69:137　4. 铜壶 M69:168　5. 铜盘 M50:32　6. 铜洗 M86:4

高 12.5、算口径 6.3、炉身口径 10.8～11.4、腹径 14.4～15.1、底径 9.6～10.1 厘米（图五七，2；彩版六四，2）。标本 M69:137，炉身肩部较宽，中起棱一道，上、下弧形稍凹，底侧四蹄足较矮小。算口沿中起棱一道，内、外弧形稍凹，圆口周起低唇，微敛，算孔作八角星形。通高 11.4、算口径 7、炉身口径 13.3～13.6、腹径 15.8～16.3、底径 8.6 厘米（图五七，3；彩版六四，3）。

5. 铜壶

2 件。口微侈，粗长颈下端内收，上、下段稍束，中突折棱，侧附宽扁单錾耳，上平下曲。腹部小，圆鼓略呈球状，平底，高圈足外侈，下端直，下缘内卷。通体表面鎏金作底，鎏银纹饰，口部鎏银一道，颈上段鎏银作波浪纹，腹部和圈足鎏银作长三角齿纹。标本 M69:168，有盖，隆起略作半球形，周沿宽带状突起一圈，盖顶中央另铸一立体水鸟，似鸳鸯，身下有钉榫，铆入盖顶榫孔固定，正面鎏金，盖口内沿有一道凹槽。通高 23、壶身高 18.4、口径 9.2、腹径 8.2、足径 6.9 厘米（图五七，4；彩版六四，4）。

6. 铜盘

3 件。均残，部分修复，器身极薄，锈蚀后仍具一定的弹性和韧性，当为锻制。敞口，平折沿，沿外侧稍下折，浅直腹，下略内收，大平底。标本 M50:32，高 4.3、口径 26.4、底径 22.6、壁厚 0.02～0.04 厘米（图五七，5）。

7. 铜洗

1 件。标本 M86:4，侈口，斜折沿近平。腹上段直，下段弧形收成平底。底周沿有稍突起的圆形范线与两侧范线相连。通高 8.5、口径 21.2、腹径 19.2 厘米（图五七，6；彩版六四，5）。

8. 铜杯

1 件。标本 M68:362，有盖筒形杯，直腹，平底，腹中部附单环耳。盖隆起略作半球形，顶部铸有一立体蛙，昂首前视，蹲踞欲跃之势，盖后沿平伸出略呈环形的扳纽，正面鎏金。通高 8.8、口径 5.5、底径 6.2 厘米（图五八，1；彩版六五，1）。

9. 铜匜

2 件。平面略呈圆形，敞口，浅腹，微外弧，前端出方形流，后端有一半环耳，平底，下有乳突状三矮足，表面镀锡。标本 M69:189，通高 3.8、器身高 2.9、长 14.3、宽 11.2 厘米（图五八，2；彩版六五，2）。

10. 铜盒

1 件。标本 M69:167，盒身和盖均呈半圆球形，盒身口部内敛折成子口，身和盖子母口扣合后通体呈稍扁的圆球形。身和盖平底，矮圈足，底部有二小孔，腹部铸有凸起的一道颠倒交错尖瓣纹，表面通体鎏金。通高 16、口径 17.6、腹径 20 厘米（图五八，3；彩版六五，3）。

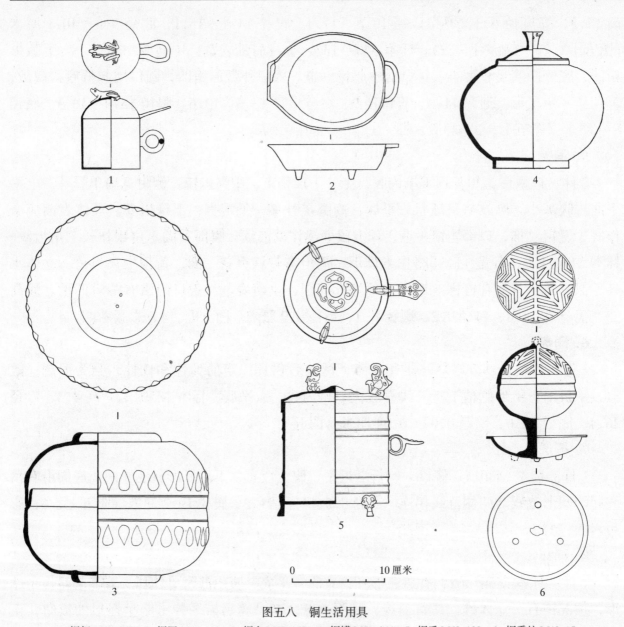

图五八　铜生活用具

1．铜杯 M68：362　2．铜匜 M69：189　3．铜盒 M69：167　4．铜罐 M51：344　5．铜卮 M69：138　6．铜熏炉 M49：15

11．铜罐

1件。标本 M51：344，直口，折沿低小，圆球腹，平底，圈足矮小，表面镀锡。有盖，中部弧形隆起，周围为平沿，中央喇叭状纽，镂有菱形小孔，两面鎏金。通高 14.5、罐高 11.6、口径 7.8、腹径 15.4 厘米（图五八，4；彩版六五，4）。

12．铜卮

3件。直筒腹，平底。底边沿附三小足，足上部呈兽面铺首状，下为蹄足。腹侧附小单环耳，环面上沿延出錾。腹部耳下和底边沿各饰一道宽带状弦纹，弦纹两侧和中线起突棱，其间弧形稍凹。有盖，盖沿直，盖顶微弧近平，中间圆形凸起，中央突起四叶纹，其外对称四卷云纹。周围等分分布三立纽，另铸作透空浮雕卷云形，铆接在盖上小孔内。表面通体鎏金。标本 M69:138，通高 16.2、腹径 11.1 厘米（图五八，5；彩版六五，5）。

13. 铜熏炉

1 件。标本 M49:15，盖、身均为半球形，子母口扣合后略呈圆球形。细圆柄，下端外侈成圆片状座，下有圆形托盘。盘敞口，平沿，浅圜底，底下有三乳丁状小足，底中央有孔与座下榫铆接。腹部饰一道宽带状弦纹，中线起一周突棱。盖铸斜条和折条形孔，顶部纽残，似半环纽。残通高 12.3、腹径 10.8 厘米（图五八，6；彩版六五，6）。

14. 铜镜

10 件。分别出于八座墓内，七座为大型墓，男女皆有。有的置于墓底棺下，有的周围有圆形漆奁痕，可知是放在漆奁内。均为中原地区制作的圆形镜。

"山"字纹镜　1 件。标本 M69:175，已破碎，器形大，四弦纽，中间两道较宽大。方纽座，座边沿有方形凹面带，四边微内弧。纹饰由地纹和主纹组合而成，地纹为细密的羽状纹，其上以纽座为中心，围以相互叠压的两个条带纹连接的弧形四边形组成的一个八角形，方形凹面带四边中心点处各向外伸出一花瓣，四角向外仲出四组花瓣，每组二瓣，靠外的花瓣伸出一弯曲的棒槌形长叶，将镜背分为四区。每区内有主纹一向右倾斜的"山"字，"山"字之底边与方形凹面带四边平行。在各"山"字之左胁，有一花瓣纹。全镜共十六花瓣，各花瓣间以条带纹连接围绕。素卷边，边缘窄。直径 28.6、边缘厚 0.9、宽 0.4 厘米（图五九；彩版六六，1）。

蟠螭纹镜　1 件。标本 M47:206，已残碎，大部拼对复原。器形较大，镜面薄，对称的三组蟠螭纹，云雷纹地，三弦纹带形纽，圆形纽座。直径 20.2、镜厚 0.1、边缘厚 0.3 厘米（图六〇，1；彩版六六，2）。

百乳镜　2 件。博山炉式纽，内向连弧纹圆形纽座。座外四乳，下有圆座。乳之间有小乳，小乳下有退化"蟠螭"的曲线，边缘为内向连弧纹。标本 M57:137，座外四乳之间各有四小乳，靠边缘处有一圈斜线纹。直径 10.1、边缘厚 0.4 厘米（图六〇，2；彩版六七，1）。标本 M50:37，纽下座内有一圈斜线纹，座外四乳之间各有六小乳。直径 10.4、边缘厚 0.4 厘米（图六〇，3；彩版六七，2）。

昭明镜　1 件。标本 M49:17，已破碎，部分残片缺失，基本复原。博山炉式纽，圆圈纽座，有退化的四叶纹，座外有一圈内向连弧纹，内有小乳八个，乳下有卷云纹，或连至座内的三细线并列成的曲线纹，相互间隔。近边缘处有铭文一圈，部分文字缺失，文为"内清质昭明，光 辉 象 夫日月，心忽之愿忠，然 雍塞 而不泄。"铭文内外各有一圈斜线纹。直径 12.5、边缘厚 0.5 厘米（图六〇，4；彩版六七，3）。

日光镜　2 件。标本 M85:95，表面黝黑，泛光，半球状纽，圆圈纽座，有退化的四叶纹。座外铭文二圈，皆为"见日之光，长毋相忘。"外圈在字与字之间隔一卷云纹，两

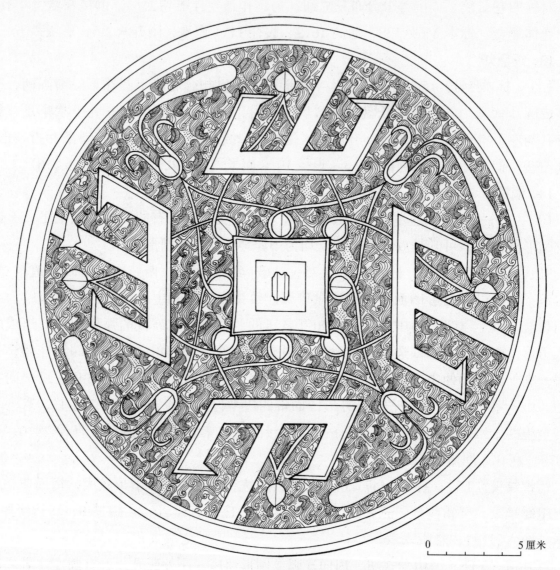

0　　　　　　　　5厘米

图五九　"山"字纹铜镜 M69:175

圈铭文间隔有带纹和斜线纹各一周，铭文外接边缘处也有一周斜线纹。直径 11.1、边缘厚 0.5 厘米（图六一，1；彩版六七，4）。标本 M47:205，器形较小，铸制较粗。带形纽，正方形纽座。座外四角四出连接边缘，四边有四乳，乳和出线之间有铭文八字："见日之光，天下大明。"铭文自左向右回旋，书体方整。边缘较宽，弧形下凹。直径 6.5、边缘厚 0.2 厘米（图六一，2；彩版六七，5）。

羽状地纹镜　1 件。标本 M51:289，半球状纽，圆形四叶纹纽座。整齐排列的羽翅纹和小乳丁涡纹组合成一个方形的花纹单位，每个花纹单位上下左右平行，布满镜背。素卷边，边缘一周弧形凹面形环带。直径 13.3、边缘厚 0.4 厘米（图六一，3；彩版六七，6）。

变形四螭纹镜　1 件。标本 M86:7，器形较小，半球状纽，圆形纽座，有一圈栉纹。

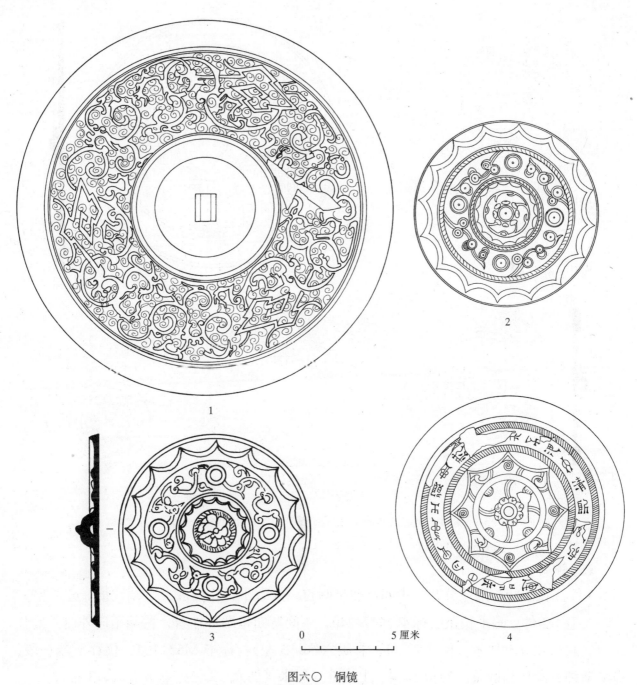

图六〇　铜镜

1. 蟠螭纹镜 M47∶206　2. 百乳镜 M57∶137　3. 百乳镜 M50∶37　4. 昭明镜 M49∶17

座外四乳，每两乳之间有一类似螭状之物，在"螭"外侧有一鸟，接边缘处有一圈栉纹。直径8.3、边缘厚0.4厘米（图六一，4；彩版六八，1）。

连珠纹镜　1件。标本 M49∶16−2，器形极小，半球状纽，变形四叶纹纽座。叶端呈三角形连接在边缘内侧，座外平顶一周连珠纹。直径4.4、边缘厚0.4厘米（图六一，5；彩版六八，2）。

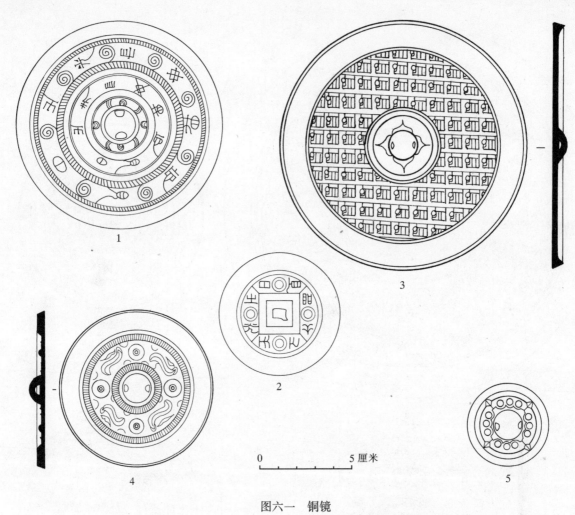

图六一　铜镜

1.日光镜 M85:95　2.日光镜 M47:205　3.羽状地纹镜 M51:289　4.变形四螭纹镜 M86:7　5.连珠纹镜 M49:16-2

15.铜簪

3件。长条状，两端分开，中间弯曲呈圆首，大致平行作两股，下端残损。分二型。

A型　2件。扁平长条。标本 M47:240，中间弯曲呈圆环作首，两端稍向外曲。残长20.1、扁条宽0.9厘米（图六二，1；彩版六八，3左）。标本 M57:104，仅存下端一段，扁平渐细，渐作扁圆条。残长14.4、上宽0.7厘米（图六二，2；彩版六八，3右）。

B型　1件。标本 M81:6，仅存首端一段，圆条，半圆形首，两股上段稍向内曲，铸制粗糙。残长6.1、径0.4厘米（图六二，3；彩版六八，3中）。

16.铜钗

10件。标本 M69:179，牌饰下连有二针。牌饰由线条缠绕相连，略作镂孔圆角梯形，上端较宽。背面平，不甚光滑，当用单范铸成，部分镂孔未穿透。出土时累叠放置。均锈蚀残破，仅一件保存稍好。残长3.9、牌长1.8、宽1.2～1.9厘米（图六二，4；彩版六八，4）。从其余几件的残针看，针长可超过4.9厘米。

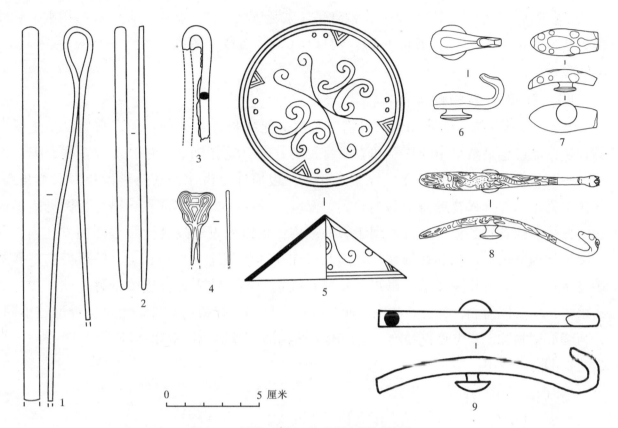

图六二　铜簪、铜钗、泡形铜头饰和铜带钩

1.A 型铜簪 M47∶240　2.A 型铜簪 M57∶104　3.B 型铜簪 M81∶6　4.铜钗 M69∶179　5.泡形铜头饰 M69∶216　6.铜带钩 M57∶96
7.铜带钩 M51∶244　8.铜带钩 M86∶31　9.铜带钩 M53∶2

17. 泡形铜头饰

2件。边沿略残损，表面镀锡。标本 M69∶216，圆锥形，背空，边沿有对称的四双联小孔，饰刻线卷云纹。出于头部两侧，当属头饰。径约 8.5、高 3.2 厘米（图六二，5；彩版六八，5）。

18. 铜带钩

5件。钩身分别作水鸟形、琵琶形和圆棒形，腹下有一圆柱纽。水鸟形1件，标本 M57∶96，水鸟作回首状，以头、颈部作钩，身短，侧起棱，背平，腹面平。通长 3.9、宽 1.4、纽径 1.8 厘米（图六二，6；彩版六八，6右）。琵琶形2件，钩身向上弯曲，正面弧形隆起，腹面平，断面略呈半圆形。标本 M51∶244，钩身较短宽，后端圆，正面铸有甲虫头部纹，双眼镶嵌红色玛瑙小珠，身镶嵌绿松石珠小珠等物，大多脱落，仅存一粒绿松石小珠。以虫尾作钩，惜已残断。残长 3.6、宽 1.4、纽径 1.3 厘米（图六二，7；彩版六八，7右）。标本 M86∶31，钩身较长，正面铸有鸟、牛、龙纹。后端为一鸟，侧身站立，翅上展，长尾张开，中为一牛，侧身，足后蹬，拱背低头，角前伸作拼斗状，前端为一龙，俯身稍曲，尾似鱼尾。钩为兽首形。通长 9.7、宽 1、纽径 1.2 厘米（图六二，

8；彩版六八，7左）。圆棒形2件，钩身呈长条圆棒状，向上弧形弯曲，钩端稍细，钩略作兽首形。标本M53：2，通长11.9、钩身径0.8、纽径2厘米（图六二，9；彩版六八，6左）。

四　扣饰、鼓和贮贝器

257件。铜扣饰、铜鼓和铜贮贝器等是滇文化中最具特征的器形，它们既是生活用具、装饰品，也是祭祀用的祭器和表明身份的礼器。铜扣饰239件。形式多样，但每件背面中部靠上都有一略呈方形、穿矩形孔、顶边横伸出齿作钩的矩形齿扣。这类扣饰，在执伞男俑和部分人物饰身上都能看到，佩戴在腰带上的腹前部位。出土时偶见矩形齿扣的方孔内插有竹签销钉，仅发现于男性墓内。田野发掘中发现金腰带饰的方孔内，扣有圆形扣饰的矩形齿扣和扣饰残片。因此可知扣饰的用途与带钩相类，矩形齿扣一孔一钩与带钩一纽一钩作用相近。以矩形孔穿系腰带一端，钩则可挂连腰带另一端。扣饰形式繁多，均整体铸制，部分在扣饰正面镶嵌玉、玛瑙、绿松石装饰。根据扣饰形状不同，分为圆形铜扣饰、长方形铜扣饰、动物围边铜扣饰、透空浮雕铜扣饰等。

1. 圆形铜扣饰

139件。牌饰为圆形。分二型。

A型　11件。牌饰面上没有镶嵌物。分五式。

Ⅰ式　2件。素面无纹，弧形凸起。标本M57：20，边沿稍残，直径9.1厘米（图六三，1）。

Ⅱ式　1件。标本M68X1：36，残破，素面稍凹呈浅盘状，周边一周稍厚，沿薄如锋。直径8.8厘米（图六三，2）。

Ⅲ式　2件。面稍凹呈浅盘状，中央圆锥状小乳丁状突起。标本M71：41，面中部平，与周沿接，饰长芒的八芒太阳纹，芒间为重叠三角形纹，挤压略变形。直径10.2厘米（图六三，3；彩版六九，1）。

Ⅳ式　5件。面稍凹呈浅盘状，中央如玛瑙扣样突起，周围的四、五圈纹饰，多为栉纹、圆点纹、云纹等。标本M55：2，有五圈纹饰，由里向外依次为圆点纹、栉纹、圆圈纹、栉纹、圆圈纹。直径6厘米（图六三，4；彩版六九，2）。

Ⅴ式　1件。标本M68X1：44，面稍凹呈浅盘状，中央突起蕈形圆柱，柱顶部饰三瓣花纹，面上有三圈纹饰，由里向外依次为折勾连云纹、绞绳纹和连续云纹。背面中央圆柱底部作圆形凹圜底，表面镀锡。直径8.3、圆柱高1.3厘米（图六三，5；彩版六九，3）。

B型　128件。牌饰面稍凹呈浅盘状，在预铸的环形浅槽内镶嵌绿松石珠、玛瑙扣、玉环等，大多已脱落。分五式。

Ⅰ式　5件。中央作玛瑙扣状突起，周围镶嵌绿松石小珠。靠里隔出一窄槽，只容镶

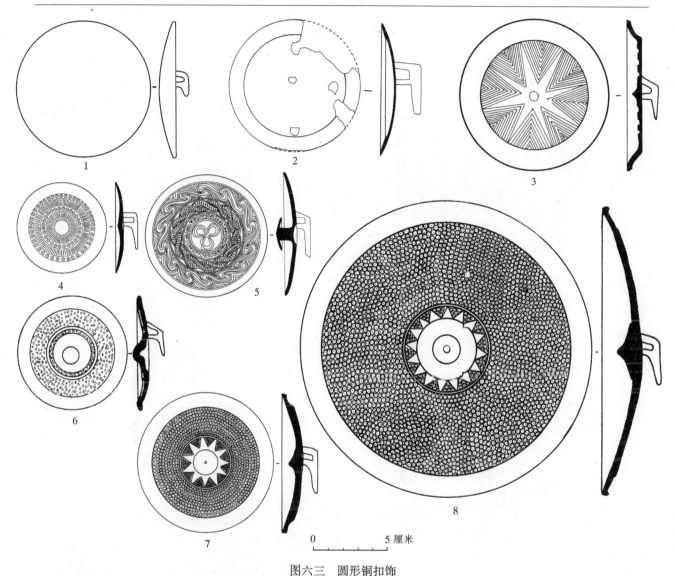

图六三　圆形铜扣饰

1.A型Ⅰ式 M57:20　2.A型Ⅱ式 M68X1:36　3.A型Ⅲ式 M71:41　4.A型Ⅳ式 M55:2　5.A型Ⅴ式 M68X1:44　6.B型Ⅰ式 M43:5　7.B型Ⅱ式 M68X1:14-5　8.B型Ⅱ式 M68X1:27-3

嵌一粒小珠。标本 M43:5，绿松石珠作碎粒状，背面中央凹入。直径 7.4 厘米（图六三，6；彩版六九，4）。

Ⅱ式　66件。中央镶嵌玛瑙扣，其外用黑色漆绘出尖角光芒，芒间及周围镶嵌绿松石小珠。标本 M68X1:14-5，中央镶嵌红色玛瑙扣，绘十一角光芒，周围镶嵌穿小孔的圆形绿松石小珠，稍脱落，边沿表面镀锡。直径 9.2 厘米（图六三，7；彩版七〇，1）。标本 M68X1:27-3，器形大，但中心部分与前者相若，镶嵌白色玛瑙扣，绘十五角光芒，周围镶嵌穿小孔的圆形绿松石小珠，边沿表面镀锡。直径 19.8 厘米（图六三，8；彩版七〇，2）。

Ⅲ式　23件。中心同Ⅱ式，周围分两圈镶嵌绿松石小珠。标本 M68X1:14-3，器形大，镶白玛瑙扣，绘十八角光芒，镶穿孔圆形绿松石小珠。直径 19.9 厘米（图六四，1；

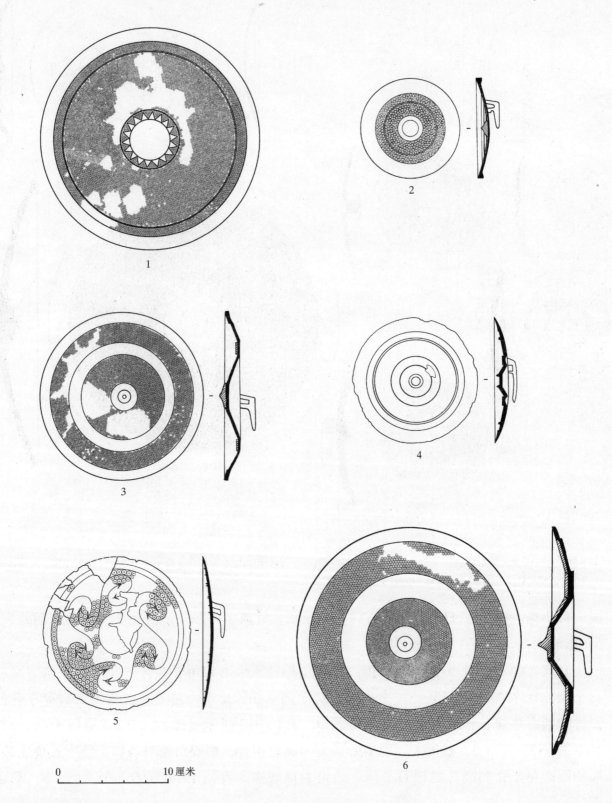

图六四　圆形铜扣饰

1.B型Ⅲ式 M68X1:14-3　2.B型Ⅲ式 M68X1:49-2　3.B型Ⅳ式 M68X1:13-1　4.B型Ⅴ式 M83:6　5.B型Ⅲ式 M30:5　6.B型Ⅳ式 M47:132-2

彩版七〇，4）。标本 M68X1：49－2，中央镶嵌红玛瑙扣，光芒纹脱落，镶嵌穿孔圆形绿松石小珠，背面边沿加厚。直径 9 厘米（图六四，2；彩版七〇，3）。标本 M30：5，破碎，经粘合成形，中心部分脱落，周围镶嵌穿孔圆形绿松石小珠，大部脱落，外圈窄，只容一粒小珠，内圈宽，铸勾连云纹。直径 13.7 厘米（图六四，5；彩版七一，1）。

Ⅳ式　33 件。中心部呈截顶圆锥形突起，中央镶嵌玛瑙扣，背空，外周一圈平，镶嵌玉环，玉环内外镶嵌绿松石小珠。标本 M68X1：13－1，镶嵌红色玛瑙扣、绿色玉环和穿孔圆形绿松石小珠。直径 15 厘米（图六四，3；彩版七一，2）。标本 M47：132－2，器形大，镶嵌红色玛瑙扣、米黄夹绿白色玉环和穿孔圆形绿松石小珠。直径 20.5、玉环径15 厘米（图六四，6；彩版七一，3）。

Ⅴ式　1 件。标本 M83：6，玉环外分两圈镶嵌绿松石小珠，镶嵌物全部脱落，周边缘薄如刃，稍残。残径 11.2 厘米（图六四，4；彩版七一，4）。

2. 长方形铜扣饰

34 件。牌饰大致呈横长方形。分二型。

A 型　13 件。牌饰面上没有镶嵌物。分三式。

Ⅰ式　1 件。标本 M59A：5，制作简单，正面两侧微弧前倾，上下边沿作连弧形，素面。通长 10.3、高 6.5 厘米（图六五，1；彩版七二，1）。

Ⅱ式　7 件。牌饰面平，中突起横粗脊，上下边沿作卷云纹形，相邻云朵相互连接，两侧边直。标本 M71：39，中脊上饰一排同心圆纹，上下边沿云朵分开伸出，两侧边各饰一列同心圆纹。通长 10、高 4.9 厘米（图六五，2；彩版七二，2）。标本 M81：1，中脊上饰一排枇纹，周围铸有两道长方框形的勾连云纹和雷纹组合图案，两侧边沿各饰一列勾连云纹连接上下边沿的卷云纹。通长 10、高 6.4 厘米（图六五，3；彩版七二，3）。

Ⅲ式　5 件。器形较大，上下边沿卷云云朵分离较远，伸出多，云朵下与边沿间有三角形镂孔，中间呈四面坡屋顶状突起折棱脊，横脊两侧及突起周边饰锯齿纹，两端饰三角形纹。标本 M51：240，周围铸有多道长方框形的勾连云纹和雷纹组合图案，框上下弯曲处各有一排锯齿纹和一排勾连云纹，两侧边沿各有两列羽状纹。通长 18.9、高 13.7 厘米（图六五，4；彩版七三，3）。此式器形、大小、纹饰相若，出自大型男性墓内，每墓1 件，似标明墓主身份。

B 型　21 件。牌饰面在预铸好的长方形和长方框形浅槽内镶嵌玉片、玛瑙片、绿松石小珠装饰。玉片、玛瑙片正面圆，背面平，断面略呈半圆形，有的就用玉管、玛瑙管珠磨平一面，尚留穿孔，镶嵌后就像镶嵌玉、玛瑙管珠一样，大多已脱落，其外周围铸纹。分三式。

Ⅰ式　1 件。标本 M72：5，镶嵌物全失，中央长方形槽较深，四边槽较浅，周边为只容一排绿松石小珠的窄槽，上下边沿各饰一排同心圆纹。通长 9.3、高 6.5 厘米（图六

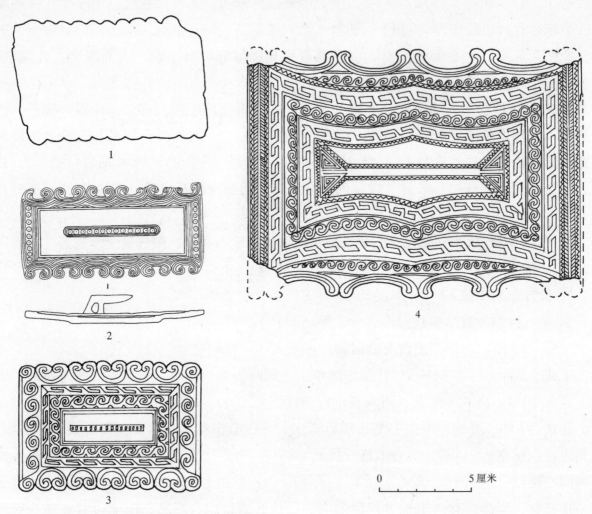

图六五　长方形铜扣饰
1.A型Ⅰ式 M59A:5　2.A型Ⅱ式 M71:39　3.A型Ⅱ式 M81:1　4.A型Ⅲ式 M51:240

六，1；彩版七三，1）。

Ⅱ式　2件。中突起横粗脊，长方框形镶嵌绿松石小珠。标本 M68X2:30－2，上下边沿作卷云纹形，云朵分开伸出，曲边长方框镶嵌绿松石穿孔小圆珠，周围铸多条平行线纹。通长11.1、高5.3厘米（图六六，2；彩版七三，2）。

Ⅲ式　18件。牌饰面稍凹呈浅盘状，中央长方形竖置横排镶嵌玉片、玛瑙片或绿松石片，长方框镶嵌绿松石小珠，其外铸多道长方框形纹饰，上下边沿作卷云纹形，两侧边沿各有一排勾连云纹与上下边沿相连。标本 M47:153，中央镶嵌五片红色玛瑙片，框形镶嵌绿松石穿孔小圆珠，周围铸一道雷纹。通长11.4、高8.3厘米（图六六，3；彩版七四，1）。标本 M51:237－3，器形较大，中央镶嵌七片绿松石片，框形镶嵌绿松石穿孔小圆珠，周围铸多道锯齿纹、勾连云纹和雷纹组合图案。通长19.4、高13.7厘米（图六六，4；彩版七四，2）。

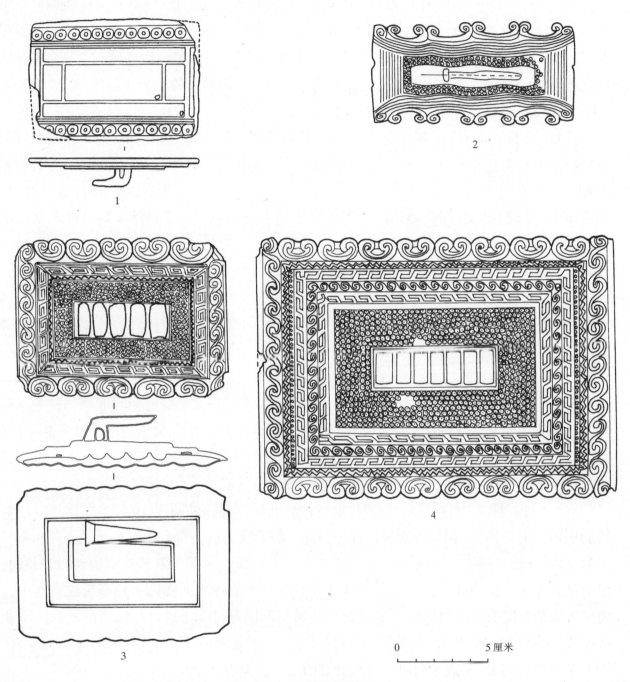

图六六 长方形铜扣饰

1.B型Ⅰ式 M72:5　2.B型Ⅱ式 M68X2:30-2　3.B型Ⅲ式 M47:153　4.B型Ⅲ式 M51:237-3

3.动物围边铜扣饰

28件。在长方形牌饰边沿铸有浮雕、透空浮雕、半立体和立体的动物围边，动物大多侧身，首尾相随。多为一件围一种动物，也有分两圈围两种动物，内圈为较小的蛇，外圈为主要动物。计有鸡、孔雀、蛇、豹、虎、猴、狐等。主要出于大型墓内，常几件多种动物同出。都不同程度锈蚀残破，根据动物种类分述。

鸡　4件。以9只或10只透空浮雕的雄鸡四面围边，略向前倾斜，牌面微凹。雄鸡尾羽长，上扬卷曲垂地，翅羽向下后斜伸，于双足后及地，昂首，直喙，大顶冠，首尾相接。标本M47∶154，四边围9只雄鸡，上3下2、两侧各2只。中央镶嵌7竖直横排的白色玛瑙片，外框形镶嵌穿孔绿松石小圆珠，周围为一周卷云纹。长15.2、高12.2厘米（图六七，1；彩版七五，1）。

孔雀　3件。以6只、8只或10只透空浮雕的孔雀四面围边，略前倾斜，牌面微凹。首尾相连的孔雀作行走状，喙略勾，翎紧贴头后，尾羽长，后伸，翅羽大，于足后下斜垂地。分二式。

Ⅰ式　1件。标本M57∶4，以6只孔雀围边，上下各2、两侧各1只，浮雕极浅近平，如同透空铸出，刻纹而成，尾羽后伸垂地，中央镶嵌物已全脱落，框形镶嵌绿松石小珠，外框沿饰一周卷云纹。残长15.6、高13.5厘米（图六七，2）。

Ⅱ式　2件。孔雀浮雕较高，层次较多。标本M51∶275，分两圈围两种动物，外圈四边围10只孔雀，上下各3、两侧各2只，昂首，尾羽向后平伸，接后边孔雀前胸，内圈为蛇，中央镶嵌6竖置横排的玉片，框形镶嵌绿松石穿孔小圆珠，周边为一周卷云纹。长21、高16厘米（图六七，3；彩版七五，2）。

蛇　2件。以8条立体的蛇围边，每边各2条，头尾相交，蛇身相互缠绕，蛇头于四角，与邻边的蛇头两两昂首相对，蛇身间镂空，牌面稍凹。标本M51∶274，中央镶嵌的5竖置横排片饰已脱落，框形镶嵌碎粒状绿松石小珠，周围为一周卷云纹。长15、高10.5厘米（图六七，4；彩版七六，1）。

豹　1件。标本M51∶235，由两种动物内外两圈围边，外圈以10只半立体透空浮雕的豹围边，上下各3、两侧各2只，首尾相连。豹身腿细长，豹头转向正面，头颈和细长尾为立体铸成，尾端卷勾后豹的颈，身上有小圆圈斑纹。中部大致和蛇围边铜扣饰相同，中央镶嵌8竖置横排的玉片，框形镶嵌穿孔绿松石小圆珠，周围饰一周卷云纹，唯围边的蛇为4条，蛇头于四角昂首，蛇身透空浮雕，每蛇身延围二边，与邻边的蛇身两两相互缠绕。残长19.1、高15.4厘米（图六七，5；彩版七六，2）。

虎　2件。以6只或8只透空浮雕的虎围边，虎腿短。分二式。

Ⅰ式　1件。标本M57∶18，以6只虎围边，上下各2、两侧各1只，虎侧身侧首，身较细，尾较长，尾端卷勾后虎颈，身上有椭圆形和曲腰椭圆形斑纹。牌面稍凹，镶嵌的玉片和周围的绿松石小珠已全脱落。长12.4、高10.3厘米（图六七，6；彩版七七，1）。

Ⅱ式　1件。标本M47∶150，以8只半立体透空浮雕虎围边，每边2只，而前一只局部或大部位于角处，使其看起来好像每边都有3只虎。虎身粗，头转向正面，头颈和尾为立体圆雕，尾后段搭于后虎颈背，身上有曲腰椭圆形斑纹。牌面稍凹，中央镶嵌5竖置横排的玉片，框形镶嵌绿松石穿孔小圆珠，边框饰一周卷云纹。长 13.3、高 9.7 厘米（图六七，7；彩版七七，2）。

猴　10 件。以 4～14 只平面浮雕、透空浮雕的猴围一边、三边或四边。分四式。

Ⅰ式　2 件。以 4 或 5 只猴围上端一边，猴身侧，面正，平面浮雕，外沿轮廓作猴身

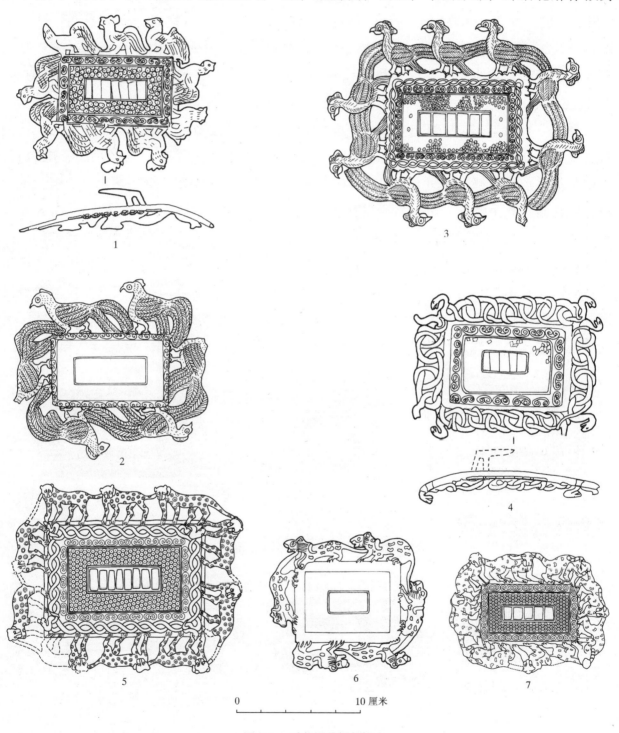

图六七　动物围边铜扣饰

1. 鸡围边铜扣饰 M47∶154　2. Ⅰ式孔雀围边铜扣饰 M57∶4　3. Ⅱ式孔雀围边铜扣饰 M51∶275　4. 蛇围边铜扣饰 M51∶274　5. 豹围边铜扣饰 M51∶235　6. Ⅰ式虎围边铜扣饰 M57∶18　7. Ⅱ式虎围边铜扣饰 M47∶150

形。牌面平，中央作横长方形，突起一横脊，其外镶嵌绿松石小珠。标本 M63:11，上边围有 5 只猴，镶嵌绿松石穿孔小圆珠，下边为卷云纹形，云朵伸出。长 13、高 8.4 厘米（图六八，1；彩版七八，1）。

Ⅱ式　1件。标本 M71:32，以 11 只猴围上和两侧三边，两侧各 3、上边 4、右上角 1 只，身侧，面正，两侧向上，上边向右，于右上角首相对，其间一只无身躯。平面浮雕，外轮廓作猴形。牌面平，中央镶嵌玉片，两侧 3 竖、中间 3 横排列，框形镶嵌绿松石穿孔小圆珠，其外上下边沿为圆圈纹两排，每个圆圈内镶嵌一粒绿松石穿孔小圆珠。长 12.6、高 8.2 厘米（图六八，2；彩版七八，2）。

Ⅲ式　1件。标本 M68X1:51-4，以 7 只透空浮雕的猴围上和两侧三边。上 3、两侧各 2 只，两侧向上，上边向右。猴头转向正面，为半立体高浮雕，颊囊突出，尾斜直，一前肢搭在前猴股部。牌面平，中央镶嵌 7 块白色玛瑙片，中间 3 横，两侧各 2 竖，框形镶嵌绿松石穿孔小圆珠，周边为透空卷云纹，下边沿为浮雕穗状纹。长 13.6、高 8.5 厘米（图六八，3；彩版七九，1）。

Ⅳ式　6件。四边以 6~14 只半立体透空浮雕的猴围边，猴头转向正面，头颈和尾作立体圆雕。标本 M47:152，边沿围 9 猴，上下各 3、左 2 右 1 只，颊囊突出，尾端卷后猴颈，一前肢搭前猴股背。牌面稍凹，中央镶嵌 5 竖置横排的椭圆形白色玛瑙片，框形镶嵌绿松石穿孔小圆珠，外为一周卷云纹。长 13、高 9.7 厘米（图六八，4；彩版七九，

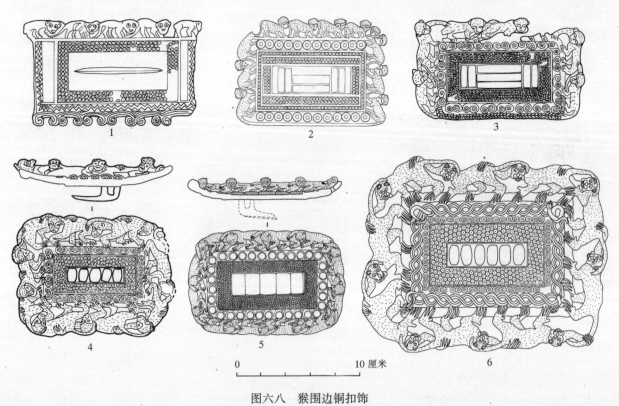

图六八　猴围边铜扣饰

1. Ⅰ式 M57:18　2. Ⅱ式 M71:32　3. Ⅲ式 M68X1:51-4　4. Ⅳ式 M47:152　5. Ⅳ式 M68X1:15　6. Ⅳ式 M51:273

2）。标本 M68X1:15，以 12 只猴围边，上下各 4 只，两侧各 2 只，排列紧密，头与前猴股略交叠，一前肢搭前猴股。正面微凹，中央镶嵌 5 竖置横排的玉片，周围镶嵌绿松石穿孔小圆珠，其外为一周圆圈纹，圆圈内镶嵌圆形绿松石。长 12.9、高 8.6 厘米（图六八，5；彩版八〇，1）。标本 M51:273，有两圈动物围边，外圈 9 只猴，上 3 下 2、左 1 右 2、左下角 1 只，左上角的 1 只向左边倾斜。内圈围 4 条蛇，蛇头伏在四角。牌面稍凹，中央镶嵌的管珠已脱落，痕迹为 6 竖置横排的椭圆形。周围镶嵌绿松石穿孔小圆珠，其外饰卷云纹，器形大。长 19.5、高 14.4 厘米（图六八，6；彩版八〇，2）。

狐　4 件。以 2~10 只狐围两边或四边，狐半立体透空浮雕，尖嘴，长身短腿。分二式。

Ⅰ式　1 件。标本 M68X2:30-1，以 2 只狐围两侧边。狐侧身侧首，头向上，略前倾，头部为立体圆雕，颈粗长，尾较粗下垂。牌面平，中央镶嵌 9 片玉片，中间 3 横，两侧各 3 竖排列，上下边沿有对称伸出的五双联同心圆纹。通长 11.5、高 6.4 厘米（图六九，1；彩版八一，1）。

Ⅱ式　3 件。四面围边，狐头转向正面前伸，头颈和尾立体圆雕，尾细长，尾端卷勾后狐颈。牌面微凹。标本 M47:149，以 7 狐围边，上下左各 2、右 1 只。中央镶嵌 7 竖置横排的竹节形白色玛瑙珠，框形镶嵌绿松石穿孔小圆珠，其外饰一周卷云纹，残长 13.3、高 9.5 厘米（图六九，2；彩版八一，2）。标本 M51:178，有两圈动物围边，外圈围狐 10 只，上下各 3、两侧各 2 只，狐头颈上昂，面正。内圈为 8 蛇，每边 2 条，蛇头伏四角。中央镶嵌 10 竖置横排的白色玛瑙片，框形镶嵌绿松石穿孔小圆珠，其外饰一周卷云纹，器形大。长 20.9、高 16.5 厘米（图六九，3；彩版八二，1）。

狮　2 件。大致相同，以 6 只透空浮雕的狮围边，上下各 2、两侧各 1 只。头转正而面平作浅浮雕，大眼，阔嘴露长獠牙，耳贴在两侧较长，顶有上扬毛发。粗身，粗短腿，大足爪，尾短粗上扬，身上有长毛纹或圆形斑纹。牌面稍凹，器形较大。标本 M51:271，中央镶嵌 5 竖置横排玉片，框形镶嵌碎粒状绿松石穿孔珠，不甚规整，较大。其外出饰一周卷云纹。长 19.5、高 15 厘米（图六九，4；彩版八二，2）。

4. 透空浮雕铜扣饰

38 件。牌饰铸成透空浮雕的动物及人物形，主体动物及人物的种类和数量多少不一，数量较多的呈半立体多层高浮雕，动物及人物的头以及向正面伸出的局部常作立体圆雕，或作背面稍平的近立体高浮雕。主体动物及人物的脚下铸有表示土地的蛇，以蛇身作地面，较平直。有的为二蛇首尾相交，蛇身相互缠绕，蛇头于两侧咬住动物及人物的股或尾。有的为一蛇。主体动物及人物制作精细，形象生动。组合形式有一种动物、多种动物掠食、人物与动物。主要出于大型墓内，均不同程度地锈蚀残破。

（1）一种动物　17 件。主体动物侧身侧首，张口，立蛇身上，地面二蛇身间有的镂

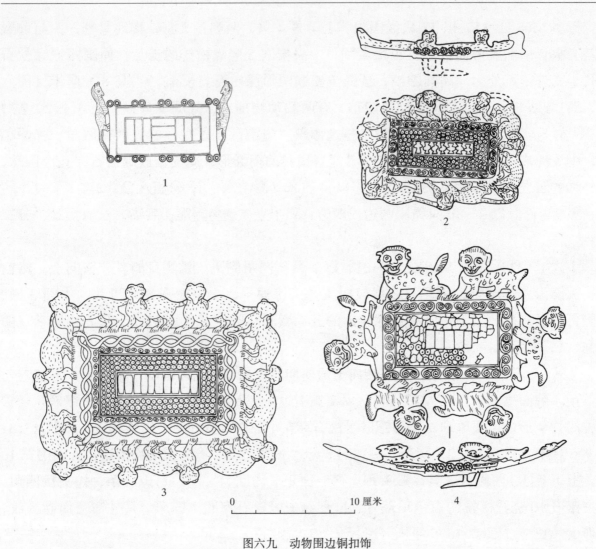

图六九　动物围边铜扣饰

1. Ⅰ式狐围边铜扣饰 M68X2：30－1　2. Ⅱ式狐围边铜扣饰 M47：149　3. Ⅱ式狐围边铜扣饰 M51：178　4. 狮围边铜扣饰 M51：271

孔。有虎、熊、猪等一只野兽和二牛、二牛交合形象。

虎　7件。虎身平作浅浮雕，口露尖利牙齿。地面二蛇透空平面浮雕。标本 M57：9，虎作奔跑追捕猎物状，前后肢分别相并前后伸展，尾上扬前卷，尾端接背，头部较大，身上有长条斑纹，地面二蛇分别咬在虎前后爪上。器边沿向下卷，表面黏附织物痕迹。通长18、高9.2厘米（图七〇，1；彩版八三，1）。标本 M47：112，虎作欲跃扑出状，前后肢分别相并前伸，尾卷曲于背，头部残，身上有曲腰椭圆形斑纹，蛇身镂孔，分别咬虎前胸、穿虎裆胯咬虎尾，表面镀锡。残长14.9、高9.6厘米（图七〇，2；彩版八三，2）。标本 M51：276，虎四肢分开作行走状，尾上曲，身上有毛纹和曲腰椭圆形斑纹。蛇身间镂孔，分别咬虎前后肢。通长19.5、高14.3厘米（图七〇，3）。标本 M51：242，虎作狂奔捕猎状，全身前后伸展近直，前后肢分别相并伸展，头颈前伸，身躯细长，尾后伸直，下垂长毛，尾端残。头和尾较厚，作两面浮雕，地面蛇间镂孔，分别咬虎前后肢。

表面镀锡。残长 21.3、高 8.6 厘米（图七〇，4；彩版八三，3）。

熊　3件。身粗体短，短尾下垂，地面二蛇透空平面浮雕。标本 M47:142，熊前后肢分别相并伸展作奔跑状，地面蛇分别经熊口咬熊下颌和熊尾。长 14.4、高 7 厘米（图七〇，5；彩版八四，1）。标本 M57:24，熊四肢分开作行走觅食状，口露大部牙，地面蛇分别咬熊前后肢。通长 16、高 8.8 厘米（图七〇，6；彩版八四，2）。

猪　2件。大致相同，为前后肢分别相并奔跑的野猪，口露獠牙，鬃毛直立，尾上卷于背，平面浮雕。标本 M57:23，地面蛇分别咬猪下颌和后肢，蛇身和猪尾残。通长

图七〇　透空浮雕铜扣饰

1.M57:9　2.M47:112　3.M51:276　4.M51:242　5.M47:142　6.M57:24

15.5、高 9 厘米（图七一，1；彩版八四，3）。

双牛 4 件。大致相若，二公牛交股，面相背而立，颈后突肩峰，颈下垂赘皮，长尾下垂。头略转向正面，头和角作立体圆雕。标本 M68X1:17-1，二牛股相重叠，前后肢分别相并直立，角向两侧伸出，转前，上曲，地面一蛇，头尾分别接二牛赘皮。长 25、残高 11.5 厘米（图七一，2；彩版八五，1）。标本 M51:270，二牛四肢分立，昂首，角上曲，地面二蛇，分别咬二牛赘皮，表面镀锡。通长 23.2、残高 14.4 厘米（图七一，4；彩版八五，2）。

二牛交合 1 件。标本 M68:214，公牛趴在母牛后背，作交合状，母牛四肢分立，背平无肩峰，角转前上曲，公牛有肩峰，地面一蛇，咬公牛尾。长 15.6、高 9.9 厘米（图七一，3；彩版八五，3）。

（2）多种动物掠食 7 件。均出自 M68，其中 6 件出于 X1 内，半立体高浮雕，主题为虎、豹噬鹿、牛。表现了几只虎、豹围捕一鹿或牛，正在咬噬鹿、牛，而鹿、牛拼命挣扎，欲脱险逃离的生死搏斗情景。地面一蛇。构思巧妙，结构紧凑，局部采用拟人手法。

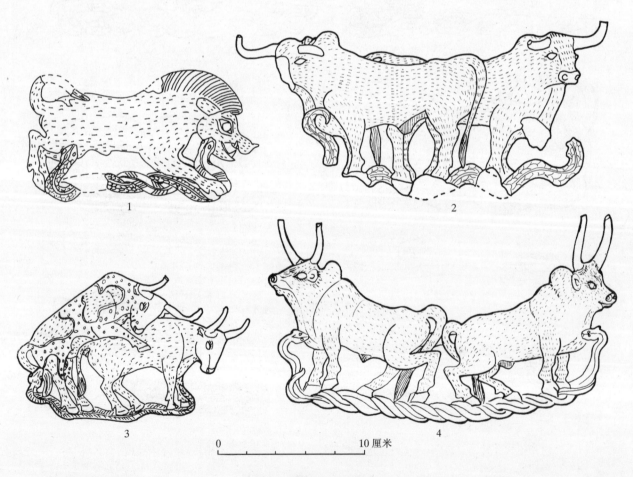

0   10 厘米

图七一 透空浮雕铜扣饰
1. M57:23 2. M68X1:17-1 3. M68:214 4. M51:270

虎豹噬鹿 4 件。标本 M68X1：43，为二虎一豹噬鹿。一虎扑鹿后背，噬鹿背，前爪抓鹿腹，一虎直立鹿前噬鹿颈下，前爪抓鹿颈，后爪抓鹿前足，鹿奋力前冲，身前倾，张口伸舌喘息，腹下立一豹噬鹿前足，虎身有长条斑纹，豹身有圆圈斑纹，地面一蛇咬前虎尾，蛇尾穿后虎裆缠虎尾。通长 11、高 7 厘米（图七二，1；彩版八六，1）。标本 M68X1：51－6，为二虎噬一鹿。一虎扑立于鹿背上，后爪和右前爪抓住鹿背，左前爪抓鹿头角根，张口欲噬，鹿前一虎以后足斜立，左前爪抓鹿左前足，右前爪搭在鹿背虎的左前足上，张口似与同伴商议怎样享用到口的美味，鹿背负一虎，前足被抓住，虽拼命挣扎，无奈正缓慢倒下，地面一蛇咬前虎尾，蛇尾缠鹿后足。通长 10.9、高 6 厘米（图七二，2；彩版八六，2）。

虎豹噬牛 3 件。标本 M68X1：27－1，为二虎一豹噬牛。一虎跃踞牛背，噬牛头颈，四足抓住牛颈背，豹直立牛后虎尾下，前足抓胯，噬牛尾根后股，一虎自牛前钻牛腹下，噬牛下腹，牛立兽中，张口伸舌，右前足离地欲倒，地面一蛇咬牛身下虎尾。通长 10、高 6 厘米（图七二，3）。标本 M68X1：16，为四虎噬牛。一虎扑牛后背，前爪抓牛腹，咬牛肩，尾上爬一小虎，牛前一虎，腹被牛角挑刺洞穿倒悬，仍足抓住牛颈不放，垂首咬住牛左前足，一虎自牛后钻牛身下，侧身噬牛右前足，抓牛腹及尾根后股，牛立虎间，角挑一虎，拼命搏斗，双前足被虎咬住，欲动不能，地面一蛇头残，口咬倒悬虎腹。通长 13、高 6.5 厘米（图七二，4；彩版八七，1）。标本 M68X1：51－1，为一虎一豹噬牛，虎扑牛后背，张口欲噬，前爪五趾似人手，抓牛肩腹，右后爪亦如人手，抓牛后股，豹于牛前刚躲避过牛角攻击，尾尚在牛角上，低身噬牛前足，牛立虎下，身前倾，后足微曲，尾后扬，张口伸舌，喘息着欲奋力前冲，地面一蛇头前伸。通长 11.4、高 5.9 厘米（图七二，5；彩版八七，2）。

（3）人物与动物 11 件。以人物为主体题材，形象地反映了当时社会生活情况的部分实际侧面，有单人和多人的活动情景。单人 4 件。整体结构较松，器形较大，空白空间较多。内容有骑士猎鹿和喂牛。多人 7 件。皆出自 M68X1 内，半立体高浮雕，整体结构紧凑，层次丰富。动物侧身，局部采用拟人手法。人物多正面，头顶梳螺髻，以两块有条纹的长条布分别搭挎双肩垂及股，胸前略交叠，束腰带作衣。跣足，腕臂戴多个钏，膝下系一端垂地的绳带。内容为狩猎和缚牛。

骑士猎鹿 3 件。大体相若，骑士御马追猎一鹿，马与鹿前后足分别相并奔跑，刚追赶及相交。骑士缠头帕，着无领对襟短袖长衣，及胫短裤，束腰带，跣足。左手控制缰，右手持矛刺鹿身。马备鞍无镫，鞍有袢胸和肚带，长鬃，长尾上扬。标本 M57：10，鹿前足曲，地面二蛇分别咬鹿前腿和马后腿。长 15.9、高 9.7 厘米（图七三，1；彩版八八，1）。标本 M51：272，骑士头帕两端上翘较长，衣裤有直条纹，右手戴宽镯。鹿前足直，身上有椭圆形斑纹，地面二蛇分别咬鹿前足和马尾，表面镀锡。通长 23.9、高 14.4 厘米

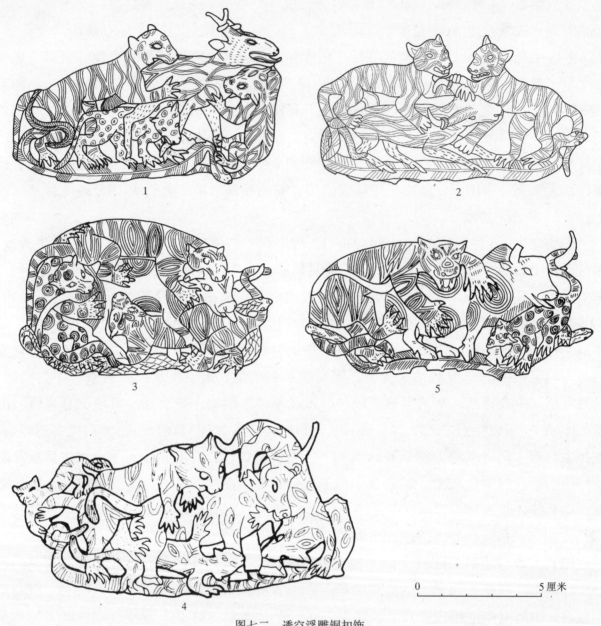

图七二　透空浮雕铜扣饰
1.M68X1:43　2.M68X1:51－6　3.M68X1:27－1　4.M68X1:16　5.M68X1:51－1

（图七三，2；彩版八八，3）。

　　疗牛　1件。标本 M71:38，人持物喂一牛。站立的公牛高大，肩背平无肩峰，角上曲，头顶角根间系粗长绳，垂尾，伸舌舐食人手中物。人立牛前，右手握系牛绳，左手曲肘平伸，持物喂牛。头发于额前至头顶梳成连续圆团长髻，外着圆圈纹对襟及胫长衣，内衣前中线有直条"人"字纹，长及胫，跣足，膝下各系一端垂地之绳带，腕臂戴多个钏，颈下挂一葫芦于胸前。推测可能为兽医或巫师为病牛喂药物，正在治疗病牛。地面一蛇咬牛尾。通长11.6、高8.3厘米（图七三，3；彩版八八，2）。

图七三　透空浮雕铜扣饰
1.M57:10　2.M51:272　3.M71:38

狩猎　4件。数人合力围猎虎豹。标本 M68X1:35-1，为三人猎虎，虎立中间，虎前一人被虎噬持匕的右臂肘，右腿被虎左前爪抓握住，斜悬身仍剑刺虎前胸，身下一犬，中一人右手持剑刺入虎背没刃，虎后立一人，左手抓虎尾，右手持长剑，横剑欲刺，三人髻顶垂一束髻绳带，地面一蛇，头于犬颈下。通长 10.5、高 6.7 厘米（图七四，1；彩版八九，1）。标本 M68X1:18，为三人猎豹。豹极高大，双前足爪如人手，抱一人，噬其肩，此人髻散发垂，右手剑仍刺入豹腹没刃，一人爬伏在豹背上，剑入豹腹没刃，一人立豹后，双手抱豹尾，豹身下二犬，一犬咬豹腹，一犬咬豹左后足而背被豹右后足践踏，豹后和背上二人肩披带尾兽皮，豹身有圆圈斑纹，地面一蛇，身如竹形，头接豹前人左手。通长 11、高 7.2 厘米（图七四，2；彩版八九，2）。标本 M68X1:51-3，为七人猎豹。豹身高大强壮，左前爪抱一人裆股，噬住其右肩颈，此人悬身仍剑刺豹肩没刃，足下一犬，豹身下一人侧倒抱豹右前足，豹背立四人，一人双手扼抱豹头，二人剑刺豹身没刃，一人抱豹胯，豹后立一人执豹尾，后股覆带尾兽皮，豹裆下一犬，转头咬豹后股，豹身有圆圈斑纹，地面一蛇。通长 11.1、高 8.8 厘米（图七四，3；彩版九〇，1）。标本 M68X1:51-2，为八人猎虎喜归。六人持五矛，抬着猎获之虎，敲着鼓，喜气洋洋，满

0　　　　　　　　　5厘米

图七四　透空浮雕铜扣饰

1.M68X1:35－1　2.M68X1:18　3.M68X1:51－3　4.M68X1:51－2　5.M68X1:30　6.M68X1:51－5

载而归，腿间二猎犬穿行，另二人抱鸡携酒前来迎接猎虎勇士，八人皆垂一束髻绳带，迎接的二人腰股覆虎豹皮，内有织物垂地，地面一蛇身如竹，无头尾。通长 11.8、高 6.6 厘米（图七四，4；彩版九〇，2）。

缚牛　3 件。多人合力缚牛。用牛角根间套系的绳索缚住牛颈，于牛颈下打作可拉紧的活结，再将牛移到圆柱旁，众人拉绳、扳角、拽尾，推推拉拉缚牛于圆柱，推测可能表现以牛为牺牲的祭祀仪式中，将牛缚于圆柱的过程，主祭人祭奠祈祷时，杀殉祭神灵，牛头顶角间系粗长绳索，颈侧系二铃，肩峰低，当属人饲养的牛，缚牛人中略侧身的几人，可看出后腰股覆带尾的兽皮，束于腰带，地面一蛇身如竹，无头尾。标本 M68X1：30，为五人缚牛。一人悬身双手抓牛角，三人推按牛身，一人抓牛尾，牛下立一鸥鹚，五人皆垂一束髻绳带。长 10.2、高 6.8 厘米（图七四，5；彩版九一，1）。标本 M68X1：51－5，为十一人缚牛于圆柱。一人被牛角挑穿大腿，身倒悬挂于牛角上，手仍抓牛绳不放，散髻垂发，一人立牛前圆柱旁手扳牛角，五人推按牛身，二人拉牛尾，圆柱边二人拉绳索绕在圆柱上，牛额部有下端连作尖角的二涡纹，圆柱顶端外侈呈盘状，顶面平，立一牛，柱身饰多道三角形纹和弦纹。长 13.4、高 10.3 厘米（图七四，6；彩版九一，2）。

（4）房屋模型　3 件。立体铸就，房屋呈木质结构，屋顶高耸，宽阔，上脊宽，下檐窄，"人"字形两面坡，屋面上压排列如椽的长棍，上端有镂孔棱形饰，于屋脊上前后交叉。屋面两侧端用较宽的长条板顺椽封闭，刻纹，交叉处较宽，略呈圆形，中有圆形榫眼，穿出脊檩，刻有牛头纹，上端雕刻成棱形，于屋脊上前后交叉，房平面作横长方形。三件结构各异，可能作用不同。

标本 M68X1：17－4　为上下两层的干栏式房屋。上层后为房屋，前有长方形平台，前支架在两侧立柱中部，后支在平台后部房屋的后墙下段，表面刻纹作长条木板横铺成，中线直铺一板，房屋的墙为井干式结构，后墙直落地面，上支屋脊，于房屋正中处有一长方形窗，窗中有一面朝前的女人头，头发向后梳，于颈背束银锭形髻，窗内人头下置一鼓，似乎为了表现这一情景，使其充分显露，房屋没有前墙，两侧的墙只伸出一小段，屋脊略下凹，屋面平，刻六边形蜂窝状瓦纹，屋脊刻交叉斜线纹，压扁方长条棍，顺椽板刻线纹，没有后屋面，但屋脊上装饰犹存，平台前中央略斜近直立一宽板，饰两排方格纹，两侧立柱饰三角形纹，可能为祭祀建筑。通长 15.3、高 12 厘米（图七五，1；彩版九二，1）。

标本 M47：114　为上下两层的干栏式房屋。地面立四圆柱，柱中部支承上层平台，柱顶部支梁，平台宽大，作长方形，刻纹表明用长条板前部横铺，后部直铺而成。房屋在平台中部略靠后，柱顶穿榫连接梁和檩，梁中部有"斗"形物，"斗"上斜立柱支脊檩两端，屋脊下弧，两端上翘，瓦屋面，瓦下端呈尖角形，交错叠压，屋脊处平，瓦上压

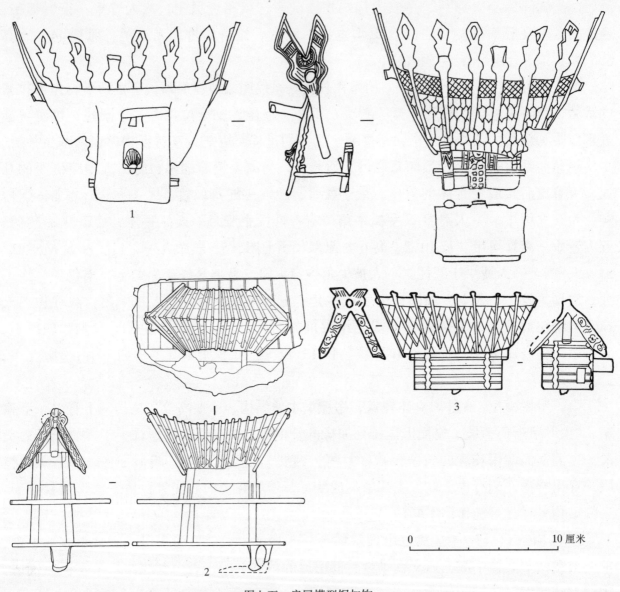

图七五　房屋模型铜扣饰

1.M68X1:17－4　2.M47:114　3.M57:55

圆棍，顺椽板刻连续回旋纹，房屋墙不高，四面仅围栏板，穿榫接在圆柱上，正面栏板
略高，中央上沿凿一半圆形门道，圆柱下连有长方形地面，矩形齿扣在地面下。可能为
公众活动建筑。残长11.8、地面到屋顶残高9.5厘米（图七五，2；彩版九二，2）。

标本 M57:55　房屋四面墙用圆木井干式交连而成，侧面一门，无窗，高及檐内，前
后墙上段宽出，两侧山墙顶部中间有一"斗"状结构，自"斗"斜立一柱支屋脊檩两端，
山墙前后各支一檩，屋面平，有斜线交叉的棱形刻线纹，压圆棍，顺椽板刻同心圆和半
月形的"日月纹"，可能用作仓房。残长11.5、高6.8厘米（图七五，3；彩版九二，3、
4）。

5．铜鼓

8件及1件鼓形器座。均出自大型墓内。鼓面周沿有褶边，胴部外鼓上膨，腰如筒形与胴折接，下端外侈折接足，足如圈足外侈，胴腰交接处有四个绳纹半环状扁耳，两两相近，相互对称。多数都被填土压坏、变形。其中2件面上边沿立有另用失蜡法分铸的立体圆雕的人物牛马形象，底下铸有榫，插入鼓面边沿的榫眼内。根据鼓面及胴之变化分二式。

Ⅰ式　3件。鼓面平，胴略上膨，最大径位于胴上部，足外侈。其中1件鼓面上立有骑马武士和牛。另1件特别小，可能为专制的明器。标本M69:192，器形最小，铸制较粗糙，不甚圆，胴腰间四单耳四等分分布，表面镀锡。通高11.2、面径10.7～11.2、胴径11.8～13.6、足径14.4～14.7厘米（图七六，1；彩版九三，1）。标本M68:285，腰外侈，上端细，胴腰间四单耳，表面镀锡。通高21、面径25.5、胴围88.8、腰围66.4、足围98.7厘米（图七六，2；彩版九四，1）。标本M51:262，鼓面上立有另用失蜡法分铸的三骑马武士和一头牛，马蹄下有方柱状榫，牛足下有分铸的长方形薄片座，下有钉榫，以榫插入鼓面边沿榫眼使骑和牛立于鼓面上，三骑一牛铸造精细，骏马高大强壮，鞍辔齐备，头顶和面上有璎珞，鞍有繁胸和肚带，无镫，长鬃长尾，昂首奔驰。武士头戴高盔，前面楔形伸出，戴大耳环，双肩各披一块带毛的动物革甲，内着虎皮长衣，有曲腰椭圆形斑纹，下摆缀流苏状饰，束腰带，腰间佩长剑，跣足悬于马前腿侧，气宇轩昂，面稍向左即鼓外巡视。其一，右腕戴宽镯，左臂着臂甲，手背和肘有护手甲，双手控缰，着宽大的虎皮短裤，剑悬左侧，有金剑鞘饰和铜镖饰，剑带两端向后飘扬；其二，虎皮长衣为右衽，下着紧身革短裤和胫甲，剑横佩于身后，右手戴宽镯，握剑柄，左手着臂甲和护手甲，控缰；其三，衣着同一，双手着臂甲和护手甲，控缰，剑悬左侧，鞘

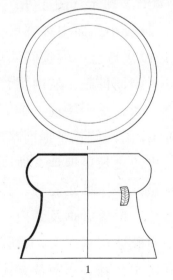
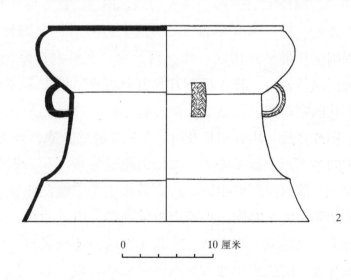

0　　　　　　10厘米

图七六　Ⅰ式铜鼓
1.M69:192　2.M68:285

中部有珥，右肩斜挎宽剑带，系珥，剑带两端向后飘扬。一、三骑间为牛，体形较小，牛角宽大，尖端上曲前倾，肩峰高耸，低头欲斗，背和腹部披挂圆圈斑纹豹皮，头顶角根间和颈系绳。鼓腰直，胴腰间四双耳。鼓面中央饰十二芒太阳纹，芒间有复线三角纹，外有栉纹两周。胴部上段有栉纹两道。腰部以栉纹和羽纹直分为十格，格内无纹，下段有栉纹两道。通高46.2、鼓高31.2、面径39.7、胴围138.2、腰围108.4、足围157.5厘米（图七七、七八；彩版九三，3）。经北京科技大学冶金与材料史研究所取样分析，鼓身含铅较多，而骑马武士不含铅，表明鼓身和骑马武士很可能不是同时制成的。

Ⅱ式　5件。鼓面中央圆形突起，胴腰间四双耳，最大径处内折，略斜近平接鼓面褶边，足稍外侈。其中一件鎏金，鼓面上立有四舞蹈人物。标本M69：171，腰略斜近直，胴腰间四双耳，鼓面中央为九芒太阳纹，芒部为复线三角纹，外有五晕，第二晕为主晕，六只翔鹭，长方形翅、长三角形尾、长喙，其余晕为同心圆纹与三角齿纹相间。胴部上段为三角齿纹间同心圆纹三道，下段为头戴羽冠，手持长羽，曲膝侧坐，足股相连的羽人一周，共十八个羽人，腰部上段用羽状纹直分为六格，每格内有一羽人，头戴羽冠，左手持长羽，右手外张，腰部斜垂二宽带，分足而立，下段为三角齿纹间同心圆纹三道，表面镀锡。通高23.4、面径27.6、胴围99、腰围71、足围102.2厘米（图七九，1；彩版九四，2）。标本M69：136，为鼓形器座。器形小，形同Ⅱ式鼓，胴腰间四单耳，表面鎏金。鼓面中央圆形突起内有长方形穿孔较深，鼓面内侧随之作倒方锥形下垂，足下沿向内平折呈宽平环状，器壁厚，面尤甚，器沉重，当为以孔插物的器座。面中央为十二芒太阳纹，芒间为复线三角纹，其外为同心圆纹和三角齿纹各一晕。胴中部为头戴羽冠，手持羽，曲膝而坐，足股相连的羽人一周。上下分别饰三角齿纹和同心圆纹一道。腰部上段用羽状纹直分成格，格内无纹，下段为同心圆纹和三角齿纹各一道。通高9.5、面径10.7、胴径12.6、腰径9.5、底径13.7、长方形孔长1.1、宽0.8厘米（图七九，2；彩版九三，2）。标本M69：162，面上边沿对称立四舞蹈人物，鼓较小。面中央圆形突起，周围呈环形平底槽状下凹，胴上端最宽处内折略出棱，腰足微侈近直，胴腰间四单耳，表面遍体鎏金。舞人足下有长方形扁榫，榫中部穿小孔，插入鼓面榫眼，鼓内用竹签入小孔固定。四人皆站立，微曲膝，戴大耳环，颈戴串珠项链三条，垂于胸前，腕臂戴多个钏或宽镯。内着袖长及肘、下长及膝的长衣；外着长披风，下沿两侧长至地面略后拖，中间半圆形上弧及膝后，露出内覆股后带尾和后腿的虎皮，虎皮之长尾拽地。披风外束腰带，前腹佩圆形扣饰。右肩斜挎宽带于腰左侧挂短剑。跣足，手作舞蹈姿势。其中①②相邻，姿态略同，头顶用带束高髻，前低后高，中间插银片，髻带后垂及颈肩。额缠包头，两侧佩大泡头饰。肩背在披风外还披虎皮一张，虎皮前肢披在双肩上，后肢和尾垂背股。前腹圆扣饰下如围腰般束挂虎皮一张，虎皮后肢和尾垂裆膝。双腕戴宽镯，臂佩多钏。双臂向两侧上曲，手掌平伸。①双手较分开，②双手分开较小。③④亦相邻，

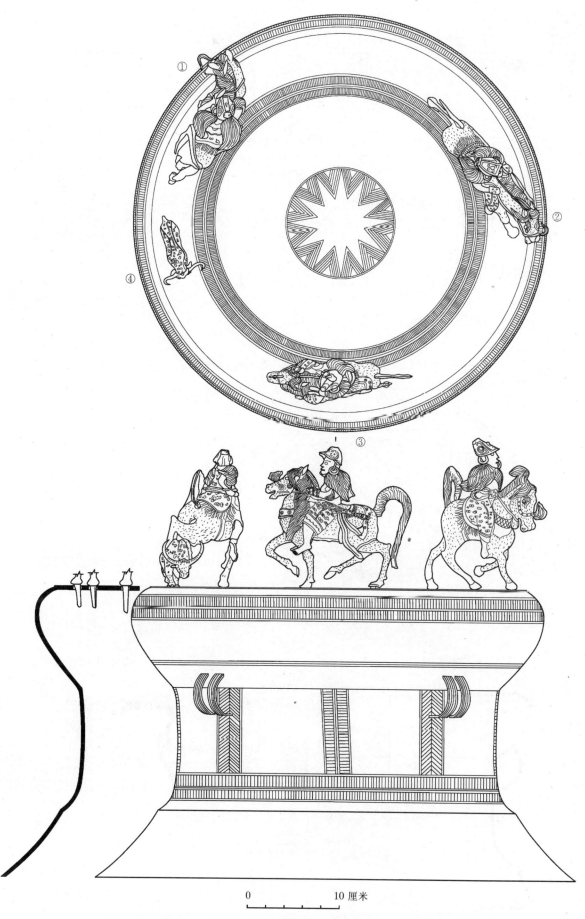

图七七　Ⅰ式铜鼓 M51:262

0　　　　　10 厘米

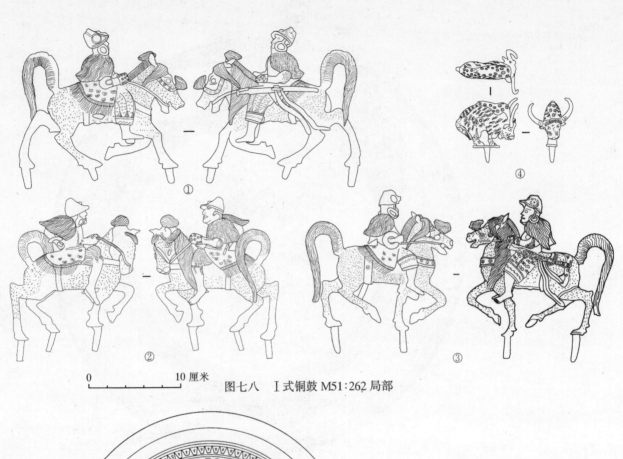

图七八　Ⅰ式铜鼓 M51:262 局部

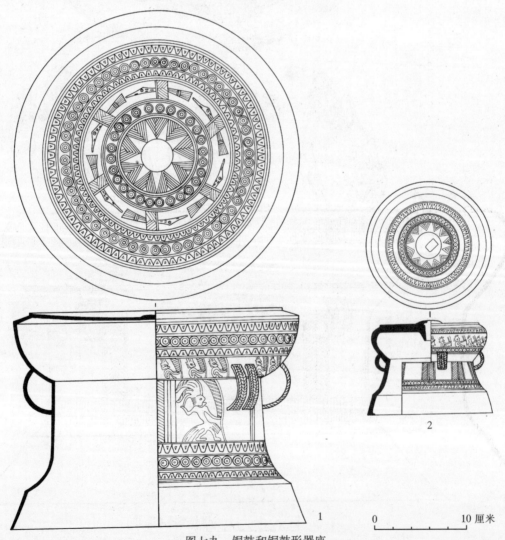

图七九　铜鼓和铜鼓形器座

1.Ⅱ式铜鼓 M69:171　2.铜鼓形器座 M69:136

姿态相近，头戴高筒尖顶帽，中有一箍，帽檐向前尖出，盖在眉上，帽檐两侧后呈宽带状，遮掩双耳和后脑。帽筒正面饰兽面纹，后饰雷纹和云纹。帽后垂长条宽带。背部披风内有硬条物伸出，使披风上沿后移。衣下段有直条纹，下沿有花边。左腰垂宽带，下缀流苏，长及衣沿。右手平举前伸摇铃，腕戴宽镯。左手曲肘胸前持短棒状物触肩。③左手持棒较粗，背部披风内斜伸出两条扁平物。④左手持棒较细，背部披风内伸出二圆条物至帽后沿。通高27.2、鼓高14.8、面径17.5、胴围64.4、腰围48、足围65.5厘米（图八〇；彩版九五、九六）。

6. 铜贮贝器

9件。均出自大型墓内，出土时器内盛满海贝。器形分为鼓形和桶形。

（1）鼓形铜贮贝器　4件。器形如鼓，有鼓加盖和叠鼓之分。

标本 M68:287　鼓足加盖（图八一；彩版九七，1），器身形同Ⅰ式铜鼓，胴腰间四

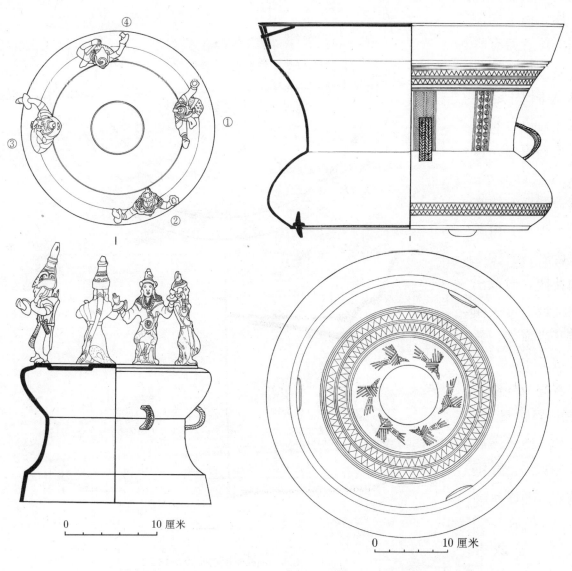

图八〇　Ⅱ式铜鼓 M69:162　　　　　　　　　　图八一　鼓形铜贮贝器 M68:287

单耳，足部等分分布三孔，足下有圆盘状盖，与足作子母口扣合，盖口沿亦等分分布立三长方形片，片中有孔，与器足孔相对应，盖合后自器足孔插入或取出方柱状销钉可固定或开启器盖。盖下为低短的宽圈足。出土时内盛海贝，面上盖下放置。很可能是用旧铜鼓另铸盖而成。通高28.4、面径32.9、胴围125.7、腰围87.6、盖径40.8厘米。

标本 M47∶22　鼓足加盖，器形同Ⅱ式铜鼓，胴腰间四双耳。腰下部有一圆孔较深、内侧亦随之作方锥形突出。器内腰下段近足处有圆片形器盖，器身内对称分布铸有六个半圆形扁平榫，器盖周侧相应位置铸有六个扁方榫眼，以榫入眼固定器盖。盖边有长方形窗和窗盖，窗四边呈台阶状，窗盖背面有较高的半圆环，窗盖盖合后，自腰下圆孔插入或取出圆销钉，可关闭或开启窗盖，放入或取出海贝。此器当为专制的鼓形铜贮贝器。通高 26.5、底径 31.5、胴围 113.2、腰围 83.6 厘米（图八二；彩版九七，2）。

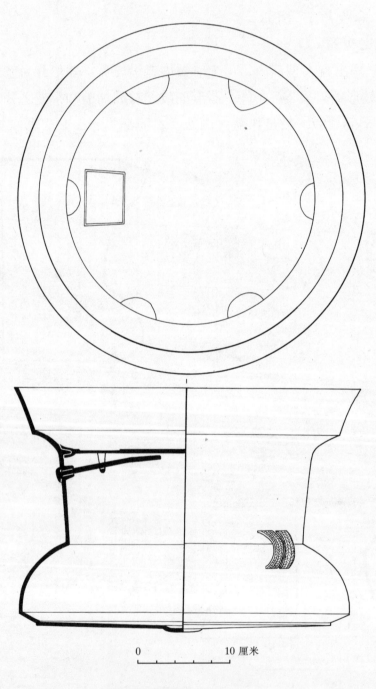

图八二　鼓形铜贮贝器 M47∶22

0　　　　　　　　　10厘米

标本 M69:157　鼓面加盖，盖上为播种祭祀场面（图八三；彩版九八）。器身如Ⅱ式铜鼓，无鼓面作口，上加有盖，足下有平底，三扁足外侈，胴腰间四单耳。胴上段饰三角齿纹间同心圆纹三道，下段为羽人划船纹一周，六船，每船二羽人。腰上段用羽状纹直分六格，格内各有一羽人，头戴羽冠，左手持长羽，右手外张，腰间斜垂二宽带分足而立。下段为三角齿纹间同心圆纹三道。器盖呈圆片状平放在口上，盖上铸有立体人物三十五个和马二匹，人高 4～8.5、马长 8.9～9.1 厘米。盖边沿对称立绳纹半环耳。盖中央有圆孔，穿孔立一圆柱〔36〕，柱上端略粗，顶端大，作盘状，顶面平，侧饰雷纹。柱上段为有曲腰椭圆形斑纹的虎皮、长条毛纹的牛皮、绣或织雷纹的织物各一，平行相间盘旋缠绕围柱；下为三角齿纹一道、同心圆纹接复线三角纹一道，两纹连接紧凑颇似兽面纹。柱底部作铜鼓形。穿盖下的一段，上下有长方形穿孔。盖上人物分别单独铸就，放置于盖范的相应位置，铸盖时与人及马足合铸连接。人多着直条纹对襟短袖长衣，跣足，少数着皮衣。人物主体为排列在器盖边沿的乘四人抬肩舆行的

图八三　鼓形铜贮贝器 M69:157

一队人马。前有二骑士，螺髻，缠头帕，短裤，束腰带，双手控缰，左脚蹬踩在马鞍与袢胸连接处垂下的绳套底部，大趾丫夹住绳，以绳套作镫用（图八四；彩版九九，1、2）。〔5〕头帕端于侧后向上翘出，〔6〕头帕一端于前额上翘出，另一端于脑后下垂，佩

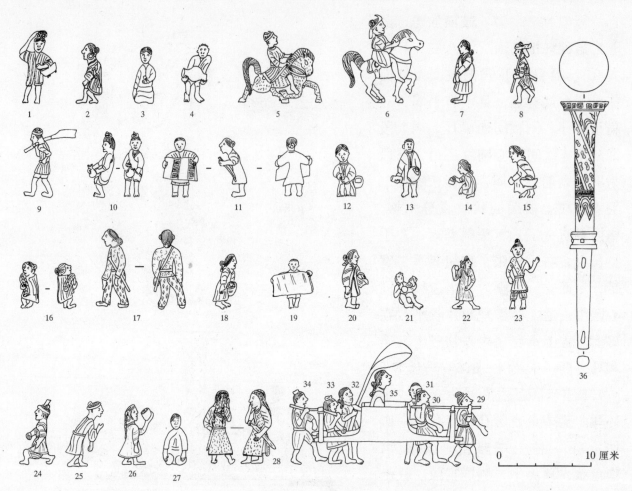

图八四　鼓形铜贮贝器 M69：157 局部

圆形扣饰。后随的〔9〕掮长柄铲，右手握铲柄，螺髻，缠头帕，束腰带，短裤。〔7〕后颈背梳银锭形髻，长袖长衣，内着长裙，左侧携大包袱斜挎于右肩上，似装籽种。〔8〕螺髻，缠头帕，帕端于头侧后一翘一垂，束腰带，右侧佩长剑，短裤，左手执长棒，似点种棒。其后为肩舆，肩舆作长方箱形，底部两侧的抬杠，杠两端撑横梁，系宽带。舆内跪坐一人〔35〕，发后梳于颈背作银锭形髻，长袖长衣，内衣上及颈，下着长裙，双手垂膝，遍体鎏金，当为中心人物。身下有榫钉，穿舆底榫眼铆固。舆前后各列二人〔29、30、33、34〕，螺髻，束腰带，右肩掮穿系于舆抬杠两端宽带的圆杆，右手扶杆，步调一致，齐迈左足，抬肩舆行，唯前一人〔29〕缠头帕。舆左二人，后颈背梳银锭形髻，靠后者〔32〕双手持长柄伞盖，伞盖呈椭圆形，圜顶，鎏金，遮舆上。靠前者〔31〕腰围宽大之带，与纺织场面铜贮贝器（M69：139）盖上织布者踞织机束腰带相同，面向舆内，袖挽肘上，张臂曲肘，伸掌似捧物。因与舆距离太近，手已触舆，所捧之物被制作者弃除，手上留有痕迹。舆右二人，前者〔26〕发后梳，垂二辫及股，左手举圆盒。后者〔25〕螺髻缠头帕，束腰带，身前倾，右手曲胸前残。舆后随三人，左一人〔24〕螺髻缠头帕，帕两端立头前侧，衣较短，短裤，右戴臂甲，快速奔跑，似为传递消息之人。右者〔23〕螺髻，衣无袖，短裤，束腰带，右肩斜挎背负物，双手左上右下持物，背负和手持之物锈残。后一人〔22〕以发辫缠头，辫梢后垂，两颊垂二短辫，披风露左肩臂，系于右肩上而披在身左侧，右手曲肘扶右肩上扛的球状物。这队人马似乎正前往参加和主持播种的祭祀仪式，其余的人与此相关。舆前右边面向舆跪、立二人，跪者〔27〕后颈背梳银锭形髻，垂手扶膝；立者〔28〕编发四辫，后垂两辫及腰，双颊两辫垂及肩，上着右衽短袖衣，下为左侧开衩皮裳，束腰带，右肩斜挎带于左腰挂长剑，右手抚颊，左手曲抚腹侧似行礼，迎接舆内人并示敬意。骑士前右侧，迎面行一人〔17〕，脑后螺髻，着有曲腰椭圆形斑纹的虎皮长袖衣，长裤有菱形纹，束腰带，右肩斜挎带挂长剑于左腰，戴手套，脚穿前端上翘之鞋，似前往迎候舆内人。队伍前行一人〔2〕脑后螺髻，戴大耳环，右肩斜挎带于左腰挂短剑，剑带上有玛瑙扣状的同心圆纹，似为前导通告之人。使周围的人做好准备。一人抱罐〔4〕，脑后螺髻，束腰带，双手合抱大罐于腿，艰难行走。一人头顶薪柴〔1〕，右手扶柴，左手挎竹篮而行，后颈背梳银锭形髻。一人跪坐〔3〕，左手持直列的圆形物，似用草捆扎成串的蛋，后背梳银锭形髻，长袖长衣。一人左手腰间挽竹篮而行〔20〕，篮中似装大片肉，后颈背梳银锭形髻，长袖长衣。一人背负手抱布而行〔16〕，身材短小，脑后螺髻。骑士右侧一人〔13〕，左手提竹篮而行，右手持圆筒形物，后颈背梳银锭形髻，长袖长衣。捐铲者右侧一人〔10〕，右肩斜挎包袱于左胁，右手持葫芦而行，身后倾，螺髻，束腰带。这些人面向主祭的队伍，或队伍前的器盖边沿，携带祭祀仪典所需物品，向主祭人呈献，极可能是他们把各自所属的家族或氏族，按社会分工专门生产的物品，送来供祭祀使用。圆柱旁并排蹲三人，后颈背梳银锭形髻，长袖长衣，左侧者〔12〕身左边放竹篮；中间者〔14〕右手持圆桶；右侧者〔15〕左手提竹篮，右手持圆盒。这些人也可能是携带祭祀用的物品，前来参与祭祀。边沿角上另有一人〔21〕，螺髻，右手持葫芦，左手曲肘向上于肩臂挽抱圆筒形物，箕踞歪坐，身右斜后倾欲倒，似在祭祀仪式中醉者。尚有几人似利用祭祀的时机和场地进行交易。其中二人双手抻布展示〔11、19〕，脑后螺髻，布正面有直条雷纹，似为多幅布拼接，沿拼缝绣雷纹。立于圆柱边者〔19〕束腰带。对面一人驻足观看〔20〕，后颈背梳银锭形髻，长袖长衣，内着长裙，左臂曲肘挎竹篮。通高 40、器身高 23.8、盖径 33.3、口径 27.8、胴围 97.5、腰围 71.2、足围 101 厘米。

标本 M69：163、M69：164　叠鼓形，器身和器盖作Ⅱ式铜鼓形，胴腰间四双耳，上下相叠，足部以子母口扣合。器身若倒置鼓，鼓面作器底，下有三扁足外侈，鼓足作器口，内折呈子口。器盖鼓面中央为立体的蹲蛙，仰首鸣叫。其下为九芒太阳纹，芒间为复线三角形，外有五晕，第二晕是主晕，为四只长尾飞鸟，其余晕为三角齿纹和同心圆纹相间。胴上段为三角齿纹间同心圆纹三道，下段为羽人划船纹一周，每船上有一头戴羽冠、曲腿仰坐的羽人。腰部上段用羽状纹直分六格，格内各有一羽人，戴羽冠，左手持长羽，右手外张，腰间斜垂下端作羽状的二宽带，分足而立。下段为三角齿纹间同心圆纹三道。器身纹饰与器盖略同，唯胴下段为水鸟纹，面作器底无纹。且纹饰以器口即鼓足为上，器底即鼓面为下，与正常鼓相反，说明器身原非用铜鼓改制，而是专制的铜贮贝器。通高48.7、盖面径27.7、胴围100.6、腰围71.2、足围100.8、身腰围70.9、胴围100.6、底径31.7～32.2厘米（图八五；彩版一〇〇）。

（2）桶形铜贮贝器　5件。器通体作束腰圆桶形，有盖，与器身子母口扣合，盖面和器底平，腰两侧对称双耳，底下三足略外侈。盖上铸有立体圆雕的人物、牛马等形象。

标本 M47：23　盖上铸一立于铜鼓上的公牛，身体强壮，昂首哞叫，牛角较短，两侧伸出向上弯曲，鼻孔间穿通，肩峰低，颈下垂赘皮。盖和腰两侧对应有半环扁耳，饰绳纹。底在器内位置较高，有四狭长方孔，足接在器壁下，断面作"门"字形。通高52、器身高32.3、盖径24、口径18.8、底径25厘米（图八六，1；彩版一〇一，1）。

标本 M57：85　器身较矮，双

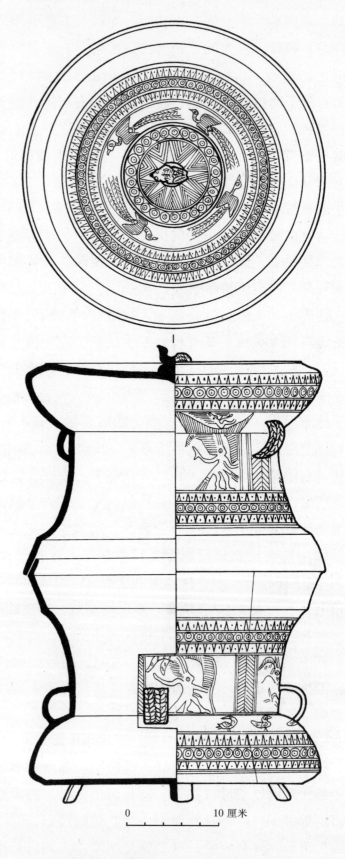

图八五　叠鼓形铜贮贝器 M69：163、164

0　　　　　　　　10 厘米

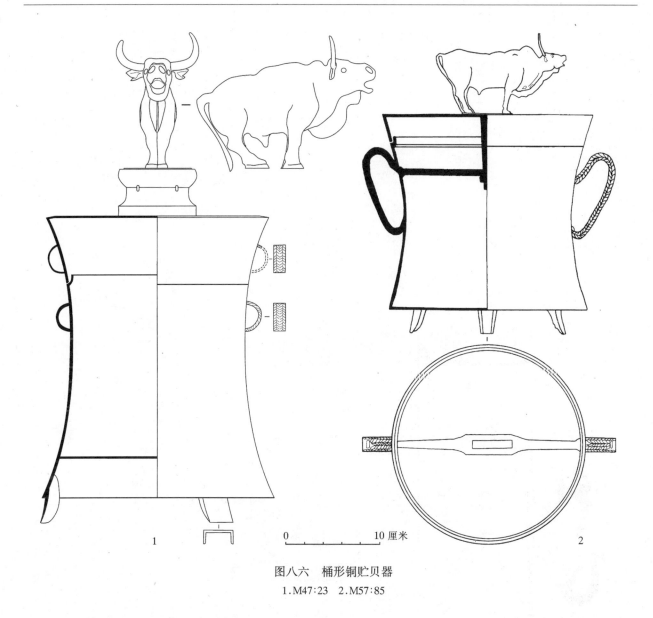

图八六　桶形铜贮贝器
1.M47：23　2.M57：85

耳较大且上曲，饰绳纹，足断面作"门"字形。器身内上部有一横梁，梁中段较宽，有狭长方形孔。盖上另铸一公牛，身躯较长，肩峰较低背平，牛角较短小，两侧伸出向上弯曲。四足立在一长方形片座上，座下垂圆柱状销，向下渐细，下端有横栓。器盖扣合后，销经盖面中央圆孔穿入横梁狭孔内，牛立盖上。旋转牛使销下端横栓与横梁狭孔相互垂直，则可锁定器盖，反之转动牛使横栓与横梁狭孔同向，则可开启器盖，可谓精巧，独具匠心。通高 32、器身高 23.3、盖径 22.9、底径 21.6 厘米（图八六，2；彩版一〇一，2）。

标本 M85：77　器形略同上，唯盖面上的牛昂首直身，四足曲于腹下而卧。牛角另铸，根部以圆榫插牛头两侧榫眼内。

标本 M51：263　盖上为驯马场面。腰较粗微束，两侧另铸立体的虎形耳，虎前后足

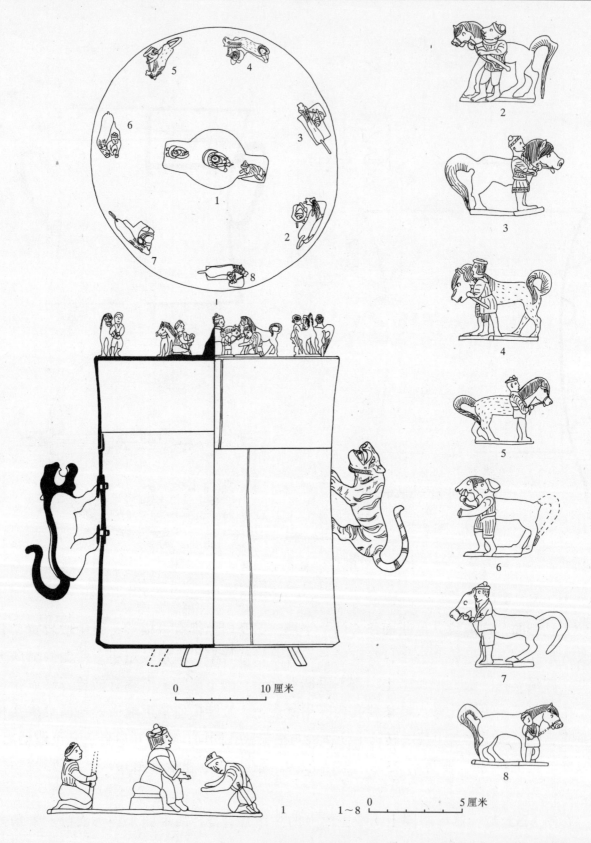

0   10 厘米

1   1～8   0   5厘米

图八七　桶形铜贮贝器 M51：263

分别相并而立，张口，尾向上卷曲。虎足下有带小孔的长方形榫，穿入器壁榫眼，以竹签销入小孔固定双耳。底部三足断面呈"门"字形。盖较高，不甚圆，盖上立十人七马，分八组另铸，每组底部为下有钉榫的片座，钉榫穿盖面榫眼后弯折固定。十人皆头顶梳螺髻，缠头帕，束腰带，跣足。盖面中央一组为三人，中一人坐于铜鼓边上，头帕两端垂于脑后，上着长袖长衣，下着长裤，双足踏地，右肩斜挎宽带于左腰挂圆形盾和短剑，左手拄膝，右手腕戴宽镯，握拳伸食指，似训斥身前人；前一人躬身跪地，面偏向左，双手平掌向左前伸出，头帕两端于两侧上翘，着长袖短衣，短裤，右肩挎宽带斜于左腰挂圆形盾及短剑，似向中间坐鼓人行礼报事并接受指责；后一人跪坐，着长袖长衣，双手于身前执伞，伞盖残，遗部分伞柄。其余七组环盖周沿分布，大致相若，为一人牵一马。人着及股长衣，双手执缰牵马，或站或行；马长鬃长尾，无鞍鞯，用缰绳从马口内绕颔下，勒住马下颌以驭马，马在人左侧或右侧，随驯马人或走或停，人行马走，人站马停。人手与马口间的缰绳甚短，拉直，人手后长余的缰绳则缠绕在驯马人手臂或身上，应在驯烈马。位于中央坐鼓者前边的驯马人，左侧腰间挂短剑，长余的缰绳绕身后套在颈上；而位于中央坐鼓人身后边的驯马人腰带前腹佩圆形扣饰。此二人似属驯马人中地位不同较高者。通高37、器高32.7、盖径26.6～28、底径25.9～27.3厘米（图八七；彩版一〇二，1、2）。

标本 M69∶139　盖上为纺织场面。器盖和腰两侧对应铸有面相对的立体虎形耳，虎前后足分别相并，尾向后垂下。底周沿向上斜折，下为三扁足。盖面中央立大鼓，周围为同心圆纹间三角齿纹四圈，盖侧饰同心圆纹和三角齿纹各一道。腰部中段竖分为宽窄不等的十四格，格内分别饰双旋纹、雷纹、三角齿纹间同心圆纹、或有空白；其上饰一道连续回旋纹；格下有纹四道，分别为三角齿纹间连续回旋纹，及纹。盖上十人，分别另铸，盖面九人身下为中有小孔的长方形扁平榫，穿盖面榫眼，以竹签销入小孔固定于盖上，高5.1～7.9厘米。盖面中央大鼓上跪坐一人〔1〕，通体鎏金，较高大，高8.8厘米，后颈背梳银锭形髻，着对襟长袖长衣，襟沿、袖口、袖肘、后背中线饰雷纹，内衣上及颈，下为长裙，双手垂膝。身下连方形片座，座四角有小孔，铆接固定。右侧一小鼓上置高领壶，左侧置高柄豆和盘各一，内盛许多卵形物。右前跪一人〔2〕双手上下合持圆形盒前伸，捧到她身边；右后跪一人〔10〕双手身前执长柄伞盖，椭圆形圜顶的鎏金伞盖遮于她头上；左前跪一人〔6〕身形小，双手扶膝，似随时听候差遣。此三人后颈背梳银锭形髻，着直条纹对襟长袖长衣，内着横条纹裙。中央坐于鼓上的人，衣着华丽，身旁有饮食，并有人捧盒，执伞，供其使役，当属主人，贵族妇女。右边盖沿二人面相对，正在理线，一坐一立。跪坐之人〔4〕额前挽前倾大螺髻，余发编两辫垂胸前，着直条纹对襟短袖长衣，袖口挂缀半圆形连弧花边，束腰带，前臂平伸，合手持线束，线束另一端分多股持于站立之人手上。站立之人〔3〕头戴发箍，额前刘海，编发四辫，背垂二辫及腰，颊边各一辫垂胸前，衣袖及肘，外着无袖长裙，上斜穿于左肩而褪右肩，束腰带，袖口及裙后下缘挂缀半圆形连弧花边，腕臂戴钏多个，双手曲肘胸前，手指分开微曲，分别勾持多股线束的一端。其余盖沿四人，皆着及膝长衣，面向中央席地而坐，

图八八 桶形铜贮贝器 M69:139

用"腰机"织布，"腰机"亦称"踞织机"，经线和布面环绕在两根卷经杆上，一根用宽带系两端缠束于织布者腰间，另一根以双足蹬两端，绷紧经线和已织的布面，双手持梭引纬线左右穿织。"腰机"织布，在云南历史上曾长期使用，直至二十世纪中叶，仍在不少地方使用。右边一人〔9〕头发后梳于后颈作螺髻，衣肩和袖有网格纹，左手提综，右手执梭，梭一部穿插入经线。左后边一人〔8〕头发前梳，额前挽作前倾的圆形髻，右手执梭欲穿入经线。左边一人〔7〕后颈梳银锭形髻，右手梭大部穿入经线内。前边一人〔5〕后颈梳银锭形髻，梭已穿出经线，双手持梭两端。织布四人的不同动作反映了"腰机"织布过程中的环节。通高47.5、器高33、盖径23.9、底径25.1厘米（图八八；彩版一〇三、一〇四）。

五 葬仪和礼仪器

167件。葬仪和礼仪器是指专为埋葬制作的器具，以及部分表示身份的器具。器形有铜樟钉、铜牛头、铜执伞俑、铜伞盖、铜盖弓帽、铜编钟、铜鱼、铜蛇纲网状器、铜杖头饰、神兽形铜片饰等。

1. 铜樟钉

61件。在大型墓内沿木樟板灰痕分布，当为木樟上的装饰。分二型。

A型 15件。顶端作铜鼓形，下端如凿。其中11件为圆条钉身，下段渐扁，下端为双面刃。标本M51:6，长13.3厘米（图八九，1；彩版一〇五，1左）。4件为半圆条形钉身，下端为单面刃。标本M57:103，长10.9厘米（图八九，2；彩版一〇五，1右）。

B型 46件。扁平长条形，上段为装饰部，较长，顶端圆，作卷云形，两面中线突起卷曲的高脊；下段为钉，呈尖叶形，与上段相互垂直连接。被压略弯曲。标本M69:1，

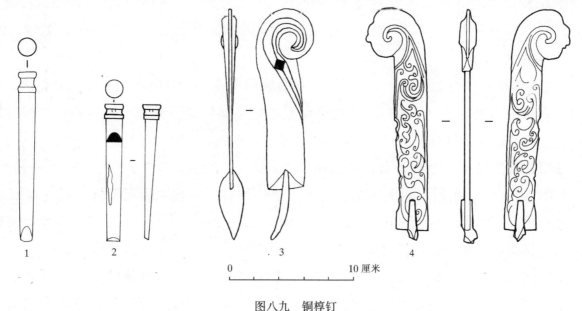

0　　　　　　　　　　10厘米

图八九 铜樟钉

1.A型 M51:6　2.A型 M57:103　3.B型 M69:1　4.B型 M68:166

表面镀锡。长 18.1 厘米（图八九，3；彩版一〇五，2 右）。标本 M68：166 等 7 件，顶端卷曲脊下分两股，上段饰卷云纹，钉残，表面镀锡。残长 18.2 厘米（图八九，4；彩版一〇五，2 左）。

2. 铜牛头

22 件。铸作立体的牛头，略附颈于后，颔下及颈垂赘皮，牛角弯曲，角尖略向内，两侧不甚对称，耳廓多齿形，向两侧平伸，少数张口哞叫。背面空，边沿齐平，两侧有对称小圆孔，部分顶部也有一孔，大小不一。这些牛头似可反映牛在驯化过程中，牛体形变化在牛头上发生部分变化的一段过程。从发掘情况看，这些牛头为大型墓内钉在木棺上的装饰。分三式。

Ⅰ式　7 件。牛面部较窄而长，牛角圆，自额两侧伸出前曲转上。标本 M57：116，面部有毛纹。角间宽 8.4、牛头高 4.9 厘米（图九〇，1；彩版一〇五，4）。

Ⅱ式　10 件。牛面部较宽，牛角圆，较粗壮，自额两侧伸出略前向上曲转上。标本 M68：47，牛耳向后，通体鎏金。角间宽 7.9、牛头高 4.5 厘米（图九〇，2；彩版一〇五，5）。

Ⅲ式　5 件。牛面部宽而短，鼻较宽，前部略平，粗大扁角，自额两侧平伸，上曲转后。标本 M47：203－3，面部有毛纹，张口哞叫，一角尖残损。角间残宽 15.3、牛头高 7.7 厘米（图九〇，3；彩版一〇五，6）。

3. 铜牛角

6 件。形状与铜牛头之角相同，实心，后端平，突有一钉榫。其中圆角 5 件，角尖和后端距 6.5～6.7 厘米。标本 M71：2，2 件，角尖和后端距 6.5 厘米（图九〇，5；彩版一〇五，3）。扁角 1 件。标本 M57：131，仅存后部一小段，残长 3.1 厘米（图九〇，4）。

4. 铜鹿头

4 件。铸作立体的鹿头，向下附短颈。昂首向前平视，耳伸向斜上方，作警觉状。角分杈，多伸向两侧，仅一件向后。颈内空作不规则椭圆形銎但较浅，近口处有二或三对称钉孔。表面鎏金或镀锡。角和耳都有不同程度的残损。标本 M51：39，鹿角粗状向后伸，銎口处有二钉孔，表面鎏金。鹿头高 2.2、长 3.7 厘米（图九〇，6；彩版一〇六，1）。标本 M51：93，鹿角向两侧前端转向下，銎口处有二钉孔，表面镀锡。鹿头高 1.9、长 2.8 厘米（图九〇，7；彩版一〇六，2）。标本 M68：258，为相同的 2 件，鹿角向两侧平伸前端转向前。銎口处有三钉孔，出土时孔内有细小的竹签，表面鎏金。鹿头高 1.8、长 2.7 厘米（图九〇，8；彩版一〇六，3）。鹿头仅在出有金腰带饰的两座大型墓里发现。銎较浅，形状不规则。鹿角分杈，不适合作杖头饰。似作漆器纽饰，表示墓主的身份。

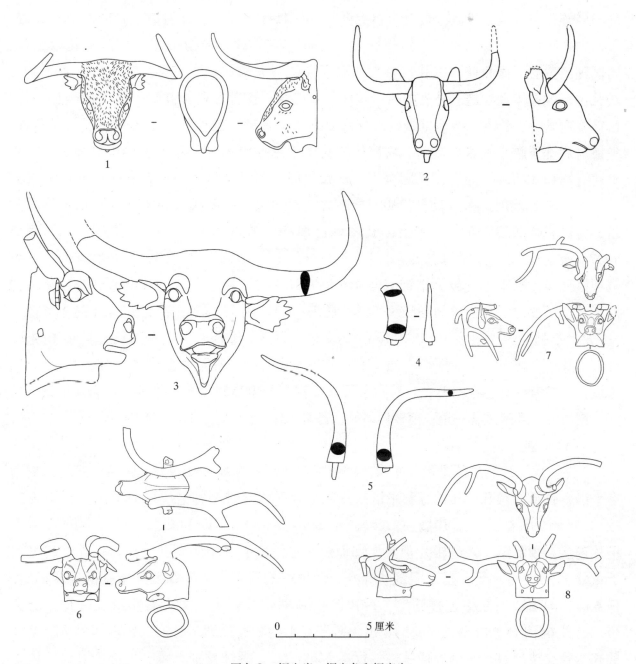

图九〇　铜牛头、铜牛角和铜鹿头

1. I式铜牛头 M57:116　2. II式铜牛头 M68:47　3. III式铜牛头 M47:203－3　4. 铜牛角 M57:131　5. 铜牛角 M71:2　6. 铜鹿头
M51:39　7. 铜鹿头 M51:93　8. 铜鹿头 M68:258

5. 铜执伞俑

8件。出自大型墓内，于椁内棺两端各置一件。作跪坐姿势，双手曲肘于身前，右上左下合执一伞盖之长木柄，跣足。同墓发现的二俑，形态相同。身和手内空。双手及前臂另铸，后端作有小孔的方榫，俑肘有方形榫眼，榫插入后于俑内以销钉入孔固定。从发饰和衣着来看，为6男2女，与所出墓葬墓主的性别相同。男俑跪坐在一小铜鼓上，俑与鼓连接方法有二：其一俑身沿器壁做有三片状榫，插入鼓面对应位置的三狭长榫眼，于鼓内弯折固定；其二俑身下铸作较大的方柱状空心榫，鼓面中央呈方形榫孔以纳榫。男俑国字方脸，圆目阔口，孔武有力，双耳各戴一大玦，耳玦另铸，穿入俑耳垂下的狭长孔内。颈戴多条项链。外着披风，披风外束腰带，腹前佩圆形扣饰，腰带似金腰带饰，后部下侧宽出，饰卷云纹和曲线纹。披风上沿于肩臂处，前以绳带系胸前，后沿垂背部，使披风后部于腰带上垂作囊状。右肩斜挎宽带于左侧腰间挂配鞘的宽腊内锷短剑，剑带上铸有玛瑙扣状饰。内着左衽圆领衣，袖长及肘，前臂佩臂甲。身下小铜鼓形如Ⅱ式铜鼓，大小略有差别。标本 M51：260，最高大，面稍向左，颈戴三条项链，披风上饰蟠蛇纹，背部有横条纹。双手中伞盖的长木柄已腐朽，清理时发现朽痕。通高 65.4、俑高 49.7、鼓足径 22.8 厘米（图九一，1；彩版一〇七）。标本 M47：25，稍瘦削，面正，颈戴项链四条。身下小铜鼓胴部饰三角齿纹间三道雷纹，腰上段用羽状纹直分为八格，格内无纹，下段为三角齿纹间羽状纹三道。通高 61.1、俑高 46.5、鼓足径 24.1 厘米（图九一，2；彩版一〇八）。标本 M69：166，为女俑，面正，头发后梳，挽银锭形髻垂于颈背，戴多个耳玦，前大后小根据次排列，外着对襟宽袖长衣，袖侧由肩到袖口饰多条锯齿纹、雷纹、三角齿纹等组合图案，内着圆领及踝长裙，上部饰锯齿纹、菱形纹等组合图案，膝部饰锯齿纹、菱形纹各一道，前臂佩多钏。通高 42.9 厘米（图九一，3；彩版一〇九）。

6. 铜伞盖

3 件。薄铜片制作圆锥形斗笠状，锈蚀残损严重。标本 M68：175，修复，铸制，周边有平沿，顶部为圆孔，孔周缘和平沿有双联小孔，似可连接其他质地的顶盖。通高 9.8、径 31 厘米（图九二，1；彩版一一〇，1）。标本 M51：87，部分修复，锻制，用四块扇形铜片连接，顶部覆一块薄银片顶盖作饰而成，边沿凿有多个小圆孔。相邻铜片连接处上下重叠 1.3~1.8 厘米，凿出裂缝状穿孔，用剪窄的薄铜条如缝纫般穿缀孔间连接固定，顶盖银片则用银条穿缀连接固定，近边沿处细刻弦纹两道，边沿有小圆孔一周。通高 17.7、径 64.2 厘米（图九二，5）。出土时下有木柄和七根细木骨痕，原埋葬时可能用木柄和木骨支撑伞盖，木柄置俑手中。标本 M68：242，锈蚀残损严重，不能修复。三块扇形薄铜片连接而成，顶部为圆孔，边沿折卷，孔周缘和边沿有双联小孔，锻突起的圆泡，排列散乱，不规整。相邻铜片连接处一片剪出齿，另一片则在相应位置凿剪缝隙状穿孔，以齿插入穿孔内弯曲对折固定。

7. 铜盖弓帽

25 件。圆管状，顶部呈球形，圆管上部斜挑出一钩，大小不一。标本 M86：4-2，最大，钩上圆球下饰一道凸弦纹。通高 5.8、管径 1 厘米（图九二，3；彩版一一〇，2左）。标本 M51：145，14 件，顶部呈扁圆球形。通高 3.8~3.9、管径 0.5 厘米（图九二，4；彩版一一〇，2右）。

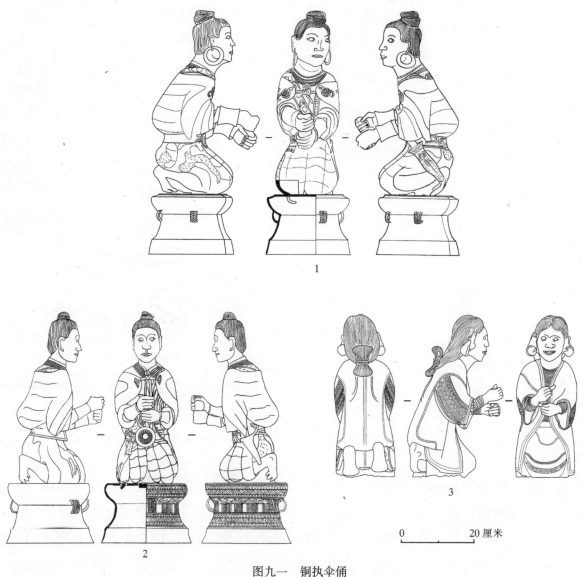

图九一　铜执伞俑
1.M51:260　2.M47:25　3.M69:166

8. 铜编钟

6件。标本 M51:264～269，六件一编，形状相同，大小不一，扁圆筒状，上圆封闭，半圆环纽，下端平口，饰旋纹。高 40.6～50.2、口宽 16.8～20.4 厘米（图九二，1；彩版一一一）。随葬编钟，表明墓主人生前社会地位极高，很可能是古代滇人邦国"王"或"侯"。

9. 铜鱼

6件。立体铸成的鱼，扇形尾，半圆形鳞，鱼口衔一蛇，颌下系挂一小铃，中部鱼腹下垂直接有立人，断面略呈方形，两面浮雕，同为正面，阔口出獠牙，佩耳环，腕戴镯，双手曲肘相交抱臂，跣足。头顶和脚下各有一铜鼓，下连圆筒状銎。鱼分雄雌，成对放

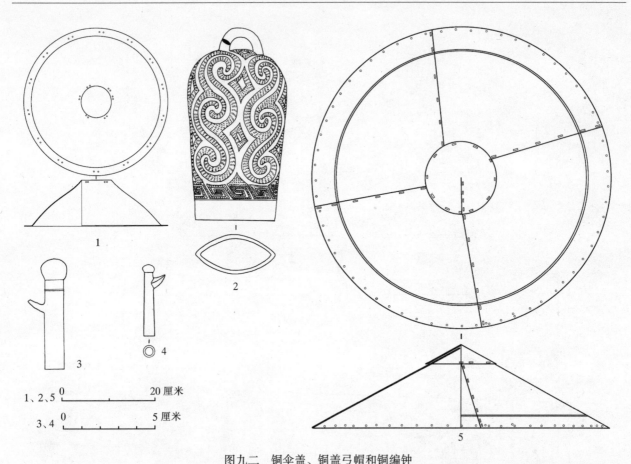

图九二　铜伞盖、铜盖弓帽和铜编钟

1. 铜伞盖 M68:175　2. 铜编钟 M51:269　3. 铜盖弓帽 M86:4-2　4. 铜盖弓帽 M51:145　5. 铜伞盖 M51:87

置在戈、矛、棒锤等长柄兵器和仪仗器中，当属专用有仪仗器。雄鱼3件，鱼较小，体狭长，尾端分两岔，鱼口之蛇后腹和尾贴附鱼头上。鱼腹下立人身上无纹饰。标本 M51:338-2，鱼颔下挂铃之系作绞绳状，下端残。通高23.6、鱼长19、銎径2.8厘米（图九三，1；彩版一一○，3左）。雌鱼3件，鱼较大，体宽肥，尾端稍分岔。鱼口之蛇后腹上扬，蛇尾附于鱼头和身上，前腹下垂，蛇头附于鱼颔下。鱼腹下的立人身有衣纹，左衽，短裤，肩胸和腿部有同心圆纹。标本 M51:338-1，鱼颔下挂铃之系残。通高26、鱼长22.3、銎径3.3厘米（图九三，2；彩版一一○，3右）。

10. 铜蛇纲网状器

5件。器身略呈张开如半球形的网状，中线粗大如纲，前段作立体蛇形伸出，后段伸出作圆筒状銎。用途不明，在大型男性墓内置于长兵器和仪仗器中，可能为专用的仪仗器。分二式。

Ⅰ式　2件。标本 M68:247，网呈椭圆半球形，纲銎铸作长管状，前端呈立体蛇头，张口露齿，腹面扁，背面中线起脊棱，铸有很浅的鳞纹，锈蚀模糊不清。中部向下弯曲，横穿六孔，以铜丝穿孔，在纲两侧卷曲，略作半圆形，由内向外渐大三道，分别在与纲

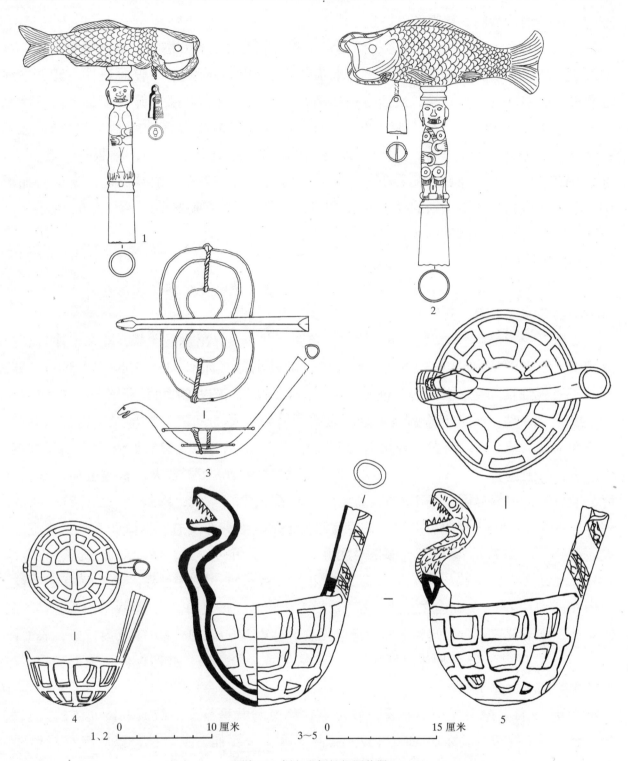

图九三　铜鱼和铜蛇纲网状器

1. 铜鱼 M51:338-2　2. 铜鱼 M51:338-1　3. Ⅰ式铜蛇纲网状器 M68:247　4. Ⅱ式铜蛇纲网状器 M57:186　5. Ⅱ式铜蛇纲网状器 M47:86

相垂直的中部用绞绳状铜条铸连成网。錾较长而高，内留残柄痕。通长26、通高14、网长13、宽21.3、高3.5、錾径2厘米（图九三，3；彩版一一○，4）。另一件器形相同，唯以铁丝穿纲孔为网，用铜绞绳铸连，成对出土。

Ⅱ式　3件。纲錾中部下曲深，两侧铸作宽扁铜条构成的方格网，整网呈半球形。纲前端蛇头夸张，极大，蛇口大张，露粗壮尖锐齿，颈部前后蜿曲，腹面扁平，背面中线起脊棱，头颈部有菱形鳞纹，腹面有横格鳞纹。后端蛇尾作浮雕，缠绕于錾上。由修复可知，整器分两次铸就，先铸成网和錾，再沿中线套范铸蛇形纲。标本 M47:86，通长 25.4、通高 28.9、网高 13.8、径 20.6、錾径 3.9 厘米（图九三，5；彩版一一〇，4）。标本 M57:186，錾口略残，器形小，仅铸出网和錾，中线较粗，前端突出，未加铸蛇形纲，錾表面略起几条不规则的棱。通长 17.2、通高 15.8、网高 6.2、径 12.6、錾径 2.4 厘米（图九三，4；彩版一一〇，6）。

11. 铜杖头饰

16件。顶端为铜鼓形，下为圆筒状錾，錾径细，錾口有对称钉孔，大多在鼓面上铸有立体的鸟、人形象。分三型。

A型　3件。铜鼓形，鼓足下内收，折接圆筒状直錾。出自男性墓，其中2件与C型Ⅱ式镦共出、1件与鹿蹄形镦共出，似属手杖的杖头饰。标本 M51:295-1，錾口稍残，与C型Ⅱ式细长圆锥形镦同出。通高 6.8、錾径 2 厘米（图九四，1；彩版一一二，1）。

B型　10件。鼓足下连圆筒直錾，鼓面上铸一立体的鸟类，腹与鼓面连接，有鸡、鸳鸯和水鸟。錾下段均残损。皆出自大型女性墓 M69 内，似为贵族妇女专用的仪仗器。鸡3件，身上铸有羽毛纹。其中公鸡1件，标本 M69:209，冠宽大，长尾上曲，翅羽下垂，錾口残，表面镀锡。通高 8.5、錾径 1.5 厘米（图九四，2；彩版一一二，2）。母鸡2件，标本 M69:205，尾向后直伸，头后有翎垂于颈，惜头部残损，錾口残，内留有范芯。表面镀锡。残高 7.7、錾径 1.5 厘米（图九四，3；彩版一一二，3）。鸳鸯6只，有雌雄之分。雄性2件，头稍转向一侧，头后有翎，向后平伸，尾略上翘，身上铸有羽毛纹。标本 M69:210-2，头稍向左。残高 6、錾径 1.2 厘米（图九四，4；彩版一一二，4）。雌性4件，体丰满较长，尾向后平伸，身上无纹。标本 M69:210-1，喙及錾口残，表面镀锡。残高 5.5、錾径 1.9 厘米（图九四，5；彩版一一二，5）。水鸟1件，残损甚重，与C型标本 M69:160 略同。

C型　3件。鼓下无圆筒状錾，鼓足直，略高和鼓身作錾。鼓面上铸立体的人、水鸟。均出自女性墓内。标本 M69:159，鼓面上跪坐一女俑，发后梳，颈后梳银锭形髻，佩耳环，着对襟长袖长衣，双手垂放膝，跣足，通体鎏金。通高 6、錾径 1.9 厘米（图九四，6；彩版一一三，1）。标本 M69:160，鼓面上蹲立一只展开双翅的水鸟，伸颈，头略上扬，喙长勾曲，衔一蛇，蛇身蜿蜒垂水鸟颈前，咬住水鸟颈侧，通体鎏金。通高 7.3、錾径 1.9 厘米（图九四，7；彩版一一三，2）。标本 M49:4，鼓较大，鼓面上水鸟较小，似正在展翅戏水。通高 4.2、錾径 2.6 厘米（图九四，8；彩版一一三，3）。

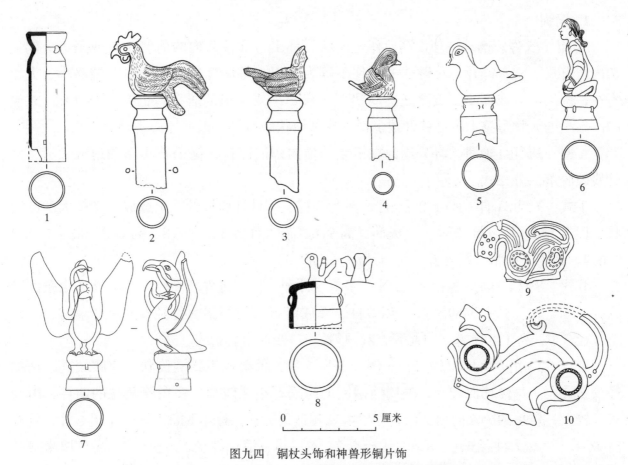

图九四　铜杖头饰和神兽形铜片饰

1.A型铜杖头饰 M51:295-1　2.B型铜杖头饰 M69:209　3.B型铜杖头饰 M69:205　4.B型铜杖头饰 M69:210-2　5.B型铜杖头饰 M69:210-2　6.C型铜杖头饰 M69:159　7.C型铜杖头饰 M69:160　8.C型铜杖头饰 M49:4　9.A神兽形铜片饰 M51:152　10.B型神兽形铜片饰 M50:38

12. 神兽形铜片饰

5件。镂孔平面浅浮雕的神兽，形似龙，侧身；身似蛇弯曲；足似兽，爪短，蹲曲于身下；尾似虎，上扬前曲，尾端贴于背；前后肢末附璧，璧上有一圈乳丁纹，身上有条纹。似为缝缀在"珠襦"上的装饰。分二型。

A型　2件。标本 M51:152，颈长弯曲，头转正面，较长朝下，颈端有五联乳丁，其下以二乳丁作双眼，嘴及前足残损。形状大小相同，面向左，正面鎏金。长5.4、高3.4厘米（图九四，9；彩版一一三，4）。

B型　3件。前足末附璧较高，位于身上沿，两侧向前上方伸出有分杈的角，无颈和头部，前后足爪交连，正面鎏金。标本 M50:38，前、后端有双联小孔，角残损。残长8.4、高6.5厘米（图九四，10；彩版一一三，5）。

六　装饰品

396件。器形有铜钏、钺形铜片饰、贝形铜饰、孔雀形铜镇、"凹"字形铜牌饰、铜夹、雕花铜板饰、铜指环、铜珠饰等。

1. 铜钏

32 组 175 件。圆环，环面高，作短筒状。都出自女性墓内的前臂位置或附近，偶见钏内留有尺、桡骨碎片，每臂 2~12 件不等为一组，每件直径一端大，一端略小，大小不一，依次渐大或渐小，重叠成圆筒状。一墓 2 组或 1 组的居多，也有一墓 4 组、6 组的。出土的人物形象上可见腕臂戴多钏组成圆筒状的情景。根据环面不同分二型。

A 型　28 组 140 件。环外周面在铸制的槽内镶嵌碎粒状绿松石小珠两道或三道，多已残破脱落。分三式。

Ⅰ式　7 组 31 件，每组 2~5 件，多为 5 件。每件环面较低，重叠成一端较大的圆筒状。标本 M29:1，1 组 5 件，叠成筒，高 9.6、最大件径 7.2~7.8、高 2.3、最小径 6.3~6.4、高 1.7 厘米（图九五，1；彩版一一四，1）。

Ⅱ式　8 组 42 件，每组 4~5 件，多为 5 件和 6 件。每件环面较低，重叠成束腰圆筒状，一端略大。标本 M59B:7，1 组 6 件，叠成筒高 12.2、最大件径 6.6~7、高 2.2、最小件径 5.9、高 1.8 厘米（图九五，2；彩版一一四，2）。

Ⅲ式　13 组 67 件，每组 2~6 件，多为 6 件。重叠成束腰圆筒状，束腰较甚，两端径较 2 式大。每件环面较高，外周面镶嵌的绿松石小珠较细。叠在筒两端的两件，由于直径较大，较粗的一端向内折沿，作以腕臂相适的圆孔。标本 M69:105，1 组 6 件，叠成筒高 18.9、最大件径 6.9~8.6、孔径 5.7、高 3.4、最小件径 5.6~5.7、高 3 厘米（图九五，3；彩版一一四，3）。

B 型　4 组 35 件。每组 6~12 件，重叠成束腰圆筒状。每件环面低，外周面弧形内凹，无镶嵌物。分二式。

Ⅰ式　1 组 12 件。标本 M75:1，环面较厚，内侧较平。叠成筒高 16、最大件径 6.9~7.6、高 2.1、最小件径 5.8、高 1 厘米（图九五，4；彩版一一四，4）。

Ⅱ式　3 组 23 件。环面薄，中部向内弯曲。标本 M49:10，1 组 11 件，表面鎏金，器形与同形金钏相同。叠成筒高 14.8、最大件径 6.8~6.9、高 1.4、最小件径 6.2~6.3、高 1.3 厘米（图九五，5；彩版一一五，1）。

2. 钺形铜片饰

12 件。平面略作钺形的薄片饰，上沿较窄，平直，两侧束腰，下沿弧出，略有弯曲。上下两端微上翘，两侧略下折，中线起折棱。正面对称有六个同心圆纹，每同心圆中都镶嵌有绿松石圆片，上沿饰一道羽状纹。背面上部两侧和下部中间有三突起的穿系。形状大小相同。标本 M68:310，通长 9、宽 5~7 厘米（图九六，1；彩版一一五，2）。

3. 贝形铜饰

35 件。铸作立体的海贝正面和口部形象，背空，底边沿平。大致呈椭圆形，但弯曲部折出角。正面两侧弧形隆起，中线下凹作贝口，两侧的齿状纹，两端各有一小孔供缝

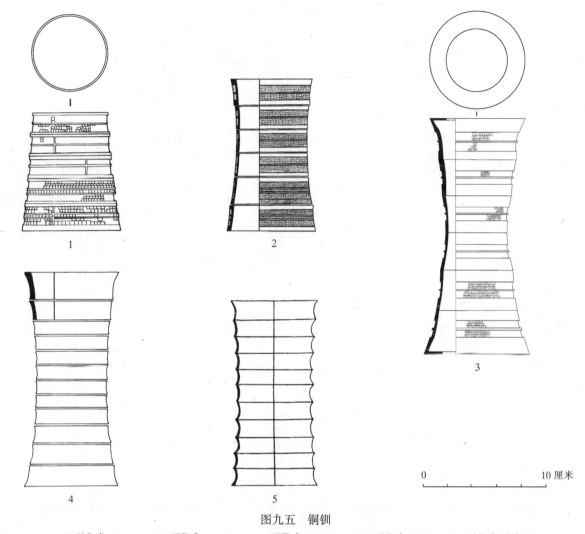

图九五　铜钏

1.A 型 I 式 M29:1　2.A 型 II 式 M59B:7　3.A 型 III 式 M69:105　4.B 型 I 式 M75:1　5.B 型 II 式 M49:10

缀，正面鎏金。有的仿海贝中极少见的货贝形象，在两侧最宽处各铸有一小疣突。标本 M51:98，24 件，形状大小相同，长 2.4、宽 1.6、高 0.4 厘米（图九六，2；彩版一一五，3）。现代云南许多地方仍有将天然海贝的底部磨去，做成与此相类的形状，缝缀在帽檐、衣物边沿作装饰的习俗，可见这种习俗由来已久。

4. 孔雀形铜镇

1 件。标本 M49:1，立体铸就，为尾开屏的雄孔雀，身略作椭圆形，前端向上伸出头颈，喙稍弯曲，头后有翎，呈镂孔旋涡状，颈胸部铸有片状羽纹，两侧翅小，上展，略作三角形片状，外侧有线条纹，尾呈多个镂孔旋涡连构成，底面平，中间有一长方形孔，腹内灌铸锡或铅，很沉重。通长 13、通高 10.9 厘米（图九六，3；彩版一一五，4）。

5. "凹"字形铜牌饰

13 件。略呈"凹"字形，上端略宽，下边稍窄。正面周边铸一周凹槽，槽底排列小

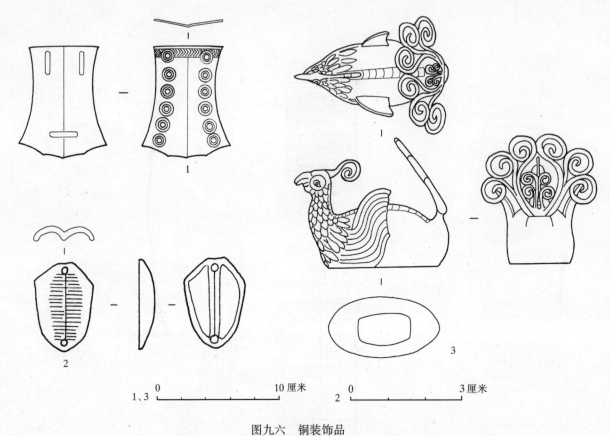

图九六　铜装饰品

1. 钺形铜片饰 M68:310　2. 贝形铜饰 M51:98　3. 孔雀形铜镇 M49:1

孔供缝缀用。背面平整。出于大型男性墓内，常多件叠置，表面黏附布帛织物朽痕，似缝缀在衣物或身甲上作装饰，也表明身份。器形大而薄，多数残损严重。根据正面纹饰差异可分四式。

Ⅰ式　4件。素面。标本 M57:56-1，通高17.8、宽18.1厘米（图九七，1；彩版一一六，1）。

Ⅱ式　3件。正面铸多道长方框形的三角云纹、锯齿纹、勾连云纹和雷纹组合图案。标本 M51:239，残高17、宽17.7厘米（图九七，2；彩版一一六，2）。

Ⅲ式　4件。器较厚，正面在预铸的长方形浅槽内镶嵌玉片、玛瑙片、绿松石小珠。中部槽内中线一排6枚铸作玛瑙扣形，周围及其上下，两侧槽内镶嵌绿松石穿孔小圆珠，牌饰上下边镶嵌竖置横排的玉片、玛瑙片。标本 M68X2:4，上下边各镶嵌一排玛瑙片，各镶嵌槽间的槽沿窄。下边沿无槽孔，部分槽孔内留有穿缀的残铜片，用薄铜片剪成宽约0.2厘米的长条形，似为缝缀在身甲上的装饰。残高17.5、宽18.4厘米（图九七，3；彩版一一七，1）。标本 M51:205，上下边各镶嵌一排玉片，绿松石穿孔珠较大，不甚圆。镶嵌槽间的槽沿较宽。残高18.3、宽17.2厘米（图九七，4；彩版一一七，2）。

图九七　"凹"字形铜牌饰和雕花铜板饰

1. I式"凹"字形铜牌饰 M57:56-1　2. II式"凹"字形铜牌饰 M51:239　3. III式"凹"字形铜牌饰 M68X2:4　4. III式"凹"字形
铜牌饰 M51:205　5. IV式"凹"字形铜牌饰 M57:56-3　6. 雕花铜板饰 M86:6

Ⅳ式 2件。镶嵌槽作长方框形多道，槽沿宽，沿上铸勾连云纹和雷纹。标本 M57：56－3，残碎，部分修复。残高 17.8、宽 18.2 厘米（图九七，5；彩版一一八，1）。

6. 铜俑跪玉杆饰

1件。标本 M68：270，一男俑跪坐于圆玉杆中间。俑立体铸成，发束于头顶成小圆髻，额缠头帕，着短披风，内短衣，短裤。右肩斜挎宽剑带，剑带上排列有圆形小乳丁，似缀饰玛瑙扣，剑佩于左腰。以圆扣饰束腰带于披风外，披风后部上沿由颈下垂于背，使披风的下部在后腰带处垂呈囊状，突出于身后，披风有横条纹。双手下垂放腿上，前臂佩臂甲。圆柱形玉杆为浅绿色间白色块，中间横穿一小孔，用铁销钉穿孔连接固定铜俑。两端分别向内有一孔，大小深浅不等。通高 7.3、玉杆长 8.7、孔深 2.6 和 2 厘米（图九八，1；彩版一一九，1、2）。

7. 铜夹

2件。薄铜片弯曲对折，两端平行成半圆形的两面，顶端弯折处中部有 2 小圆孔。两面饰纹相同，针刻而成。标本 M68X2：25－4，中间为一鸟首兽身的神兽，侧身站立，回首向后，喙长稍曲，翎根部粗，分五羽弯曲飘扬。拱背，披长毛，细尾平伸，分三羽上扬。下部二圆孔和一圆泡，上沿为扭绳纹，半圆周边饰细绳纹。高 5.1、宽 5.9 厘米（图九八，2；彩版一一五，5）。

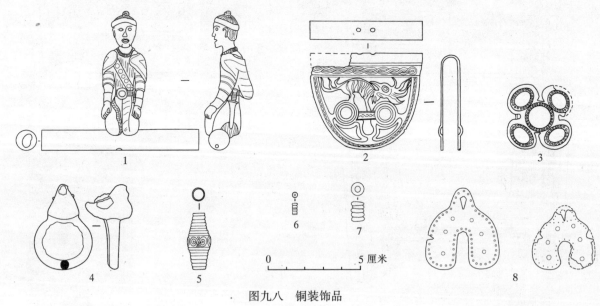

图九八 铜装饰品

1. 铜俑跪玉杆饰 M68：270　2. 铜夹 M68X2：25－4　3. 花形铜饰 M47：166　4. 铜指环 M86：38　5. 铜珠饰 M69：60－1　6. 铜珠饰 M51：252－2　7. 铜环串饰 M68X2：36－1　8. 铜圆片挂饰 M47：229－2

8. 雕花铜板饰

1件。标本 M86：6，铸成透空雕花的长方形，正面为凤栖树上。凤居中，翎长大，翅外展，尾分三羽，立树主干顶端。树主干笔直，分枝圆曲蟠绕，叶呈卷云形。四边框饰菱形纹。背面密布小乳丁。用途不明。高 11.2、宽 5.6 厘米（图九七，6；彩版一一八，2）。

9. 花形铜饰

7 件。标本 M47:166，铸成五圆泡相连，中一周四，呈四瓣花形。中间泡两侧相连较宽，各有一小孔，泡突起较低，边沿铸一周宽凹弦纹，内有小乳丁，如太阳纹，略同 D 型金花形饰。均锈蚀残损。其中 2 件较大，泡不甚圆，径 3.5 厘米（图九八，3）。另 5 件较小，内有 2 件表面鎏金，径 2.8 厘米。

10. 铜指环

1 件。标本 M86:38，环略椭圆，环茎圆。环上铸一立体的鸳鸯，头及翅锈残。环径 3.2、残高 4.5 厘米（图九八，4；彩版一一九，3）。

11. 铜珠饰

31 件。枣核形 1 件。标本 M69:60-1，中间粗，两端细，略呈枣核形，内空。中间铸一道同心圆连珠纹，两端铸多道连续弦纹。外表面无铜锈，呈黄色。长 3、径 1.2 厘米（图九八，5；彩版一一九，4 左）。连珠形 30 件。标本 M51:252-2，器形极小，铸作四小细珠相连，中央穿小孔，表面鎏金。长 0.6、径 0.2 厘米（图九八，6；彩版一一九，4 右）。

12. 铜环串饰

100 件。标本 M68X2:36-1，圆环状，环茎内面平直，外表弧出，断面略呈半圆形。不甚规整，常一侧较细，大小略有差。出土时有 19 串为多件锈蚀连接在一起，最多为 5 件一串。似乎是每 5 件穿作一串，多串连缀作装饰用，与玛瑙珠和绿松石珠同出。径 0.7~0.9 厘米（图九八，7；彩版一一九，5）。

13. 铜圆片挂饰

17 件。标本 M47:229-2，薄铜片剪成。略作圆形，上端有纽可供挂缀，下端有缺口至中央。环缺口錾突泡纹，周边錾一周小突点纹。表面分为鎏金、镀锡两种。表面鎏金的 12 件，器形较大，缺口两侧平直。高 4.3~4.5、宽 3.8~3.9 厘米。表面镀锡的 5 件，均残，器形较小，缺口上部圆。残高 3.1~3.5、宽约 3.3 厘米（图九八，8；彩版一一九，6）。

七　马具

348 件。主要出于大型墓内，部分中、小型墓出有铜铃、铜策、铜泡等。器形有铜衔、铜当卢、铜镳饰、铜节约、铜三通筒、铜铃、铜策等。在墓中堆集在一起，没有排列规律，数量也多寡不一。另有铜泡钉和铜泡 630 件，不仅作马具用，还作其他装饰用，如幨饰，为便于说明一并在此叙述。

1. 铜衔

6件。出于大型墓内，2或3节连成。每节两端作环圆形，中间呈绞索状，以环互相套扣连接。分二式。

Ⅰ式　5件。由2节组成，无镳。标本 M47:211，两外端之环较大，内端套扣之环较小。通长14.2厘米（图九九，1；彩版一二〇，1）。

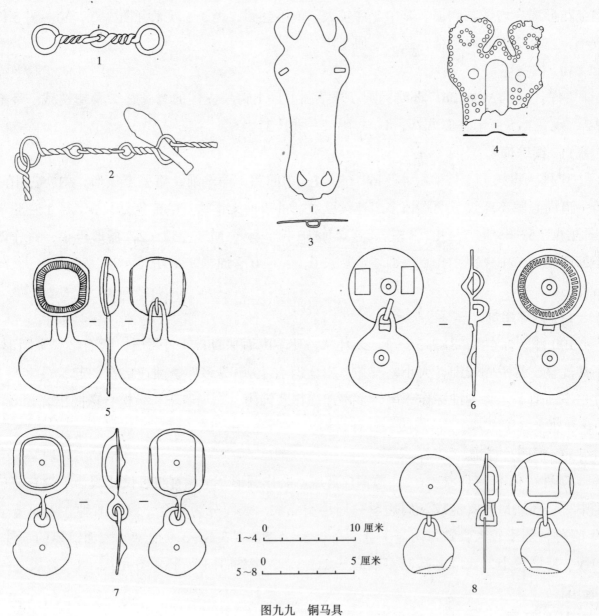

图九九　铜马具

1.Ⅰ式铜衔 M47:211　2.Ⅱ式铜衔 M57:149　3.当卢 M50:41-5　4.铜面具 M47:225　5.A型Ⅰ式铜辔饰 M47:220　6.A型Ⅱ式铜辔饰 M50:41-4②　7.B型铜辔饰 M57:218-4②　8.C型铜辔饰 M47:57

Ⅱ式　1件。标本 M57:149，由3节连成，中间一节较短。两端节之外环较大，环外各扣连铁铸的一节，亦作绞索状，环内套有铁镳。铁镳中间短，断面呈长方形，两端略作宽叶矛形，铁质部分甚为锈蚀残破。残长 22 厘米（图九九，2；彩版一二〇，2）。

2. 铜当卢

1 件。标本 M50：41-5，薄片，形如马头正面，头顶两侧耳向上，中间鬃上突呈三角形。眼、鼻镂孔，背面上下有二半圆环，正面鎏金。通高 19.5、宽 7.7 厘米（图九九，3；彩版一一九，7）。但在滇文化出土的马形象中尚未发现马头部装饰当卢。

3. 铜面具

2 件。标本 M47：225，薄片，兽面形，头顶两侧耳较大，略呈圆形向内靠，中间鬃呈三角形上突，中部长条突起作鼻，两侧两大突泡作眼，下部残损，两耳上沿各有两小圆孔可供缝缀，周缘饰小突泡，耳上饰小突泡组成的圆圈，眼下也有小突泡作饰，表面镀锡。残高 11.4、宽 10.1 厘米（图九九，4；彩版一一九，8）。与甲片和马具同出，可能也作当卢用。

4. 铜辔饰

10 组 237 件。每组 10～30 件不等，出于大型墓内。每件由略作圆形的两片，上下以环互相套扣连接而成。上片背面两侧有对称的孔穿羁带，下部有环与下片环套扣，挂吊下片；下片上沿伸出半椭圆形环。根据上片环之不同分三型。

A 型　6 组 130 件。上片环在背面的下部，为半圆环。分二式。

Ⅰ式　3 组 81 件。上片两侧稍直，正面微隆起，背面两侧孔作桥形纽状，下片呈横椭圆形。标本 M47：220，1 组 25 件，上片正面边沿饰一周栉纹，下片较宽，上沿伸出环较长。通高 7.3、上片径 3.1×3、下片径 2.8×4.4 厘米（图九九，5；彩版一二〇，3）。

Ⅱ式　3 组 49 件。上片作圆形，背面两侧孔作半圆环，正面平，饰一周栉纹，上、下片中央突起乳丁。标本 M50：41-4②，1 组 13 件，正面鎏金。通高 7.8、上片径 4、下片径 3.4×3.7 厘米（图九九，6；彩版一二〇，4）。

B 型　3 组 84 件。上片的挂环自下沿中央伸出，略呈圆形，上下片正面隆起，中央突起乳丁，上片两侧直，略作直椭圆形，背面两侧孔作桥形纽状。标本 M57：218-4②，1 组 28 件，上片正面边沿有一周凹弦纹。通高 7.7、上片径 3.5×3、下片径 2.5×3 厘米（图九九，7；彩版一二〇，5）。

C 型　1 组 23 件。标本 M47：57，上片圆，中央突起乳丁，背面两侧孔作桥形纽状，二孔下端间另连有横梁，挂环自上片下沿伸出，另一端接横梁中部，略作方形，下片平，均残破。残高 6.2、上片径 3.1、下片径 2×2.6 厘米（图九九，8；彩版一二〇，6）。

5. 铜节约

20 件。出于大型墓内。通常形制、大小相同的 2 件共出，可能每副羁饰有 2 件节约。略呈圆形，中央突起乳丁，边沿侧面等分分布三扁方孔，背面中部空，羁带可由三个方向穿入和引出，在背面打结连接。分五式。

Ⅰ式　2件。标本 M51:58-3①，略同辔饰，背面作三桥形纽状孔，下部两侧对称伸出二环，挂吊二下片，正面边沿饰一周圆点纹，下片中央突起乳丁。通高7、径4.1、下片径2.5×3厘米（图一〇〇，1；彩版一二〇，7）。

Ⅱ式　4件。底部孔作扁方短筒状伸出，两侧出环挂吊下片，正面微隆起，边沿饰一周枊纹，下片中央突起乳丁。标本 M47:250-2，2件，下片环残，表面鎏金。通高6.5、径4.5、下片径2.5×3.1厘米（图一〇〇，2；彩版一二〇，8）。

Ⅲ式　2件。标本 M57:218-3①，三孔都作扁方短筒伸出，两侧出环，正面微隆起，边沿饰一周圆点纹，底部筒饰枊纹，残一环及下片。高5.6、径4.3厘米（图一〇〇，3；彩版一二〇，9）。

Ⅳ式　3件。无环及下片，正面平，边沿及三筒饰枊纹。标本 M47:59，2件，通高5.4、径3.8厘米（图一〇〇，4；彩版一二〇，10）。

Ⅴ式　9件。顶部两筒间作三角形尖顶。标本 M50:41-3，2件，正面边沿和三筒饰枊纹。通高5.5~5.7厘米（图一〇〇，5；彩版一二〇，11）。

6. 铜三通筒

18件。出自大型墓内，每2件共出，每副辔饰当有2件三通筒。喇叭形圆筒连接在弧形弯曲的扁方筒中央，圆筒和扁方筒两端形成三通。扁方筒内穿羁带，圆筒上插璎珞。从铜鼓面上的骑马武士可看出，马头顶一件，正面一件。为便于在弯曲的扁方筒内穿羁带，及铸造时放入、取出内范，扁方筒背面开口露空。分二型。

A型　11件。分二式。

Ⅰ式　9件。扁方筒较长。标本 M47:244-2，圆筒口部及扁方筒两端各饰两道凸弦纹，表面鎏金。通高6.2、宽8.4厘米（图一〇〇，6；彩版一二〇，12）。

Ⅱ式　2件。扁方筒较短而宽，前侧较厚，两端口阻一部，留一部作孔穿带。标本 M51:58-1①，圆筒口饰一道枊纹，扁方筒两端各饰两道弦纹。通高5.1、宽6.8厘米（图一〇〇，7；彩版一二〇，13）。

B型　7件。扁方筒中部一侧横出梯形片，略下斜，使其佩于马头上不易倒伏。梯形片随扁方筒弯曲而稍弯折，中线有折棱。分二式。

Ⅰ式　5件。标本 M50:41-1，圆筒口部及扁方筒两端各饰一道枊纹，梯形片边沿饰一周枊纹。通高5.8、宽5.5厘米（图一〇〇，8；彩版一二〇，14）。

Ⅱ式　2件。扁方筒另一侧出两半圆环。标本 M51:58-1②，圆筒口部和扁方筒两端各饰一道枊纹，梯形片边沿饰一周枊纹。通高3.8、宽5.3厘米（图一〇〇，9；彩版一二〇，15）。

7. 铜铃

15件。有大小之别，大铃挂系于牲畜身上，既可用于马，也用于牛；小铃还可能挂

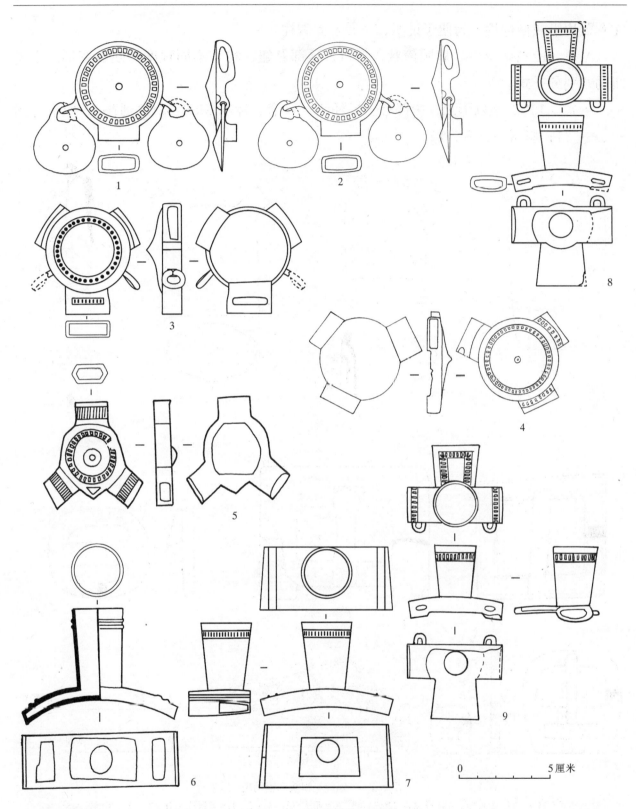

图一〇〇　铜节约和铜三通筒

1.Ⅰ式铜节约 M51:58-3①　2.Ⅱ式铜节约 M47:250-2　3.Ⅲ式铜节约 M57:218-3①　4.Ⅳ式铜节约 M47:59　5.Ⅴ式铜节约 M50:41-3　6.A型Ⅰ式铜三通筒 M47:244-2　7.A型Ⅱ式铜三通筒 M51:58-1①　8.B型Ⅰ式铜三通筒 M50:41-1　9.B型Ⅱ式铜三通筒 M51:58-1②

在伞盖边沿或做他用。为便于说明，一并于此叙述。

A型 12件。大铃。扁圆筒状，平口，顶部有纽，均有不同程度的残破变形。根据纽的差别分三式。

Ⅰ式 3件。半圆形顶，中部有一半环纽，口窄。标本 M68:321，通高 15 厘米（图一○一，1；彩版一二一，1）。

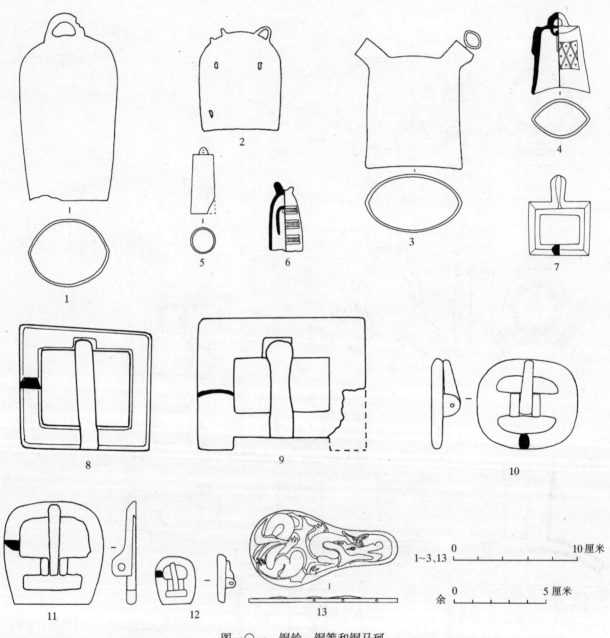

图一○一 铜铃、铜策和铜马珂

1.A型Ⅰ式铜铃 M68:321　2.A型Ⅱ式铜铃 M47:226-1　3.A型Ⅲ式铜铃 M86:2　4.B型铜铃 M51:279　5.B型铜铃 M51:347-1　6.B型铜铃 M30:12　7.A型大铜策 M53:16　8.B型Ⅰ式大铜策 M57:218-1①　9.B型Ⅱ式大铜策 M51:37　10.C型Ⅰ式大铜策 M57:148　11.C型Ⅱ式大铜策 M50:44　12.小铜策 M85:9　13.铜马珂 M50:43

Ⅱ式　1件。标本 M47:226-1，器身矮，顶部两侧有两半环钮，中间有前后对称的长方小孔，孔间有系舌铜丝残痕，口稍窄，两面有对称钉孔二。铃内有残木舌，扁圆长条状，上端稍窄有小孔，下端残。通高 10.5、木舌残长 7、宽 1.5 厘米（图一〇一，2；彩版一二一，2）。

Ⅲ式　8件。顶部低较平，两侧如角般斜伸出两短圆筒，以穿绳系舌挂铃。口略宽。标本 M86:2，口内沿有一道箍，通高 10.3 厘米（图一〇一，3；彩版一二一，3）。标本 M51:30 和 M47:246，铃内有木舌，作圆柱杵形，上小下大，上端有一小孔。长 4.8~5、径 1.2~1.4 厘米。

B型　3件。小铃。标本 M51:279，扁圆筒状，上端窄，平顶，半圆环钮，口弧形内曲，两侧下垂。身中部饰棱形纹。铃内顶部垂一半环钮，钮下悬挂弯曲呈"U"形的铜丝舌系，木舌残。通高 4.3 厘米（图一〇一，4；彩版一二一，4）。标本 M51:347-1，圆筒形，上端收细，平顶，半环钮，口平。通高 3.5 厘米（图一〇一，5；彩版一二一，5）。标本 M30:12，扁圆筒形，半圆形顶，钮残，平口较宽，身上饰圆点纹三条。铃内上部有一横梁，梁悬挂弯曲呈"U"形的铜丝作舌系，木舌残。残高 3.6 厘米（图一〇一，6；彩版一二一，6）。

8. 铜策

31件。有大小之区别，大策当用于马鞍肚带，小策用于羁带和其他革带。

（1）大策　23件。分三型。

A型　3件。方形框略扁，框侧中央横出一齿，齿前端较宽、圆钝。标本 M53:16，2件，1件较大，框断面作三角形，另 1 件较小，框断面作圆角扁方形。通长 4.2 和 3.7、框宽 3.4 和 3 厘米（图一〇一，7；彩版一二一，7）。

B型　15件。矩形框，框后侧中央呈细轴，套铸后端为环的齿，齿作长条形，可绕轴旋动，前端落在框前侧中央的凹槽内。分二式。

Ⅰ式　11件。框略作方形。标本 M57:218-1①，框断面作梯形。框长 6.5、宽 7 厘米（图一〇一，8；彩版一二一，8）。

Ⅱ式　4件。框作长方形，框正面弧形下凹。标本 M51:24，框长 4.1、宽 5.3 厘米（彩版一二一，9）。标本 M51:37，框两端向后伸出，通体鎏金。框长 6.9、宽 9.1 厘米（图一〇一，9；彩版一二一，10）。

C型　5件。框内有横梁，梁中部立两个对称半圆形桩，桩上有小孔，以铁轴穿桩孔和齿环铆固。分二式。

Ⅰ式　2件。框略作圆角方形，横梁位于框中部，齿较短，前端稍细，搭接在框前侧上。标本 M57:148，框长 4.6、宽 5.2 厘米（图一〇一，10；彩版一二一，11）。

Ⅱ式　3件。框长，前圆后方，前宽后窄，横梁靠后，齿较长，前端较宽，落在框前侧的凹槽内。标本 M50：44，框长 5.4、宽 5.1 厘米（图一○一，11；彩版一二一，12）。

（2）小策　8 件。器形略同于 C 型Ⅱ式大策，唯齿前端搭接在框前侧上。标本 M85：9，表面鎏金，框长 2.5、宽 2.1 厘米（图一○一，12；彩版一二一，13）。

9．铜马珂

18 件。略作葫芦形薄片，亦似鞋底，周边沿向下折有很窄的折边。正面如锻压般铸浮雕纹饰，即正面浮雕凸起的部位，背面对应凹入。浮雕纹饰为一龙及一树枝。龙为凤眼，长嘴张开，唇较厚，下有须，双角短略呈锥形，蛇身蜿蜒于树枝间，四兽足，鸟爪三趾较粗短，一足抓树枝。树枝于龙后端前伸，于龙头上有二叶。折边有小圆孔十，两侧对称四，上下端各一。正面鎏金，形状相同，大小相若。修复 1 件，标本 M50：43，通长 12.1、宽 6.2、折边高 0.3 厘米（图一○一，13；彩版一二一，14）。当为缝缀在马鞍后面鞦带上的装饰件。晋宁石寨山古墓也曾出土过相类似的器物，浮雕纹饰为孔雀。但在滇文化所发现的马的形象中还没有见到马臀部装饰马珂的情形。

10．铜泡钉

126 件。圆形，正面隆起，背空，垂钉足，常多件共出。根据泡面不同分四型。

A 型　29 件。泡作半球形，背略空。分二式。

Ⅰ式　17 件。泡较低，扁钉足，足皆残断。标本 M68：110－1，13 件，表面镀锡。泡径 1.9～2、高 0.8 厘米（图一○二，1；彩版一二二，1）。

Ⅱ式　12 件。泡面较高，尖钉足短，泡面鎏金。标本 M50：5，3 件，通高 1.2～1.3、泡径 1.3、高 0.7 厘米（图一○二，2；彩版一二二，2）。

B 型　60 件。泡作圆锥形，较低，背略空，尖钉足较长。锈蚀残破，皆出自 M69 内，沿木椁四壁板灰痕，与椁钉饰相间分布，当为椁之装饰。标本 M69：3，通高 2.5、泡径 2.9～3.1、高 0.9 厘米（图一○二，3；彩版一二二，3）。

C 型　8 件。泡面低，中央圆环突起，边沿有于槽内的乳丁一周，钉足作圆纽状，较高。标本 M68：85－1，7 件，通高 1.6～1.9、泡径 3.4～4.2、高 0.7 厘米（图一○二，4；彩版一二二，4）。

D 型　29 件。泡面中央作半球形，较低，周边平，边沿两侧对称伸出三角形尖角，圆纽状钉足较低。泡面中央饰卷云纹，边沿有宽槽内的一周射线纹，表面鎏金，大小相若。标本 M68：85－2，通高 1、泡径 5、高 0.7 厘米（图一○二，5；彩版一二二，5）。

11．铜泡

31 组 504 件。圆形，正面隆起，背空，有横梁，可穿系。分为九型。有的中、小型墓内无其他马具，有的几型多件同出。

A 型　10 组 245 件。半球形泡。径 1.1～1.7 厘米。标本 M51：119，1 组 29 件，径 1.3～1.5、高 0.6～0.7 厘米（图一○二，6；彩版一二二，6）。

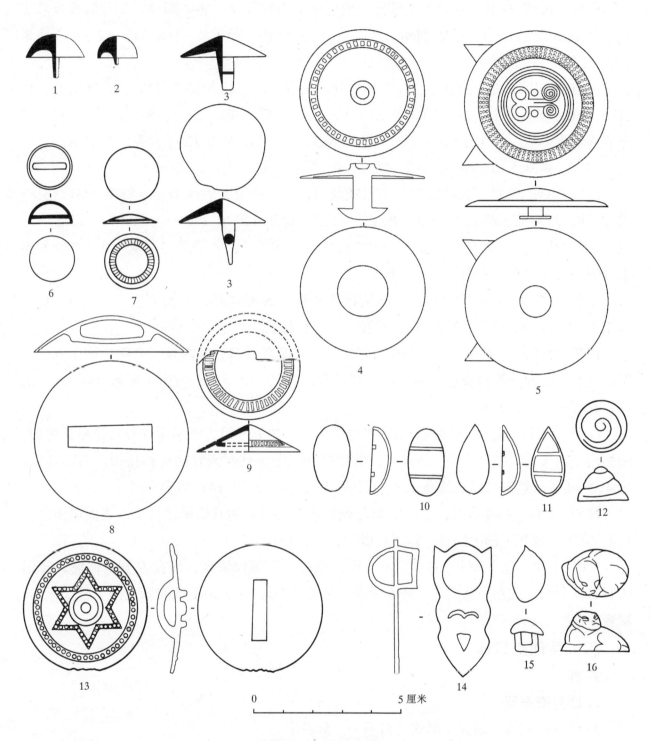

图一〇二 铜泡钉和铜泡

1.A 型 I 式铜泡钉 M68∶110-1 2.A 型 II 式铜泡钉 M50∶5 3.B 型铜泡钉 M69∶3 4.C 型铜泡钉 M68∶85-1 5.D 型铜泡钉 M68∶
85-2 6.A 型铜泡 M51∶119 7.B 型铜泡 M68∶110-2 8.C 型铜泡 M47∶249-1 9.C 型铜泡 M68∶110-3 10.D 型铜泡 M51∶15
11.D 型铜泡 M47∶61 12.E 型铜泡 M51∶356 13.F 型铜泡 M63∶8 14.G 型铜泡 M68∶93-1 15.H 型铜泡 M68∶93-2 16.I 型铜
泡 M50∶33

B型 10组87件。半球形泡较低，槽内饰一周射线纹，如太阳纹，部分射线作乳丁状。径1.2~2.3厘米。标本M68:110-2，1组49件，径1.4~1.6、高0.2~0.3厘米（图一〇二，7；彩版一二二，7）。

C型 8组82件。圆锥形。有大小之分，大者7件。标本M47:249-1，横梁宽，位置高，表面鎏金。径5.1、高1.1厘米（图一〇二，8；彩版一二二，8）。小者75件，部分表面饰太阳纹，径1.6~3.4厘米。标本M68:110-3，1组23件，表面饰太阳纹。径1.9~3.4、高0.5~0.9厘米（图一〇二，9；彩版一二二，9）。

D型 3组52件。长椭圆形，半圆隆起，背面二横梁，表面鎏金。标本M51:15，1组33件，两端圆。长2.2~2.3、宽1.2~1.3、高0.6厘米（图一〇二，10；彩版一二二，10）。其余的一端圆，一端尖。标本M47:61，1组2件，长2.3、宽1.1、高0.6厘米（图一〇二，11；彩版一二二，11）。

E型 14件。标本M51:356，螺旋锥状，如同螺蛳尾部，表面鎏金。径1.6~1.7、高1.1~1.2厘米（图一〇二，12；彩版一二二，12）。

F型 2件。标本M63:8，半球形较低，中央圆环突起，环内有一乳突，横梁宽，呈桥形突起。正面饰槽内圆点组成的六角星纹和圆环纹。径4.2、通高1厘米（图一〇二，13；彩版一二二，13）。

G型 16件。标本M68:93-1，半球形泡，周边有平沿，平沿下部较长，略似兽面，两侧向上出尖耳，向下弯曲，下端尖。镂曲线和三角形孔。泡背横梁作桥形。表面鎏金。长4.3~4.4、宽2~2.1、通高1.4~1.5厘米（图一〇二，14；彩版一二二，14）。

H型 2件。标本M68:93-2，略呈蝌蚪形，尾短，泡背横梁作桥形，表面镀锡。长1.9、宽1.1厘米（图一〇二，15；彩版一二二，15）。

I型 4件。标本M50:33，立体兽形，俯卧，头部较清晰，转向左侧，似虎，身躯四肢不甚分明，底略呈椭圆形，表面鎏金。长2.2、宽1.6、高1.3厘米（图一〇二，16；彩版一二二，16）。

八 其他类铜器

97件。

1. 圆片形铜器

29件。铸成薄片圆形，形状结构不一。分四型。

A型 8件。中部下凹，作圜底浅盘状，周边向下斜折。背面下折空处两侧有对称的宽横梁，可供穿缀。表面镀锡。标本M68:322，2件，径7.1、高1厘米（图一〇三，1；彩版一二三，1）。

B型 3件。标本M69:121，圆片平，中央直立圆柱状纽，纽均残，用途不明。径7.2、残高1.5厘米（图一〇三，2；彩版一二三，2）。

C 型　6 件。圆片正面微凹呈浅盘状，周围有小圆泡一圈。中央有一长方形孔穿孔，穿连一分铸的圆泡，泡背面作半圆环，环面宽薄，泡以环穿入长方形孔内连接在圆片中央。泡顶铸一半圆小环，扣接一节两端有小圆环的圆条链，与一圆筒形小铃顶端的半圆小环扣连。整器两面鎏金，用途不明，似以背面的半圆环穿缀作饰。径 7～8.6 厘米，均锈蚀残碎。标本 M85:12-2，修复大部，径 7 厘米（图一〇三，3；彩版一二三，3）。

D 型　12 件。正面球面状突起，边沿有小圆孔，表面鎏金，其中 4 件中央有一圆孔。用途不明，似以周边小孔缝缀装饰。直径 6.3～11.7 厘米。标本 M51:166，4 件，器形较大。径 11.5～11.7 厘米（图一〇三，4；彩版一二三，4）。标本 M68:273-4，8 件，器形较小，其中 4 件中央有圆孔。径 6.3、孔径 1.7 厘米（图一〇三，5；彩版一二三，5）。

2.“十”字形铜器

1 件。标本 M68:317，平面呈“十”字形，侧面起折棱，实心，较沉重，用途不明。

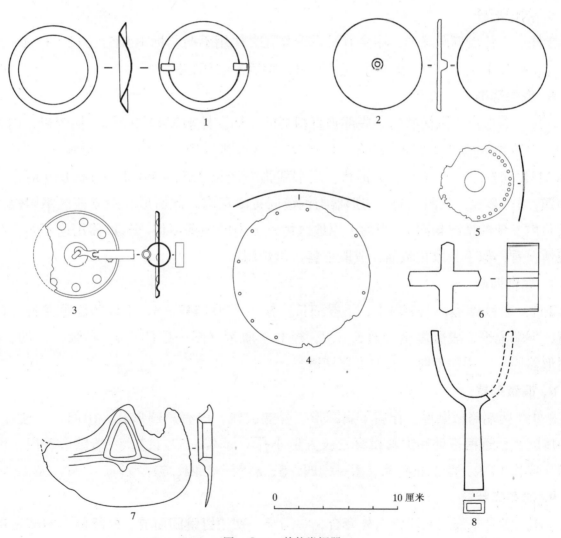

图一〇三　其他类铜器

1. A 型圆片形铜器 M68:322　2.B 型圆片形铜器 M69:121　3.C 型圆片形铜器 M85:12-2　4.D 型圆片形铜器 M51:166　5.D 型圆片形铜器 M68:273-4　6.“十”字形铜器 M68:317　7.铜钺形器 M51:130　8.铜叉形器 M47:222

长 5.9、宽 5.6、高 2.8 厘米（图一〇三，6；彩版一二三，6）。

3.铜钺形器

1件。标本 M51：130，器身扁平，略呈横三角形，一侧尖，一侧宽平微弧出。下沿稍弧出，与宽之一侧圆弧相连出双面刃；中部有三角形孔，孔周边隆起成短銎，可装木柄。上沿稍厚，连尖侧一段内弧；连宽侧一段内凹，銎上尖出，上沿由背面出单面刃。长 12.3、高 8.6、銎厚 1.2 厘米（图一〇三，7；彩版一二四，1）。用途不明，此器显然不是滇文化的器形，以往也没有发现过。

4.铜叉形器

1件。标本 M47：222，叉略呈 U 形，一枝残，叉枝断面为方形，中间向下铸有方銎。銎内留残木柄，用途不明。通高 12.3、銎长 1.6、高 1.0 厘米（图一〇三，8；彩版一二四，2）。

5.铜球形器

2件。略铸成椭圆球形，中央有长方形穿孔，作用不明。标本 M51：312，径 2～2.3、高 1.7、孔径 1.4×0.7 厘米（图一〇四，1；彩版一二四，3）。

6.铜勺形器

2件。器形小，圆筒状勺，底部垂直相交横连柄。标本 M49：16－3，柄较粗，内空作圆銎，内留残木柄。长 2.9、勺径 1.1、勺高 1.3 厘米（图一〇四，2；彩版一二四，4）。标本 M51：347－2，柄作实心细锥状，后端残损。残长 2.5、勺径 1、勺高 0.9 厘米（图一〇四，3；彩版一二四，5）。勺形器与铜镜同置漆奁内，此情形和中原地区洛阳烧沟的东汉墓内发现的情况相同[①]，当为中原地区传入云南的埋葬习俗。勺形器用途不明，就其发现情况看，似乎是取化妆品，或取香料入熏炉用。

7.铜锥形器

2件。长圆锥形，上端内空，下段细长。标本 M51：347－3，下段铸浮雕龙首，锈蚀不清，下端扁平，表面鎏金。通长 6.8、径 0.7 厘米（图一〇四，4；彩版一二四，6）。与勺形器同出，用途不明，似勺形器柄镦。

8.铜镞形器

2件。两端略似镞形，作扁平扁圆形，外端尖锐，中有扁圆形孔，中间作三棱柱状，正面棱圆钝，近两端处和中部横穿三长方形小孔。标本 M57：117，一端镞形残损，用途不明。残长 13.9、宽 1.6 厘米（图一〇四，5；彩版一二四，7）。

9.铜圆筒状器

3件。由带平底的两圆筒内外套合，中间穿一铁销钉铆固而成。外筒圆，中部宽带状

---

① 洛阳区考古发掘队：《洛阳烧沟汉墓》，186 页，科学出版社，1959 年。

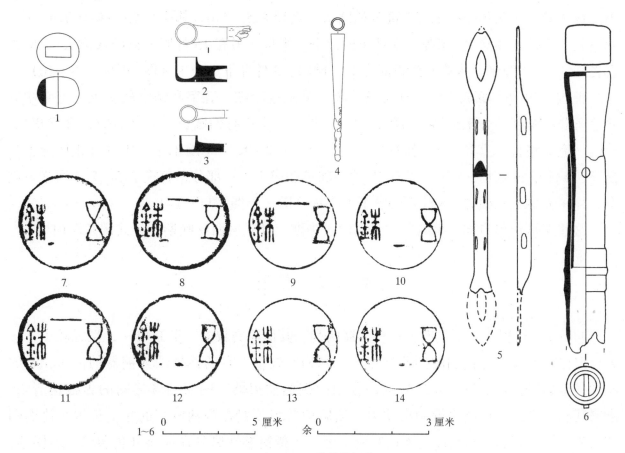

图一〇四　其他类铜器

1. 铜球形器 M51:312　2. 铜勺形器 M49:16-3　3. 铜勺形器 M51:347-2　4. 铜锥形器 M51:347-3　5. 铜镞形器 M57:117　6. 铜圆筒状器 M51:106　7. Ⅰ式五铢铜钱　8~10. Ⅱ式五铢铜钱　11~14. Ⅲ式五铢铜钱

略突起，宽带中间有一箍状粗弦纹。内筒近底部稍粗，并且略成方形。标本 M51:106，内外筒均存，外筒两端残失，内筒近底部残损。残长 14.9、内筒长 10.2、外筒径 2.7 厘米（图一〇四，6；彩版一二四，8）。其余二件仅存外筒，用途不明。

10.五铢铜钱

54件。均出自 M86 内。标本 M86:5，圆形方穿，两面外周都有郭。正面穿四边无郭，背面穿四边都有郭。部分钱上正面铸有记号，约占近六成。记号有穿上一横郭、穿下一半星。还有部分钱的周郭被磨或凿去一部分，亦约占近六成。根据书体和形制的差异分三式。

Ⅰ式　4件。表面不太平整，字的笔画较粗无锋棱。五字中间两笔斜直略弯曲、铢字的金字头呈菱形，四点较短，朱字头方折，上下两端与金字齐平。直径 2.5、郭厚 0.15、穿宽 1 厘米。其中 1 件正面穿上一横郭（图一〇四，7）。

Ⅱ式　20件。表面较平滑，字迹笔画较细，显露出锋棱，笔画很清晰。五字中间两笔弯曲，和上下两横相接处略向内靠拢，成垂直相接。有的弯曲度很大，两侧略向外弧出。铢字的金字头稍小，朱字头部分稍圆折。直径2.5～2.6、郭厚0.15、穿宽0.9～1厘米。其中2件正面穿上一横郭、5件正面穿下一半星。另有13件周郭被磨或凿去一部分，直径2.3～2.4厘米。内有6件正面穿上一横郭，3件穿下一半星（图一〇四，8～10）。

Ⅲ式　30件。面较平整，钱文较清晰，笔画也较细。五字和铢字较宽大。五字中间两笔弯曲。铢字的金字头呈三角形，四点较长，朱字头有的圆折，朱字有时比金字稍长，中间一笔又略长。直径2.5、郭厚0.12～0.15、穿宽0.9～1厘米。其中3件正面穿上一横郭，4件正面穿下一半星。另有20件周郭被磨或凿去一部分，直径2.3～2.4厘米。内有2件正面穿上一横郭，5件正面穿下一半星（图一〇四，11～14）。

这些五铢钱出自同一墓内，Ⅰ式属西汉中期，Ⅱ式属西汉晚期，Ⅲ式属东汉前期。

第二节　铁器

344件。铁器主要是生产工具和兵器两类，其他器类较少。形制单一，型式较少，多为有刃器。但数量与铜制的同器种相比，则相对较多，有的器种约为铜器的一半，有的器种甚至超过铜器数量。大多为铜铁合制的铜柄铁刃器，铜铁二者之间的界限很清晰。推测其制作方法，可能先锻制出铁刃，然后把铁刃放置在铜柄铸范的相应位置，铸铜柄部而成，铜柄紧裹铁刃后端，连接紧密牢固。少量铜茎铁腊剑在铜茎外再包铸金、银茎，异常华贵。铜铁合制器的主要功能和使用部位为铁，所以归入铁器叙述。铁刃部大多氧化锈蚀，残损不能复原。

一　生产工具

109件。器形有铜銎铁斧、铜銎铁凿、铜銎铁卷刃器、铁锸、铁锯、铁刀削等。铜銎铁凿18件，方銎，铁刃，可分宽刃和窄刃二种。铜銎铁卷刃器14件，与铜质器形大致相类，銎正面隆起，其中9件沿中线有一排小孔，铁刃多残损，銎有半圆形和多棱形之区别。铁刀削60件，有铜柄铁刀削和铁刀削之分，大部为全铁质做刀削，长短不一，长者为刀，短小者为削，器形相同，大多因氧化锈蚀过甚，残损不堪，尺寸不详，但未发现专作兵器用的长刃刀，故作刀削一并叙述。

1. 铜銎铁斧

14件。铜銎长，下端扁平，铁刃短，扁平而薄，上端被铜銎裹夹。分二型。

A型　12件。銎断面略呈方形。分二式。

Ⅰ式　11件。通体细长，銎两侧束腰，刃部窄，平刃。标本M57：201，銎两面饰头上尾下的龙纹，龙双角呈粗锥形，吻长唇宽，四爪如鸟，三趾长而勾曲，蛇身弯曲，尾卷曲，近口处有三道弦纹。通长11.1、刃宽3.8、銎宽2.6、高2.3厘米（图一〇五，1；彩版一二五，1）。标本M51：19，刃残，銎部有对称钉孔，近口处有两道弦纹，正面饰回旋纹。残长10.8、刃宽3、銎宽2.1、高2.1厘米（图一〇五，2；彩版一二五，2）。标本M51:17，刃残，銎部两面铸有小乳丁米点纹，有对称钉孔，近口处有两道弦纹。残长9.3、刃宽3、銎宽2.7、高2.6厘米（图一〇五，3；彩版一二五，3）。

Ⅱ式　1件。标本M51:20，刃残一角，銎两侧斜直，下端较细，有肩，圆弧，刃部略作梯形，下段为铁，较宽，平刃。銎部正面饰云纹，口部有两道弦纹，背面有一钉孔，肩部两面为突起的涡纹。通长10.5、刃宽4.8、銎宽2.7、高2.4厘米（图一〇五，4；彩版一二五，4）。

B型　2件。半圆形銎，略束腰。标本M47:130，刃稍残，通体细长，窄刃弧出。銎正面有六方孔，作两行对称排列，两侧略折出棱，近口处有一道箍状弦纹，背面有一钉孔。通长9.9、刃宽2.8、銎宽2.3、高1.9厘米（图一〇五，5；彩版一二五，5）。标本

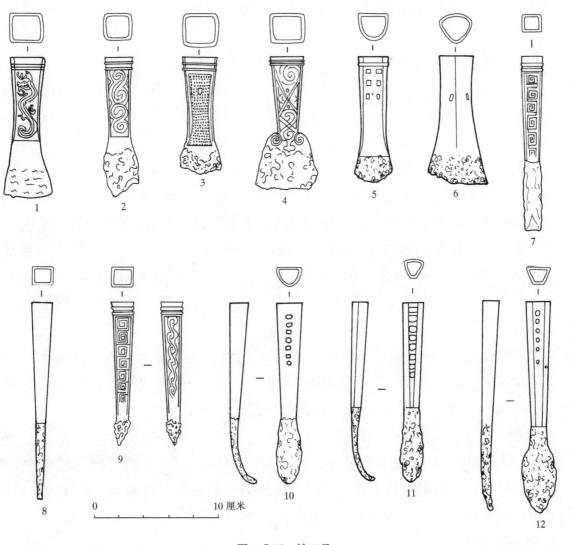

图一〇五　铁工具

1. A型Ⅰ式铜銎铁斧 M57:201　2. A型Ⅰ式铜銎铁斧 M51:19　3. A型Ⅰ式铜銎铁斧 M51:17　4. A型Ⅱ式铜銎铁斧 M51:20　5. B型铜銎铁斧 M47:130　6. B型铜銎铁斧 M51:23　7. 铜銎宽刃铁凿 M51:141　8. 铜銎窄刃铁凿 M47:199　9. 铜銎铁凿 M51:137　10. 半圆形铜銎铁卷刃器 M51:139　11. 多棱形铜銎铁卷刃器 M57:210　12. 多棱形铜銎铁卷刃器 M50:71

M51:23，刃残一角，銎断面略作圆角三角形，正面中线有棱，刃部宽，平刃。銎部有三钉孔。通长10、刃宽4.5、銎宽2.6、高2.2厘米（图一〇五，6；彩版一二五，6）。

2. 铜銎宽刃铁凿

11件。铁刃呈扁平长条形，平刃。标本M51:141，铜銎两面饰雷纹，近口处有粗弦纹，銎内留有长12厘米的残木柄，表面涂成红色。通长14、刃宽1.2、銎宽1.6、高1.4厘米（图一〇五，7；彩版一二六，1）。

3. 铜銎窄刃铁凿

2件。铁刃细长，断面略作方形，刃端细窄。标本M47:199，通长15.6、刃宽0.4、銎宽1.6、高1.5厘米（图一〇五，8；彩版一二六，2）。

其余5件铁刃器因残破不能辨识。其中标本M51:137，銎部正面饰雷纹，背面饰连续回旋纹，近口处有两道箍状弦纹。残长11.4、銎宽1.6、高1.5厘米（图一〇五，9；彩版一二六，3）。

4. 半圆形铜銎铁卷刃器

4件。铁刃作长叶形，前端圆钝，向上卷曲。标本M51:139，銎部正背两面沿中线各有一排小孔。通长14.2、刃宽1.6、銎宽2、高1.5厘米（图一〇五，10；彩版一二六，4）。

5. 多棱形铜銎铁卷刃器

10件。銎正面顶部平。标本M57:210，銎起六棱，正背两面各有一排小方孔。长叶形刃，前端稍宽，圆钝。通长14.2、刃宽1.7、銎宽1.6、高1.4厘米（图一〇五，11；彩版一二六，5）。标本M50:71，銎断面作梯形，正面有一排小孔，铁刃作有柄宽叶形，稍上曲近平。通长16.9、刃宽2.9、銎宽1.9、高1.2厘米（图一〇五，12；彩版一二六，6）。

6. 铁锸

2件。标本M69:193，残损，平面略呈"凹"字形，器身扁平，刃部呈倒梯形，下沿平直，两侧斜直，首中部下凹，两侧和底空作"V"形。保存较好的一件，残长15.1、刃宽12.4、首厚2厘米（图一〇六，1；彩版一二六，7）。

7. 铁锯

1件。标本M86:051，长条形薄片，锯齿细小，前端齐平，后端弯曲，背侧延出条形柄，断面略作方形，柄末端稍下曲。残断，锯身中部缺一段，柄末残，锯身两面留有竹木鞘残痕。现存总长29.2、柄长8.6、锯宽4.2厘米（图一〇六，2；彩版一二六，8）。

8. 铜柄铁刀削

6件。仅存铜柄，铁刃残损。分二型。

A型　1件。标本M71:51，铜柄与A型Ⅱ式铜削柄相似，作扁圆銎状，口内凹呈鸭

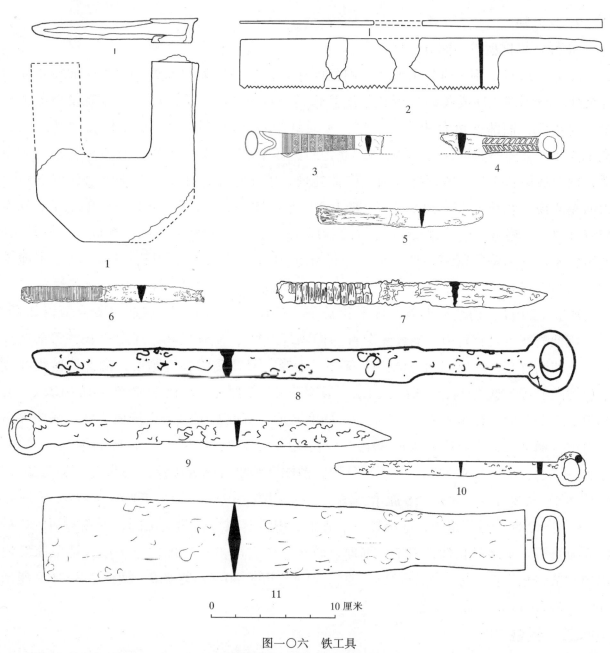

图一〇六 铁工具

1. 铁锸 M69:193　2. 铁锯 M86:051　3.A 型铜柄铁刀削 M71:51　4.B 型铜柄铁刀削 M38:5　5.A 型铁刀削 M82:13　6.A 型铁刀削 M44:35　7.A 型铁刀削 M57:142　8.B 型铁刀削 M51:246　9.B 型铁刀削 M86:24　10.B 型铁刀削 M86:8　11.C 型铁刀削 M51:218

嘴张开状。近口处下侧附半圆单耳，前段两面有对称钉孔，环柄饰多道弦纹、连续回旋纹组合图案。前端为刃形吞口以固铁刃末，扁平，背稍厚，双面刃。残长 10、柄长 8.2、刃宽 1.4、銎径 1.1～2 厘米（图一〇六，3；彩版一二七，1）。

B 型　5 件。铜柄作扁平长条形，环形首，前端有吞口以固铁刃。标本 M38:5，柄两面铸有突起的羽状纹。残长 10、柄长 6.5、刃宽 1.7、环径 2.2 厘米（图一〇六，4；彩版一二七，2）。

9. 铁刀削

54 件。根据柄首不同分三型。

A 型　23 件。扁平直长条形，一侧稍厚作背，另一侧为双面刃，后段两面用木质薄片夹住，再用细线绳或藤缠绕捆扎，沁满铁锈。标本 M82：13，背直，刃前段微上弧收窄，前端残，柄两面留有薄片木质痕，木质纤维直长，似竹片。残长 13.7、刃长 7.2、宽 1.4 厘米（图一〇六，5；彩版一二七，3）。标本 M44：35，直刃，背较厚，前段微下弧，柄上残留竹木片，紧密缠绕细线绳捆扎痕，细线绳在 1 厘米长的柄上缠绕约 20 匝。刃前端残损。残长 14.8、刃长 7.4、宽 1.2 厘米（图一〇六，6；彩版一二七，4）。标本 M57：142，刃略宽于柄，背较厚，弧背，刃前段上弧，刃和背于中线汇聚成尖，柄较长，残留竹木片，用藤紧密缠绕捆扎痕，藤径 0.5～0.6、通长 22、刃长 13.4、宽 2.1 厘米（图一〇六，7）。

B 型　29 件。柄端环形首。扁平狭长条，背较厚，双面刃，后端略除弃刃锋作柄，使刃较柄略宽。直背直刃，柄较短，首为椭圆环。标本 M51：246，保存最长，刃部中线弧形下凹，背厚，刃前端向上圆弧于背侧成尖锋，刃部残留有竹鞘痕，柄部残留织物或革包缠的痕迹。通长 44.2、柄长 12.2、刃宽 2.6、背厚 1、环径 5 厘米（图一〇六，8；彩版一二七，5）。标本 M86：24，柄与刃同宽同形，背前端下弧于刃侧成尖锋，弧曲部出双面刃，柄部残留木质痕。通长 30.9、柄长 12、刃宽 2、环径 3.7 厘米（图一〇六，9；彩版一二七，6）。标本 M86：8，刃窄且薄，前端上弧于背侧成尖锋，尖锋残。残长 20.7、柄长 9.1、刃宽 1.1、环径 2.8 厘米（图一〇六，10；彩版一二七，7）。

C 型　2 件。刃部宽阔，前端较宽、齐平，中线起粗脊，两侧微凹，前端和两侧边沿出双面直刃。扁圆銎状柄，内空，壁厚，较短。体大沉重，与现代云南广大地区家庭使用的砍柴刀相类似。标本 M51：218，通长 39.1、刃长 30.3、宽 6.9、柄径 2.8～4.9 厘米（图一〇六，11；彩版一二七，8）。

二　兵器

224 件。器形有铁矛、铁戟、铁剑、铁鞭、铁镞等。铁剑 110 件，多为铜茎铁腊剑，另有全铁制铁剑约三分之一。

1. 铜骹铁矛及铁矛

63 件。铁矛仅 4 件，余皆铜骹铁矛，圆筒状骹。根据刃的差异分三型。

A 型　4 件。刃部形状与 C 型铜矛相类似，短小。分二式。

Ⅰ式　1 件。标本 M57：196，刃略似 C 型Ⅱ式铜矛，扁平，前端较宽，急聚成刺，前锋斜直微弧，后段为铜，仅前段为铁刃。骹两面有对称钉孔。通长 16.5、刃长 8.8、刃宽 2.6、骹径 2.7 厘米（图一〇七，1；彩版一二八，1）。

Ⅱ式　3 件。刃略似 C 型Ⅲ式铜矛，铁刃锈蚀残损尤甚。刃部全为铁，后锋长圆，前

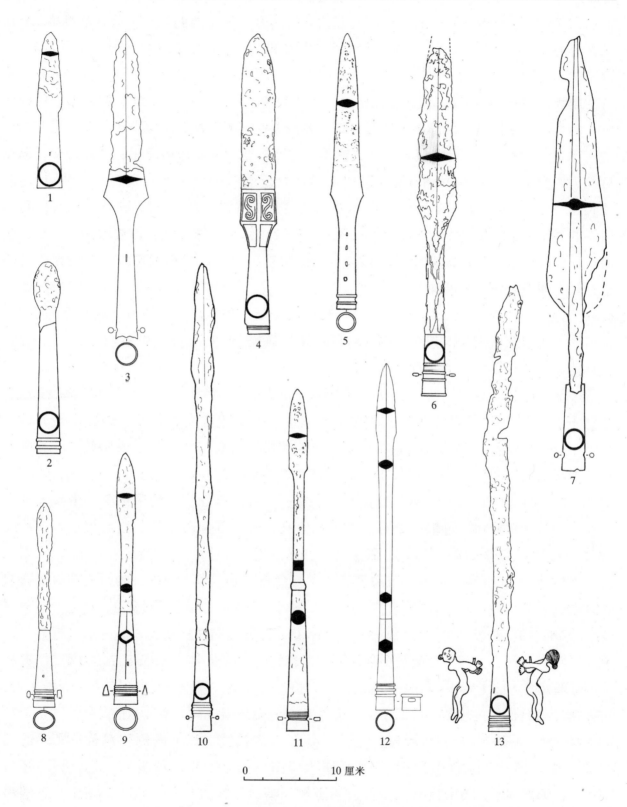

图一〇七 铜骹铁矛

1.A型Ⅰ式 M57:196　2.A型Ⅱ式 M51:46　3.B型Ⅰ式 M68:152　4.B型Ⅱ式 M47:247-13　5.B型Ⅱ式 M47:247-5　6.C型 M51:61　7.C型 M69:153　8.C型 M57:50　9.C型 M85:35　10.C型 M51:318-2　11.C型 M50:6　12.C型 M51:318-1　13.C型 M51:56

倾。刃较厚，中线起脊。骹长，口部有箍状弦纹两道，其间两侧有对称钉孔。标本 M51：46，刃前段锈残。残长 20.2、残刃长 6.5、残刃宽 3、骹径 2.7 厘米（图一〇七，2；彩版一二八，2）。

B 型　9 件。形似铍，刃部如无格剑，中线起棱。后段为铜，略似 E 型铜矛，后锋前倾，内弧，折接前锋，使前锋后部刃内弧。前段为铁，刃微曲，前端急聚成刺。分二式。

Ⅰ 式　4 件。刃后段略似 E 型 Ⅱ 式铜矛，后锋较宽，两侧折角突出，前倾较少，前锋后部刃内弧较大。标本 M68：152，骹中部两面及近骹口处两侧有对称钉孔，骹口稍残。残长 32.3、残刃长 20、残刃宽 4.8、残骹径 2.3 厘米（图一〇七，3；彩版一二八，3）。

Ⅱ 式　5 件。刃后段略似 E 型 Ⅲ 式铜矛，后锋内弧至末端外圆，前倾较多，较窄，前锋后部内弧较小。标本 M47：247－13，刃后段铜质部两侧饰对称双旋纹，骹口有弦纹四道，其上两侧及骹中部两面有对称钉孔。通长 31.7、刃长 22.9、刃宽 3.8、骹径 3 厘米（图一〇七，4；彩版一二八，4）。标本 M47：247－5，骹两面沿中线有一排 4 个小方孔，骹口处有两道箍状弦纹，其间两侧有对称钉孔。通长 29.5、刃长 19.8、刃宽 3.5、骹径 2.1 厘米（图一〇七，5；彩版一二八，5）。

C 型　46 件。铁刃后与铜骹有一段铁杆，刃多细小，形狭长，刃后杆有长短之分别。短杆矛 27 件，刃骹间铁杆较短，断面多为圆形。刃部较宽大者 4 件，铜骹较短，标本 M51：61，刃残，刃后锋前倾，前端较宽，中线起棱，近骹口处有三道箍状弦纹，其间两侧有对称钉孔。残长 36.8、刃长 19.5、刃宽 4.1、骹径 2.7 厘米（图一〇七，6；彩版一二八，6）。标本 M69：153，刃部极长大，长叶形，后锋圆而宽，前锋微弧，中线起圆柱状脊，刃骹间铁杆短，近骹口处两侧有对称钉孔，骹上部和刃稍残。当属仪杖器。残长 46.4、残刃长 32.2、残刃宽 6.3、骹径 2.3 厘米（图一〇七，7；彩版一二九，1）。刃部细小者 23 件。刃部窄，扁平，双刃平直，前端急聚成刺。标本 M57：50，近骹口处有三道弦纹，其间两侧和骹中部两面有对称钉孔。通长 21.8、刃长 6、刃宽 2、骹径 2.2 厘米（图一〇七，8；彩版一二九，2）。标本 M86：35，骹上段和铁杆断面略呈方形，近骹口处有三道箍状弦纹，其间两侧及骹中部两面有对称钉孔。通长 27、刃长 8.2、刃宽 2、骹径 2.6 厘米（图一〇七，9；彩版一二九，3）。长杆矛 7 件，刃骹间铁杆较长，整器亦长，可能属专门制作的仪杖器。刃部窄，双刃平直，前端急聚成刺。标本 M51：318－2，刃骹间铁杆最长，刃较长，中线起棱，近骹口处有三道弦纹，其下两侧有对称钉孔。通长 48.2、刃长 13.8、刃宽 2.3、骹径 1.9 厘米（图一〇七，10；彩版一二九，4）。标本 M50：6，刃部扁平，刃骹间铁杆中部有一道箍，箍以上作方形杆，箍以下渐粗，下端内空作骹，铜骹极短仅作骹口，有三道弦纹，其下两侧有对称钉孔。通长 36.8、刃长 9.4、残刃宽 2.1、骹径 2.4 厘米（图一〇七，11；彩版一二九，5）。标本 M51：318－1，骹上段和铁杆下段起六棱，近骹口处有三道箍状弦纹，其下两侧及骹中部两面有对称钉孔，骹表面镀锡。通长 36.7、刃长 9、残刃宽 1.9、骹径 2.1 厘米（图一〇七，12；彩版一二九，6）。标本 M51：56，刃部长，略宽。刃下两侧吊两铜人，男性，全身赤裸，头顶螺髻，双手背剪，捆小臂悬吊，面转向左侧上仰。刃骹间铁杆较粗，近骹口处有三道弦纹，其间两侧有对称三角形孔，骹中部两面有对称钉孔，刃残。残长 47.4、刃长 19.3、刃宽 2.8、残骹径 2.4、铜人高 7.6～7.8 厘米（图一〇七，13；彩版一三〇，1）。其余 12 件因铁杆残损而长短难辨。

另外有铁矛 4 件，通体用铁制成，形状各异，圆筒状骹。标本 M53：1，器形较小，刃部窄，后锋前倾，微内弧近直。前锋微弧，前端急聚成刺。中线起圆柱状宽脊，脊两侧有槽，骹口部残。残长 17.3、残刃长 9.5、残刃宽 2.6、残骹径 2 厘米（图一〇八，1；彩版一三〇，2）。标本 M85：100，形似铍，极长大。刃扁平狭长如剑，中线微起棱，骹粗而直，氧化锈蚀重，骹口部和刃前端残损，当属仪仗器。残长 64.5、刃长 42.3、刃宽 4、骹径 3.8 厘米（图一〇八，3；彩版一三〇，3）。标本 M50：50，刃骹之间有短杆，杆下端渐粗，内空作銎。刃部小，扁平，后锋圆，前倾，前锋斜直，前端急聚成刺，刺和骹口部残损。残长 27.4、残刃长 9、刃宽 2、骹径 3 厘米（图一〇八，2；彩版一三〇，4）。标本 M69：150，刃部狭长，后锋前倾，稍圆，前锋平直。骹极长，骹口部和刃前端残损，当属专门制作的仪仗器。残长 43、残刃长 15.5、残刃宽 3、骹径 2.4 厘米（图一〇八，4；彩版一三〇，5）。

2. 铜骹铁戟

2 件。圆筒状骹上端横出戈援，顶端为铁矛。骹顶端与矛刃间有铁杆，断面呈长方形，矛刃部小，扁平，后锋倾前稍圆。前锋平直微弧，前端急聚成刺，中线起棱。戈援短小，扁平，略向上斜，前段为铁刃。标本 M57：44，近骹口处有两道箍状弦纹，其间两侧有三角形

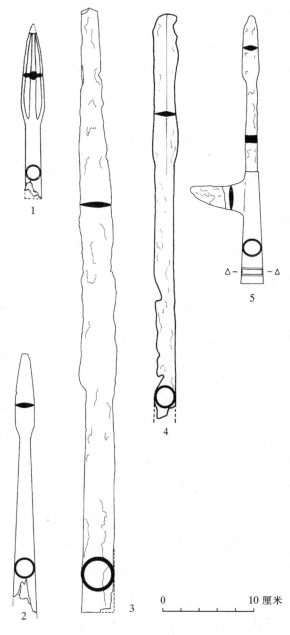

图一〇八 铁矛和铜骹铁戟

1. 铁矛 M53：1 2. 铁矛 M85：100 3. 铁矛 M50：50
4. 铁矛 M69：150 5. 铜骹铁戟 M57：44

对称钉孔。通长 28、矛刃长 6.9、宽 1.7、戈援长 5.7、援末宽 3.4、骹径 2.3 厘米（图一〇八，5；彩版一三〇，6）。

3. 铜茎铁腊剑

77 件。铜茎部有的与铜剑相同，"一"字形窄长格，格之腊侧连铸有腊形吞口，以固铁腊，少量出自大型墓内的在铜茎部外再包铸金、银；有的则与铜剑的茎不同。分七型。

A 型　24 件。铜茎与 E 型铜剑相似，首端呈喇叭形，环首作平行线镂孔。分两亚型。

Aa 型　3 件。铜茎部与 Ea 型 V 式铜剑相类。铁腊短，空心圆柱茎，稍束腰。标本 M71:26-1，空首，环茎铸有多道粗弦纹和回旋纹组合图案，锋稍残。残长 33.8、铜茎长 11.5、格长 7、铁腊宽 2.9 厘米（图一〇九，1；彩版一三一，1）。标本 M68X1:8，首弧出如蕈，有四对称的重叠三角形镂孔，环茎铸有多道弦纹、回旋纹、雷纹、枡纹组合图案，腊大部残。残长 15.7、铜茎长 11.3、格长 6.7、铁腊宽 3.3 厘米（图一〇九，2；彩版一三一，2）。

Ab 型　21 件。铜茎部与 Eb 型 II 式铜剑相类。空心扁圆茎，中段稍粗，两侧起棱，两面沿中线有一排长方形镂孔，两旁略起多条折棱，铁腊短，双锷斜直。标本 M51:111，茎两面各起四棱，铁腊较宽，吞口较短，圆锋。通长 33.2、铜茎长 12.2、格长 6.3、铁腊宽 3.7 厘米（图一〇九，3；彩版一三一，3）。标本 M82:12，茎两面各起四棱，环首平行线镂孔未贯穿，铁腊较窄，吞口较长，三角形锋。通长 26.1、铜茎长 11、格长 5.7、铁腊宽 2.5 厘米（图一〇九，4；彩版一三一，4）。

B 型　2 件。铜茎部与 G 型铜剑相类似，茎首作倒置铜鼓形，鼓足作空首。空心菱形柱状茎，首端稍细，铁腊窄短。标本 M51:117，茎两面铸有两蝉形纹，头相对，双眼圆大，头、尾和双翅略有差别，似分雌雄。铁腊残断，三角形锋。残长 26.7、铜茎长 12、格长 5.9、铁腊宽 2.4 厘米（图一〇九，5；彩版一三一，5）。

C 型　4 件。铜茎部与 B 型 III 式铜剑相类，铸成立体的蛇头，内空，蛇颈弯曲作茎，首为蛇头，张口露齿，背面有菱形鳞纹，腹面为横格鳞纹。标本 M68:360，为长剑，铁腊狭长，双锷直，中线起棱较厚，表面附着木质剑鞘痕，鞘末配有 B 型 II 式铜镖，铜茎表面鎏金。连鞘通长 72.5、铜茎长 13.6、格长 7.7、铁腊宽 4.5 厘米（图一一〇，1；彩版一三二，1、2）。标本 M68X1:46，为宽腊曲锷剑，铁腊较短，腊和吞口中线起圆柱状脊，腊表面附木质剑鞘痕，锋锷稍残。残长 33.2、铜茎长 15.4、格长 9.7、铁腊宽 7.8 厘米（图一一〇，2；彩版一三一，6）。

D 型　5 件。铜茎部与 F 型 II 式铜剑相类似，空心扁茎，稍束腰，中线起棱，断面略呈菱形，中部宽带状突起一周，扁圆形平首。格长，吞口较短。铁腊短而宽阔，中线起棱或圆柱状脊，双锷弯曲，前段平直，前端急聚成三角形锋。标本 M47:190-1，首铸有羽状纹、雷纹各一圈，其间镶嵌带，惜镶嵌物已脱落，中央错金略呈菱形，中一小圆孔；

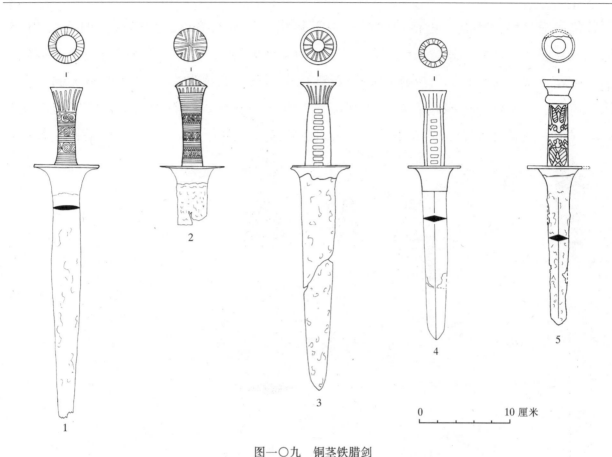

图一〇九 铜茎铁腊剑

1.Aa 型 M71:26-1 2.Aa 型 M68X1:8 3.Ab 型 M51:111 4.Ab 型 M82:12 5.B 型 M51:117

环茎铸有绚纹、回旋纹、雷纹、双旋纹组合图案，突起的宽带上为浮雕的缠绕绳索，铜茎表面鎏金。铁腊中线起棱，出土时附金鞘饰。通长 30、铜茎长 9.4、格长 10.1、铁腊宽 6.8 厘米（图 一一〇，3；彩版一三二，3）。标本 M68:67-1，铜茎部格、首两端在铜茎外包铸金，含金量不甚高，色淡黄发白，质软。中间为镶嵌带，惜镶嵌物已脱落。首错金呈扁圆形，金黄色。环茎铸有回旋纹和羽状纹组合图案，接格处为双旋纹、羽状纹组合图案。铁腊大部残损，中线起圆柱状脊，出土时附 A 型 I 式铜鞘饰。铜茎长 10、格长 12.7、铁腊宽 6.9 厘米（图一一〇，4；彩版一三二，4）。标本 M68:25-1，铜茎较宽，首端残，表面镶嵌物已脱落，两面各有 3 排 9 孔。铁腊中线起棱较厚，出土时配附银鞘饰和 A 型铜镖。残长 25.6、铁腊宽 7.1 厘米（图一一〇，5；彩版一三二，5）。

E 型 3 件。略扁的空心圆茎，中段稍粗，覃形首，首面弧出，中央菱形突起，有一菱形孔，孔内镶嵌菱形绿松石。铜茎外包铸金、银，首、格两端和中段分别用金、银包铸，中段铸有粗弦纹间凹槽多道。铁腊狭长，扁平，中线稍厚，双锷平直，前段残。标本 M68:32，铜茎部首、格两端包铸金，中段为银，首中央镶嵌的菱形绿松石脱落。铁腊表面附木质鞘痕，鞘上饰以绿松石穿孔小珠镶嵌的雷纹。残长 36.3、铜茎长 11.7、格长 7.7、铁腊宽 3.5 厘米（图一一一，1；彩版一三三，2）。标本 M68X1:6，铜茎部首、格两端包铸银，中段为金。近格处两侧和中线起棱，断面呈菱形，铁腊残。铜茎长 11.5、格长 6.9 厘米（图一一一，2；彩版一三三，1）。标本 M51：254，铜茎部首、格两端包铸金，中段为银，金、银间环茎镶嵌绿松石穿孔小圆珠，大多脱落。格两面不突起，吞口作三角齿形，两面镶嵌绿松石穿孔小圆珠。首镶嵌的菱形绿松石中央乳丁状突起。铁腊前段残损。残长 24.3、铜茎长 14、格长 7.1、铁腊宽 3.9 厘米（图一一一，3；彩版一三

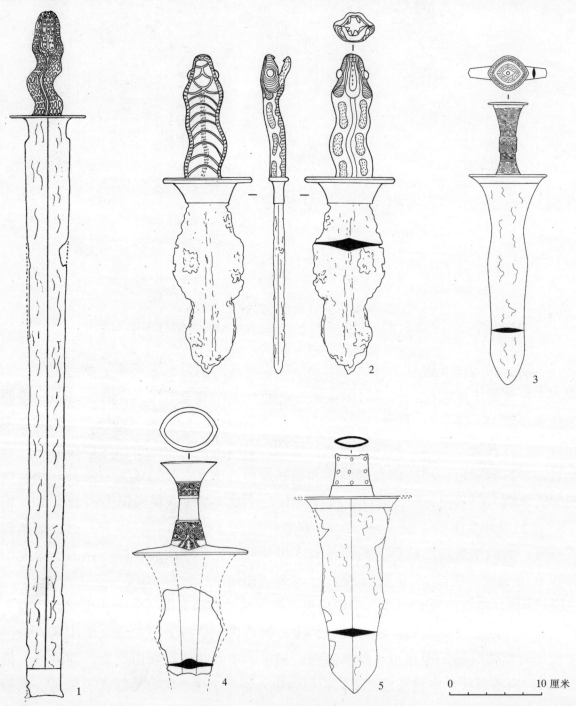

图一一〇　铜茎铁腊剑

1.C 型 M68：360　2.C 型 M68X1：46　3.D 型 M47：190－1　4.D 型 M68：67－1　5.D 型 M68：25－1

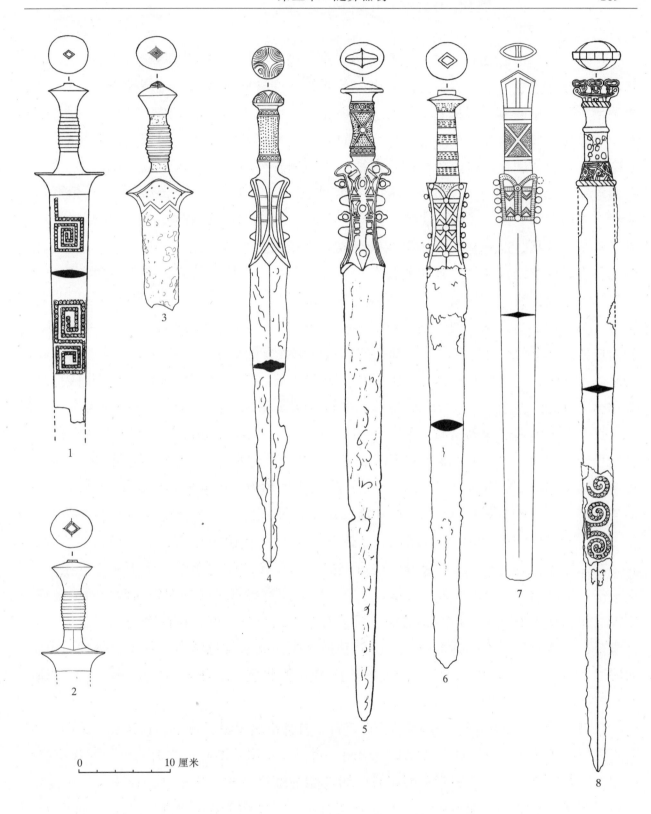

图一一一 铜茎铁腊剑

1.E 型 M68：32 2.E 型 M68X1：6 3.E 型 M51：254 4.F 型 M57：29－1 5.F 型 M51：216 6.F 型 M68：231 7.F 型 M68：56－1
8.G 型 M68：300

二，6）。

F型 38件。宽格长腊剑。空心椭圆柱茎，稍束腰，接首、格两端收细，表面大多铸有乳丁状米点纹。覃形首，首面弧出。首面的装饰有铸纹，中央镶嵌菱形金、银，中央菱形突起内镶嵌菱形绿松石等多种。格极宽，略作长方形，稍束腰，腊端沿铁腊两侧和中线分作三股。两面中线隆起较厚，断面略呈菱形；表面铸有突起较高的粗线条纹组合图案，常分作四格，格内为对顶三角齿；格两侧各突出三至五齿，以五齿居多，齿有三角形和圆形尖顶之分，常相互间隔。铁腊狭长，双锷平直，前端渐内收，三角形锋，中线多起棱，两侧微凹成纵。铁腊大多氧化锈蚀残损，能修复的很少。标本 M57∶29-1，覃形首呈半球状，以突起较高的粗线条组成对称四同心半圆形纹，中央错金作菱形。茎两端各有一道圆圈连珠纹，格两侧各有三个三角形齿。铁腊前端残，出土时附金鞘饰和A型铜镖。残长 50.7、铜茎长 20.4、铁腊宽 4.5 厘米（图一一一，4；彩版一三三，3）。标本 M51∶216，椭圆形首面为金，镶嵌银呈菱形，中线起棱；茎两面米点纹上铸圆圈和四出连四角线条纹，两端各有一圆圈连珠纹；格中线有圆形纹，四格内有对顶三角齿纹，格两侧各五齿，三角形和圆形尖顶齿相间；铁腊表面黏附木质剑鞘残痕；出土时附金鞘饰和A型铜镖。通长 68、铜茎长 20.3、铁腊宽 4.4 厘米（图一一一，5；彩版一三三，4）。其中 2 件铜茎部器形特殊，装饰华贵，分别说明。标本 M68∶231，空心椭圆柱茎，首端稍细。首面为银，中央菱形突出镶嵌菱形绿松石（已脱落）；茎有四道宽金箍，接格处为一道宽银箍；格中线有圆形纹，四格内有对顶三角齿；突起的粗线条上皆贴薄金片，底部镶银；格两侧各有七个小圆形齿。通长 61.4、铜茎长 19、铁腊宽 4 厘米（图一一一，6；彩版一三三，5）。标本 M68∶56-1，铜茎与B型I式铜剑相类，空心扁圆茎，微束腰，首端稍宽，首尖出，上下分开，中有支撑，如张开的蛇口衔物。茎上错金、银，首端边沿和中线为金，余内为银；接格处三箍，两金间宽银箍，接首端则为两银间宽金箍；中段为银作交叉宽线条。格突起的粗线条上有米点纹，分二格，格内有对顶三角齿，底部镶金；格两侧各有五小圆形齿，齿两面和格中线的圆形纹也错金。铁腊前端残，出土时附C型II式鎏金铜镖。残长 54.5、铜茎长 18、铁腊宽 4.1 厘米（图一一一，7；彩版一三三，6）。

G型 1件。标本 M68∶300，卷云形茎首，首伸出略呈横长方形，铸镂孔纹，为三对简化人形头顶云朵图形。椭圆柱状茎，中间一道箍，接格处渐粗，突起一道粗脊作窄格，首端也突起粗脊一道。格和茎首端粗脊上为浮雕的缠绕绳索，接格处铸简化人形和菱形纹组合图案。铜茎部表面鎏金，茎上原可能有镶嵌，铁腊表面附木质剑鞘痕。通长 74、铜茎长 11.4、铁腊宽 4.1 厘米（图一一一，8；彩版一三四，1、2）。G型剑在云南很少发现，与贵州赫章可乐发现的相类似[1]。

4．铁剑

33 件。长剑，大多残断，完整和修复的很少。铁腊狭长，双锷平直，前端急聚成三角形锋，茎扁平较细，断面呈长方形，有的表面附着腐朽木质。根据腊不同分二型。

A 型　31 件。腊中线起棱或稍起棱。部分有铜首和格。凹盘圆首，茎面有短茎，中分为二，横穿一小孔，夹在剑茎末，以铁销穿孔及茎末对应小孔固定首。厚格略呈心形，断面呈菱形。少数几件首、格表面鎏金。有的则用细绳编成粗缕缠绕在木质茎上。标本 M51：229，腊中线稍起棱，表面附木质鞘痕和织得细致紧密的绢绸痕，茎上附木质柄痕，沁满铁锈。残长 79、腊宽 3.2 厘米（图一一二，1）。标本 M51：228-1，极长，腊薄，中线起棱，长茎，腊上附木质鞘痕，茎上附木质柄及其上细线缠缕痕，玉格，米黄色，沁后深棕色斑块，略呈"凹"字形，断面菱形，表面雕琢蟠螭纹。长 111.5、腊宽 3.2 厘米（图一一二，2；彩版一三四，3）。出土时附玉璏 1 件。同墓内还出有玉珌 1 件、玉标首 1 件，玉质与玉格和璏相似，很可能附于此剑，为云南古文化中仅见的玉具剑。标本 M57：53，茎长，附着缠缕痕，以二细绳并排为一股，三股编织成辫状缕，紧密缠绕在茎之木质柄上。腊中线起棱，表面附着木质鞘痕，腊前段和茎首端残。残长 47.9、腊宽 3.7 厘米（图一一二，3；彩版一三四，4、5）。

B 型　2 件。腊宽且厚，中线起圆柱状脊，两侧各有一条较深的弧形凹槽。"凹"字形铜格。标本 M51：219，铜圆形首稍扁，首面镶嵌玉标首，面平，米黄色，腊表面附着木质鞘痕，茎附着柄痕。通长 81.4、腊宽 4.7 厘米（图一一二，4；彩版一三四，6）。

5．铁鞭

6 件。椭圆棒状，一端作柄。以铁条为芯，外为木质，木质多朽，留存铁条芯附着沁满铁锈的木质痕。铁条扁，不规则，断面有的两侧较薄似剑。柄部有的装配铜格、首。似乎为外地传入，仿制过程中器形尚不固定的兵器，当属专制的仪仗器。标本 M47：95，铁条芯两面中线凹入，柄端圆。木质痕保存较多，柄端表面有缠绕细绳缕痕。前段残，残长 46、木痕径 2.4~2.7 厘米（图一一二，5；彩版一三五，1）。标本 M68：354，器身残碎，损失大部。铁条芯较厚，断面略呈长方形。柄部有表面鎏金的心形厚铜格和凹盘圆形铜首。木质柄两面以绿松石穿孔小圆珠镶嵌作双旋纹和雷纹。残长 15、木柄痕径 2.5~3.2、铁条芯径 2.4×1.1 厘米（图一一二，6；彩版一三五，2）。标本 M51：177，器身铁条芯较薄，后端接柄处及前段残。八角形铜首，首面平，内镶嵌圆形白色玛瑙。柄之木上缠缕，以二细绳并排为一股，三股编作辫状缕，紧密缠绕在木柄上。柄长 10.2、身长 22.3、柄径 2.5、身径 1.5~2.2 厘米（图一一二，7；彩版一三五，3）。标本 M51：

---

[1]　《2001 年全国十大考古新发现》，《中国文物报》2002 年 4 月 19 日 6~7 版。

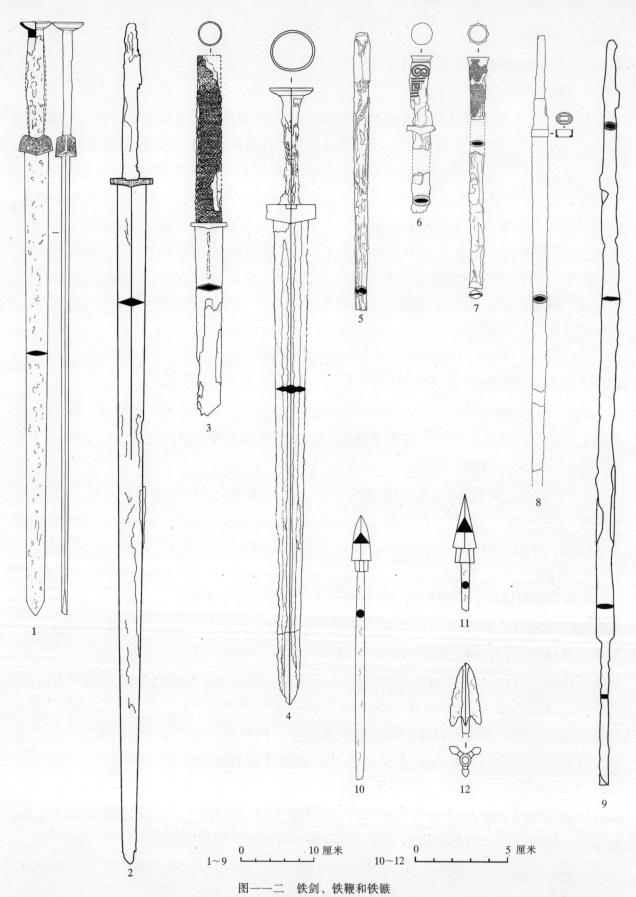

图——二　铁剑、铁鞭和铁镞

1.A型铁剑 M51：229　2.A型铁剑 M51：228-1　3.A型铁剑 M57：53　4.B型铁剑 M51：219　5.铁鞭 M47：95　6.铁鞭 M68：354
7.铁鞭 M51：177　8.铁鞭 M51：215　9.铁鞭 M50：35　10.Ⅰ式铁铤铜镞 M51：311　11.Ⅱ式铁铤铜镞 M85：58　12.Ⅲ式铁铤铁镞
M85：43

215，铁条芯中线厚，断面呈扁圆形，前段残，柄端细。有扁圆筒状厚银格，向柄一端内空，包住木质柄，木柄上附着细绳缠缴痕。残长58、铁条宽2.5、银格径2.1～2.8厘米（图一一二，8；彩版一三五，4）。标本M50∶35，铁条芯修复保存最长，两侧薄似剑，柄端细较长，木质朽殁。长98.8、宽2.5厘米（图一一二，9；彩版一三五，5）。

6. 铁镞

43件。刃部呈三棱锥形，断面作等腰三角形，刺尖锐，刃锋利，有关，作六棱形，关中央连接圆杆状实心铁铤。分三式。

Ⅰ式 8件。铁铤铜镞，镞身为铜，刃略圆弧，后锋齐平，铁铤较粗，较长，少数铤末端作四棱锥形。标本M51∶311，通长14.1、铜镞身长3、刃长2.5、宽1、铁铤径0.5厘米（图一一二，10；彩版一三五，6）。

Ⅱ式 27件。标本M85∶58，铁铤铜镞，刃斜直，后锋齐平，铁铤较细，较短。部分保存残槁，木质纤维似竹，排列较直，表面缠裹极薄的藤皮或铁皮，外以细绳缠绕捆扎，和槁一起沁满铁锈，较硬如铁锈质。铁铤保存最长者通长6.3、铜镞身长2.6～3、刃长2.2～2.5、刃宽1、铁铤径0.3、槁径0.9厘米。其中有铜铤1件（图一一二，11；彩版一三五，7左）。

Ⅲ式 8件。标本M85∶43，铁铤铁镞，刃略圆弧，后锋呈三翼后掠作倒须，铤较细，较短，部分保存沁满铁锈的残槁和表面裹扎物。铁铤保存最长3.7、刃长2.6、翼宽1.2厘米（图一一二，12；彩版一三五，7右）。

三 其他类铁器

11件。器形有铁泡、铁衔、铁簪、错金铁器。

1. 铁泡

3件。标本M68∶77，圆形，正面隆起，背空。①和②为泡，正面中央圆环突起，环内镶嵌圆形小绿松石，周围错金。背面有一铜横梁。①正面错金作圆环两圈，径4.2厘米（图一一三，1；彩版一三六，1）。②正面错金作云形。径4.5厘米（图一一三，2；彩版一三六，2）。③为泡钉，背面中央有一圆柱状铜钉足，径5.4厘米（图一一三，3；彩版一三六，3）。

2. 铁衔

6件。出自男性大型墓内，5节连成，中间3节每节两端作环状，以环互相套扣连接。居中一节较短小，两环间为圆条，中粗突起一周。两侧之节两环间为扁平条，外端环较大。外侧两节两环间细长，中间弯折，穿两侧节之外端环连接。标本M86∶042，保存较好，环扣锈结，残一外侧节环。残长约29厘米（图一一三，4；彩版一三六，4）。其中2件两侧节之外端环内套扣镳，镳中部横穿二孔，一侧有环，两端略呈圆形，中锻一突泡。标本M50∶41-2，一端残，残长15.3厘米（图一一三，5；彩版一三六，5）。

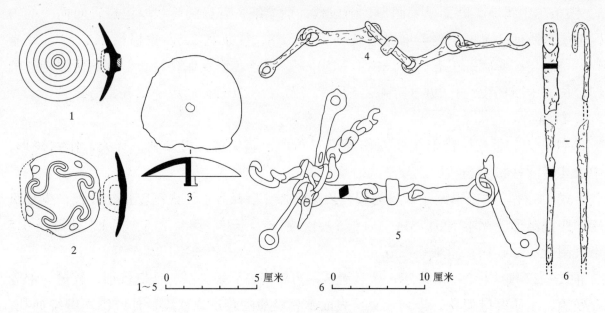

图一一三　其他类铁器

1. 铁泡 M68:77①　2. 铁泡 M68:77②　3. 铁泡钉 M68:77③　4. 铁衔 M86:042　5. 铁衔 M50:41-2　6. 铁簪 M64:14

3. 铁簪

1件。标本 M64:14，长条形，上段扁平较宽，顶端圆，弯曲如钩，下段渐细作方条，中段和下端残损。残长 12.9、顶宽 0.8 厘米（图一一三，6；彩版一三六，6）。

4. 错金铁器

1件。标本 M68:212，锈蚀残损重，器形不明。保存部分略作长条状，两面各嵌错两条金丝。金丝从一面在一端折转到另一面，而另一端残失。残长 26.2 厘米（彩版一三六，7）。

第三节　金银器

6373件，重9000多克。金银器出土较多，集中发现于大型墓内，不仅成色不一，表面色泽也不同。北京科技大学冶金与材料史研究所的研究人员做了多件标本检测，金银器质地主要为金、银、铜三元合金。金器和银器主要是金和银所占比例不同，以致器物表面颜色不同，性状各异。器形多为其他器具上的装饰件，及串缀于"珠襦"上的饰品，只有少数单独做成器具。这些装饰件的制作基本是铸，或用很薄的金、银片锻制而成。有的被压卷曲变形，有的随所饰器物残破而被拉碎，但大多都可修整辨别形状。用途明确的大致可分为兵器、佩饰品、"珠襦"饰品、其他器具饰品等。漆器上的装饰件在漆器部分介绍。已镶嵌、装配、包铸于铜剑茎部等的金、银饰，在此不再重述。可分离的部分，为保持金、银器说明的完整一致，于此介绍说明。

一　兵器饰

76 件。与兵器相关的器形有金银鞘饰、金银镖、银茎首、镖、金银盾饰等。

1. 金银鞘饰

60 件。有剑鞘饰和较小的刀、削鞘饰，为便于叙述，一并在此说明。用锻打的薄金、银片剪切成形，弯折修饰而成。正面锻有凸起的多种图案纹饰，有的纹饰凸起较高，图案规整，很可能用了锻模。在锻模上放置金、银片，背面以竹木质錾，充分利用金、银延展性强的特性，锻压和錾出极为精细的纹饰。分七型。

A 型　22 件。金鞘饰。分为三段组合而成，上段呈长方形，中段为二段三节横长方形，下段呈长条圭形，两侧内收二级。下端常有铜镖。锻压成形后，周边留窄边沿剪下，并把边沿向下弯折，正面略上弧曲。中段常分节剪下，可能根据鞘之长短不同，用以调节各部件的装配位置，使鞘饰能达鞘两端，装饰更美观。每件鞘饰的段、节剪开处常可拼合。正面纹饰，上段以牛头纹为主，两侧为穗状纹；中段各节四周有边框，内为连续"几"字形的"城堞"纹；下段为五联圆圈，并列圆圈纹下接连续回旋纹，两侧为穗状纹，有的连续回旋纹下部简化。出土时有的缺少部件，而有半数即 11 件仅以中段的 1～3 节装配鞘上作饰。分二式。

Ⅰ式　15 件。锻压凸起的纹饰高度较低。上段牛头纹轮廓线直，转出折角，口鼻部宽而平直，牛头纹周围和两上角为等腰三角形纹。标本 M68：299，上段牛头双眼和额凿有品字排列的三圆孔，牛头两侧和顶上有品字排列的三角形纹。中段二节。下段连续回旋纹下部用简化图案。上段长 10.5、宽 7.5 厘米，中段节长 3.3、宽 7～8 厘米，下段长 19.9、宽 4.5～7.5 厘米，主纹饰高 0.4～0.5 厘米，重 72.4 克（图一一四，1；彩版一三七，1）。标本 M51：109－2，上段牛头中线直列三圆孔，周围四角各有一等边小三角形纹，顶上和两上角有三较大的中央凿孔的等腰三角形纹。中段只剪下中间一节，另两节分别连接于上、下段。下段五联圆圈和并列圆圈的各圆圈内凿剪成圆孔，上侧为三角齿纹。上段长 13.5、宽 7.3 厘米，中段长 3.5、宽 7.3 厘米，下段长 30.1、宽 3.6～7.3 厘米，重 143.8 克（图一一四，2；彩版一三七，2）。

Ⅱ式　7 件。锻压凸起的纹饰主纹较高。上段牛头轮廓线弯曲圆滑，口鼻部两侧分开，上段两上角为小牛头。标本 M47：190－2，上段四角各有一小牛头，下沿为"与"字形闪电纹，牛头顶上有一等腰三角形。中段两节稍宽。上段长 13.2、宽 8 厘米，中段节长 3.2～3.3、宽 8.8 厘米，下段长 24.5、宽 3.6～8 厘米，主纹高 1～1.3 厘米，重 205 克（图一一四，3；彩版一三八，1）。标本 M85：82－2，上段两上角各有一小牛头，两下角和牛头顶上各有一略作牛头形的三角形，上沿为圆泡连珠纹。中段三节较宽。下段上沿有三角齿纹。上段长 11.5、宽 8.5 厘米，中段节长 3、宽 8.5～9.2 厘米，下段长 27.1、宽 4.7～8.5 厘米，重 174.6 克（图一一四，4；彩版一三八，2）。

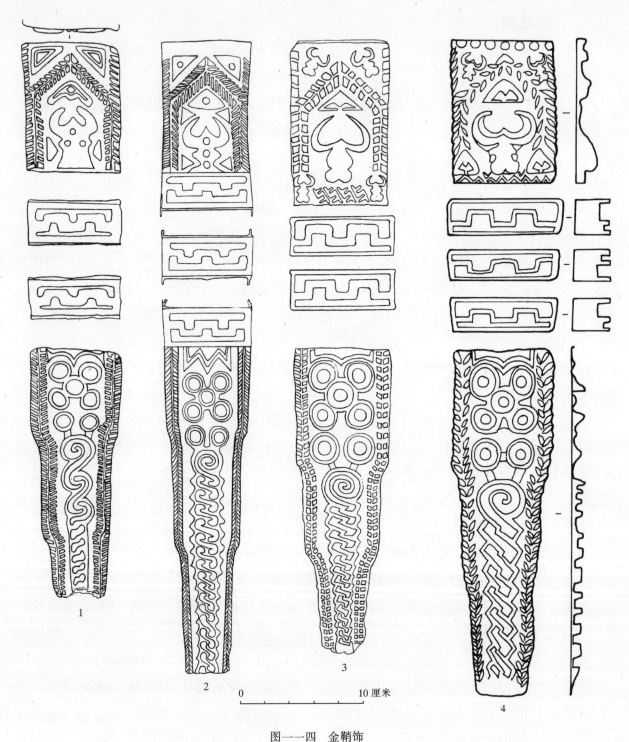

图一一四　金鞘饰

1.A 型 I 式 M68:299　2.A 型 I 式 M51:109-2　3.A 型 II 式 M47:190-2　4.A 型 II 式 M85:82-2

　　B 型　16 件。金鞘饰。器形小，金片极薄而轻，分上、下两段，上段略呈半圆形或横长方形；下段狭长，下端圆，渐窄。正面锻压凸起不高的纹饰，主纹有雷纹、回旋纹等。根据纹饰差异分别说明。双排雷纹 4 件，上、下段两侧边沿为水波纹，下段雷纹间羽状纹，下端为单排雷纹。标本 M69:73-1①，上段长 2.8、下段长 11、宽 2.1 厘米，重2.3克（图一一五，1；彩版一三九，1）。单排雷纹3件，周沿为线条边框。标本M69：73-2①，无上段，长10.9、宽1.5厘米，重1.7克（图一一五，2；彩版一三九，2）。菱形雷纹1件。标本M69：115-3，下段两侧内收一级，双排菱形雷纹，下端作单排；上段双排雷纹，边沿为三角齿纹。上段长3.1、下段长9.2、宽1.7厘米，重1.9克（图一一五，3；彩版一三九，3）。回旋纹1件，标本M69：73-4，下段连续回旋纹，下端残，上段同心半圆纹和绚纹。上段长1.4、下段长9.3、宽1.6厘米，重1克（图一一五，4；彩版一四〇，1）。简化回旋纹4件，下段为简化连续回旋纹。标本M69：73-3①，上段作横长方形，横列三孔。上段长1、下段长11.6、宽1.8厘米，重3.8克（图一一五，5；彩版一四〇，2）。标本M68：128，无上段，下段作长方形，四周为直线边框。长11.1、宽1.5厘米，重3.6克（图一一五，6；彩版一四〇，3）。羽状纹1件，标本M69：73-5，无上段，下段为双排羽状纹，中间"S"形纹，至下端为水波纹，周边为三角齿纹。长10.3、宽1.9厘米，重2.1克（图一一五，7；彩版一四一，1）。三角云纹2件，下段

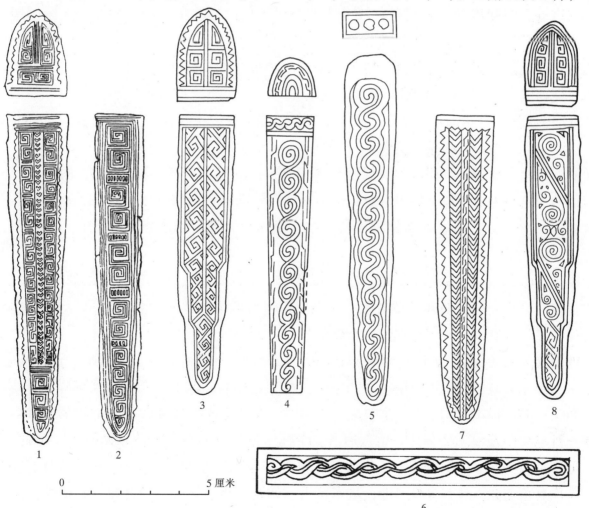

图一一五 金鞘饰

1. B型 M69：73-1① 2. B型 M69：73-2① 3. B型 M69：115-3 4. B型 M69：73-4 5. B型 M69：73-3① 6. B型 M68：128
7. B型 M69：73-5 8. B型 M69：115-1

为连作三角形的一排卷云纹，颠倒交错，下端为菱形雷纹。标本 M69：115－1，上段双排雷纹，下段两侧内收二级。上段长 2.8、下段长 10.4、宽 1.7 厘米，重 1.6 克（图一一五，8；彩版一四一，2）。

C 型　4 件。金鞘饰，狭长条形，锻压凸起的纹饰高度较低。标本 M68X1：9－2，上端残损，下端稍窄，略呈长条梯形。横空五人，头足相随，侧身侧面。长带束发，耳戴大环，无袖长衣，外扎腰带，佩圆扣饰。蹁跹起舞，姿态各异，宛若飞天。人前即上端一圆桶状物，上下两面各有一半环纽。残长 46.8、宽 2.5～4.2 厘米，重 25.6 克（图一一六，1；彩版一四二，1）。标本 M47：211－2，下端稍窄，呈长条梯形，四周边沿向下弯折，正面为三排交叉卷云纹，两侧的两排简化。长 21.3、宽 1.9～3.7 厘米，重 12.6 克（图一一六，2；彩版一四二，2）。标本 M51：121，长条梯形，中部为一排卷云纹，三角齿纹框。上、下分别有栉纹、水波纹、卷云纹等 7 行和 3 行。长 18.9、宽 2.4～3.9 厘米，重 4.6 克（图一一六，3；彩版一四一，3）。标本 M68：250－2，长条矩形，四周三角齿纹边框，中间以三角齿纹和直线分为四格，每格内一神兽，侧身站立，大眼圆瞪，长嘴张开，牙粗壮，唇厚上翘，头顶有角前曲，兽身，鸟爪，尾上扬前卷。自一端一格余处剪开作上段，剪开处可拼合，便于与鞘长度相适装配。长 4.1 和 8.7、宽 3.2 厘米，重 8.8 克（图一一六，4；彩版一四三，1）。

D 型　3 件。金鞘饰，大致作"凸"字形。上端台阶状收细，下端两角内收，中部突出。正面隆起，中线有折棱，两侧和下端向下，再向内弯折，折边较宽。正面对角锻有交叉的宽直槽，原可能有镶嵌物，惜已残落无存，四角凿有窄孔。标本 M57：31－2，交叉槽边沿锻有小泡点线纹，周围有对称圆泡 6 个，背面折边有钉孔 12 个，部分孔内留有残铁钉痕。出土时下端附 A 型铜镖。长 16.7、宽 6.7 厘米，重 57.2 克（图一一六，5；彩版一四三，2）。

E 型　10 件。以分别锻压、剪切成的多片金、银饰片，按装配设计要求的位置固定在鞘上组合而成。因鞘朽残而位置散乱，据田野发现情形，并根据各片器形、大小试复原组成图形，分别说明。部分鞘饰只有其中几片。

神兽纹为主的组合　3 件。标本 M68：360－2，仅一神兽纹金片，六边形。神兽嘴向前，爪三趾，中线以三角齿纹隔开。长 4.7、宽 7.8 厘米，重 9.3 克（图一一六，6；彩版一四三，3）。标本 M51：116，较完整，共 4 片，依次渐窄。①金片，宽而短的倒梯形，横有一行连续回旋纹。②金片，扁六边形。中线一排连续回旋纹分隔，两侧为对称的神兽，足相对侧身而立，嘴向下，长粗似猪，口裂露齿，唇厚前端平，略上、下翘，大圆目，头顶有角前曲上卷，身作兽形，足下爪大，四趾，尾前扬上卷。③银片，横长方形，下边稍窄。中线以"人"字形纹相隔，两侧对称，四角为涡纹，中间重叠菱形纹。④银片，下边窄的六边形，二双旋纹中间雷纹。依次长 2、5、4.5、5、宽 8.5～9.5、8.2、

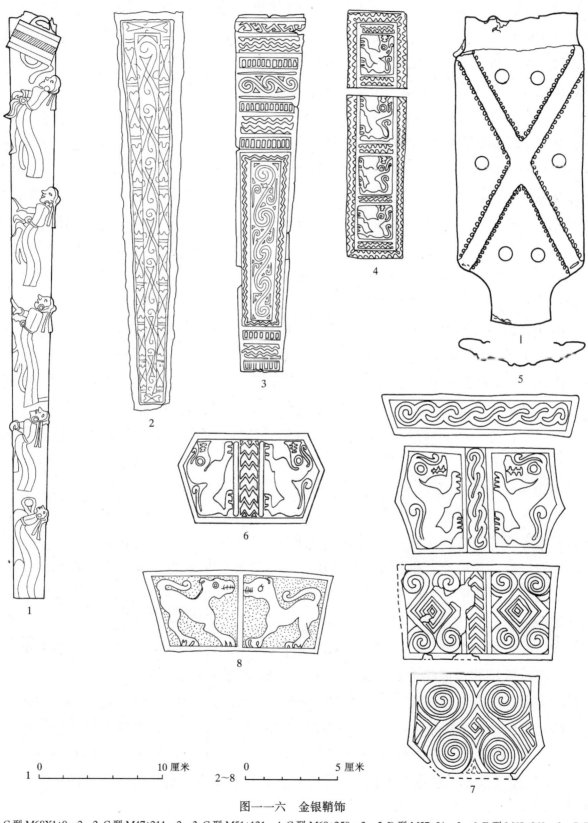

图一一六　金银鞘饰

1.C型 M68X1:9-2　2.C型 M47:211-2　3.C型 M51:121　4.C型 M68:250-2　5.D型 M57:31-2　6.E型 M68:360-2　7.E型 51:116　8.E型 M51:181-2

7.1～7.7、6.6 厘米，重 3.8、8.1、5.6（焊接后）、5.3（焊接后）克（图一一六，7；彩版一四四，1）。标本 M51：181－2，仅一神兽纹金片，倒梯形。神兽嘴向前，唇端较小，口裂窄，角短小，三趾爪较长，面相对足向下而立，似为幼小的神兽，以下錾的小剔点作地纹。长 4.3、宽 8.3～10.2 厘米，重 9 克（图一一六，8；彩版一四六，1）。

梯形锻回旋纹为主的组合 4 件。标本 M51：204，较完整，由八片组合而成。①金片，宽而短的倒梯形。双线边框，中为一行连续回旋纹。②金片，下边窄的倒梯形，双线边框两侧对称并排连续回旋纹。⑦、⑧为对称置于两侧的金片，上部方，有方格纹，下部稍宽，底边斜微弧，双线边框。③金片，倒梯形，两侧对称的双旋纹。④、⑤银片，同为方形，并列置，五同心圆纹，中一周四分布。⑥金片，梯形，竖条纹。依次长 2.3、3.6、6.1、2.7、2.7、4.2、4.4、4.4、宽 10.9～9.7、8.4～3.6、8.2～5.6、2.8、2.8、7.7～5.8、2.4、2.4 厘米，重 4.7、4.2、8.4、3.2（④⑤合）、5.3、3.3（⑦⑧合）克（图一一七，1；彩版一四四，2）。

镂孔卷云三角形组合 1 件。标本 M51：183，十二金片组成。由上而下依次渐小的镂孔卷云三角形，及两侧对称渐小的镂孔三角形组合而成。中间上部三片①、②、③形相同，镂孔卷云形接镂圆孔、顶边内弧三角形的一上角，卷云上端两侧卷出云形，中间向上三出或四出。下部三片④、⑤、⑥形同，镂圆孔的三角形，顶边内弧，上角对称卷出。⑦、⑧、⑨各为二片，形相同，对称配置两侧。等腰三角形，镂接底边的圆孔。依次长 6.3、6.1、4.7、3、2.3、1.7、4.2、3.3、2.3、宽 4.6、3.4、2.7、3.2、2.4、1.8、1.5、0.9 厘米，总重 23.2 克（图一一七，2；彩版一四五，1）。

菱形和三角形组合 1 件。标本 M68：274，七片金片组成。其中菱形二片，约为菱形横剪开的等腰三角形四片和直剪开的扁等腰三角形一片。每片周边都凿有小孔一周，錾突起的点线纹：菱形片为菱形纹内套圆圈纹，三角形片为复线三角形纹。菱形片长 9.8、宽 4.7 厘米，三角形片长 4.8、宽 4.7 厘米，扁三角形片长 9.8、宽 2.7 厘米，总重 42.6 克（图一一七，3；彩版一四五，2）。

龙首纹为主的组合 1 件。标本 M68：96，由七片不同形状的金片组成，剑和鞘已残不存，原位置不明，推测为长条渐窄分布。①两端作龙首形，中为穗状纹，中央下折。②横长方形，两端有对称缺口。③等边三角形，双线边框，中为錾点纹。两侧对称置④、⑤，略呈半圆形。⑦略呈方形。另有弯曲作半圆的长条金片六，可拼对成三环，可能为剑茎饰，各有弦纹两道。依次长 6.5、7.3、3.1、2.4、2、1.5、宽 1.9、1.1、3.9、1.2、3.7、1.5 厘米，总重 6.1 克。环径 2.5、高 0.8 厘米，总重 2.6 克（图一一七，4；彩版一四六，3）。

F 型 3 件。长条形，沿中线锻出突泡连珠纹。标本 M68：228、245，2 件，金质，下端圆，稍窄，内侧边平直，外侧边内收两级。可能为同一件鞘之饰，或配对鞘之饰。

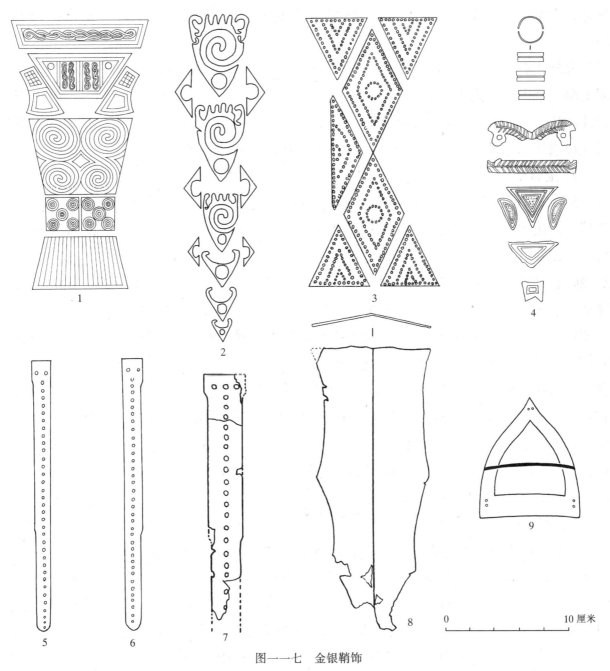

图一一七　金银鞘饰

1.E 型 M51:204　2.E 型 M51:183　3.E 型 M68:274　4.E 型 M68:96　5.F 型 M68:228　6.F 型 M68:245　7.F 型 M68:239　8.G
型 M68·25 − 2　9.M68:31

长 21.6、分别宽 1.1～1.5、1～1.6 厘米，分别重 9.4（焊接后）、8.5 克（图一一七，5、
6；彩版一四六，2）。标本 M68:239，银质，正面弧形隆起，两侧内收两级，残碎，下端
残损。残长 19.5、宽 2.4～3.1 厘米，焊接后重 19.8 克（图一一七，7；彩版一四七，
1）。

G 型　1 件。标本 M68:25 − 2，银鞘饰。形状与 F 型 II 式铜剑配附的铜鞘相似，短而
宽阔，两侧弯曲，中部和下部钝角突出，末端较窄向上斜翘，正面隆起，中线有折棱。

残碎，末端损失。残长 22.5、宽 9.2 厘米，焊接后重 79 克（图一一七，8；彩版一四七，3）。

此外还有 1 件。标本 M68:31，略呈等腰三角形薄片，底边微内弧，两腰稍外弧，中间呈圜底状凹，三角各有二小孔。中部为金片，周边为银片，银片内沿稍厚，上下锻夹金片。长 9.7、宽 8.1 厘米，重 46.9 克（图一一七，9；彩版一四七，2）。此器与云南剑川鳌凤山战国墓地发现的铜鞘饰相类似，装配在鞘口端剑茎侧[①]。

2. 金银镖

5 件。银镖 4 件，铸作扁筒状，平底。标本 M47:252，破碎修复，断面呈椭圆形，底部稍窄，正面铸有突起较高的卷云纹，背面口部方形内凹，中部有两小方孔。长 3.1、宽 1.9~2.3 厘米，焊接后重 17.1 克（图一一八，1；彩版一四八，1 右）。标本 M51:233-2，断面略呈椭圆形，背面稍平，底微收，器身环铸有阴线卷云纹。长 1.8、宽 2.7~2.8 厘米，重 15.2 克（图一一八，2；彩版一四八，1 左）。标本 M51:248-1，2 件，断面呈枣核形，口内凹，底稍宽，其①口方形内凹，正面中部一孔，孔内铆金。长 4、宽 3.1~3.4 厘米，重 32.6 克（图一一八，3；彩版一四八，2 左）。其②口三角形内凹，近口处有细凹弦纹五道。长 4.7、宽 2.7~2.8 厘米，重 23.5 克（图一一八，4；彩版一四八，2 右）。金镖 1 件，标本 M68X1:21-2，铸作扁方筒状，平底，口稍宽，略呈方形凹入，四面饰错金的回旋纹饰，一面错作横排，另一面为竖排，两侧面为竖排。铸镖材料含银较多，清洗前部分锈蚀呈黑色，纹饰则含金较多。长 8.4、宽 2.4~3.1 厘米，重 91.6 克（图一一八，5；彩版一四八，3）。

3. 银茎首

2 件。银铸制。凹盘圆形 1 件，标本 M68X1:37，首面圆形微扁，呈凹盘状，茎面有短茎，断面呈长方形，横穿一孔。通高 4.1、首径 4.5~4.6 厘米，重 53.7 克（图一一八，6；彩版一四八，4）。长方锥形 1 件，标本 M68:358，首面长方形，四棱锥状突起，四面分别错银呈三角形，色泽与器身不同，可能含银量不同所致。茎面也作长方锥形，有短茎，内空，可套于剑茎端，首面和茎面连接处有凹槽一道。通高 3.6、首面长 3.2、宽 2.7 厘米，重 60.9 克（图一一八，7；彩版一四八，5）。

4. 金银鲽

5 件。束腰圆管状，一端较细，表面铸有纹饰。其中金鲽 3 件，2 件表面铸多道羽状纹图案。标本 M68:302-2，长 2.9、径 2.3~2.5 厘米，重 34.3 克（图一一八，8；彩版一四八，6 右）。标本 M68:302-3，表面铸直排的圆形、凹腰椭圆形、曲腰椭圆形等组合图案，剔刺纹为地纹。长 3、径 2.2~2.5 厘米，重 26.3 克（图一一八，9；彩版一四八，

---

① 云南省文物考古研究所：《剑川鳌凤山古墓发掘报告》，图二〇，10；图版拾壹，4。《考古学报》1990 年 2 期。

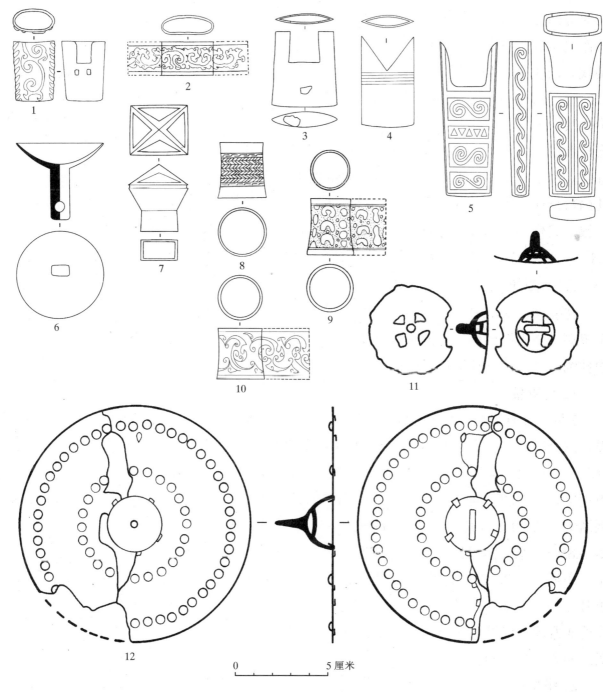

图一一八　金银兵器饰

1. 银镖 M47：252　2. 银镖 M51：233－2　3. 银镖 M51：248－1①　4. 银镖 M51：248－1②　5. 金镖 M68X1：21－2　6. 银茎首
M68X1：37　7. 银茎首 M68：358　8. 金镙 M68：302－2　9. 金镙 M68：302－3　10. 金镙 M68：205　11. 金银盾饰 M47：234　12.
金银盾饰 M57：132

6 左）。标本 M68：205，含银、铜较多，出土时表面呈黑色，内壁有零星铜锈，表面铸卷
云纹图案。长 2.7、径 2.3~2.6 厘米，重 22.7 克（图一一八，10；彩版一四八，7）。

5. 金银盾饰

4 件。金银合制圆形片，正面中央为半球形突起的圆泡，泡顶部立一实心棘刺，背面

相对应凹空，内有一横梁。标本 M47：234，器形较小，圆片和中央圆泡为银质，正面稍凹作浅盘状，中央圆泡有四个对称三角形镂空，泡顶铆接圆柱状金棘刺，刺端圆，边沿稍残。径 4.8、高 1.7 厘米，重 12.8 克（图一一八，11；彩版一四八，8）。标本 M57：132，三件，正面平，周围锻有圆突泡连珠纹两圈。圆片用锻打的金、银薄片，各剪切一半连接而成。连接处在一片两侧分别凿缝隙状穿孔和剪出齿，另一片则在相应位置凿剪出孔和齿，以齿插入穿孔内，向下弯曲对折固定。圆片中央剪有圆孔，孔周也凿缝隙状穿孔。用金、银铸顶有棘刺、背有横梁的圆泡，泡边沿锻出齿，插入圆片中央孔周的穿孔内弯折连接固定。圆片金、银片连接线弯曲，颇似八卦中的太极图形。中央圆泡二金一银，银片和圆泡残碎，似含银量不高。径 11.9～12.5、高 3 厘米，残片总重 173.1 克（图一一八，12；彩版一四八，9）。

二　佩饰品

1066 件。器形有金银簪、银发针、金银泡形头饰、金银钏、金银指环、金腰带饰、金银夹、金银框形饰、圆形金银片饰、心形金片饰、金银鼓形饰、金葫芦形饰、圆片金银挂饰、长方形金片饰、卷边长方形金银饰、银泡钉和金银泡等。

1. 金银簪

7 件。金簪 5 件。标本 M47：177，2 件，用薄金片剪成，首部略作三角形，顶端圆弧，向上弯折，沿中线剪作两股，股端尖呈三角形。长 19.7、宽 2.5 厘米，重 18.4 克（图一一九，1；彩版一四九，1 左 1）。标本 M51：257，2 件，首部略作三角形，边沿薄，中稍厚，顶端圆，向上弯折，沿中线分作两股，锻成细圆长条，并水波状上下弯曲，股端渐尖。长 30.6、宽 2.4 厘米，总重 46.5 克（图一一九，2；彩版一四九，1 左 2）。标本 M85：1，锻作扁平细长条弯曲而成，中部大致弯曲呈圆形，两端分开稍向内曲，端尖呈三角形。长 20.2、端尖宽 6.9 厘米，重 11.2 克（图一一九，3；彩版一四九，1 右 1）。银簪 2 件，标本 M51：79，用薄银片剪切成，通体长条形，首部向上弯折，顶端圆，沿中线剪成两股，股端尖呈三角形。长 40.9、宽 0.9 厘米，总重 55.3 克（图一一九，4；彩版一四九，1 右 2）。

2. 银发针

5 件。标本 M68：42，残，用细银丝弯曲而成，中间曲呈半环，两端直而平行，前端稍细。最长的 1 件长 12.3 厘米，银丝径 0.12～0.15 厘米，总重 11.3 克（图一一九，5；彩版一四九，2 左）。

3. 金银泡形头饰

3 件。铸制，略呈圆锥形，顶端圆形上突，顶平，泡面铸有阴线卷云纹，背空。出自头部两侧，当属头饰。舞俑铜鼓上的二俑，头部额角戴有类似的头饰。金质 2 件，标本 M68：6，背面近顶处有一横梁，径 5.5、高 2.8 厘米，重 80.9 克（图一一九，6；彩版一

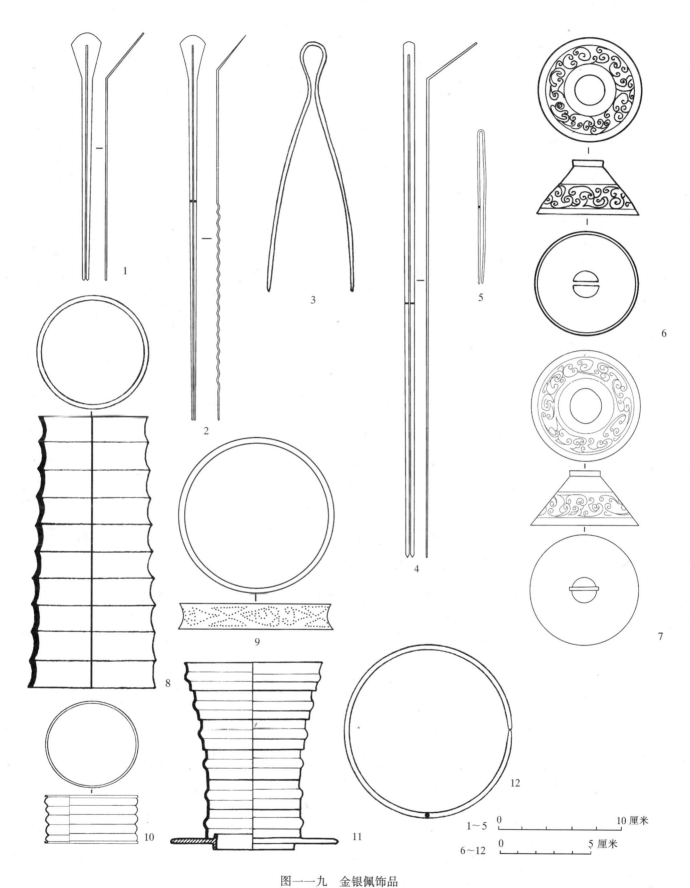

图一一九　金银佩饰品

1. 金簪 M51:257　2. 金簪 M51:257　3. 金簪 M85:1　4. 银簪 M51:79　5. 银发针 M68:42　6. 金泡形头饰 M68:6　7. 金泡形头饰 M68:78
8. A 型金钏 M69:109　9. A 型金钏 M69:110　10. C 型金钏 M47:48　11. B 型金钏 M69:102　12. D 型金钏 M51:185

四九，3）。标本 M68：7，背面横梁不见，相应位置凿有两小孔，孔旁附着铁锈痕，似横梁铸坏或使用坏后，凿小孔穿铁横梁佩戴。含银较多 1 件，标本 M68：78，表面锈蚀呈黑色。径 5.7、高 2.9 厘米，重 47.3 克（图一一九，7；彩版一四九，4）。

4.金银钏

8 组 57 件。出自大型墓内的前臂位置或附近，偶有钏内留尺、桡骨残骨片。女性墓居多，分四型。

A 型　4 组 40 件。金钏，每组 10 件。器形与 B 型 Ⅱ 式铜钏相类，圆环面高作筒状，向内弧形弯曲，每件直径一端稍大，每组各件大小不一，依次渐小，重叠成一端较大的圆筒状佩戴。标本 M69：109，叠成筒高 14.4、最大件径 6.9~7.1、高 1.5 厘米，重 32.1 克，最小件径 6.1、高 1.4 厘米，重 25.2、总重 275.5 克（图一一九，8；彩版一五〇，1）。标本 M69：110，钏环面錾有突起的小点连成三角云纹、三角形纹和菱形纹组合图案。叠成筒高 14.3、最大件径 8.2~8.4、高 1.5 厘米，重 43 克，最小件径 6.8、高 1.4 厘米，重 31、总重 363.5 克（图一一九，9；彩版一五〇，2）。

B 型　2 组 12 件。每组 6 件金钏配 1 个玉镯。重叠成一端较大的圆筒状，玉镯叠于小端。每件环面中部向外弯折出突脊一道，使形状略似玉镯。玉镯作扁平环状，内缘两面起唇边。标本 M69：102，叠成筒总高 11、最大件径 8.1、高 1.6 厘米，重 36.1 克，最小件径 7.3、高 1.5 厘米，重 30、总重 198.8 克，玉镯径 9.3、孔径 5.6、唇厚 1 厘米（图一一九，11；彩版一五〇，3）。

C 型　1 组 3 件。标本 M47：48，金钏 1 件，环面高，锻成内外凹凸的多道粗弦纹，断面呈波形，两端边缘向外锻卷边。径 4.8、高 2.3 厘米，重 31 克（图一一九，10；彩版一四九，5）。银钏 2 件，形状与金钏相同，唯环面较低，两件重叠与金钏高度相当，残断，总重 17.6 克。

D 型　1 组 2 件。标本 M51：185，用金丝弯曲成圆环，两端齐平对拢。直径 9.3、金丝径 0.31 厘米，总重 67.7 克（图一一九，12；彩版一四九，6）。

5.金银指环

4 件。金、银各 2 件。环面高作管状，表面铸有弦纹多道，内面平。标本 M51：256-1 为金环，径 2.4、高 1.3 厘米，重 16.2 克（图一二〇，1；彩版一四九，2 右）。

6.金腰带饰

2 件。锻剪金片成长条形，两端圆，边沿凿有小孔以缝缀于革腰带上。标本 M68：35-1，两侧边沿各有一排双联小孔，每两孔等距，中部下侧凿有四圆孔。一端上侧凿有二纵列方形孔，另一端上侧凿有二横排双圆孔。出土时带中部附金夹，方孔内扣有 B 型Ⅲ式圆形铜扣饰，双圆孔可穿系绳套勾在扣饰矩形齿扣的齿上，二方孔和两排双圆孔可根据人调节腰带长短。惜圆形铜扣饰已残碎。长 107.5、宽 6.2 厘米，重 276.5 克（图一

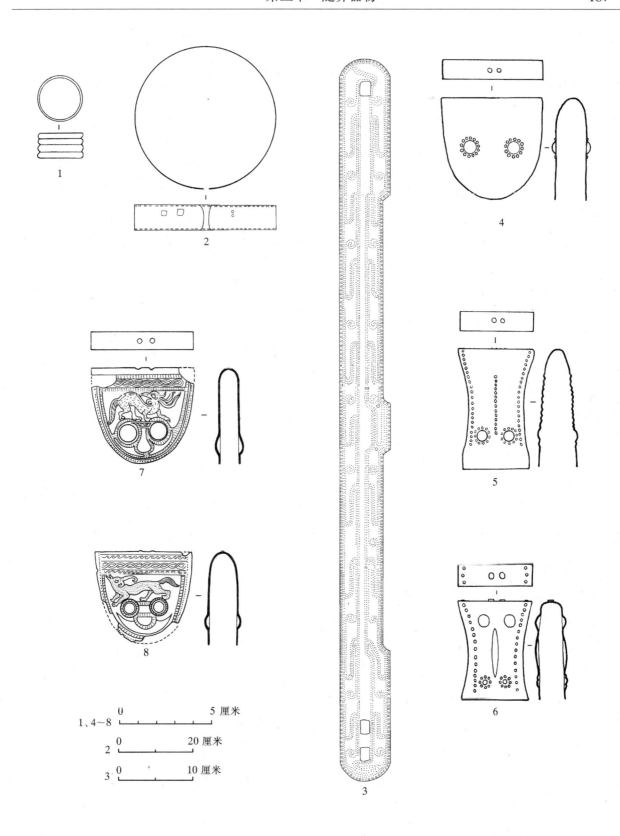

图一二〇　金银佩饰品

1. 金指环 M51：256 - 1　2. 金腰带饰 M68：35 - 1　3. 金腰带饰 M51：206　4. 金夹 M51：182　5. 金夹 M47：184 - 4①　6. 金夹 M47：184 - 4②　7. 银夹 M51：161①　8. 银夹 M51：161②

二○，2；彩版一五一，1）。标本 M51：206，两端及中部一侧宽出，周边凿有一周小孔，两端中间分别凿有一和二方形孔，位置可重合。出土时位置重合的方孔内扣有 B 型Ⅲ式圆形铜扣饰。以錾突起的点线纹连成卷云纹和曲线纹组合图案，中部一侧凿有两圆孔。长 96.2、宽 5.8~7 厘米，重 283.4 克（图一二○，3；彩版一五一，2）。

7. 金银夹

10 件。用金、银薄片中间弯曲对折，两端平行成两面，形状纹饰相同，顶端对折处中部有二小孔，有的出土时夹在金腰带饰上。金夹 8 件，其中 7 件两面略呈束腰长方形，两侧边沿各錾有突起的一道点线纹。标本 M47：184 - 4①，两面中线錾有突起的点线纹，下部两侧锻有突起的圆泡围点线纹圈。通长 6.3、宽 4 厘米，重 40.9 克（图一二○，5；彩版一五二，1）。标本 M47：184 - 4②，两面中线锻突起的脊，上部两侧锻有圆泡，下部两侧为小圆泡围点线纹圈。通长 5.2、宽 4 厘米，重 33 克（图一二○，6；彩版一五二，2）。标本 M51：182，两面略作半圆形，中部两侧锻突起的圆泡围点线纹圈。通长 5.5、宽 5.5 厘米，重 48.5 克（图一二○，4；彩版一五二，3）。银夹 2 件，标本 M51：161，残碎修复，两面略作半圆形，边沿錾有突起的点线纹一周，饰细线刻纹，中间为侧身而立的神兽，上沿为纽绳纹，下部围突起的圆泡和圆孔，以及边框为刻线间夹錾凹的剔点纹。残片总重 30 克。①神兽为鸟首兽身，回首向后，喙长，稍曲，翎粗长，弯曲前飘，身较细长，拱背，前足低后足高，粗尾下垂。下部为三圆泡，上二下一分布。长 5.1、宽 5.6 厘米（图一二○，7；彩版一五二，4）。②神兽长鼻，回首向后，长鼻直伸，前端稍细向下卷曲，双耳长大，眼锻作突泡，身细长，足前低后高作行走状，粗尾平伸稍上曲。下部二圆孔和一半圆形泡。长 4.9、宽 5.2 厘米（图一二○，8；彩版一五二，5）。

8. 金银框形饰

35 件。用锻剪成长条的金、银薄片弯折而成。分二型。

A 型　12 件。用狭长条金、银片，弯折叠绕两层，绕成扁长方形框，框内可穿革带，似为带上装饰或穿着于带上挂吊它物。标本 M57：136，金片绕成，3 件，框长 2.2~2.6、宽 0.6~0.9、金片宽 0.4 厘米，重 3.7~4.2、总重 11.8 克（图一二一，1；彩版一五二，6 左）。

B 型　23 件。用长条金、银薄片，中段两侧下折窄沿，两端则两侧宽沿折向背面，收细，中段平直，两端向下弯折，可能穿过带上预留的小孔后，于带背面弯折固定，作带上装饰。标本 M51：153，金片制成，8 件，正面长 2.3~2.6、宽约 0.5 厘米，重 0.7~0.9、总重 6.7 克（图一二一，2、3；彩版一五二，6 右）。

9. 圆形金银片饰

3 件。用薄金、银片剪成。金片 2 件，近圆形，中间靠下有一圆孔，孔上两侧各锻一对称圆泡，边沿锻有小圆泡连珠纹两圈，孔沿一圈。标本 M47：183，器形较大，直径

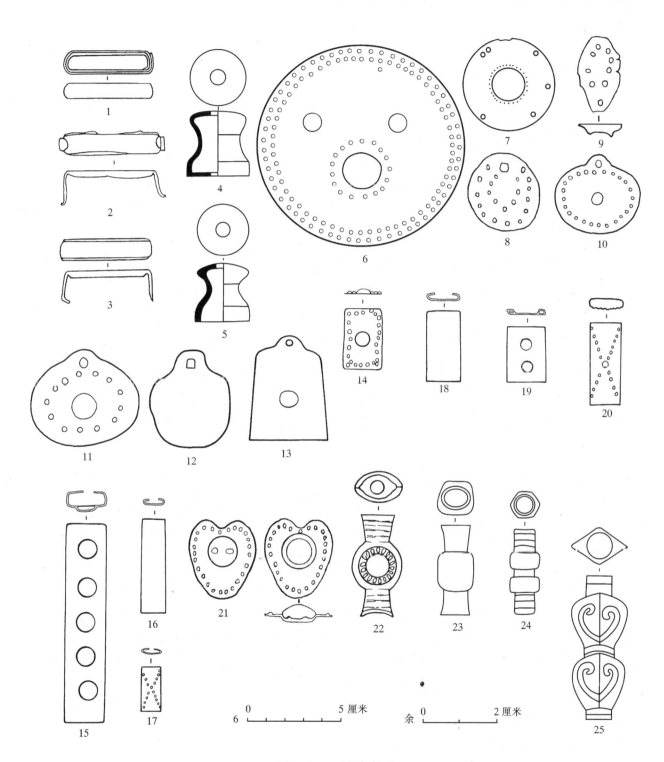

图一二一　金银佩饰品

1.A型金框形饰 M57:136　2、3.B型金框形饰 M51:153　4.鼓形银饰 M69:99　5.鼓形金饰 M68:248　6.圆形金片饰 M47:183
7.圆形银片饰 M47:193　8.A型圆片金挂饰 M68:353－1　9.B型圆片金挂饰 M68:353－4　10、11.C型Ⅱ式圆片金挂饰 M51:57－
1、－2　12.C型Ⅰ式圆片金挂饰 M68:353－3　13.A型长方形金片饰 M57:121－2　14.B型长方形金片饰 M85:32　15.A型Ⅰ式卷
边长方形金饰 M68:44　16.A型Ⅱ式卷边长方形金饰 M68:249－1　17.A型Ⅲ式卷边长方形金饰 M51:252－2　18.B型Ⅰ式卷边长
方形金饰 M68:353－2　19.B型Ⅱ式卷边长方形金饰 M69:59－2　20.C型卷边长方形金饰 M85:36　21.心形金片饰 M69:59－1
22.A型金葫芦形饰 M68:8　23.A型金葫芦形饰 M68:222　24.B型金葫芦形饰 M68:252　25.B型金葫芦形饰 M51:186

10.5～11.1、孔径约2厘米，重51克（图一二一，6；彩版一五三，1）。银片1件，标本 M47：193，残碎，薄片圆环，上端边沿和内孔沿錾有双联小孔，环边沿另有四小孔。内孔边沿錾突起小线纹一周。直径2.5～2.6、孔径0.9厘米，重0.7克（图一二一，7；彩版一五三，2）。

10. 心形金片饰

7件。标本 M69：59－1，薄金片剪成心形，中间向下锻一平底圆凹，内镶嵌一绿松石小扣，底部錾有两小孔，周围边沿锻一周小突泡。长约2.1、宽1.9厘米（图一二一，21；彩版一五三，3）。

11. 鼓形金银饰

6件。金、银铸制，呈铜鼓形，无耳，内空，鼓面弧形上鼓，中央有圆孔，器形小，似为挂坠饰。标本 M68：248，5件，金铸制，高1.5、足径1.4厘米，重5.2～8.9、总重35.9克（图一二一，5；彩版一五三，4）。标本 M69：99，1件；银铸制，足端有平底，中央也有圆孔。高1.7、足径1.6厘米，重6克（图一二一，4；彩版一五三，5）。

12. 金葫芦形饰

9件。金铸制，略呈葫芦形，中部为泡，两端圆筒状，内空。两侧合范线突出，两端圆筒表面铸有阴线弦纹多道，部分泡两面铸简单纹饰，大小不等。器形小，可能为穿系挂坠饰。根据单泡、双泡之别分二型。

A 型　5件。单泡。多为圆形泡，断面呈扁圆形，两面铸有阴线太阳纹。标本 M68：8，两端筒口外侈。通长2.8、泡径1.4厘米，重13.2克（图一二一，22；彩版一五三，6）。方形泡1件，标本 M68：222，泡大致作方形，边、角圆滑，两端筒口外侈。通长2.4、泡径1厘米，重7.5克（图一二一，23；彩版一五三，7）。

B 型　4件。双泡。心形泡2件，泡略呈心形，中线起棱，断面呈菱形，两面铸有阴线的心形卷云纹，两端筒表面也为阴线弦纹。标本 M51：186，通长3.9、泡径1.5厘米，重11.7克（图一二一，25；彩版一五三，8）。六棱形泡1件，标本 M68：252，泡较小，略起棱，断面呈六边形，边、角圆滑，两端筒表面铸阴线弦纹。通长2.3、泡宽0.7厘米，重6.4克（图一二一，24；彩版一五三，9）。圆形泡1件，断面扁圆形，两面铸有阴线同心圆纹。

13. 圆片金银挂饰

89件。用金、银薄片剪成，上端錾有一小孔，可穿缀挂饰。分三型。

A 型　22件。大致剪成圆形，上端錾有一小方孔。边沿锻有一圈小突泡连珠纹，中间一圈，排列不甚规整。标本 M68：353－1，13件，金片剪成，径1.9～2.2厘米，重1～1.5、总重17.9克（图一二一，8；彩版一五四，1）。

B 型　5件。标本 M68：353－4，剪成不规则椭圆形，两端各一小孔，正面隆起，锻有两排小突泡。长 1.6~2.2、宽 0.8~1.3 厘米，重 0.4~0.7、总重 2.7 克（图一二一，9；彩版一五四，2）。

C 型　62 件。顶端剪有一小挂纽，略呈半圆形，中凿有一小孔。分二式。

Ⅰ式　10 件。器形不规整。标本 M68:353-3，6 件，薄金片剪成，纽上凿有小方孔。高 2.1~2.7、宽 2~2.2 厘米，重 1.2~2、总重 9.8 克（图一二一，12；彩版一五四，3）。

Ⅱ式　52 件。剪成规整的横椭圆形和凿有小圆孔的半圆形纽，中央锻有圆泡，周边沿为一圈小突泡连珠纹。标本 M51:57-1、-2，薄金片剪成 19 件，有大小两种，分别高 2.5、2~2.1、宽 2.9、2.3 厘米，重 1.6~2、0.9~1.6、总重 27.4 克（图一二一，10、11；彩版一五四，4、5）。

14. 长方形金片饰

54 件。薄金片剪成，中央锻有一圆泡。分二型。

A 型　9 件。大致剪成顶端中间有挂纽的长方形，下端稍宽，两侧微束腰，纽略呈半圆形，凿有一小圆孔。标本 M57:121-2，8 件，大小略有差别，通高 2.7~2.8、宽 2~2.1 厘米，重 0.6~1.3、总重 9.5 克（图一二一，13；彩版一五四，6）。

B 型　45 件。标本 M85:32，器形小，大小不等，剪成长方形，四边沿锻有小泡点线纹，四角各凿一小孔。长 1.3~1.6、宽 0.9~1.1 厘米，重 0.2~0.4、总重 13.8 克（图一二一，14；彩版一五四，7）。

15. 卷边长方形金银饰

464 件。用薄金、银片剪成长方形，两侧边沿向下再向后卷曲，在背面与中部面平行。整体大致成背面有缺口的长方形扁方筒，中可穿带，压实背面固定在带上作装饰。多件同出，偶见一件。分三型。

A 型　242 件。金、银片卷曲成狭长条形扁方筒。分二式。

Ⅰ式　29 件。正面锻有平顶圆泡的五连珠纹。标本 M68:44，3 件，金片卷成，长 4.5~5.3、宽 0.9~1.1 厘米，重 4.7~6.4、总重 15.8 克（图一二一，15；彩版一五四，8）。

Ⅱ式　213 件。金、银薄片卷成，器形小。标本 M68:249-1，86 件，金片卷成，长 2.4~2.7、宽 0.6~0.7 厘米，重 0.9~1.4、总重 93.1 克（图一二一，16；彩版一五四，9）。标本 M51:252-2，24 件，金片卷成，卷边在背面对合，正面锻小突泡线纹，对角线或交叉双对角线。长 0.9~1.3、宽 0.3~0.5 厘米，总重 4.8 克（图一二一，17；彩版一五四，10）。

B 型　215 件。器形较短而宽，呈长方形。分二式。

Ⅰ式　111 件。较狭长。标本 M68:353-2，45 件，金片卷成，长 1.9~2、宽 0.9~1 厘米，重 1.1~2.5、总重 74.2 克（图一二一，18；彩版一五四，11）。

Ⅱ式 104件。较短宽近方形。标本 M69:59-2，90件，金片卷成，正面锻有两平顶圆泡，长1.4~1.5、宽1.1厘米，重0.4~0.6、总重47.2克（图一二一，19；彩版一五四，12）。

C型 2件。标本 M85:36，金片卷成，卷在一侧重叠，封闭缺口，长方形。两面锻有小突泡点线纹，呈交叉双对角线，中央交点稍大。长2~2.2、宽0.8~0.9厘米，总重1.6克（图一二一，20；彩版一五四，13）。

此外尚有方形2件。金片卷成，器形较大，正方形，正面锻有平顶圆泡，五排五列。标本 M68:126，1件，为仅见的单独发现，边长5.3厘米、重20.6克（图一二二，1；彩版一五五，1）。梯形3件，标本 M68:127，金片卷成，长梯形，正面锻有平顶圆泡连珠纹，两侧各一排五连珠，较宽一端中间二连珠。长4.4~4.5、宽1.7~2.8厘米、重7.8~9.5、总重25.7克（图一二二，2；彩版一五五，2）。

16．银泡钉

4件。银铸成，圆形，泡正面隆起较低，中央圆环状突起，周围铸有穗状纹，边沿一圈，中间交叉作"十"字形，背空，中央钉足作圆纽状。标本 M68:206，泡径4.8、通高1.9厘米，重29.4克（图一二二，3；彩版一五五，3）。

17．金银泡

23组307件。圆形，正面隆起，背空。用金、银铸、锻作薄片包铜胎等多种方法制成，铜胎大多残损。器形多与铜泡相同，分五型。常见几型为一组共出。

A型 69件。与A型铜泡相类，泡作半球形，背面铸横梁或下部两侧有对称小孔。径1.2~2.1厘米。标本 M47:165，28件，金铸制，较粗糙，不甚规整。其中24件背面铸有横梁，径1.2~1.6、高0.4厘米，重1.3~3、总重50.1克（图一二二，4；彩版一五五，4）。4件下部两侧有对称小孔，穿铁条作横梁，径1.8、高0.6厘米。标本 M51:109，15件，金片锻成，泡面较低，下部两侧有对称小孔。径1.5~1.7、高0.3~0.4厘米，重0.9~1.4、总重16.8克（图一二二，5；彩版一五五，5）。

B型 146件。器形与B型铜泡相类，泡面较低，正面铸有环状浅槽一圈，槽内突起的射线纹，形如太阳纹。部分射线作圆形小乳丁状，背面有一横梁。径1.3~2.5厘米。标本 M68:109-1，4件，金铸制，径1.9、高0.3厘米，重6~6.9、总重25.2克（图一二二，6；彩版一五五，6）。标本 M68:109-2，5件，银铸制，太阳纹芒作圆形小乳丁状。径1.9~2、高0.3厘米，重2.1~4.4、总重19.4克（图一二二，7；彩版一五五，7）。

C型 44件。与C型铜泡的小泡相类，圆锥形，泡较低，背面有一横梁。径1.6~2.6厘米。标本 M51:88-3，18件，其中16件为金铸制，径1.9~2.2、高0.3~0.4厘米，重4.7~7.7、总重89.3克（图一二二，8；彩版一五五，8）。

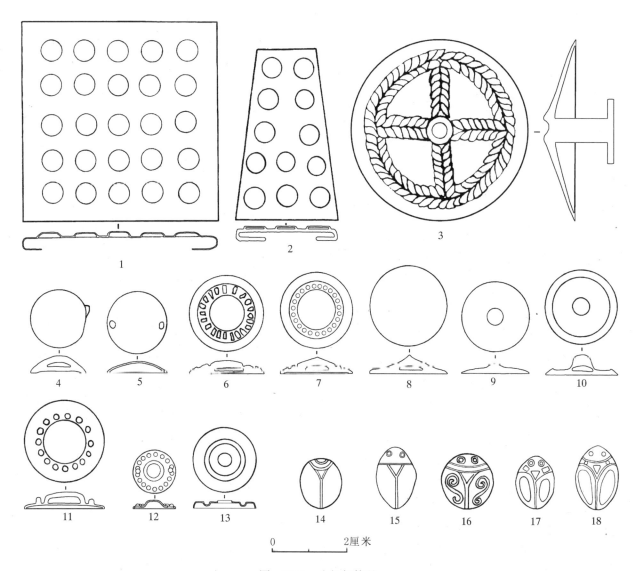

图一二二　金银佩饰品

1.卷边方形金饰 M68：126　2.卷边方形金饰 M68：127　3.银泡钉 M68：206　4.A 型金泡 M47：165　5.A 型金泡 M51：109　6.B 型金泡 M68：109－1　7.B 型金型泡 M68：109－2　8.C 型金泡 M51：88－3　9.D 型Ⅰ式银泡 M68：249－2　10.D 型Ⅱ式金泡 M57：124　11.D 型Ⅲ式金泡 M51：88－4　12.D 型Ⅳ式金泡 M85：33　13.E 型金泡 M68：88　14.甲虫形金泡 M47：60　15.甲虫形金泡 M69：63－2　16.甲虫形金泡 M69：63－1　17.甲虫形金泡 M69：63－4　18.甲虫形金泡 M69：63－3

D 型　38 件。泡面稍隆起，中央突起。分四式。

Ⅰ式　4 件。标本 M68：249－2，银锻成，中央突起圆锥形小乳突，背空无横梁。径 1.7、高 0.2 厘米，总重 3.4 克（图一二二，9；彩版一五五，9）。

Ⅱ式　9 件。泡面中央圆丘状突起，边沿稍突起脊一周，背面有一横梁。标本 M57：124，3 件，金铸制，径 1.3～1.9、高 0.3～0.5 厘米，重 1.9～4.5、总重 10.3 克（图一二二，10；彩版一五六，1）。

Ⅲ式　15 件。泡面中央圆形突起，顶稍弧近平，周围铸有乳丁一圈，背面有一横梁。

标本 M51:88－4，6 件，金铸制，径 2.2、高 0.4～0.5 厘米，重 5.2～6.1、总重 33.6 克（图一二二，11；彩版一五六，2）。

Ⅳ式 10 件。标本 M85:33，金锻成，器形小，泡面中央圆形突起，周围锻有小圆泡一圈，两侧有对称小孔，背空无横梁。径 1.1、高 0.2 厘米，总重 2.5 克（图一二二，12；彩版一五六，3）。

E 型 5 件。标本 M68:88，金锻成，泡面平，周边下折，中央凿一圆孔，周围锻一圈凹弦纹，背面无横梁。径 1.7、高 0.2 厘米，总重 2 克（图一二二，13；彩版一五六，4）。

甲虫形 5 件。金铸成圆形或椭圆形，泡面铸有阴线勾出的甲虫头、眼、翅等，背空，有一横梁可穿系。标本 M47:60，椭圆形，铸有甲虫的头和翅，径 1.1～1.3、高 0.4 厘米，重 2.4 克（图一二二，14；彩版一五六，5）。标本 M69:63－2，椭圆形，尾端尖，铸有甲虫的头、双眼和翅。径 1.1～1.6、高 0.3 厘米，重 2.2 克（图一二二，15；彩版一五六，6）。标本 M69:63－1，圆形，铸有甲虫的头、双眼、翅和翅上的云纹。径 1.4、高 0.4 厘米，重 2.6 克（图一二二，16；彩版一五六，7）。标本 M69:63－4，椭圆形，两端尖，铸有甲虫的头、双眼和翅，翅面下凹，径 1～1.4、高 0.4 厘米，重 2.3 克（图一二二，17；彩版一五六，8）。标本 M69:63－3，椭圆形，两端尖，稍低，铸有甲虫的头、双眼和翅，翅较大，下凹。径 1.1～1.6、高 0.3 厘米，重 1.8 克（图一二二，18；彩版一五六，9）。

三 "珠襦"饰品

5231 件。指与大量的玉、玛瑙扣、管、珠及料珠缝缀在布料上，形成"珠襦"的金银饰品。数量较多，器形则较少。由于"珠襦"布料和装殓织物已朽残，上面缝缀的各种饰品原来位置和形状也已散乱，有些饰品很难确定究竟是"珠襦"饰品，还是缝缀在衣物上的佩戴饰品。可能有的饰品具多种装饰作用，可缝缀于"珠襦"、衣物上，还可于其他器具上作装饰。器形有金银珠、连珠条形金饰、神兽形金片饰、金银花形饰、云形金饰等。

1. 金银珠

3408 粒。大多用锻薄金、银片卷曲而成，部分极细小的用金铸成。器形有枣核形珠、球形珠、灯笼形珠、管状珠、环状珠、横条珠和极细小的细珠。

（1）枣核形珠 883 粒。用薄金、银片剪成大小相适的小片，锻小片中部使其延展，卷曲成两端细、中间粗的枣核形珠。珠大小不等，大致可分大、中、小三种。大珠 196 粒，长 2.1～3.3、径 1～1.3 厘米。标本 M57:72，74 粒，金片锻卷，长 2.1～2.5、径 1.1～1.3 厘米，重 1.6～3.8、总重 208.5 克（图一二三，1；彩版一五七，1）。中珠 286 粒。长 1～1.7、径 0.5～0.7 厘米。标本 M57:80，47 粒，金片锻卷，长 1.1～1.3、径

0.5～0.6厘米，总重23.3克（图一二三，2；彩版一五七，2）。小珠401粒。长不足1、径不足0.5厘米。标本M51：252，103粒，长0.6～0.9、径0.3～0.4厘米，总重23.2克（图一二三，3；彩版一五七，3）。

（2）球形珠　1166粒。器形小，金片锻卷，大略成圆球形。径0.2～0.5厘米。标本M47：47-1，391粒，长0.3～0.5、径0.4～0.5厘米，总重21.8克（图一二三，4；彩版一五七，4）。

（3）灯笼形珠　11粒。金质，中间呈扁圆球状，上、下两端圆管状伸出，略作灯笼形。标本M68：22-2，3粒，似铸制；两端圆管细，稍伸出。高0.6、径0.6～0.7厘米，总重3.6克（图一二三，5；彩版一五七，5）。标本M47：47-2，6粒，金片锻卷，两端圆管较粗，伸出较长。高0.8、径0.5～0.6厘米，总重2.2克（图一二三，6；彩版一五七，6）。

（4）管状珠　86粒。薄金片卷曲成圆管状，有的两端稍细。标本M68：22-1，29粒，长0.5～0.8、径0.3～0.4厘米，总重15.7克（图一二三，7；彩版一五七，7）。标本M51：251，1件特别大，铸制，管状。通长5.7、径0.7、管壁厚0.1厘米，重12克（图一二三，8；彩版一五七，9）。

（5）环状珠　198粒。器形小，小圆环状。环茎表面外弧，程度不等，有的近半圆，有的略弧近直。多用较厚的金片剪作金丝卷曲成，也用金铸制。标本M47：47-3，173粒，高不足0.2、径0.3～0.4厘米，总重24.4克（图一二三，9；彩版一五七，8）。

（6）横条珠　1粒。标本M47：173，铸成横长方形，内空，上下两端平列穿四小孔，用以束绿松石小珠串于"珠襦"。长1.7、高0.7厘米，重4.1克（图一二三，10；彩版

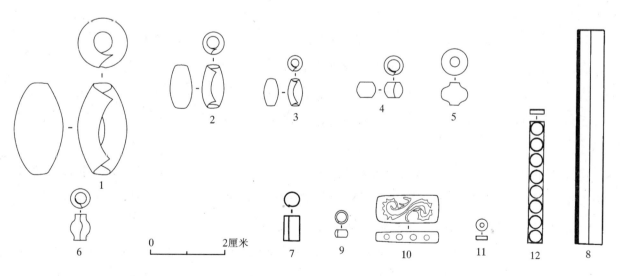

图一二三　金银"珠襦"饰品

1. 枣核形金珠 M57：72　2. 枣核形金珠 M57：80　3. 枣核形金珠 M51：252　4. 球形金珠 M47：47-1　5. 灯笼形金珠 M68：22-2
6. 灯笼形金珠 M47：47-2　7. 管状金珠 M68：22-1　8. 管状金珠 M51：251　9. 环状金珠 M47：47-3　10. 横条珠 M47：173　11.
细金珠 M47：184-1　12. 连珠条形金饰 M68：104

一五七，10)。

(7) 细珠　1063 粒。极细小，不及半粒米大，呈细小扁球形。大多用金铸制，少部分用半圆形金丝弯曲而成。标本 M47:184-1，448 粒，高 0.1～0.18、径 0.18～0.3 厘米，总重 35.8 克（图一二三，11；彩版一五七，11)。

2. 连珠条形金饰

1560 件。在薄金片上连续锻出平顶圆泡，若连珠，两侧紧贴圆泡剪成长条。每条上都有一列连珠，圆泡锻制规整，排列整齐。条上连珠圆泡多少不等，有二、三、四、五、六、八、十连珠，长短不一。按不同图案缝缀在"珠襦"上与其他珠饰相映交辉。二连珠条长 0.9 厘米，十连珠条长 4.1～4.2、宽（即泡径）0.4～0.5、高 0.2 厘米。标本 M68:104，447 件，有五、六、八连珠条，分别为 177、8 和 262 件，长 2.1～3.3 厘米，总重 103 克（图一二三，12；彩版一五七，12)。

3. 神兽形金片饰

48 件。金片饰，镂孔透雕的神兽，形如龙。侧身曲肢跪伏状，尾上扬前曲，尾端贴背。头向左或向右，可两片相互对称。大多单范铸成薄片，背面为浇铸毛面，或打磨光滑；也有的用模锻压出形，包在铜胎上。大小不一，分二型。

A 型　46 件。头作正面，较长，嘴朝下。颈与躯长度、粗细相当，使身显长，曲颈拱背。分三式。

Ⅰ式　28 件。面部较短，铸有五联圆圈，上两圈似眼，下两圈似鼻，尾端上卷，身颈铸有卷云纹。长 1.9～4.9、高 1.2～2.8 厘米。标本 M69:93，2 件，器形大，前端上沿和后端各有一穿孔。长 4.9、高 2.7～2.8 厘米，总重 32.2 克（图一二四，1；彩版一五八，1)。

Ⅱ式　14 件。长嘴似猪，上有二乳丁作双眼，下有二乳丁作鼻，嘴鼻上为横条纹。颈端有五联圆圈或乳丁，颈饰纵条纹，身饰卷云纹，尾端下卷。标本 M50:2，8 件，薄金片锻成，周围边沿向下卷折，包在铜胎上，铜胎锈蚀残尽，仅留少量残痕。头向左 3 件，向右 5 件，颈端五联乳丁，前端上沿和中部下沿各有一小孔。长 4.8、高 3.1 厘米，总重 19.3 克（图一二四，2；彩版一五八，2)。

Ⅲ式　4 件。标本 M51:174，全身细长如蛇，嘴较Ⅱ式狭长，足下有爪，前、后肢末附璧，璧上各有小乳丁一圈，尾端下卷。颈端铸有五联乳丁，身、颈铸有纵条纹，头向左和向右各 2 件。长 3.2、高 2 厘米，总重 9.1 克（图一二四，3；彩版一五八，3)。

B 型　2 件。标本 M47:204，金铸制，头向左和右各一件，面侧，巨嘴向前上方张开，内露尖利齿，上有一尖角，舌曲作火焰状。身细长，前后肢末附璧，璧中间圆泡突起，周围有小乳丁一圈。前璧位置较高，如神兽巨眼。足下有爪，身铸有纵条纹。上下颌、前后肢和尾根有双联小孔。长 10.5、高 6.3～6.5 厘米，总重 97.6 克（图一二四，

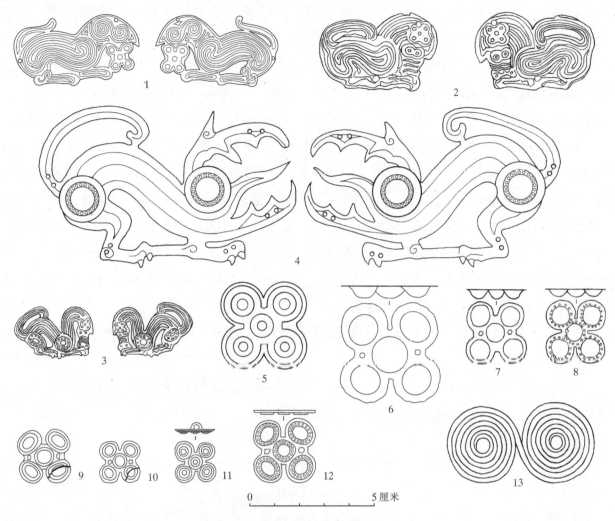

图一二四　金银"珠襦"饰品

1.A型Ⅰ式神兽形金片饰 M69:93　2.A型Ⅱ式神兽形金片饰 M50:2　3.A型Ⅲ式神兽形片饰 M51:174　4.B型神兽形金片饰 M47:204　5.A型金花形饰 M68:103　6.B型金花形饰 M51:96　7.B型金花形饰 M47:41-1　8.B型金花形饰 M47:41-2　9.C型金花形饰 M69:90　10.D型金花形饰 M51:76　11.D型金花形饰 M69:92　12.D型金花形饰 M69:140-1　13.云形金饰 M47:94

4；彩版一五八，4）。

4.金银花形饰

213件。五联圆泡，中一周四，呈四瓣花形。大多金质，银质较少。单范铸，或锻成，也有包铜胎的。分四型。

A型　1件。标本 M68:103，锻金薄片剪成，圆泡稍突起，泡顶平，周有一圈宽弦纹，周边向下弯折。长宽3.3、高0.2厘米，重1.8克（图一二四，5；彩版一五九，1）。

B型　92件。圆泡呈半球形，背空，泡周有平沿，中间泡两侧连接较宽，并各有一小孔。其中金铸14件，标本 M51:96，铸工粗糙，每件均有疵孔。长宽3.8～4、高0.4厘米，重9.4～13.7、总重144.3克（图一二四，6；彩版一五九，2）。标本 M47:41-1，24件，薄金片锻成，器形较小。长宽约2.4、高0.4厘米，总重40克（图一二四，7；彩版一五九，3）。标本 M47:41-2，20 件，薄金片锻成，圆泡突起较低，周围下錾一圈凹点线纹。长宽 2.4～2.5、高约 0.2 厘米，总重 30.4 克（图一二四，8；彩版一五九，4）。

C 型　26 件。单范金铸制，背面为浇铸毛面。圆泡不甚规整，周围沿呈两级台阶状，中间泡两侧连接较宽，并各有一小孔。标本 M69:90，4 件，器形小，长宽 2.1、高 0.3 厘米，重 5～5.6、总重 21 克（图一二四，9；彩版一五九，5）。出土时附一绿松石扣。

D 型　94 件。单范金铸制 66 件，单范银铸制 28 件，背面简易打磨。锻薄金片包铜胎 5 件。圆泡小顶较平，突起不高，周围沿宽，并有凹弦纹。标本 M51:76，29 件，金铸制，器形小，圆泡周沿上有两周凹弦纹，中间泡两侧连接较宽，并各有一小孔。长宽 1.8～1.9、高 0.2 厘米，重 3.5～5.2、总重 122 克（图一二四，10；彩版一五九，6）。标本 M69:92，3 件，金铸制，器形小，圆泡周沿上有两周凹弦纹，背面中部铸一半圆环纽。长宽 1.6、通高 0.4 厘米，重 2.8、总重 8.4 克（图一二四，11；彩版一五九，7）。标本 M69:140-1，3 件，金铸制，圆泡周沿上有一周宽弦纹，内铸小乳丁点线纹。长宽约 2.5、高 0.2 厘米，重 6.9～7.3、总重 21.2 克（图一二四，12；彩版一五九，8）。

5. 云形金饰

2 件。标本 M47:94，用长金丝两端卷曲，绕成旋转方向相反的双旋纹形，或勾连云纹形。长 6、宽 3.1、金丝径 0.2 厘米，总重 71.9 克（图一二四，13；彩版一五九，9）。

第四节　竹器、漆器

73 件。竹器、漆器以及木器在墓里很难保存至今，发掘清理时，只能发现一点痕迹和部分金属装饰，器物早已腐朽损毁。因此对当时随葬竹器、漆器的情况无法确切知晓。仅就发掘时偶然发现极少数能辨识的痕迹和朽余残器，及散乱但可确定为漆器上的金属装饰件等实物资料，根据田野清理时所见情况，粗略了解竹器、漆器。

1. 人形竹片

17 件。用削薄的竹片刻削成人形，头部小，双手和胸部圆，臀宽，双腿狭长。多件同出，大多腐朽，能取出的很少。表面原涂色或髹漆，仅斑驳残留呈浅绿色。用途不明。标本 M68:108，12 件，腹部两侧尖出如短衣下摆，长 7.2 厘米（图一二五，1；彩版一六〇，1）。标本 M47:198，2 件，腰腹直，长 8.3 厘米（图一二五，2；彩版一六〇，2）。

2. 刻纹竹牌

5 件。薄竹片削成一端圆的长方形小牌，圆端有一小圆孔可穿系挂坠。正面阴刻划纹，似表意符号，出土时刻划纹内涂作红色，含意不明，用途不清。标本 M51:238，3 件，长 4～4.5、宽 2.6～3.2 厘米（图一二五，3～5；彩版一六〇，3）。标本 M51:354，2 件，长 3.8～3.9、宽 2.8 厘米（图一二五，6、7；彩版一六〇，4）。

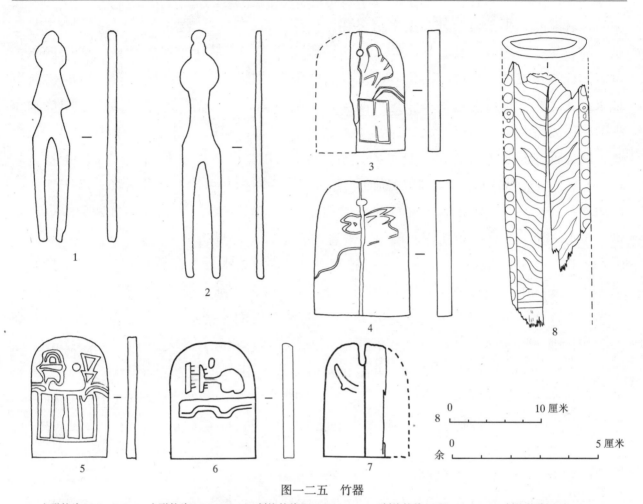

图一二五　竹器

1. 人形竹片 M68:108　2. 人形竹片 M47:198　3. 刻纹竹牌 M51:238-1　4. 刻纹竹牌 M51:238-2　5. 刻纹竹牌 M51:238-3
6. 刻纹竹牌 M51:354-1　7. 刻纹竹牌 M51:354-2　8. 竹簱 M68:352

3. 竹簱

残存 5 件。与铜簱饰同出，利用竹筒形特性，制作半圆筒形。簱口平，中部有一宽而浅的缺口。背面平，下端有平底，插入铜簱饰内。部分正面残留彩绘纹。保留最长的伸出铜簱饰 47 厘米。标本 M68:352，正面留部分绘纹，朱红色底绘绿色火焰纹。残长 28.5 厘米（图一二五，8；彩版一六〇，5）。

4. 漆盒

1 件。标本 M69:174，木胎，盒身和盖略呈半圆球形，子母口扣合后作扁圆球形，盖稍低。表面绘红、黑色纹饰。盖和身均镶有相同的铜饰件，口部分别镶鎏金铜釦，腹部各钉半球形鎏银泡钉一圈，近口处三等分钉鎏金铺首衔环，底部和盖顶分别镶束腰高圈足及纽，纽中央钉一半球形泡钉。通高 20.8、口径 19.2、腹径 21.6、木胎厚 1.5 厘米（图一二六，1；彩版一六〇，7）。

5. 漆奁

1 件。标本 M49:16-1，田野清理时发现胎是用极薄的木片，旋卷多层黏合而成，在胎外包裹麻布，再于麻布外套镶多道银釦，髹漆，打磨制成。陶宗仪《辍耕录》："凡造碗、碟、盘、盂之属，其胎骨则梓人以脆松劈成薄片，于旋床上胶粘而成，名曰捲素。"可能即此制作方法。现仅存银釦多道及二银柿蒂形片饰。内置有铜镜一枚。M49 内还发现水晶珠 4 粒，很可能是镶嵌在这件漆奁盖上的装饰。这一情形与中原地区洛阳烧沟东汉墓内所发现相同[①]，此漆奁也可能是从中原地区传入云南的。银釦用薄银片锻成，银质差，韧性低，易断碎。断残釦奁身为三道，径约 20 厘米。其一釦面一侧向内折卷，高1.3 厘米，可能为奁口之釦；其二釦面平直，高 1.5 厘米，可能为腰部之釦；其三釦面一侧向内平折，高 1.2 厘米，可能为底部之釦。另还有较小的银釦多道，当为奁内小盒之釦。圆形九道，釦面一侧折卷的两道，平直的五道，一侧平折的两道。径 7.3、高 0.6～0.7 厘米。长方形釦五道，釦面一侧折卷的两道，一道略小；平直的一道；一侧平折的两道。长 6.4～6.8、宽 2.8～3.3、釦面高 0.6～0.7 厘米。圆端长方形三道，器形一端圆，一端方，釦面一侧折卷的两道，一道略小；一侧平折的一道。长 7.8、宽 5.5、釦面高0.6～0.8 厘米。柿蒂形饰二片，用锻薄银片剪成，器形相同，一大一小，长宽 3～6.1 厘米，应饰于奁、小盒的盖面中央。盖面釦四道，锻薄银片剪成，应饰于奁、小盒的盖面上。圆环两道，环面平，一大一小，径 4.8～10.2 厘米；长方形一道，中线折棱，长5.7、宽 2.1 厘米；圆端长方形一道，中线折棱，长 7、宽 4.6 厘米（图一二六，2～4；彩版一六〇，6）。

6. 漆盘铜釦

1 件。标本 M86:3，器身已朽没，仅存铜饰。盘口铜釦一道，铸作圆环，釦面两侧下折，外侧直，内侧斜。直径 28.2、内径 25.5 厘米，表面鎏金。铜鋬耳一，铸作高面小圆环，前侧稍低，出两半圆形齿，齿前沿有小孔，后侧上沿延出鋬，鋬后沿钝角折出，上面饰尖角卷云纹和圆乳纹，表面鎏金。通长 4.5、环径 2 厘米（图一二六，5、6；彩版一六一，1）。

7. 漆卮饰件

1 件。标本 M51:50、51，器身已朽没，仅存铜、银饰。标本 M51:50，为一银环纽，大略铸作高面圆环，两端各出一小环齿。通长 2.5、环径 2.4 厘米。标本 M51:51，为四铜足和银釦四道。铜足器形小，上部铸作内空半球形，下部为实心蹄足，高 2、径 1.5 厘米。银釦残碎，釦面一侧折卷、平直、一侧平折的各一道。高 0.7 厘米。盖面圆环釦一道，周边下折，径约 20 厘米（图一二六，7；彩版一六一，2）。另有残碎薄银片数片，不能修复辨识，可能为盖中部饰片。

---

① 洛阳区考古发掘队：《洛阳烧沟汉墓》，205 页，科学出版社，1959 年。

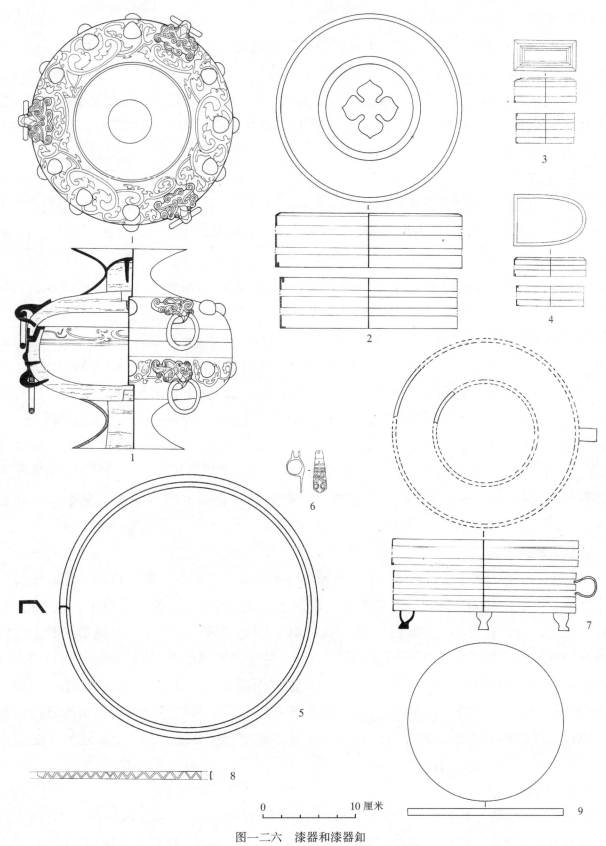

图一二六　漆器和漆器钿

1. 漆盒 M69:174　2~4. 漆奁及奁内小盒银钿 M49:16-1　5、6. 漆盘鎏金铜钿及鋬耳 M86:3　7. 漆卮饰件 M51:50、51　8. 金钿 M68:284　9. 银钿 M68:205

8. 金釦、银釦

8件。金1银7，大多残碎，拼合修整后呈长条薄片，釦面平直。残长8.1~18、高0.8~2.9厘米。标本M68:284，为金釦，两侧向下平折，正面锻压凹线三角齿纹。残长17.7、高0.8厘米，重2.2克（图一二六，8；彩版一六一，3）。标本M68:205为唯一保存较好的银釦，圆环状，径17、高0.8厘米，重9.2克（图一二六，9；彩版一六一，4）。可能为盒釦。

9. 金盖饰

8件。薄金片锻剪成，器形各异。标本M68:124，大致作狭长方框形，四边向外弯折出，正面突起宽平脊，一端残损。残长13.9、宽4.3厘米，重2.4克（图一二七，1；彩版一六一，6）。标本M68:219，呈长方框形，正面突起宽平脊，一端残损。残长6.5、宽3.8厘米，重12克（图一二七，2；彩版一六一，5）。标本M51:36，由5片组成，形状相同，曲折作闪电形，上下各有一横而似"与"字，边沿錾小突点线纹。长3.3、宽1.7厘米，总重2.5克（图一二七，3；彩版一六一，7）。标本M57:127，由2片组成，金银各一片。器形与标本M51:36相同，长3、宽1.9厘米，总重1.2克。标本M68:205-2，由4片组成，正面锻压突起的简化双旋纹，两片沿纹边沿剪下，两片贴纹边剪作长方形，大小略有差。长2.2~2.6、宽1.2~1.7厘米，总重2克（图一二七，4；彩版一六一，8）。标本M51:90，长方形片，正面锻"与"字形闪电纹。长3、宽1.2厘米，重2克（图一二七，5；彩版一六一，9）。标本M68:98、171，2件为弯折长条，形同，对称地向两侧反复弯折两处保持直，中线作凹线，可能为同一件盘、案等漆器上的装饰。残长22.2~22.6、宽0.9厘米，重2.6和2.8克（图一二七，6；彩版一六一，10）。

10. 金铜纽饰

3件。可能为镶于漆器盖纽的装饰。标本M68:64，金铸作，喇叭口形，下有座呈二窄叶形，下垂向两侧分开，叶背面各有一小乳丁。通高3.1、纽径1.6厘米，重12.4克（图一二七，7；彩版一六二，1）。标本M30:10，铜俑形纽，立体铸的女俑端坐凳上，后颈挽银锭形髻，双手曲肘合于腹前。足下一枋，两端铸作圆锥形玛瑙扣状，枋下有圆环，可扣连作纽。器形小，锈蚀后女俑面目、衣着及细部不清。残高3.5厘米（图一二七，8；彩版一六二，2左）。标本M50:88，铜铸作，卵形，上部稍大，内空。顶端残损，有一圆孔。表面突起八棱，对称铸四蕉叶纹，通体鎏金。径2.2、残高2.6厘米（图一二七，9；彩版一六二，2右）。

11. 铜环

9件。环茎圆，大小不一，用途也不尽相同。标本M76:7，为铺首衔环，铺首正面作兽面，鼻下扣连圆环，背面中部有一圆纽。铺首高2.9、宽3.5、环径3.3厘米（图一二七，10；彩版一六二，3）。标本M50:80、81，为同一漆器上的装饰。标本M50:81，为环2件，

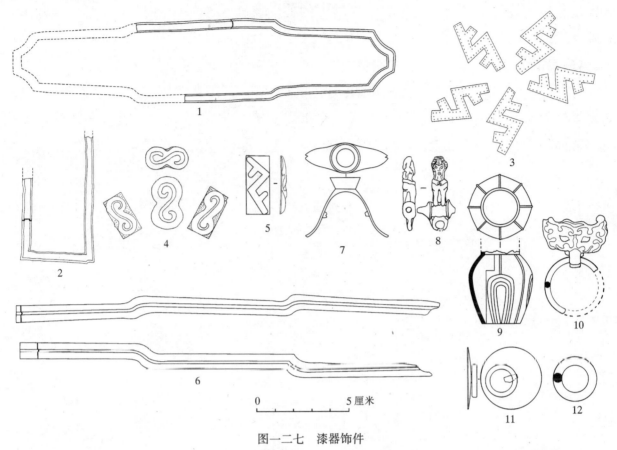

图一二七 漆器饰件

1. 漆器金盖饰 M68:124 2. 漆器金盖饰 M68:219 3. 漆器金盖饰 M51:36 4. 漆器金盖饰 M68:205-2 5. 漆器金盖饰 M51:90
6. 漆器金盖饰 M68:98、171 7. 金钮饰 M68:64 8. 铜俑钮饰 M30:10 9. 鎏金铜钮饰 M50:88 10. 铜铺首衔环 M76:7 11. 铜环
饰 M50:81 12. 铜环饰 M50:80

表面鎏金。外径2.3、内径1.5厘米（图一二七，12；彩版一六二，4左）。标本 M50:80，为一环和一薄圆片，出土时锈结在一起，均表面鎏金。薄圆片正面微上弧，中央有一长方形小孔。环外径1.7、内径1、片径3.3厘米（图一二七，11；彩版一六二，4右）。

12. 铜耳

2件。标本 M30:3，高环面圆环，一侧突出有环状齿，可能为同一漆器的双耳。其中一件环面饰雷纹，另一件齿作双环相连，环面饰穗状纹。环径4.3、高1.2～1.5厘米（图一二八，1、2；彩版一六二，5）。

13. 铜圈足

2件。粗高圈足，束腰。标本 M51:162，上部略呈半球形，一端内敛折作子口状，对称分布四小孔。下部外侈，下端折直，下缘内折成平沿。表面鎏金。通高5.2、径7.1厘米（图一二八，3）。标本 M85:115，残碎，器形与标本 M69:174 漆盒下镶嵌的圈足相同，表面鎏金。

14. 铜器盖

1件。标本 M68:356，铸成半圆球形，顶部有一半圆环钮，内外两面鎏金。M68 内未发现相应的铜、陶容器，很可能是漆器上的盖。通高 6.5、径 15 厘米（图一二八，4；
彩版一六二，6）。

15. 铜镖形饰

1 件。标本 M57：220，形似剑鞘镖，内空，较窄，下段背面厚出。上段正面出二棱，断面呈梯形，有三小方形孔，背面微弧。上下段间横一道弧形宽槽，槽沿突起棱。下段稍向背面斜折，下端作五边形，两侧有窄侧面，背面厚出处呈台阶状。通长 8.3、宽 2.7

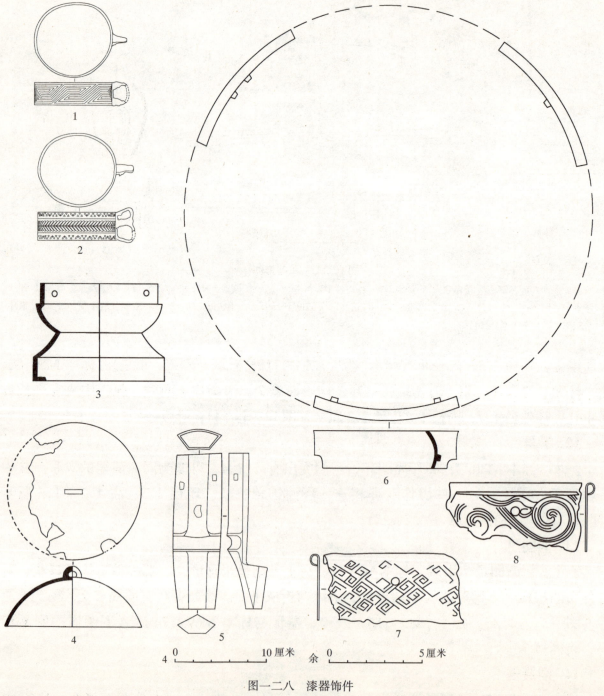

图一二八　漆器饰件

1、2. 铜耳 M30：3　3. 铜圈足 M51：162　4. 铜器盖 M68：356　5. 铜镖形饰 M57：220　6. 铜钮 M69：176－1　7、8. 铜钮 M69：176－2

厘米（图一二八，5；彩版一六二，7）。器形与铜案足极其相像，似为漆案上的铜足饰件。

16．铜釦

7件。其中标本 M69:176-1 的 3 件为圆形器釦，标本 M69:176-2 的 4 件为方形器或长条形器釦。由于二者同时发现，也可能是同一件器具的釦饰。标本 M69:176-1，带弧度的长条状，形成的器具径约 22 厘米。3 件器形大致相同，一侧的两端有弧形缺口。沿中线内弧，背面有 1～2 个与器胎连接的榫钉。长 7.8、高 2 厘米（图一二八，6；彩版一六二，8 上）。标本 M69:176-2，略作长方形片状，一侧卷边如细长管状，管内残存木质痕。均锈蚀残损。残长 6.6～7.6、宽 3.3～3.7 厘米。其中两件正面绘雷纹和卷云纹，绘纹的颜料层较厚，明显凸出（图一二八，7、8；彩版一六二，8 下）。

17．漆籢

1件。标本 M85:58，田野发现胎为极薄木片旋卷多层的"捲素"，作扁圆筒形，已残朽破碎，残痕长 30 余厘米。内装有铁铤铜镞。

两汉时期在漆器口沿上镶镀金或镀银的铜箍，也就是《后汉书·和熹邓皇后纪》中的所谓釦器。汉代的漆器制作精巧，色彩鲜艳，装饰精致，而又相当耐用，是当时最珍贵的日用器物，其价值之高昂也就不言而喻。所以《盐铁论》说："一文杯得铜杯十。"又说："一杯棬用百人之力，一屏风就万人之功。"《盐铁论·散不足》说："今富者银口黄耳，金错蜀杯。"《旧汉仪》说："大官令尚食，用黄金釦器；中官长，私官长尚食，用白银釦器。"说明当时宫廷和贵族所用的器皿主要是漆器，而漆器制作又是非常精致。东汉时有些漆器如盒和奁等的盖上附有柿蒂形铜饰，同时镶嵌水晶或琉璃珠，在洛阳和平壤曾发现这样的遗物。大概由于当时的朝廷用它们来赏赐边郡的官吏和少数民族的首领，或赠送给外国[①]。"滇文化"所发现的"釦器"，很可能大多都来自中原内地。由汉王朝赠予或滇贵族重金所获，更是异常珍贵的器具，随葬釦器的大型墓墓主应属滇贵族或他们的眷属，而中、小型墓的墓主当属滇贵族极亲信的近臣。

第五节　玉、石器

20667 件。玉、石器质地比较复杂，大致可分为玉器、石器、玛瑙器、绿松石器、琥珀、水晶器、蚀花石髓珠、琉璃器等。

一　玉器

3968 件。色泽大多呈米黄色和白色，不透明，硬度低，质轻，疏松，手捏稍重便粉

---

① 　以上摘引自王仲殊：《汉代考古学概说》，45～50 页，中华书局，1984 年。

碎。有的表面出土时已成粉状，触手脱落，即俗称的"鸡骨白"。米黄色的较白色的硬而紧密。部分呈浅绿色苍绿色、夹深绿色或墨绿色斑块，半透明，较重且硬，即"岫玉"。但不少器物上既有"岫玉"，也有"鸡骨白"，更有的器物内心为"岫玉"，表层为"鸡骨白"，因此可知"鸡骨白"乃是"岫玉"埋在土里时间长久沁后风化而成。其他质地的玉很少。器形基本为装饰品和"珠襦"饰品，有玉镯、玦、觿形饰、管、珠、坠、杆、标首、璏、瑏、碟、扣、策、纺轮等。

1. 玉镯

59 件。表面打磨光滑。少数因佩戴时边沿断裂而把破损处打磨圆滑，或凿对称小孔补缀。分六型。

A 型　4 件。环面宽阔，扁平。外径 9.2~13、内径 6~7、厚 0.3 厘米。标本 M51：232，米黄色。外径 13、内径 7 厘米（图一二九，1；彩版一六三，1）。

B 型　38 件。环面内缘两面突起唇一圈，其外宽阔扁平。大小不一，差距较大。外径 9.5~21、内径 6.3~7、唇高 0.6~1.2 厘米。标本 M47：146－2，器形较大，浅米黄色。外径 20.6、内径 6.7、唇高 1.2 厘米（图一二九，2；彩版一六三，2）。标本 M51：105，白色，质轻，疏松如粉笔状，在三断裂处两侧对称凿有小孔，器形较小。外径 12.3、内径 6.3、唇高 0.6 厘米（图一二九，3；彩版一六三，3）。

C 型　3 件。环断面呈圆角扁方形。标本 M69：126－1，米黄色。外径 5.5、内径 4.6、环高 0.3 厘米（图一二九，4；彩版一六四，1）。标本 M69：111－1，深米黄色，外表面一侧有突脊一周。外径 8.3、内径 6.1、高 1 厘米（图一二九，5；彩版一六四，2）。标本 M51：149－3，白色，外表面中线有半圆柱状突脊一周。外径 7.8、内径 6.4、高 0.6 厘米（图一二九，6）。

D 型　6 件。环面高，内面平，外表面中线起一周突脊状弦纹。标本 M69：126－5，米黄色。外径 7、内径 6、环高 1.5 厘米（图一二九，7；彩版一六四，3）。标本 M51：231－2，米黄色，在一断裂处两侧各凿有两补缀小孔。外径 7.2、内径 6.2、环高 1 厘米（图一二九，8；彩版一六四，4）。

E 型　5 件。环面高，内面平，外表面中线起一周突脊状弦纹，突脊两侧弧形凹入。标本 M69：126－2，深米黄色。外径 7、内径 6.5、环高 1.6 厘米（图一二九，9；彩版一六四，5）。

F 型　3 件。标本 M69：111－2，环面高，断面略呈扁三角形，内面平，外表面中线一周折棱，白色。外径 6.6、内径 6、高 0.9 厘米（图一二九，10；彩版一六四，6）。

2. 玉玦

331 件。环状，内孔偏向上侧，使环面下侧较宽，向上渐窄。上侧有一缺口，两旁对称各凿一小孔。磨制极薄。出土时大部分都已残碎，部分原已断折，在断折两侧凿对称

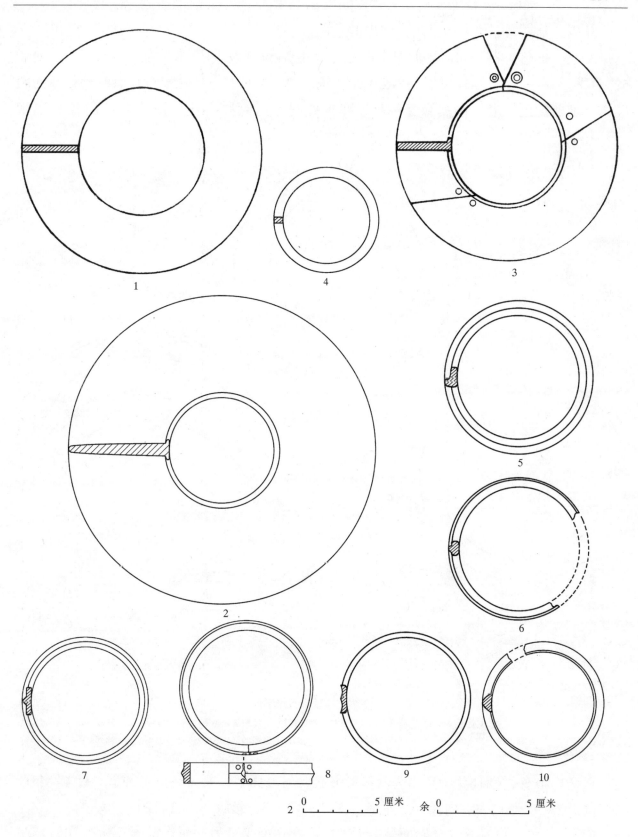

图一二九　玉镯

1.A 型 M51:232　2.B 型 M47:146－2　3.B 型 M51:105　4.C 型 M69:126－1　5.C 型 M69:111－1　6.C 型 M51:149－3　7.D 型 M69:126－5　8.D 型 M51:231－2　9.E 型 M69:126－2　10.F 型 M69:111－2

小孔补缀。分五型，也有多型组合同出的。

　　A型　36件。圆环状，环面扁平而宽。标本M69:129-1，米黄色。外径7.8、内径5.5厘米（图一三○，1；彩版一六五，1）。标本M68:107-1，从玉石自然纹理处断为两段，一段米黄色，另一段浅绿泛黄色，断折处两侧凿对称小孔。外径12、内径8厘米（图一三○，2）。

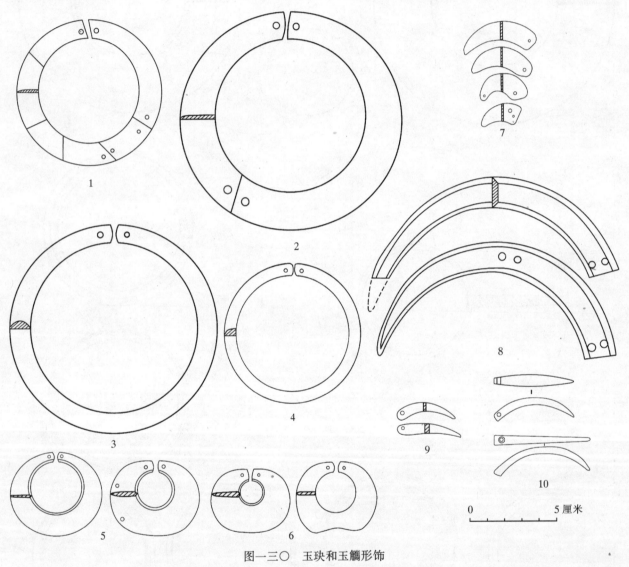

图一三○　玉玦和玉觿形饰

1. A型玉玦 M69:129-1　2.A型玉玦 M68:107-1　3.B型玉玦 M51:191　4.C型玉玦 M57:52　5.D型玉玦 M69:112　6.E型玉玦 M51:99-2　7.A型玉觿形饰 M68:10　8.B型玉觿形饰 M51:325　9.B型玉觿形饰 M68:18-5　10.C型玉觿形饰 M47:176

　　B型　10件。圆环状，环面一面弧形突起，另一面平，断面略呈半圆形。标本M51:191，白色。外径11.3、内径9.2厘米（图一三○，3；彩版一六五，2）。

　　C型　2件。圆环状，环断面呈扇形，内面和一面平，另一面作弧形。标本M57:52，米黄色。外径7.5、内径6.1厘米（图一三○，4；彩版一六五，3）。

　　D型　20组233件。略呈椭圆环状，内孔圆，贴靠上侧。器形较小，常大小不一的多件依次叠累同出。少数玉质好、半透明、浅绿色的小块单件发现。标本 M69：112，22件（组合），白色和浅米黄色。最大件外径 4.7~5.1、内径 3、最小件外径 2.1~2.4、内径 1.1 厘米（图一三○，5；彩版一六五，4 左）。

E 型　4 组 50 件。略呈椭圆环，较宽，下沿平直，部分内弧。大小不一的多件依次叠累同出。标本 M51：99 - 2，16 件（组合），多为深米黄色。最大件外径 3.6~4.5、内径 1.8、最小件外径 2.3~2.8、内径 1.1 厘米（图一三○，6；彩版一六五，4 右）。

3. 玉觿形饰

19 组 301 件。弯齿形，上端略宽圆，下端尖锐，形如野兽的犬齿獠牙而似觿。上端凿一小孔，少数凿两小孔，尖端偶有凿一小孔。大小不等，多件同出，似多件组合穿缀佩戴。分三型。

A 型　12 组 251 件。磨成两面平的薄片，较宽。标本 M68：10，25 件（组合），白色和米黄色。其中 4 件上端为两孔，7 件尖端凿一小孔。通长 2.3~4、宽 0.7~1 厘米（图一三○，7；彩版一六六，1）。

B 型　5 组 33 件。较窄，稍厚。标本 M68：18 - 5，5 件（组合），白色。其中 1 件上端凿二小孔。通长 3~3.4、宽 0.3~0.4 厘米（图一三○，9；彩版一六六，2）。标本 M51：325，2 件（组合），白色，器形最大，对称相同弯曲略作半圆形，正面边沿磨斜，上端齐平，凿两小孔。其中 1 件中部凿两小孔。通长 13、宽 1.7 厘米（图一三○，8；彩版一六六，3）。

C 型　2 组 17 件。窄而厚，断面略呈方形，上端小孔平穿或横穿。标本 M47：176，6 件（组合），白色。通长 3.3~5.3 厘米（图一三○，10；彩版一六六，4）。

4. 玉管

2373 件。圆管状，中有穿孔，孔两面对穿，连通处略错位，孔径口大内小。长短，粗细不一。通长 1~15.2、管径 0.3~1、孔径 0.1~0.6 厘米。大型墓内多作"珠襦"装饰用。分二型。

A 型　2304 件。直管形，粗细较匀，两端截平。标本 M51：208 - 1，80 件，白色，米黄色或米黄间绿色。通长 1.1~14.6、管径 0.5~0.9、孔径 0.3~0.6 厘米（图一三一，1；彩版一六六，5）。

B 型　69 件。中间粗，两端细，如枣核形，两端截平。标本 M69：62 - 1，12 件，白色。其中一件一端横凿一小孔。通长 2.1~6.8、管径 0.4~0.8、孔径 0.1~0.3 厘米（图一三一，2；彩版一六六，6）。

5. 玉珠

824 粒。均出自大型墓内作"珠襦"装饰用。大小略有差。其中管状珠 253 粒，呈短管形，中有穿孔，表面直或稍弧，通长 0.3~0.8、径 0.4~0.9、孔径 0.1~0.3 厘米。球状珠553粒，表面外鼓，略呈圆球或扁圆球形，中有穿孔，径0.3~1.3、孔径0.1~0.4厘米。横条珠18粒，横长方形，上下两端平列穿三至五小孔，用以束绿松石珠串于"珠襦"上，长0.3~0.9、宽1.3~2厘米。标本M57:79-2，共145粒，米黄色，其中管状珠50粒，通长0.5~0.6、径0.4~0.7、孔径0.1~0.3厘米；球状珠95粒，径0.3~0.7、孔径0.1~0.4厘米（图一三一，3；彩版一六七，1）。标本M51:208-3，11粒横条珠，米黄色。长0.3~0.9、宽1.7~2厘米（图一三一，4；彩版一六七，2）。

6. 玉坠

32件。长条形，上端有圆孔可穿系。分二型。

A型　31件。圆柱状长条。分三式。

Ⅰ式　15件。下段渐收细，下端截平。顶端斜钻一孔侧面穿出；或直钻一孔，两侧对称斜钻二孔，三孔连通。标本M68:46，白色，顶端截平，直孔和两侧斜孔连通。长

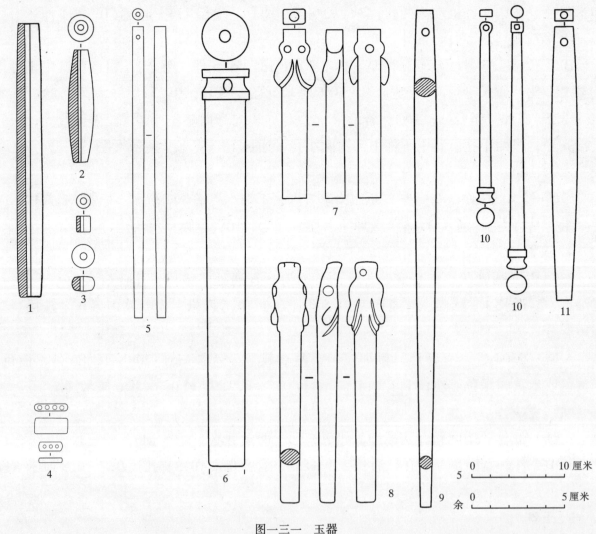

图一三一　玉器

1.A型玉管 M51:208-1　2.B型玉管 M69:62-1　3.玉珠 M57:79-2　4.玉珠 M51:208-3　5.A型Ⅰ式玉坠 M68:46　6.A型Ⅰ式玉坠 M68X1:47-1　7.A型Ⅰ式玉坠 M68土:1　8.A型Ⅰ式玉坠 M51:194　9.A型Ⅱ式玉坠 M51:349-1　10.A型Ⅲ式玉坠 M69:177　11.B型玉坠 M68X1:47-2

31、径 1.4 厘米（图一三一，5；彩版一六七，3）。其中上端雕琢成铜鼓形 1 件，标本 M68X1:47-1，白色，鼓面中央斜钻一孔到鼓腰穿出，下端残损。残长 21、鼓径 1.7、坠径 1.4 厘米（图一三一，6；彩版一六七，4）。上端雕琢成龙首形 2 件，顶端龙口内斜钻一孔到颌下穿出，坠身稍扁断面略呈椭圆形。标本 M68 土:1，白色，双眼和双角同在正面，下段残损。残长 8.8、坠径 1.1~1.3 厘米（图一三一，7；彩版一六七，5）。标本 M51:194，白色，双眼和双角分别在两侧，眼内各镶嵌一粒圆形绿松石，下段残损。残长 12.8、坠径 1.1~1.2 厘米（图一三一，8；彩版一六七，6）。

Ⅱ式 14 件。中段较粗，两端稍细，上段较下段短，略粗，渐扁，断面略呈椭圆形，上端钻一横穿小孔。标本 M51:349-1，米黄色。通长 26.5、径 1.1 厘米（图一三一，9；彩版一六七，7）。

Ⅲ式 2 件。标本 M69:177，灰白色，上细下粗，上端雕琢成圆环成方环，下端雕琢成铜鼓形。通长 10~13、鼓径 0.9~1.1、坠径 0.7~0.9 厘米（图一三一，10；彩版一六七，8）。

B 型 1 件。标本 M68X1:47 2，白色，断面方形，中段较粗，两端稍细，上段略扁。上端钻一横穿小孔，顶端直钻一小孔与其相连通。表面黏附铜锈。通长 14.5、径 1×1 厘米（图一三一，11；彩版一六七，9）。

7. 玉杆

4 件。标本 M51:349-2，圆柱状长杆，两端截平。中有穿孔，孔内穿有铁丝芯，铁芯两端铆固于孔口。长短不一，用途不明。残长 26.3~39、径 1~1.1、铁芯径 0.7 厘米（图一三二，1；彩版一六七，10）。

8. 玉标首

15 件。大型墓内已脱落散离剑首，不能辨明与剑的关系。椭圆片状 14 件，玉质多较好，绿色略透明，少数为白色。略呈椭圆形，正面平滑，背面中部钻二斜孔，互相穿连通；或背面稍弧起，中央穿一小孔。标本 M68X2:34，7 件，大小相若，背面钻互相连通的二斜孔。径 4.2~4.9、厚 0.4 厘米（图一三二，2；彩版一六八，1）。圆形 1 件，标本 M51:243，绿色，半透明，沁后表面有黄色斑块。正面中部琢有一圈凹弦纹，内刻对称四卷云纹，中央刻菱形纹。外琢有小乳丁星云纹，边缘琢一圈弦纹。背面周边稍斜，中部琢一周圆圈状窄槽，可能为标本 M51:228 的标首。径 4、厚 0.9 厘米（图一三二，3；彩版一六八，2）。

9. 玉璲

1 件。标本 M51:228-2，浅黄色，半透明，长条形，两端向下卷曲，正面平滑，背面雕琢有长方形孔。通长 10.4、宽 2.1、孔长 3.7、宽 0.5 厘米（图一三二，4；彩版一六八，3）。

10. 玉邃

1件。标本 M51:179，绿色，半透明，沁后表面有棕黄色斑块。略呈束腰梯形，上端

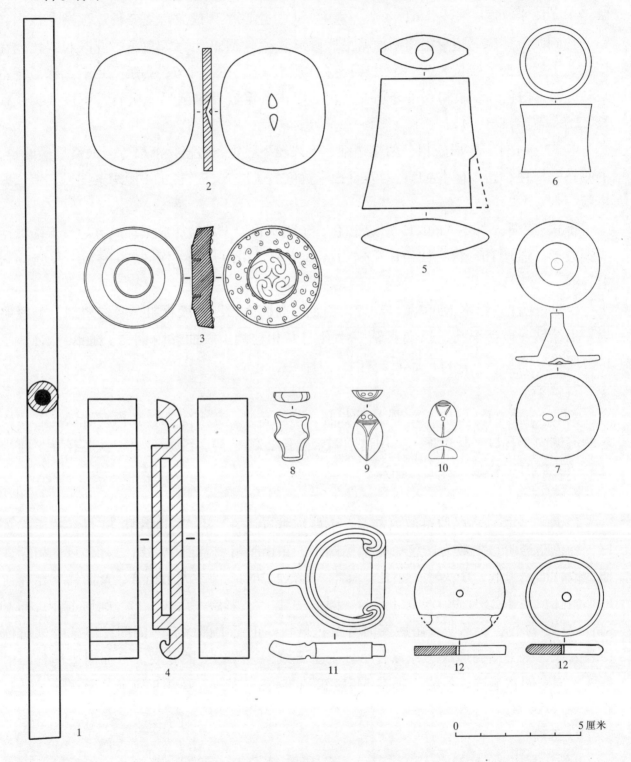

图一三二　玉器

1. 玉杆 M51:349-2　2. 玉标首 M68X2:34　3. 玉标首 M51:243　4. 玉璏 M51:228-2　5. 玉邃 M51:179　6. 玉镳 M51:297-2
7. A型玉扣 M47:124-2　8. B型玉扣 M51:249-2　9. B型玉扣 M82:15　10. B型玉扣 M51:169-1　11. 玉策 M47:20　12. 玉纺轮
M69:181

稍窄，两面弧形隆起，断面呈枣核形。上端面正中钻入一圆孔。可能为标本 M51：228 的鞘珌。通高 5.2、宽 3.9～残 4.3、孔径 0.7、深 1 厘米（图一三二，5；彩版一六八，4）。

11. 玉镰

1 件。标本 M51：297－2，白色，束腰圆筒状。通高 2.7、径 2.5～2.7 厘米（图一三二，6；彩版一六八，5）。

12. 玉扣

23 件。背面平，斜钻双连小圆孔，互相穿通，分二型。

A 型 15 件。标本 M47：124－2，白色，圆片状，正面中部截顶圆锥形凸起，顶平。背面钻二斜孔，互相穿连通。径 3～3.9、高 1.1～1.3 厘米。其中 4 件锥顶作圆柱形，径 2.7～3.3、高 1.6～1.9 厘米（图一三二，7；彩版一六八，6）。

B 型 5 件。兽面和甲虫形，器形小，薄片状。棕色和米黄色相间。兽面 3 件，标本 M51：249－2，雕琢完成 1 件，形似龙，高 1.9、宽 1.4 厘米（图一三二，8；彩版一六八，7 右）；另 2 件为半成品。甲虫形 2 件，椭圆形，正面琢磨阴线勾出甲虫的头、翅等。标本 M82：15，头尾两端尖，琢有双眼，长 2、宽 1.2 厘米（图一三二，9；彩版一六八，7 中）。标本 M51：169－1，中央直钻一穿孔，长 1.4、宽 1.2 厘米（图一三二，10；彩版一六八，7 左）。

另有 3 件为圆形，其中 2 件中央直钻一穿孔。或为尚未琢阴线勾头、翅的甲虫形扣；或可能是镶嵌在 D 型圆片形铜器中央圆孔内，装饰方法与 B 型贝泡形饰相同。

13. 玉策

1 件。标本 M47：20，深米黄色，略作半圆形框，半圆顶突出一齿，框两端琢卷云纹。通长 4.8、宽 4.2 厘米（图一三二，11；彩版一六八，8）。

14. 玉纺轮

3 件。标本 M69：181，白色，圆片形，两面平，中央穿一孔。其中 2 件侧面呈两面坡状突出，中线折棱一周。径 3.1～3.5、孔径 0.4、厚 0.3～0.6 厘米。1 件侧面平直，径 3.7、孔径 0.3、厚 0.4 厘米（图一三二，12；彩版一六八，9）。

二 石器

21 件。石器质地有细砂岩、泥质页岩。器形有石坠、石纺轮、石斧、石板、圆石片、方形石器、甲虫形饰等。

1. 石坠

13 件。细砂岩，上端凿一圆孔，可穿系挂坠。分三型。

A 型 6 件。圆柱形，中段较粗，两端稍细，上端较下端略粗渐扁，断面呈椭圆形。下端齐平或斜直。通长 8.3～16、径 1.1～1.7 厘米。标本 M29：3，深红色细砂岩，下端齐平。通长 12、径 1.3 厘米（图一三三，1；彩版一六九，1 左）。

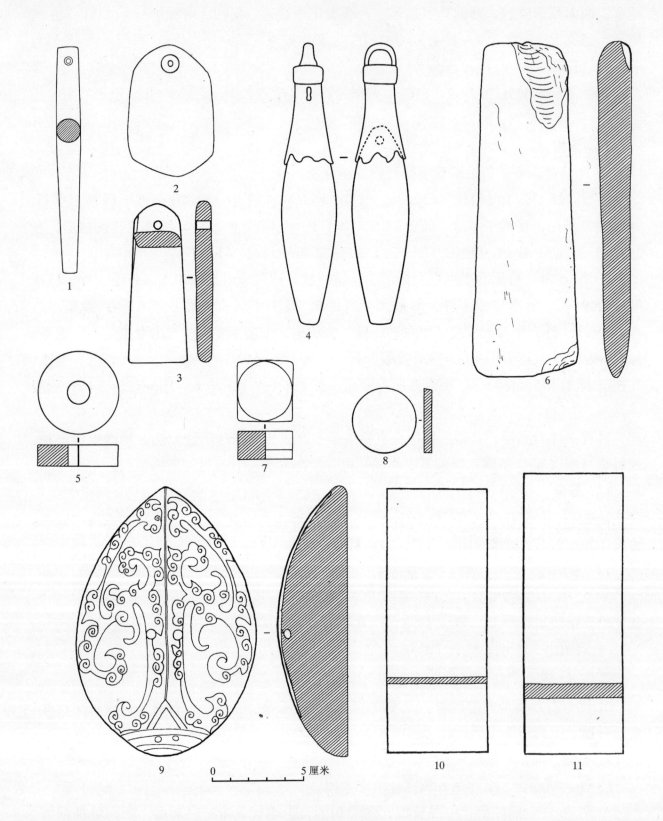

图一三三　石器

1. A 型石坠 M29：3　2. B 型石坠 M68X1：48　3. B 型石坠 M62：7・4. C 型石坠 M71：47　5. 石纺轮 M65：7　6. 石斧 M86：32　7. 方形
石器 M86：4—3　8. 圆石片 M85：107　9. 石甲虫饰 M69：182　10. 石板 M85：106　11. 石板 M86：9

B型　6件。略呈不规则的扁长方体，圆角。长7～12.3、宽3.1～4.5、厚0.5～1.5厘米。标本M68X1:48，深红色细砂岩，上下两端突出。长7、宽4.5、厚1.5厘米（图一三三，2；彩版一六九，1右）。标本M62:7，紫色细砂岩，上端稍窄略圆，下端稍宽略直，两面平。长8.4、宽3.2、厚0.7厘米（图一三三，3；彩版一六九，2）。

C型　1件。标本M71:47，灰白色细砂岩，上端包铜帽挂。中段粗，两端细，上端较下端细，穿孔处扁，下端圆。铜挂铸作喇叭口形，口沿连弧形。上端铸一道宽带状弦纹，其下两侧有对称长方形钉孔，顶端为半环挂纽可穿系挂坠。通长15、径2.8厘米（图一三三，4；彩版一六九，4）。

2. 石纺轮

1件。标本M65:1，黄褐色细砂岩，圆形，侧面平直，表面光滑，中央穿一圆孔。径4.5、孔径1.2、厚1.1厘米（图一三三，5；彩版一六九，8）。

3. 石斧

1件。标本M86:32，青灰色页岩，扁平长条梯形，刃端较宽，双面弧刃。两面有磨痕，似作砺石用。通长18、宽4.9～5.9厘米（图一三三，6；彩版一六九，6）。

4. 石板

2件。长方形薄板，一面光滑，另一面不太平整。标本M85:106，青灰色页岩，长14.3、宽5.6、厚0.2厘米（图一三三，10；彩版一六九，3）。标本M86:9，灰褐色砂质页岩，侧面向不平整面斜收。长15.2、宽5.5、厚0.6厘米（图一三三，11）。

5. 圆石片

1件。标本M85:107，灰褐色细砂质页岩，圆形薄片，一面光滑，另一面未磨，侧面稍磨，留有打制痕迹。径3.4、厚0.4厘米（图一三三，8）。

6. 方形石器

2件。标本M86:4－3，青灰色细砂岩，扁方体，上部磨成圆形，不甚规整。长宽2.5～3.1、高1.3～1.4厘米（图一三三，7；彩版一六九，5）。

长方形石板和方形石器在墓内用意不明，以往在滇文化墓葬中也没有发现过。而在中原地区洛阳烧沟的东汉墓中曾发现这两种器物同出，它们的用途及其放置在墓内的用意不明[1]。当为中原地区传入云南的埋葬习俗。

7. 石甲虫饰

1件。标本M69:182，深红色细砂岩，略作椭圆形，后端尖，底平，正面半球形隆起，中线起棱。阴线刻划出甲虫的头及双翅甲壳，呈俯停状的甲虫。双眼镶嵌绿松石，双翅甲壳上绘绿色云气纹。虫背中央有相互贯通的二孔。通长14.4、宽10.1、高3.8厘

---

[1]　洛阳区考古发掘队：《洛阳烧沟汉墓》，206～207页，科学出版社，1959年。

米（图一三三，9；彩版一六九，7）。

三 玛瑙器

13979件。玛瑙器表面光亮，质地坚硬，半透明，色彩艳丽，有白、浅灰近白、红、橙红、深红色等。部分夹有自然形成的不同颜色的条、带纹，更显绚丽。数量多，但器形比较少，有玛瑙扣、玛瑙瑱、玛瑙管、玛瑙珠等。

1. 玛瑙扣

1199件。圆片状，正面中部突起，打磨光滑。背面稍作打磨，有打琢痕迹，斜钻双连小圆孔，互相连通，用以穿系，部分器形大的钻有二双连圆孔。根据正面突起形状差异分二型。

A型 56件。正面中部琢成圆锥状乳丁，突起较低，顶尖稍圆钝，底与圆片圆滑连接。径1.8~6.8厘米。标本M71:30，11件，径2.3~3.4、高1.1~1.4厘米（图一三四，1；彩版一七〇，1）。

B型 1142件。正面中部琢成截顶圆锥状，突起较高，顶平或作圆柱状，底与圆片折接，棱角分明。径1.9~10.4厘米。标本M68X1:53，174件，径2.7~9.7、高1.6~3.2厘米。其中1件正面边沿琢有一圈7个小圆孔槽，似作镶嵌用，惜镶嵌物已脱落（图一三四，2；彩版一七〇，2）。

另有甲虫形玛瑙扣1件。标本M82:20，红色，略呈椭圆形，后端尖，正面隆起，中线折棱，头部琢二小孔槽，可镶嵌双眼。长1.6、宽1.1、高0.8厘米（图一三四，3；彩版一七〇，3）。

2. 玛瑙瑱

432件。器形小，圆片形，正面琢突起细而高，背面打磨平滑。根据正面突起形状不同分三型。

A型 342件。正面中部突起呈圆管状，中央钻穿孔。标本M69:85，17件，径1.1~1.8、高1.1~1.3厘米（图一三四，4；彩版一七〇，4）。

B型 38件。正面中部突起的圆管较细，中段凸出一道箍。标本M68:19-2，15件，径1~1.5、高1~1.4厘米（图一三四，5；彩版一七〇，5）。

C型 52件。正面自边沿圆锥状突起较高，顶尖锐或稍圆，通体如喇叭形，中央和背面都没有钻孔。标本M68:17-2，11件，径1.1~1.3、高2~2.3厘米（图一三四，6；彩版一七〇，6）。

3. 玛瑙管

2812件。圆形管状，中央钻穿孔。根据表面形状差异分三型。

A型 1028件。直圆管状，粗细均匀。标本M69:67-1，4件，长2.2~3.4、径1~1.1厘米（图一三四，8；彩版一七一，1）。另有9件，标本M47:133-1，穿孔特殊，

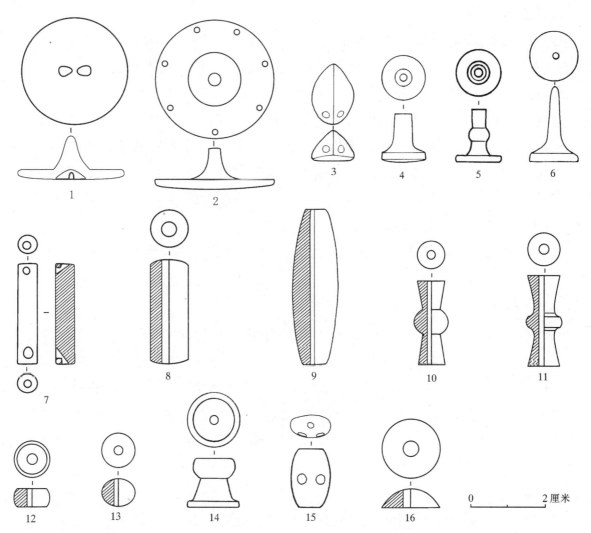

图一三四　玛瑙器

1.A 型坞瑙扣 M71：30　2.B 型玛瑙扣 M68X1：53　3.甲虫形玛瑙扣 M82：20　4.A 型玛瑙瑱 M69：85　5.B 型玛瑙瑱 M68：19－2
6.C 型玛瑙瑱 M68：17－2　7.A 型玛瑙管 M47：133－1　8.A 型玛瑙管 M69：67－1　9.B 型玛瑙管 M44：17－1　10、11.C 型玛瑙管
M68：23－1　12、13.玛瑙珠 M57：69　14.鼓形玛瑙珠 M44：13　15.蛇头形玛瑙珠 M51：169－2　16.半球形玛瑙珠 M69：60－2②

由两端中央向一侧斜钻穿孔。长 2.4～2.7、径 0.6～0.7 厘米（图一三四，7；彩版一七一，2）。

B 型　913 件。枣核形，中间较粗，两端稍细。标本 M44：17－1，6 件，长 3.7～6.3、径 1.1～1.6 厘米（图一三四，9；彩版一七一，4）。

C 型　871 件。竹节形，中间和两端较粗，中间呈圆球或扁球形，两端则渐收细连接圆球，略似竹节。也有因其形谓之"极似瓠形"①，"似铜尊"②。标本 M68：23－1，76 件，长 1.7～2.5、径 0.9～1 厘米（图一三四，10、11；彩版一七一，3）。

①　云南省博物馆：《云南晋宁石寨山古墓群发掘报告》，125 页，文物出版社，1959 年。
②　云南省博物馆：《云南江川李家山古墓群发掘报告》，《考古学报》1975 年 2 期。

4. 玛瑙珠

9536 粒。扁圆球形或圆球形玛瑙珠，中央钻穿孔，有的两端琢磨较少呈短管状。标本 M57:69，150 粒，径 0.5~1.1 厘米（图一三四，12、13；彩版一七一，5）。

另外还有特殊形状的玛瑙珠 7 粒，分别说明。横条玛瑙珠 2 粒，器形与玉横条珠相同，呈横长方形，上下两端平列钻三小穿孔。长 0.7、宽 1.7 厘米。鼓形玛瑙珠 2 粒，均出自 M44，白色，雕琢成铜鼓形，无耳，中央钻一穿孔。标本 M44:13，面径 1.2、足径 1.2~1.4、高 1.3 厘米（图一三四，14）。蛇头形玛瑙珠 2 粒，红色，整体扁平，中间稍宽，两端较窄，中央钻穿孔。标本 M51:169-2，两面各琢二小孔槽，可镶嵌双眼。长 1.6、宽 1.1、厚 0.5 厘米（图一三四，15）。半球形玛瑙珠 1 粒，标本 M69:60-2②，红色，正面半球形，隆起较低，背面平，中央钻穿孔。径 1.5、高 0.5 厘米（图一三四，16）。

四　绿松石器

2495 件。绿松石器多呈草绿、浅绿、蓝绿等色，不透明。石质大多都不太好，夹杂土石小块，埋葬土沁后多残破不堪。特别是浅绿泛白色的，出土时触手即粉，或稍重即碎。田野发掘时隔着薄土层的踩踏，清理时竹扦、毛刷也常对其造成破坏，损毁较多，仅少数能取出观测。加工制作也不精细，较玉器，玛瑙器粗糙。器形不规整，表面打磨也不甚光滑。数量多，是缝缀"珠襦"的大宗，器形都较小，有扣、珠等。其中数量不多的石质较好，雕琢较细。

1. 绿松石扣

863 件。不规则片状，根据所用石材形状稍加雕琢制成，基本保持原石料的自然形态。背面略琢磨平，斜钻互相穿通的双连孔。根据正面形状及加工不同分四型。

A 型　254 件。天然形，即正面不雕琢加工，保持自然形成的砾石面及凹凸不平的原材面。可能是用石料块的表面边材制成，大致呈圆形和椭圆形。标本 M68:16-1②，18 件，最大件 3.1×3、最小件 1.1×1.4 厘米（图一三五，1；彩版一七二，1）。

B 型　40 件。选取大致呈圆形和椭圆形，正面稍弧起的石材，雕琢成低圆锥形，或中部雕琢成圆锥形小乳丁。标本 M51:97-3，4 件，径 1.2~2、高 0.6~1.6 厘米（图一三五，2；彩版一七三，1）。

C 型　509 件。正面中部雕琢成突起的截顶圆锥形，顶平，周沿平或稍弧起。标本 M51:249-1，94 件，径 1.2~3.7、高 0.6~1.6 厘米（图一三五，3；彩版一七二，2）。

D 型　60 件。动物形，正面琢磨作兽面、鸟、甲虫等形状。其中兽面 40 件、鸟形 9 件、甲虫形 11 件。分二式。

Ⅰ式　31 件，保持石料的自然形态，略加琢磨，呈现奇异的鸟兽形态。有的琢点眼睛，更显得形象生动。充分体现了制作工匠选取石料时敏锐的观察力和丰富的想象力，

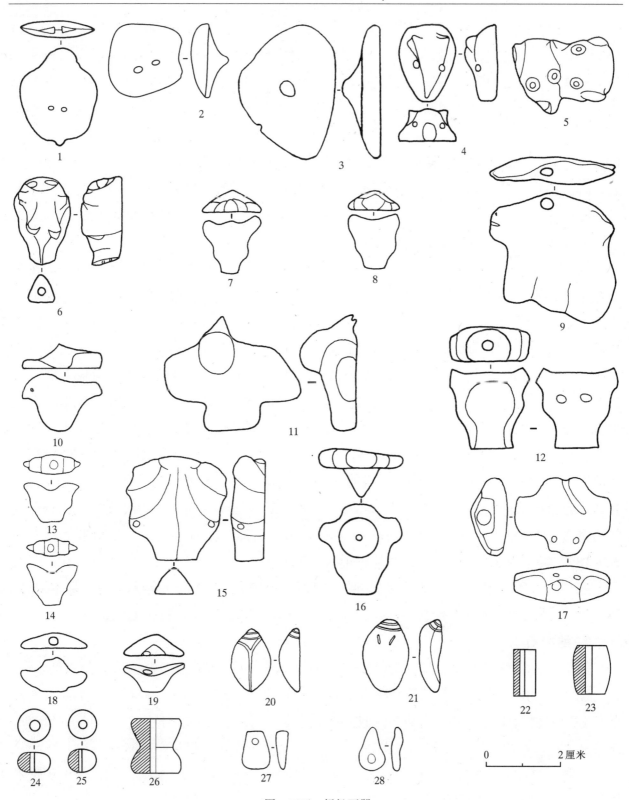

图一三五　绿松石器

1.A 型绿松石扣 M68:16-1②　2.B 型绿松石扣 M51:97-3　3.C 型绿松石扣 M51:249-1　4.D 型 I 式绿松石扣 M51:97-2　5.D 型 I 式绿松石扣 M51:249-5①　6.D 型 I 式绿松石扣 M51:249-5②　7、8.D 型 I 式绿松石扣 M69:65-2⑤　9.D 型 I 式绿松石扣 M68:16-1①　10.D 型 I 式绿松石扣 M47:184-1⑧　11.D 型 I 式绿松石扣 M51:249-5③　12~21.D 型 II 式绿松石扣 M44:4、M69:132-1④、M51:249-5④、M85:20-2、M44:3、M68:16-1③、M69:132-1:④、M69:64　22、23.A 型绿松石珠 M69:132-1②　24、25.B 型绿松石珠 M69:132-1①　26.D 型绿松石珠 M82:24　27.E 型绿松石珠 M49:26　28.F 型绿松石珠 M44:39

长1～3.4厘米。兽面25件，标本M51:97-2，琢出双眼，稍磨嘴则酷似狼头，长2、宽1.6厘米（图一三五，4；彩版一七三，2）。标本M51:249-5①，琢出眼睛成二兽头相交。长2.9、宽2厘米（图一三五，5；彩版一七三，3）。标本M51:249-5②，形似猪头。长2.2、宽1.5厘米（图一三五，6；彩版一七三，4）。标本M69:65-2⑤，二件形如牛头。高1.4、宽1.4～1.6厘米（图一三五，7、8；彩版一七三，5）。标本M68:16-1①，琢出眼、嘴和鼻，形似牛头侧面。高3.1、宽3.4厘米（图一三五，9；彩版一七三，6）。鸟形7件，标本M47:184-1⑧，鸟侧身，中部琢一小乳丁。高1.4、宽2.1厘米（图一三五，10；彩版一七三，7）。标本M51:249-5③，形如展翅飞翔的鸟。长3、宽3.8厘米（图一三五，11；彩版一七三，8）。

Ⅱ式　28件。石质较好，雕琢加工多，工艺较精细。有的背面也琢磨光滑，而由上下端中央钻穿孔。兽面15件，标本M44:4，形似虎头，两面磨光，背面斜钻互相穿通的双连孔，中央还钻穿孔。高2.1、宽2.1厘米（图一三五，12；彩版一七四，1）。标本M68:16-1③，2件，形如牛头，两面琢磨光滑，中央钻穿孔。高1.1、宽1.5厘米（图一三五，13、14；彩版一七四，2）。标本M51:249-5④，似浮雕的熊头，镶嵌双眼。高2.7、宽2.7厘米（图一三五，15；彩版一七四，3）。标本M85:20-2，雕琢规整，但显呆板，形如图案化的牛头，中部琢一圆锥形突起，周围平整。高2.4、宽2.2厘米（图一三五，16；彩版一七四，4）。标本M44:3，雕琢成"十"字形，正面上端略琢出双角，上部有一斜琢痕，下部琢出双眼，上下端和左右端均中央钻穿孔，似未雕琢完的半成品。高2、宽2.6厘米（图一三五，17；彩版一七四，5）。鸟形2件，形如展翅飞翔的燕子，两面磨光，中央穿孔。标本M68:16-1③，双翅略后曲。高0.9、宽1.8厘米（图一三五，18）。标本M69:132-1④，双翅稍前展。高0.8、宽1.8厘米（图一三五，19；彩版一七四，6）。甲虫形11件，略呈椭圆形，正面用阴线琢出甲虫的头部和双翅。标本M69:64，2件，长1.5～1.6、宽1～1.1厘米（图一三五，20、21；彩版一七四，7）。

2. 绿松石珠

数量巨大，残损最多，只有少数能取回整理统计，计1633粒。根据形状分六型。

A型　846粒。管状珠，面不规则，多作圆形和椭圆形，中央钻穿孔。有的如枣核形，有的宽扁。还有少数一面磨平，似镶嵌其他器具上的。标本M69:132-1②，75粒，长0.9～2.1、径0.6～1.3厘米（图一三五，22、23；彩版一七五，1）。

B型　778粒。球状珠，扁圆球形。标本M69:132-1①，27粒，径0.6～0.9厘米（图一三五，24、25；彩版一七五，2）。

C型　6粒。横条珠，与玉横条珠相同，横长方形，上下两端平列钻三至四个小穿孔。长0.6～0.9、宽1.4厘米。

D型　1件。鼓形珠。标本M82:24，形如铜鼓，无耳，中央钻穿孔。高1.5、径1.3

厘米（图一三五，26；彩版一七五，3）。

E型　斧形珠，1件。标本 M49：26，器形极小，扁平梯形，双面弧刃，上部钻一穿孔。长1、刃宽0.7厘米（图一三五，27；彩版一七五，4）。

F型　1件。牙形珠。标本 M44：39，略作兽尖牙形，后端钻一穿孔。长1.1、宽0.7厘米（图一三五，28；彩版一七五，5）。

数量最大，损毁最多的当属小珠，是构成"珠襦"最主要的珠饰，数以万计，或可能更多。石质差，浅绿色，质地疏松，田野清理时大片发现。且吸水性强，吸水后松软如泥，无法统计。圆形，稍长呈短管状，较短呈环状，外表直，两端截平。标本 M41：4，保存较好，长0.2～0.5、径0.2～0.4厘米（彩版一七五，6）。

五　琥珀珠

16件。棕红色，半透明，质轻。因在土中沁后表面显得粗糙无光泽。制作为珠，中央钻穿孔。其中枣核形3件，中间粗，两端稍细。如标本 M82：16，1件，一端钻两孔，与中央穿孔连通。长4.8、径1.7厘米（图一三六，1；彩版一七六，1）。方形2件，断面做成方形，两端稍细。如标本 M49：20，1件，长3.2、径1.5×1.2厘米（图一三六，2；彩版一七六，2）。扁球形11件，大小不等。标本 M47：51-1①，9件，径0.4～1厘米（图一三六，3～5；彩版一七六，3）。

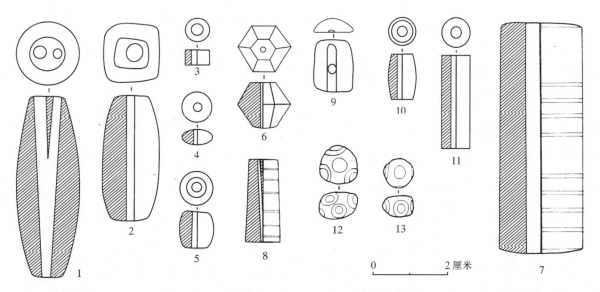

图一三六　琥珀珠、水晶珠、蚀花石髓珠和琉璃器

1. 琥珀珠 M82：16　2. 琥珀珠 M49：20　3～5. 琥珀珠 M47：51-1①　6. 水晶珠 M49：22　7. 蚀花石髓珠 M69：67-2　8. 蚀花石髓珠 M68：21-3　9. 方形琉璃片饰 M51：75　10、11. 琉璃管 M47：184-1⑤　12. 琉璃珠 M68X1：52-2　13. 琉璃珠 M51：209-2②

六　水晶珠

4粒。标本 M49：22，无色透明，有棱多面圆球形。上下部雕琢成对称的截顶六棱锥体，共十四面。中央钻一穿孔，孔径小，内外粗细均匀，与玉器、玛瑙器、绿松石器等

的钻孔技术工艺明显不同。高1~1.1、径1.3~1.4、孔径0.1厘米（图一三六，6；彩版一七六，4）。这4粒水晶珠与漆奁银钮及柿蒂形银片饰同出一墓内，很可能原镶嵌在奁盖上。这样的装饰方法，在中原地区东汉墓中曾发现过[1]。这4粒水晶珠也很可能是由中原地区传入云南的。

七　蚀花石髓珠

16件。肉红色或蜜色，半透明。均为一端稍细的圆柱状珠，中央穿一孔，两端截平。表面蚀多道弦纹状白色、乳白色平行线条带状花纹，条纹上用笔涂描的痕迹清晰可见。条纹颜色局部浓淡不等，极少的地方几乎淡至无色。中央穿孔直，粗细较均匀，孔径大多很小。与玉器，玛瑙器等钻穿孔的工艺技术方法迥然不同。标本 M69:67-2 最大，表面蚀两组八道条带花纹。通长6.1、径2.2~2.3、孔径0.8厘米（图一三六，7；彩版一七六，5）。其余的大小相若，表面蚀花条纹也多寡不一。标本 M68:21-3，7件，长1~2.2、径1~0.7、孔径0.1厘米（图一三六，8；彩版一七六，6）。

蚀花的肉红石髓珠在石寨山第二次发掘和李家山第一次发掘的墓葬中也曾发现过。这种石珠的石料矿物学称为肉红石髓，表面的白色平行线条花纹是化学腐蚀而成，并不是天然的。这些条带花纹是把含有碳酸铅和碳酸钠之类的有机物和无机物调成浆液作颜料，用笔描绘于石珠上，经加热打磨而成。在石珠上蚀花纹的工艺技术古代主要发现于印度河文化的遗存中。我国仅在新疆和云南发现过少量蚀花石髓珠，作为石料，云南境内有多处出产玛瑙，古书中屡见提及[2]。这16颗蚀花的肉红石髓珠器形和钻孔工艺与其他质料的管状珠明显不同，极可能是由印度河流域传入的，而不像是用外地传入的工艺技术在云南制作的。

八　琉璃器

出于4座大型墓内，也是缝缀"珠襦"主要的珠饰。以米黄色石英细砂为主要原料烧成，也称"烧料"。火候高烧透的有浅蓝、深蓝、红、深棕等色彩。器形不多，有方形琉璃片饰、琉璃管、琉璃珠等。

1. 方形琉璃片饰

11件。标本 M51:75，浅蓝色，大致呈圆角方形片，正面平或微弧起，中央有一小穿孔。背面中部经穿孔横贯一浅槽。长1.2~1.5、宽1.1~1.4、厚0.2~0.3厘米（图一三六，9；彩版一七七，1）。在洛阳汉墓中曾发现与这种方形片饰器形相应的陶范[3]。显然这种方形片饰的制作方法和装饰形式是从中原地区传入云南的。

---

[1]　洛阳区考古发掘队：《洛阳烧沟汉墓》，205页，科学出版社，1959年。
[2]　作铭：《我国出土的蚀花肉红石髓珠》，《考古》1974年6期。
[3]　中国科学院考古研究所编著：《洛阳中州路（西工段）》，44页；图版贰伍，4~9。科学出版社，1959年。

2. 琉璃管

155 件。圆管状，中央有穿孔。颜色、结构与烧制密切相关，大体可分五种情况。（1）火候高并烧透的通体为浅蓝色，表面光滑有光泽。质硬，器形完整，数量不多。（2）火候高而未烧透的表面烧成一层浅蓝色，内胎为乳白色。质较硬，器形多完整。有的表面部分烧一层蓝色；有的整器局部烧成蓝色，余部未烧透，而形成蓝白色相间。（3）火候稍低但烧透的烧成乳白色，器形基本完整。（4）火候稍低未烧透的表面，局部表面烧成乳白色，内胎为米黄色，并显细砂状，呈乳白、米黄色相间，器形多不完整。（5）火候不足的呈米黄色，表面粗糙，触手有细砂粒散落，器形明显不完整。（3）（4）（5）数量居多。同时也表明琉璃器以米黄色石英岩细砂为主要原料，制作成型后经烧制而成，但控制火候的技术显然不完备。还有火候更低的仅在田野清理时能见，或与墓内填土的土质土色相近而无法分辨。长 1～5.9、径 0.5～0.9、孔径 0.2～0.4 厘米。标本 M47：184－1⑤，90 件，长 1～3、径 0.5～0.9、孔径 0.2～0.3 厘米（图一三六，10、11；彩版一七七，3）。

3. 琉璃珠

数以万计。火候高的颜色有浅蓝、深蓝、红和极少数深棕色。火候不匀的常见蓝、白、米黄色斑驳。缝缀在"珠襦"上，分布面大，数量多，但火候低的居多，损毁也多，少数能取出。器形大多为扁圆球形，少数为圆环和短管状。大小不一，径 0.3 厘米以下的细小珠约占九成以上。较大的径 0.4～1.1 厘米（彩版一七七，4）。其中一种珠较特殊，10 粒，扁圆球形，中央穿孔，蓝色，半透明，表面镶嵌浅蓝色同心圆纹三至六个，每纹镶嵌二片，下大上小累叠，稍突出如眼睛。标本 M68X1：52－2、M51：209－2②，径 0.9～1、孔径 0.4 厘米（图一三六，12、13；彩版一七七，2）。

这种琉璃珠与长沙战国墓中发现的作法相同①，辉县战国墓葬中也发现过这一类型的琉璃珠②。湖南慈利战国墓也有发现，形象地谓之"蜻蜓眼式"③。很显然这种琉璃珠是由中原地区传入云南的。

第六节　陶器和贝器

63 件。陶器和贝器发现不多，器类也少。所以放在本节一起介绍。

一　陶器

37 件。发现极少，仅在几座大型墓内出土。泥质灰陶，部分表面上有黑色陶衣，有

① 中国科学院考古研究所：《长沙发掘报告》，66 页；图版叁伍，3。科学出版社，1957 年。
② 中国科学院考古研究所：《辉县发掘报告》，82 页；图版伍肆，3。科学出版社，1956 年。
③ 湖南省文物考古研究所等：《湖南慈利石板村战国墓》，《考古学报》1995 年 2 期。

的并绘有红色卷云纹彩绘。火候较低且不均匀，陶质较疏松，吸水性较强，陶色灰褐斑驳。残损较重，部分可复原。器形也少，有杯、壶、罐等。陶杯和壶出土时常附盖。

1. 陶杯

4件。直敞口，斜直腹，向下略收，圜底，圈足。圈足呈覆盘状，外侈，折沿略侈。中部三等分有"品"字形分布的三小孔，表面附黑色陶衣，并有红色彩绘。仅复原1件，标本M69：165，口和圈足各绘有一道宽带纹，腹上部绘有卷云纹。附铜盖，作半球形，近口处略厚，口部有一周凹槽，顶部立一水鸟形纽，鸟喙长向下勾曲，双翅展开。盖表面鎏金。通高29.8、杯高22、口径9.5、足径11.9厘米（图一三七，1；彩版一七八，1）。

2. 陶壶

7件。长颈，扁鼓腹，圜底近平，一侧有半环单耳，扁平且宽。根据颈和耳的差别分二式。

Ⅰ式 6件。颈长，上端较细，向下渐粗，中部一侧有单耳。颈与腹弧形相连，腹较小。口沿外折较宽。标本M51：345，表面附黑色陶衣，并有红色彩绘，已基本脱落尽，仅留点点红斑。高17.6、口径7.6、腹径10.8厘米（图一三七，2；彩版一七九，1）。标本M85：98，附陶盖。盖作低圆锥形，顶端有圆纽，器壁厚。不甚圆，直径较壶口径小，盖在折沿部。通高17.6、口径7.6、腹径9.8、盖高2.5、径6.4~6.6厘米（图一三七，3；彩版一七九，2）。标本M69：214和M69：215，附铜盖，半球形，周围为宽平沿。顶部立一水鸟形纽，分别为长喙勾曲展开双翅的水鸟和鸳鸯形水鸟。表面镀锡。残高3.7~5.4、直径约7.6厘米（图一三七，4、5；彩版一七九，3）。

Ⅱ式 1件。标本M86：33，泥质细砂陶，灰褐色斑驳。直颈较短，颈与腹折接，颈腹间有单耳较长，腹较大。口沿外折较窄，唇外饰一道凹弦纹。耳上饰折线水波纹。通高12.9、口径7.9、腹径11.5厘米（图一三七，6；彩版一七九，4）。

另发现铜盖3件，不能分辨属杯或壶之盖。器形与上述杯、壶所附铜盖相同，大小相若。

3. 陶罐

1件。标本M68：260，泥质灰陶，表面附黑色陶衣。大口直微敛，腹略鼓，平底稍外弧，腹一侧有半圆环单耳，扁平且宽。表面有竖直修整的痕迹，内壁则留横平修整的痕迹。通高12.3、口径8.2、腹径10.6厘米（图一三七，7；彩版一七八，2）。

4. 陶弹丸

25件。标本M85：44，泥质，深棕色近黑，手搓成圆球状，不甚圆也不光滑。吸水性强，吸水后酥散，干后坚硬，似用胶黏性强的黏土制成，或稍经烧制火候极低。田野清理时可见，大多不能取出，仅取回21件。径1.3~1.8厘米（彩版一七八，3）。

图一三七　陶器

1. 陶杯 M69：165　2. Ⅰ式陶壶 M51：345　3. Ⅰ式陶壶 M85：98　4、5. 陶壶铜盖 M69：214、215　6. Ⅱ式陶壶 M86：33　7. 陶罐 M68：260

二　贝器

用海洋里生长的贝、螺壳制作的装饰品，或作贝币用。

1. 泡形饰

26件。半圆球形泡状。用一种仅生长在印度海岸，口部有长出尖端的"印度铅螺"（Indian Chank；*Turbinella pyra* 标本 *M Liunaeus*）的螺壳，利用其自然形状，截去长出的尖端，琢磨制成。安置在其他器具上作装饰用，仅在 M51 和 M68 两座随葬金腰带饰的大型墓内发现，可见其得之不易。根据固定方法及相应的制作加工不同，可分二型。

A 型　18 件。略椭圆，中部凿双小穿孔，有的在边沿螺壳厚处另斜钻二小穿孔，穿系固定。最大件径 8.7～8、最小件径 6.3～6.7 厘米。其中 M68：349 的 1 件尚保留螺壳长出的尖端，长 11.6、宽 8.8 厘米（图一三八，1；彩版一八○，1）。

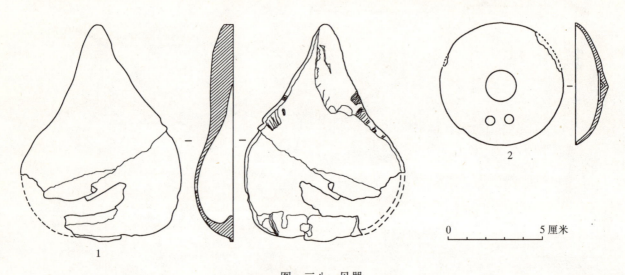

图一三八　贝器
1.A 型泡形饰 M68：349　2.B 型泡形饰 M68X2：19

B 型　8 件。标本 M68X2：19，圆形，中央一较大的圆孔，孔壁稍斜，孔外大内小。孔内镶嵌一圆形绿松石扣，扣侧面亦稍斜呈楔形，楔嵌入圆孔内，以扣背面互相穿通的双连孔穿系固定。扣正面圆锥形微突起。径 5.7～7.4、孔径 1～1.7 厘米。其中 1 件另钻两小孔镶嵌绿松石，径 6.6 厘米（图一三八，2；彩版一八○，2）；1 件边沿另钻一小孔镶嵌绿松石；1 件中央孔呈椭圆形无绿松石扣，似半成品。

2. 海贝

总重 50 余千克。自然形状完整，没有琢磨、钻孔等人为加工。大多为环纹贝，极少数为壳两侧弯折处各有一疣突的货贝，随机统计货贝约占 1‰。两种贝大小相若，长 1.8～2.6 厘米（彩版一八○，3）。可能作货币用，大型墓内的每件贮贝器出土时都盛满海贝。M68 的 X1 和 X2 内用海贝铺箱底。少数中小型墓内也有少许海贝堆放。

第四章 结语

李家山第二次发掘的 60 座墓的墓葬形制、葬式和随葬器物的器类、形式等，与第一次发掘的墓葬以及晋宁石寨山多次发掘的相同，说明李家山古墓群和晋宁石寨山古墓群一样同属滇文化墓群。

第一节 墓葬分期和年代

一 墓葬分期

由于地表受自然侵蚀和人为耕作，地层已不是原生堆积，墓口部遭到不同程度的破坏，耕土层下即露出残存墓口。因此，这些墓葬间都缺乏确实的地层证据，需要通过墓葬间的叠压、打破关系以求得出彼此的相对年代。此次发掘所发现的 12 组叠压、打破关系，为部分墓葬间的早晚关系提供了层位根据。

从多组墓葬间的叠压、打破关系中，可以看出属于第四类、第三类的墓葬叠压、打破属于第二类和第一类的墓葬；属于第二类的墓葬打破属于第一类的墓葬；属于同一类型的墓葬间也有相互打破关系。但属于第一类和第二类的墓葬总是处于叠压、打破关系链的最底端。

如在第一组叠压、打破关系的墓葬中：属于第三类的 M45 打破属于第一类的 M52；属于第四类的 M49 打破属于第二类的 M57；属于第三类的 M50 分别打破属于第一类的 M61 和属于第二类的 M51 和 M70，M51 又打破属于第一类的 M48。

第六组叠压、打破关系中，属于第三类的 M44 打破属于第二类的 M46。

第七组叠压、打破关系中，属于第三类的 M53 打破属于第一类的 M58。

第八组叠压、打破关系中，属于第二类的 M59A 叠压属于第一类的 M59B。

根据上述墓葬间的叠压、打破关系所确立的墓葬序列，可将第二次发掘的 60 座葬划分为四期。四种类型的墓代表四个时期。

第一期，即第一类墓。有 11 座，包括 M28、M32、M43、M48、M52、M54、M55、

M58、M59B、M61、M79。均为中、小型墓，分布在第一次发掘的大、中型墓周围或生土较厚地带，墓葬相互间叠压、打破关系很少。是第二次发掘的墓葬中最早的遗存。

第二期，即第二类墓。有 27 座，包括 M31、M34、M35、M40、M41、M46、M47、M51、M56、M57、M59A、M65～M68、M70～M75、M77、M78、M80、M81、M83、M84。分布范围较第一期大，墓葬间相互叠压、打破关系较多。年代晚于第一期。

第三期，即第三类墓。16 座，包括 M29、M30、M37、M38、M44、M45、M50、M53、M60、M62～M64、M69、M76、M82、M85。分布范围较第二期大，年代略晚于第二期。

第四期，即第四类墓。3 座，包括 M39、M49、M86。此次发现少，分布范围广，是第二次发掘的墓葬中最晚的遗存。

另外，M33、M36 和 M42 被破坏严重或没有随葬器物，也没有与其他墓葬间的叠压、打破关系，因此没有进行归类和分期。

二　器物演变

随葬金属器具多，尤其铜器繁多是滇文化墓葬群独具的特点。第二次发掘的四期墓葬，随葬器物的质地、器类、器形及组合等方面都有一定的差异。将出土随葬器物的分类和墓葬分期进行综合统计，可得出随葬器物分期表（参见附表一）。四期墓葬随葬器物的主要特点如下。

第一期：仅发现中、小型墓，随葬器物全为铜铸。器类少，器形简，器类有工具、兵器和装饰品。工具只有铜斧，兵器有铜矛、铜剑、铜镞、铜箙，装饰品仅有铜扣饰和铜钏，铜扣饰有圆形和长方形。唯在一座中型墓内出有铜锛及猴围边铜扣饰各 1 件。另在部分墓中有少量绿松石小珠局部覆盖。铜斧多为銎口无箍状弦纹 B 型 I 式和 E 型方銎铜斧，铜钏为重叠成上端较大的圆筒状 A 型 I 式。器物虽简，均属传统的滇文化典型器物，没有中原地区传入的铜马具、铜弩机、铜镜等及金银器、铁器、漆器等。

第二期：中、小型墓的随葬器物增多，但主要反映在中型墓内。小型墓与第一期墓差别不明显，工具增有铜削和石纺轮。但器物数量仍少，部分墓内铜斧、铜矛、铜剑、扣饰的基本组合不俱全。中型墓内不同程度地出有铜铲、铜殳、铜镖等器具，铜簪、玉镯、玛瑙扣、珠等装饰品这些滇文化传统器物，及铜茎铁腊剑等铜铁合制器。其中 M71 较特殊，棺头端有铜牛角作葬仪，还出有铜戈、铜戚、铜啄、铜鞘饰、铜臂甲、八边形铜銎斧等仪仗兵器，猴围边、疗牛图形铜扣饰和玉觿形饰等装饰品，以及铜銎铁凿、铁刀、铜茎铁腊剑等 9 件铜铁合制器，其墓主身份非同一般。

大型墓则与第一次发掘的早期大型墓有较大差异。铜枕、铜勺、铜尊、附有豆形盖的铜壶和铜杯、笙等滇文化早期典型器物已不见。随葬铜斧、锛、凿、削等工具，铜戈、矛、殳、戚、钺、啄、棒锤、剑、镞、箙饰、甲饰等仪仗器和兵器，铜鼓、贮贝器、伞盖等礼仪、葬仪器，铜扣饰、钏等装饰品，大量的玉、玛瑙、绿松石等制作的玉石器等滇文化传统器物。同时，新出现铜樽钉、执伞俑等葬仪器，"形似铁锅覆置"铸制的伞盖演变为锻制的圆锥状①；铜锄、铲等工具；铜叉、网状器、鞘饰、中原传入的弩机等仪仗和兵器；铜釜、盘、中原传入的铜镜、带钩等用具；铜衔、镳饰、节约、三通筒、策、泡等成套马具；大量的金银器；铜銎铁斧、铜銎铁凿、铁刀削、铜骹铁矛、铜茎铁剑、中原传入的长铁剑等铜铁合制器和铁器；大量由中原传入的或用中原技术制作的漆器，特别是镶嵌金银饰的钿器；动物围边的铜扣饰和琉璃器等装饰品。

方銎铜斧多为銎口有一道箍状弦纹的 A 型Ⅱ式和 B 型Ⅱ式，尖叶形铜锄为上部较宽的 A 型Ⅰ式、A 型Ⅱ式和 B 型，铜钏多为重叠成束腰圆筒状的 A 型Ⅱ式及 B 型Ⅰ式。

第三期：中、小型墓与第二期中、小型墓差异较大，随葬器物尤其是铜马具、铜铁合制器和铁器、漆器、玉石器增多。所有的中、小型墓都出有器形不同，数量不等的玉镯、玉玦、石坠、玛瑙扣、玛瑙珠等玉石器装饰品。大多数墓内还不同程度地出有铜策、铃、泡等马具，铜銎铁斧、铜銎铁凿、铜銎铁卷刃器、铜柄铁削、铁刀削、铜骹铁矛、铜茎铁剑等铜铁合制器和铁器，漆器铜耳饰、铜纽饰、铜环饰、铜铺首衔环等漆器饰件。部分墓内还出有铜戈、殳、盾饰、甲饰等仪仗、兵器，猴围边铜扣饰及中原传入的铜带钩。

大型墓内铜器和铁器减少，铜戚、鱼、蛇纲网状器等仪仗、葬仪器以及动物围边、各种动物、人物形象的透空浮雕和房屋模型的铜扣饰已不见。新出现铜马珂、铁锸、长方形石板等器物。同时边厢底部都发现大量漆皮。

方銎铜斧多为銎口处铸有多道箍状弦纹的 B 型Ⅲ式和 C 型Ⅲ式，尖叶形铜锄多为宽处位于中上部和中部 A 型Ⅲ式和 A 型Ⅳ式，铜钏多为重叠成束腰圆筒状，两端向内平折的 A 型Ⅲ式。

第四期：随葬器物继续减少。大型墓内的铜樽钉、牛头、执伞俑等葬仪器；铜鼓、贮贝器、戈、殳、钺、啄、叉、棒锤等礼仪、仪仗器已不见。金银器极少，仅发现 10 粒细珠，几乎绝迹。玉石器数量和器形锐减，玉镯、玉扣、玛瑙扣、玛瑙瑱、玛瑙管、绿松石扣等也已不见，其余玉管、玛瑙珠、绿松石珠等数量很少，应作衣着和其他装饰用，不再缝缀"珠襦"。没有贮贝器，散放的海贝也已不见。同时新出现铜甑、熏炉、雕花板饰、五铢钱、铁锯、长方形石板和方形石器等中原传入的"汉式"器物。

概括上述四期墓葬随葬器物各自的特点，可以得出李家山第二次发掘的墓葬中中原"汉式"文化从无到有，由少到多，而传统滇文化由多到少，由盛而衰的递变规律。如第一期墓的随葬器物均为传统滇文化典型器物。至第二期中型墓随葬铜茎铁剑、铁刀削等铜铁

---

① 云南省博物馆：《云南江川李家山古墓群发掘报告》，《考古学报》1975 年 2 期。

合制器和铁器。大型墓内第一次发掘的早期大型墓习见的铜枕、铜勺、铜尊等滇文化早期
典型器物已不见，而被中原传入的或用"汉式"技术制作的铜镜、铜带钩、铜弩机、成套
马具、铜铁合制器和铁器、漆器和钿器、琉璃器等"汉式"器物所取代。器物类型和数量
达到最高峰。至第四期"滇式"器物继续减少，"珠襦"和海贝随葬消失，滇文化器物只有
尖叶形铜锄、方銎铜斧、铜凿、铜矛、铜剑、铜镞、铜盾饰、圆形和长方形铜扣饰、铜钏、
铜杖头饰等及少量玉石器。铜釜、甑、熏炉、镜、带钩、勺形器、雕花板饰、五铢钱、马
具，铁刀、锯、矛、剑及漆器钿、饰件等"汉式"器物已占了很大数量。

　　从四期墓葬各自的随葬器物组合中，可清楚地看出有些器物贯穿滇文化发展的始终，
而有的器物只在某一阶段出现，表明四期墓葬之间既有连续发展关系，又有不同阶段自
己的特点。铜斧、矛、剑、圆形和长方形扣饰、钏几种器物，特别是铜矛、剑、圆扣饰、
钏从第一期到第四期贯穿李家山滇文化墓群的始终，并且大、中、小型墓均发现，所以
它们是滇文化李家山墓群时期的典型器物。铜椁钉、执伞俑、锄、铲、蛇纲网状器、弩
机、马具、金银器等是第二期新出现的器具，因此是区分第一期与第二期大型墓的根据。
第三期中、小型墓均发现玉石器装饰品，大多还出有器类不同、数量不等的出有铜马具、
铜铁合制器和铁器、漆器铜饰件等，都突出了第三期中、小型墓的特点。而大型墓少了
一些仪仗、葬仪器，特别是没有了各种制作精美的浮雕扣饰，也突出了大型墓的特点。
第四期墓缺少了大批"滇式"器物，代之以"汉式"器具，更使其风格迥异。因此，无
论从层位关系，还是从器物变化和组合关系等方面来进行分析，第二次发掘的四期墓葬
之间有着传统关系，存在着承袭内涵，是一脉相承的滇文化墓葬。

三　典型器物演变

　　李家山第二次发掘出土了大量随葬器物，器类很多，器形繁简不一。通过分型分式
试图寻觅其间的演变关系和发展序列，大部分器物在同类器中也理出了演变的逻辑关系。
但大多缺乏确切的地层和层位关系证据来证实。且由于此次发掘的墓葬主要属于滇文化
发展的后段，许多器物的型和式都出现在滇文化的前段，不能通过此次发掘准确地分辨
出它们最早出现的时期和演化规律。仅就此次发掘所能证实的部分器物，说明其间的演
化序列。

　　在滇文化铜器中，铜斧、铜钏等典型器物的型式变化反映了这一文化连续发展的关
系。

　　此次发掘出土的铜斧形式多，既有作工具用者，也有作兵器用者。其中方銎铜斧，
尤其是B型方銎铜斧演变关系突出，并且被多组墓葬间叠压、打破关系所证实。第一期
墓内仅发现B型Ⅰ式和E型方銎铜斧，而E型似可看作是B型Ⅰ式唯一单面刃的例外。
第二期墓内出有B型Ⅱ式。第三、四期墓随葬B型Ⅲ式。方銎铜斧的演化规律：器身腰
较宽演变为较窄；刃渐宽且由弧刃渐平刃；銎部无纹饰而銎一道箍状弦纹，两道箍、多

道箍状弦纹，大型墓随葬者铸龙纹装饰。方銎铜斧的銎和刃直线分布，方向相反，以銎装曲木柄的使用方法是其演化的内在因素。木柄的曲端削成楔形装入銎内，在使用过程中曲木柄楔形端不断地深入銎内，同时逐渐向外挤压、撑胀銎口，銎口部如若强度不够就会被挤破，此次出土的方銎铜斧中就有銎口破损、破口处向外扭曲变形的实物发现。当时的制作者为增加銎口强度，将用藤条或竹篾编成箍加固其他器具的方法，转用到铸造技术上，在銎口部加铸一道箍状弦纹，乃至加铸两道箍、多道箍状弦纹，既增加了銎口强度，又起到装饰美化的功效。方銎铜斧的这些变化是人们在长期的劳动实践过程中，不断总结经验，改革工具，适应生产需要的历史时期形成的科技结晶。

铜锄的演化同样也是在长期的劳动实践过程中形成。铜锄是第二期才作为随葬品出现在大型墓中的器物，其中 A 型尖叶形铜锄在第二期墓内仅发现 Ⅰ 式和 Ⅱ 式，第三期墓随葬Ⅲ式和Ⅳ式，第四期墓出Ⅳ式。尖叶形锄的演化规律：肩部逐渐下垂到中部，锄身中下部面积逐渐增大，銎口部渐出现多道箍状弦纹。梯形铜锄刃渐宽，两侧阶梯状内收渐高渐少，锄身面积逐渐增大。云南地表土大多为红色黏土，黏结性强，锄刃尖锐较易破土，云南多山，农耕主要用锄进行土地翻耕，许多地方到 20 世纪后期仍使用形状与尖叶形铜锄相类似的尖刃锄进行耕作。锄刃尖锐虽易于入土，但翻土较少，为适应生产需要，当时的制作者在保持刃部尖锐的基础上，通过降低肩部来增大锄身中下部的面积，使锄便于翻耕土地，成为云南农耕最主要的工具。梯形铜锄平刃，不利翻耕，很可能用于中耕除草。逐渐增大的锄身面积，刃两端呈折角使其便于农作中耕。

铜钏是女性墓最基本的随葬品，第一期墓以 A 型 Ⅰ 式铜钏为主，第二期墓多为 A 型 Ⅱ 式铜钏，第三、四期墓多随葬 A 型Ⅲ式铜钏。为装饰美观，A 型铜钏由重叠成上端较大的圆筒状，演变为两端均较大的束腰圆筒状，两端增大至不利于佩戴，则口沿内折使适于佩戴装饰。B 型铜钏则是金钏出现后，仿金钏制作的，环面渐薄且内弧渐向内弯曲，表面鎏金的Ⅱ式几与金钏相若。

四 墓葬年代

李家山第二次发掘的四期墓葬出土的随葬器物中，中原"汉式"器物从无到有，由少到多；滇文化"滇式"器物由多而少，由盛而衰。这一器物演变和组合关系变化的过程，与云南古代历史密不可分。汉武帝元封二年（前 109 年），西汉王朝"以兵临滇。滇王始首善，……举国降，请置吏入朝。于是以为益州郡，赐滇王王印，复长其民"[①]。汉王朝在滇及周围的云南中部设置益州郡，云南自此融入汉王朝统治，也是滇文化与中原地区"汉文化"全面接触交往的开端。随着中央王朝在云南的政治统治不断加强，中原地区的经济、文化也不断传入云南，在其统治的主要区域，滇文化日渐衰落，逐渐被

---

① 《史记·西南夷列传》，中华书局，1972 年。

"汉文化"取代。

第一期墓葬墓坑用紫色或红褐色黏土即"羊肝土"填埋，单人埋葬，随葬品以铜器为主，未见铜铁合制器和铁器等"汉式"器物，装饰品很少，随葬的方銎铜斧銎口无箍状弦纹，铜钏重叠成一端较大的圆筒状等特点，与第一次发掘的第一类Ⅱ型墓即早期中小型墓相同，年代也与其相当，应在西汉中期武帝置郡以前。

第二期墓葬墓坑下掘如遇到坚硬岩石就向一侧延移，另一侧留有不规则的二层台，用挖出的土石填埋，有部分二人合葬。随葬器物仍以铜器为主，大型墓随葬礼仪、葬仪、仪仗和兵器、工具等滇式器物，铜弩机、铜镜、铜带钩、漆器等"汉式"器物及大量金银器、铜铁合制器和铁器。中型墓出现少量铜铁合制器。方銎铜斧銎口铸有一道箍状弦纹，铜钏重叠成束腰圆筒状，尖叶形铜锄上部宽等特点，与第一次发掘的第二类墓相比较，中、小型墓不出铜镜、铜带钩、马具等"汉式"器物，铜铁合制器也较少，当早于第一次发掘的第二类墓。而与石寨山第二次发掘的第Ⅱ类型、第Ⅲ类型墓相近，年代应与第Ⅲ类型墓相当。第二期墓的年代约为武帝置郡后的西汉中至晚期。

第三期墓葬大型墓墓坑大，下掘不延移。随葬器物铜铁合制器和铁器、漆器增多。大型墓随葬的铜器和铁器减少，部分仪仗、葬仪器和各种浮雕扣饰已不见，而出有铁锸等。中、小型墓普遍出现铜铁合制器和铁器、玉石器装饰品，许多墓还随葬马具、漆器饰件等"汉式"器物。方銎铜斧銎口铸有多道箍状弦纹，尖叶形铜锄中上部和中部较宽，钏叠成圆筒状的两端向内平折等特点，与第一次发掘的第二类墓相近。同时，据《洛阳烧沟汉墓》的分期和断代，长方形石板出现在西汉晚期及以后，云南发现的年代与之相当或稍后。而且，一般认为铁锸在云南出现，特别是云南当地自制而不是铸有"蜀郡"文字的铁锸当属东汉。第三期墓的年代约为西汉晚期至东汉初期。

第四期墓葬墓坑较第二、三期大型墓小而较中型墓宽大，用"珠襦"、海贝随葬现象消失。随葬器物继续减少，"滇式"器物锐减，礼仪、葬仪、仪仗器已不见，许多玉石器也不见，代之以铜甑、熏炉等"汉式"器物。特点突出，与第一次发掘的第三类墓相似。铜釜、甑、熏炉等在云南东北部昭通、大关等地的东汉早期墓内均有发现，但尚未出云南东汉墓内常见的陶灶、仓、罐等。第四期墓的年代约为东汉前期。

第二节　相关问题讨论

一　西汉王朝与滇的关系

两次考古发掘表明江川李家山古墓群延续时间很长。山顶部位于山脊的墓年代最早，原地势也最高。周围地势较低的墓年代逐渐晚，沿西南坡分布在山腰的墓越往下年代越晚。当时应先从山顶埋葬，随时间推移逐渐向山腰延伸埋葬。整个墓群的分布范围很广，墓葬间也存有一些叠压、打破关系，但大型墓间的打破关系却很少，整个墓群似属连续埋葬，其间没有中断过。

第二次发掘的大型墓均为第二、三期墓葬，都是西汉王朝在云南设置郡县以后埋葬的，但这些大型墓无论是墓坑的规模，还是随葬器物的丰富程度，都超过了石寨山墓群和李家山第一次发掘的西汉早期的同类型墓葬，也超过了呈贡小松山墓群发现的西汉晚期至东汉初期出有"二千石大徐氏"铭刻提梁壶的"汉式"墓葬①。表明西汉中、晚期乃至东汉初期，滇族的大奴隶主贵族仍然具有极高的社会地位和经济地位，特别在经济上处于至高无上的境地。在他们死后的墓葬里，虽然出有铜镜、铁剑、铜弩机、漆器等中原传入的"汉式"器物，部分用中原传入的冶金、冶铁和其他加工技术制作的多种"滇式"、仿"汉式"器物，及一些"汉式"葬俗等汉文化因素，并随着时间推移，汉王朝政治统治日益加强而逐渐增多，但随葬器物的主体，还是铜鼓、铜贮贝器、铜仪仗兵器、铜工具、铜农具、各形铜扣饰、铜钏、玉镯、玉玦、玛瑙珠、玛瑙扣、绿松石珠、绿松石扣、"珠襦"等组成的滇族传统文化器物。虽然随着汉文化日渐增强而不断衰弱，但这一特点一直延续到东汉前期。当然，滇族的大奴隶主贵族所拥有的极高的社会地位和经济地位，他们及其部属以滇族传统文化器物随葬的特权，也是汉王朝及其地方郡县官吏所赋予和允许的。这些对研究西汉中晚期汉王朝与滇的关系、汉朝郡县官吏与滇奴隶主贵族的关系、汉王朝在滇的统治方式、滇的社会形态及变化、滇文化的演化及衰亡等方面都提供了极其重要的实物资料。

二 南方丝绸之路

出土的蚀花肉红石髓珠，原产于印度河流域，中国仅曾在新疆和阗、沙雅及云南晋宁石寨山滇文化墓葬中发现几颗，新疆发现的都是从外地传入的。此次发掘的与石寨山发现的相类，大致作圆柱形，表面侵蚀出多道平行线条带纹，花纹过于简单，可能是仿缠丝玛瑙的石脉条纹。而与新疆发现的几颗花纹和器形有所不同②。也与李家山第一次发现的不同，从发掘报告的图版观察，器形为椭圆球珠，表面侵蚀出同心圆圈及线条等花纹③，属早期的蚀花石珠，很可能在中国是唯一的发现。李家山墓群两次发掘出土的少量蚀花肉红石髓珠，虽然器形和花纹有些差别，但所用石料和表面蚀花的方法是一样的。与出土的玉、玛瑙、绿松石、琥珀等其他质料制作的大量管状珠有着很大差异，特别是其中央钻穿孔很细的工艺技术，更具不同风格。这些蚀花肉红石髓珠很可能是从印度河流域输入的，而不是用外地传入的技术在当地制作的。

---

① 云南省文物工作队：《呈贡小松山竖穴土坑墓的清理》，《云南文物》1984 年 15 期。
② 参见作铭：《我国出土的蚀花肉红石髓珠》，《考古》1974 年 6 期。
③ 云南省博物馆：《云南江川李家山古墓群发掘报告》，图版贰叁，2，《考古学报》1975 年 2 期。

出土的一件鎏金铜盒，器身和盖腹部都铸有凸起的颠倒交错的一道尖瓣纹。类似的器物在晋宁石寨山第二次发掘的器物中也曾发现两件，器形略有差别。石寨山发现的盒，盖顶部隆起，上部附有三只小兔或小豹，口缘稍向内凹入，圈足下侈较高，表面皆呈水银色[①]。不知是否是鎏银、鎏锡或偏锡所致，但器身和盖腹部铸有凸起的颠倒交错一周尖瓣纹的装饰方法和此次出土的是一样的，纹饰"布局虽并不复杂，然而构图显得很丰满；在我国的出土文物中，此前从未见过这类制品"。在山东临淄西汉齐王墓的陪葬坑中和广州西汉南越王墓中，分别出土一件器形和纹饰类似的银制品，"盖面上的三枚兽形纽与其喇叭形圈足却是后配的铜铸件"。"两件银器非常特殊，它们难以纳入我国铸造工艺自身发展序列中。因为以锤鍱法在金属器上打压凸瓣，与公元以前古代中国之用陶范乃至用蜡模铸花纹的传统迥异"。这种银器称为"筐罍（Phialae）"，原为地中海沿岸巴尔干半岛的古罗马人，或伊朗的古波斯阿赫美尼德王朝和安息王朝制作使用的。经海运到达山东和广州[②]。云南发现的凸瓣纹装饰方法和锤鍱工艺当经陆路从西亚或地中海沿岸传入。

汉武帝元狩元年（前122年）著名的汉朝使者张骞出使西域和大夏等中亚多国回来，上书汉武帝"臣在大夏时，见邛竹杖、蜀布，问安得此，大夏国人曰：'吾贾人往市之身毒国'。……今身毒又居大夏东南数千里，有蜀物，此其去蜀不远矣。……从蜀，宜径，又无寇"[③]。向武帝较详细地报告了他在大夏获悉，在他所跋涉的经河西走廊过新疆到大夏等国道路，即著名的丝绸之路南边，另外还有一条从四川经云南西部，过缅甸北部到印度，再往大夏及中亚各国的商路。即"蜀身毒道"，现代称为南方丝绸之路或西南丝绸之路。"蜀身毒道"因其路途艰险，过往的旅客和商队较少，没能成为繁忙的商路，却始终是我国南方特别是西南与印度及中亚乃至西亚、地中海沿岸相互交往的重要通道。直到公元7世纪唐代高僧玄奘到印度，在菩提伽耶看到过公元4世纪室利笈多为经"蜀身毒道"来到印度的二十个中国和尚建造了寺院的遗址，位于印度东部境接西南夷的伽摩缕波国王对唐朝非常熟悉，唐初的"秦王破阵乐"在那里非常流行[④]。表明尽管交通极其艰难，印度东部和中国西南之间的交往仍然十分密切。张骞当年在路的那端见到经南方丝绸之路西去的货物，我们今天在路的这端发现经南方丝绸之路东来的物品。这些发现对研究我国古代中外文化交流提供了重要的实物资料。

三 中原与云南的交流

此次发掘出土的金银器，特别是金器，器形多，数量大，连同铜茎铁腊剑包铸的金

① 云南省博物馆：《云南晋宁石寨山古墓群发掘报告》，69页；插图二一，1；图版肆肆，1；文物出版社，1959年。

② 孙机：《中国圣火——中国古文物与东西文化交流中的若干问题》，139～144页，辽宁教育出版社，1996年。林梅村：《汉唐西域与中国文明》，316～318页，文物出版社，1998年。

③ 《汉书·张骞李广利传》，中华书局，1962年。

④ 《大唐西域记》，上海人民出版社，1977年。

银，总重量愈万克。大多在西汉置郡后的第二、三期大型墓中出现，同时还有一些鎏金制品，到第四期只有极少量金细珠和漆器银钿，几乎绝迹。第一次发掘的墓葬未发现金银器随葬。用金银器随葬的时间较短，集中在西汉中、晚期到东汉初期。除少部分镖、泡等采用滇文化制作铜器常见的铸造工艺，大部分使用铜器中仅箴饰、伞盖运用的极少见的锻打技术，及卷曲、模压、錾刻等锤鍱工艺，显得十分成熟。技术风格与滇文化迥异，器形、纹饰等属滇文化特征，这些金银器是滇族工匠用中原及西亚传入的冶金和加工技术制作的。云南古代的黄金主要采自金沙江和滇西澜沧江、大盈江等流域的砂金矿。汉王朝在设置益州郡，进而统一云南的过程中，及在云南以夷攻夷、以夷治夷的政治统治中，最先降服汉的滇很可能起了重要作用，屡建奇功，得到重赏。赏赐的黄金和砂金，一些用来制作成"滇式"器具，其中的部分器物和赏赐的部分"汉式"器物随葬埋入他们的墓中。当滇族完成自己的历史使命，滇文化衰落时，中央王朝的赏赐也就没有了。这一推测还有待今后的考古发掘和其他证据证实。

出土的人与牛图形透空浮雕铜扣饰中，系牛绳均牛头顶角根间套系，并在牛颈侧挂系二铃。这种拴系牛的方法与第一次发掘发现的缚牛浮雕扣饰所表现的以绳缚牛颈的方式[①]，二者间发生了极大的变化。同时疗牛铜扣饰中，人与牛之间表现出有着密切的亲和关系。而属第三期墓和铁锸同出的播种祭祀场面盖的铜贮贝器，与晋宁石寨山发现的祭祀场面盖铜贮贝器相比，祭祀场面中的柱旁没有捆缚人及牛、虎豹等。这些似乎表明随着中原先进文化和生产方式不断传入，西汉中晚期滇族人逐渐学会役使牛进行一些生产活动，牛不仅用作祭祀牺牲，更主要役使中从事生产，成了农户最主要的财富而得到精心饲养、医治。到东汉初期祭祀已不再大量杀殉牛。在云南山间盆地中较平地带用牛耕耘农田已为时不远了。

驯马场面盖铜贮贝器表现的集体驯马，应为军队驯练军事用马。当时云南中部地区畜牧业所占经济比重较大，饲养的马、牛、羊等家畜很多，并可向外输出。云南产的马体形较小、个矮，不适宜骑乘在战场上冲杀，但耐力好，适应性强，耐粗饲，善行走，适宜驮运和拉挽用。汉武帝开发云南前"巴蜀民或窃出商贾，取其笮马，僰僮，髦牛，以此巴蜀殷富"[②]，设置益州郡时"司马相如、韩说初开，得牛马羊属三十万"[③]。西汉中期，汉武帝连年多次用兵，征用大量马匹，统一云南后，很可能从云南征调大批马匹到中原，补充军用和民用。中原地区传入的先进文化和生产方式促进了边疆经济的繁荣发展，云南也为祖国的经济建设和国防巩固作出了自己的贡献。

---

① 云南省博物馆：《云南江川李家山古墓群发掘报告》，图三三，1；图版拾捌，1；图版拾玖，2；《考古学报》1975 年 2 期。

② 《史记·西南夷列传》，中华书局，1972 年。

③ 《华阳国志·南中志》晋宁郡条，《华阳国志校注》，393 页，巴蜀书社，1984 年。

表一　墓葬登记表

（单位：米）

墓号	分期	墓向(度)	墓室尺寸(长×宽-深)	葬式	铜工具	铜兵器	铜装饰品	铜礼仪器	马具	铁器	金银器	玉石器	其他	备注
M28	1	282	1.98×0.66-0.18	一男	斧方BI	矛EI，剑Ea，钺EII(2)，镞	扣饰圆BII、BIII							
M29	3	270	3.2×1.2~1.5-1.1	一女	卷刃器AI		铜AI(5)					玉玦D(2)，石坠A		打破M30
M30	3	260	1.84×0.73-0.53	一男	斧椭BII、削C(2)	矛BI，啄I	扣饰圆BIII		小铃			玉镯B(2)	漆器耳饰、俑形纽饰	被M29打破
M31	2	270	2.38×1.45-1.44	一女			铜AI(7)							打破M51
M32	1	296	3.01×0.8-0.52	一女			铜AI(10)					绿松石小珠		
M33	不明	310	3.6残0.76-0.8	母子合葬								绿松石小珠		
M34	2	254	2.34×1.4-1.4				铜AII(5)					玛瑙珠、绿松石小珠		
M35	2	110	2.22×0.68-0.96	一男	削B	矛I								
M36	不明	240	2.1×0.7-0.94											
M37	3	110	2.22×0.92-0.4						泡B(3)	铜柄铁削B		石坠A(3)		
M38	3	80	2.43×0.68-0.75	一男	镖AII	矛CII，剑Ea，钺CI，镖B，镞EII						玛瑙扣(9)		

续表一

墓号	分期	墓向(度)	墓室尺寸(长×宽-深)	葬式	随葬器物									备注
					铜工具	铜兵器	铜装饰品	铜礼仪器	马具	铁器	金银器	玉石器	其他	
M39	4	55	2.14×0.8-0.6	一女								玛瑙珠、绿松石小珠		打破M85
M40	2	115	2.86×0.9-1.34	一女			钏AⅡ(6)							
M41	2	117	2.2×0.78-0.52	一女			钏AⅡ(10)					绿松石小珠		
M42	不明	115	2.22×0.54-0.6	二人合葬										
M43	1	296	2.2×0.78-0.58	一男	斧方BⅠ	矛DⅠ、剑Ea Ⅲ、镞EⅠ(2)、EⅡ、镦	扣饰圆BⅠ、BⅡ							
M44	3	266	2.6×1.5-1.45	二女		镞CⅡ	钏AⅢ(21)			铁刀A		玉玦D(41)、管A(18)、B、玛瑙璜A(4)、管A(213)、B(80)、C(57)、珠C(350)、数形珠(2)、绿松石扣A(2)、B、DⅠ、DⅡ(5)、珠(16)、小珠、琥珀珠(2)、枣、方		打破M46
M45	3	260	2.9×1.54-0.6	二男		矛EⅠ、剑Ea Ⅲ(2)、镖A	扣饰圆BⅡ(2)			卷刃器、铜散 铁矛C、铜茎 铁镖F(2)		石坠B、玛瑙珠		打破M52
M46	2	39	2.2×0.48-0.2	一女			钏AⅡ(5)							被M44打破

续表一

墓号	分期	墓向(度)	墓室尺寸(长×宽-深)	葬式	随葬器物 铜工具	铜兵器	铜装饰品	铜礼仪器	马具	铁器	金银器	玉石器	其他	备注
M47	2	263	4.6×6.3 - 4.4	二男	锄尖BⅡ、D、梯AⅠ、铲AⅢ、镂Ⅱ、斧方AⅠ、椭Ⅲ、BⅡ、礼BⅡ、C、六、半圆AⅡ、钎A、B（2）、凿AⅡ、削刃器A、B、卷刃AⅢ、Ⅱ、B	戈无胡A（2）、C、D、长胡A、B、横銎A、C、D、E、矛AⅢ（3）、BⅡ、CⅡ（2）、DⅠ、E、DⅡ、EⅢ、F、H、戈AⅠ、钺A、B、D（2）、啄AⅠ、叉BⅠ、BⅡ、棒AⅢ、剑AⅠ（4）、CⅢ、DⅠ、AⅣ（2）、BⅡ（2）、BⅡ、EaⅠ、Ⅲ、EaⅣ（3）、EbⅡ（4）、F、Ⅰ、FⅡ、G、B、GⅢ（2）、镞F（8）、鞘AⅡ、AⅣ、B、弩机（2）、盾饰C（25）、胫甲Ⅰ（2）、护手甲	扣饰圆BⅡ（6）、BⅢ（2）、BⅣ（6）、方AⅢ、BⅢ（4）、鸡边Ⅱ、孔雀边Ⅰ、CⅢ（4）、猴边Ⅳ、弧边（3）、虎（3）、猪、骑士猎鹿、牛、房屋	錞钉B（21）、牛头AⅢ（5）、贮贝器、鼓形Ⅱ、贮形、桶形、鼓形（4）、执伞俑（2）、蛇鱼鸟边（3）、二猎、网状器Ⅱ	衔（5）、管AⅠ（25）、BⅢ、C（27）、节约Ⅱ（23）、Ⅳ（3）、Ⅴ（2）、三通（2）、简AⅠ（3）、BⅠ（3）、铃AⅡ、BⅠ（3）、Ⅲ（3）、策BⅠ（4）、泡AⅠ（68）、B（6）、C（46）、D（19）	斧AⅠ、B、锸（2）、卷刃铁AⅠ、铁刀B（14）、铜骹铁矛AⅡ、BⅡ（4）、C（15）、D、铜骹铁腊剑Ab（5）、F（5）、（2）、铁剑A（3）、鞭	鞘AⅡ（5）、C、镖、盾饰、管（2）、钏（3）、夹（3）、圆片形（5）、卷边AⅡ（2）、方形饰AⅡ（29）、泡B（28）、DⅠ（67）、DⅡ（3）、Ⅴ、甲虫形（14）、珠枣大（89）、小（101）、球形（9）、灯笼（481）、环（65）、管（6）、细（173）、（5）、连珠（531）、条形饰（84）、神兽片饰AⅠ（16）、BⅡ（2）、花形（44）、云形饰（32）、D（2）	玉镯B（5）、玦B、D（6）、E（16）、髓形饰A（41）、B（13）、C（6）、管A（199）、B（9）、珠管状B（11）、横条（6）、标首扣（2）、马方形饰AⅡ（29）、泡A（15）、策、玛瑙扣A（23）、B（131）、DⅠ、DⅡ、A、C（16）、直A（182）、竹C（96）、枣B（1933）、绿松石AⅠ石扣A（19）、B（4）、C（24）、DⅠ（2）、DⅡ（3）、珠横条（210）、管A（87）、小珠、琥珀珠、扁球（9）、蚀花石（7）、髓珠、琉璃管（90）、小珠	铜炉、管（2）、铜花镲（2）、铜花形饰（7）、又形器、面具、竹人形（5）、木器盖（3）、海贝、陶片	破M19叠压
M48	1	280	残1.4×0.84 - 0.84	一男	斧椭AⅡ	矛AⅡ								破M51打破
M49	4	260	3×2.1-1.6	一女	锄尖AⅣ	镞E	钏AⅢ（2）、BⅢ（11）、孔雀形镇	杖头饰C		铁刀B	珠细（10）	玉玦D（2）、管B（3）、玛瑙珠（13）、绿松蛇头形、石珠（3）、管A、斧方、璇珀珠（4）、水晶珠、琉璃珠（14）	铜熏炉、镜（2）、锥形器、勺形器、漆奁	打破M57

续表一

墓号	分期	墓向(度)	墓室尺寸(长×宽-深)	葬式	铜工具	铜兵器	铜装饰品	铜礼仪器	马具	铁器	金银器	玉石器	其他	备注
								随葬器物						
M50	3	247	4.74×4.26-3.1		锄尖AⅢ，梯形铲AⅢ，斧方Ⅱ，镂AⅢ，半圆锯BⅡ，錾AⅡ，削AⅡ	戈无胡B(2)，矛CⅢ，EⅠ，F，H，戣A，啄Ⅱ，叉AⅡ，棒AⅡ，BⅡ，C，镞A，CⅣ，D，E，剑AⅠ，EaⅡ，EbⅠ，J，镖A，盾饰AⅢ，臂甲ⅡⅡ(2)	扣饰圆BⅡ(3)，BⅣ(2)，方AⅢ，BⅢ，"凹"字形牌Ⅰ，Ⅱ	鼓Ⅱ，神兽形片饰B(3)	当卢，镳AⅡ(23)，节约V(2)，三通，策BⅠ(2)，CⅠ(3)，小策(2)，马珂(2)，马钉AⅡ(6)，泡A(8)，B(3) Ⅰ(4)	斧AⅠ，凿，卷刃器V，刀C，铁矛，铜茎铁剑Ab，剑A，F，鞭，铁衔(2)	珠条大(13)，神兽形片饰AⅡ(8)，花形D(5)	玉镯B，玛瑙扣Ⅰ(11)，绿松石扣A(4)，C(13)，小珠	铜盘，镜，漆器，圆筒状器(4)，漆环饰铜纽饰器	打破M51，M61，M70
M51	2	270	5.5×4.5-3.7	一男	锄尖AⅢ，BⅡ，异梯形铲AⅢ，斧方BⅣ，镂AⅢ，铲Ⅲ，C，半圆AⅡ，镞，礼，凿AⅡ，铸三，削AⅡ，B，卷刃器AⅢ	戈无胡A，B，C，D，D，B，C，鋬AⅢ，矛AⅢ，BⅡ，DⅡ，E，F，H，戣A，AⅡ，B，C，D，啄A，AⅡ，叉AⅡ，棒AⅡ，BⅠ，C，CⅢ(2)，D(3)，E，剑AⅣ(2)，异(2)，BⅢ，DⅡ，EaⅤ，EbⅡ(4)，FⅠ，F(2)，Ⅱ(4)，GⅠ，GⅡ，GⅢ，V，H，镖AⅡ，AⅣ，弩机，镞EⅠ(6)，礼盾饰(2)，BⅡ(3)，胫甲CⅠ(3)，臂甲Ⅰ，Ⅱ，护手甲(9)	扣饰圆AⅠ，BⅡ(9)，BⅢ(3)，BⅣ(8)，方AⅢ，BⅢ(5)，鸡边，孔雀边，蛇边，猴边，弧边Ⅱ，狮边二，虎(35)，骑士形饰，鹿，骑形Ⅰ，"凹"字形牌Ⅰ，Ⅱ，Ⅲ，贝形(2)，Ⅳ，连(39)	樽钉A(14)，牛头Ⅱ(4)，鼓，磨头(2)，贮贝器桶形，盖(2)，盖伞盖，编钟(14)，鱼形，蛇纲网(6)，执伞盖，杖状器A(2)，神兽形片饰A(2)	管B(29)，节约Ⅰ(2)，三通，筒AⅠ，BⅡ，铃AⅢ(2)，策AⅠ，BⅡ(4)，泡AⅢ(40)，B(5)，D(33)，Ⅰ(14)	斧AⅠ(5)，凿，AⅡ，B，卷刃器刀AⅡ(4)，铁刀B(2)，C，铜散铁矛C(6)，铜茎铁戟AⅡ(2)，剑Ab(8)，B(2)，D，E，F(5)，铁链A(3)，铜镦鞭(2)，铁衔铁镦(8)，铁	鞘饰AⅠ，C，D(2)，EⅠ(4)，管(2)，钏(2)，镖(4)，腰带饰(5)，指环(4)，带饰A(7)，B(16)，葫芦形(48)，圆片饰长CⅢ(2)，方形片饰A长B方形长方形AⅠ(70)，BⅠ(66)，泡AⅠ(14)，(15)，B(53)，C(22)，DⅡ(3)，DⅢ(15)，珠中(40)，球(310)，管细(37)，连珠条(148)，神兽形片饰AⅢ(4)，花形D饰B(37)，管饰(29)	玉镯A(2)，B(12)，C，D(2)，E，块A(2)，C，D(32)，E(16)，觿形A(51)，B(2)，管A(202)，B(23)，珠管B(8)，(12)，坠A(11)，Ⅰ，AⅡ(2)，杆(4)，标首(6)，珑，珮，扣，(2)，玛瑙扣B(209)，(16)，C A(44)，管A(22)，B(132)，C(138)，珠(93)，蛇形A(53)，B，绿松石扣A(7)，C(164)，DⅠ(8)，DⅡ(3)，珠(161)，小珠(125)，琉璃方形片管(10)，珠(37)，(3)，小珠	铜釜Ⅰ，Ⅱ，盆，碟，镜，铍形器，勺形，锥形器D(4)，圆筒状器(2)，漆竹填纹饰银刻金饰(5)，漆盒饰，铜足饰纽釦(2)，贝泡(2)，陶亚弹丸(5)	被M31，M50打破又打破M48

续表一

墓号	分期	墓向(度)	墓室尺寸(长×宽-深)	葬式	铜工具	铜兵器	铜装饰品	铜礼仪器	马具	铁器	金银器	玉石器	其他	备注
M52	1	70	2.85×1.1-0.3	一男幼童	斧方BI, 椭AIII	矛AII, EI, 剑EaIII	扣饰圆AIV, BII(2)							被M45打破 又打破M61
M53	3	325	2.54×1-1.25	一男	斧方BI, C, 剑EaIII, A, 镶AI, 削AI, 卷刃器AII	矛AI, DI, 剑EaIII, 镖, 镞, 盾饰AIII(2), 胫甲II(2), 臂甲II(2)	扣饰圆AIV, BII(2), B IV, 方BIII		策A(2), 泡A(14), B(2), C(4)	铁刀A、B, 铜裤铁矛C(2), 铁矛, 铜茎铁腊剑Ab, F		玉镯B, 玛瑙扣A、B(24)	铜带钩	打破M58
M54	1	256	2×0.44-1.9	一男	斧方E	矛I, 剑FI	扣饰圆BII, 方AII							
M55	1	81	1.7×0.5-0.6	一男		剑EaIII	扣饰圆AIV							
M56	2	110	2.8×1.75-0.65	一男	铲AI	剑FI	扣饰圆BII							
M57	2	266	4×2.9-2.5	一男	锄尖AI, 棒AI, 镂II, AII, 铲AI, AII, 斧方BI, C, D, 凿AI, 礼, 削AI, 卷刃器AI	戈无胡A(2), B, C, D, 长胡A, B, C, D, 横A, B, C, D, E(2), 叉A, 矛AI, AII, BII, DII, B, E, H, F(2), EIII(3), 受BII, 威A, B, C, D, 啄形A(2), 戟A, B, C, D, AII, 镞AI, E(2), 剑AI(2), BII, EaIII, D, EaIII, Ea, IV, E(2), FI, FII, G, I, GII, G, III, GIV, GII, V, H, 镦A(3), AI, AIV, B, 弩机(2), 盾饰AIII(6), B(3), C(9), 胫甲II(2), 臂甲II(2), 护手甲(10)	扣饰圆AI, BII(6), BIV(2), 方AIII, 鸡形虎边I, 孔雀边边I, 蛇边, 狐边IV, 狮边虎熊(2), 猪, 二牛, 骑士猪(2), 鹿, 房屋, "凹"字形牌I, II, III, IV	桿钉A, 牛头I(3), II, 牛角, 鼓III, 贮贝器III, 执伞俑II, 盖弓帽I(8), 网状器II	衔, 管AI(24), 节约III(28), V(2), 三通筒形AI(4), 策BI(2), CI, 泡AI, 小策II, C, B(9), C(5)	斧AI(2), 凿器(2), 卷刀器(6), 铜裤铁矛AI(3), 铜散铁AI, C(6), DII, 铜茎铁腊剑AbA, 铁剑F(3)	鞘饰AII, A, IV, D, 盾饰(3), 框形A(5), 葫芦形饰, 圆片饰, 方形圆片(8), B(18), B(18), C(22), DII(3), 珠大(74), 中(137), 小细(12), 神兽AI(194), 神兽片饰AI(8)	玉镯B(3), 玦A(3), B(7), C, 麟形(3), 管A(25), C(239), 珠球A(181), 玛瑙管A(10), B(100), 头A管C(3), (37), B(173), C(159), (967), 石扣A(17), B(3), C(22), 绿松管(92), 小珠(40), 小珠(18), 琉璃管(18)	铜釜I(2), 盘, 镜, 球形器, 带器, 钩, 嵌形器, 漆器, 铜镖形饰, 陶片(2)	被M49打破 又打破M70

续表一

墓号	分期	墓向(度)	墓室尺寸(长×宽-深)	葬式	铜工具	铜兵器	铜装饰品	铜礼仪器	马具	铁器	金银器	玉石器	其他	备注
M58	1	100	3×1.9-1.2	一女			铡 A I (4)							被 M53 打破
M59A	2	265	2.24×0.98-0.54	一男	削 A II	矛 A I、剑 Ea I、镞 B	扣饰圆 B I、方扣 I							叠压 M59B
M59B	1	251	2.02×0.74-0.8	一女			铡 A I (5)、A II (16)					绿松石小珠		被 M59A 叠压
M60	3	260	2.1×0.75-1.2									石坠 I		
M61	1	260	2.5×2.6-1.34	一男	铲 D	矛 A I、C III、剑 F I	扣饰圆 B I、猴饰 I							被 M50、M52 打破
M62	3	240	2×0.6-0.25	一男	斧方 C II	矛 B III、戈 A、镖饰 C (3)、盾饰 A、臂甲 II	扣饰圆 B II (2)、方 A II		泡钉 A I (2)、A I (4)、B (5)、泡 A	铜骹铁矛 III、铜銎铁腊剑 F		石坠 B	漆器铜环饰 (2)	
M63	3	83	2×0.6-0.2	一男	斧方 C I、铲 A、削 A II	戈无胡 C、矛 A I、D I、剑 B I、Ea III、镞 A、D (2)、E I、臂甲 I	扣饰圆 B II (2)、猴边 I		泡 F (2)	凿 (2)		玛瑙扣 A (3)、B (7)		打破 M65
M64	3	270	2.25×1-1.2	一男	斧方 A II、礼	矛 A I、镞 V I、剑 Ea III、镞 B (2)、D、E II	扣饰圆 B II (2)、方 B II	盖弓帽	泡 A	铁刀 B、铜骹铁矛 C、铜銎剑 Ab、铁腊剑 F、铁镰		玛瑙扣 A (5)、B (26)		
M65	2	285	2.15×0.6-0.7	一女								石纺轮		被 M63、M66 打破
M66	2	265	1.8×0.65-0.6	一男		矛 A II、剑 Ea II	扣饰圆 B I							打破 M65、M67
M67	2	250	2×0.45-0.15	一男			扣饰圆 B III							被 M66 打破

续表一

墓号	分期	墓向(度)	墓室尺寸(长×宽－深)	葬式	随葬器物									备注
					铜工具	铜兵器	铜装饰品	铜礼仪器	马具	铁器	金银器	玉石器	其他	
M68	2	296	6.8×4.5－4.15	一男	锄尖AI、B(4)、E(3)、镂I(2)、铲方BI、D、斧方BI、D(2)、椭AI、半AII(2)、圆AI(2)、多边B(2)、A、C、锛BI(2)、CI(2)、削AI(3)、卷刃器AI(2)	戈无胡C(4)、E(3)、G、长胡A(2)、横銎B(2)、矛AII、CI(19)、DI(3)、DII、FI、G、受A(4)、啄A、威B、II(4)、叉AI、III(2)、棒AI、BI(2)、镦AI、CI(4)、异剑AI、I(2)、Ea、GI、A(8)、BI、BII(2)、BIII(2)、BIV(2)、CII(2)、CI(5)、DI(2)、鞘AI、(2)、弩机(4)、C、D(59)、F(45)、镖(5)、盾饰AI(3)、AII(2)、AIII(10)、胫甲I(6)、臂甲I(2)、II(4)、II	扣饰圆BIII(5)、BIV(10)、方II、BIII、鸡边IV、猴边B、二牛交合、铍形豹噬鹿(12)、片饰“回”字形牌III、铜俑玉杆	樽钉B(12)、牛头I(4)、鹿头(2)、贮贝器盖I、伞形、蛇纹器I(2)、状器网	管AI(32)、节约V、策BI(3)、泡钉AI(15)、I(8)、D(22)、泡(49)、A、C(23)、G(16)	斧AI、II(2)、削刀、铁刀(4)、铜銎铁矛BI(4)、C(6)、铜銎铁腊剑Ab(2)、D(3)、E、F、剑AII(11)、BI(29)、剑A(13)、B、鞭(2)、泡钉(3)	鞘饰AI(14)、B(2)、C、E(5)、F(3)、G、茎首、金银鞘饰A(47)、发针(4)、泡形头饰(3)、泡形腰带饰A(2)、框形饰A(2)、盖I(9)、AII、葫芦形(5)、葫芦形单泡(5)、双泡CI(10)、卷CII(22)、边长方形饰I(29)、AII、BI(11)、方(45)、梯形(3)、II(2)、珠小(16)、珠(35)、灯笼形(3)、管细(6)、连珠条形(56)、花钉(4)、泡AI、B(9)、DI(4)、E(5)	玉镯B(2)、玦A(21)、B(7)、D(23)、镯形饰A(47)、B(5)、管A(722)、B(26)、珠球A(178)、坠I(9)、AII、石坠AI、B、玛瑙扣A、B、填A(135)、B、B(249)、C、管A(105)、C(16)、A(17)、C(110)、C(144)、横(1545)、A(100)、B、绿松石扣A(18)、C(130)、DI、珠管条(108)、斑珀珠(66)、蚀花石髓珠(7)、琉璃管(4)、珠	铜錾、杯、圆形器A、片饰(8)、D(8)、十字形饰(12)、人形饰A、金组饰盖器(6)、铜环泡A(8)、贝泡(16)、海贝(2)、铜盖、陶杯B、亚、罐	被M5、M9叠压打破
M68X1					削AI(4)、AII(2)	矛D、威B、剑AI(5)、CI(2)、CII、DI、DII、II(2)、GIV(2)、镖A、II、BI、II、E、鞘AI、E、盾饰AIII	扣饰圆AII、AV、BII(11)、BIII(10)、BIV、猴边III、四虎背牛、二牛、虎豹噬牛(2)、虎豹噬鹿鹿(2)、薄牛(3)、三人猎鹿、七人三猎豹(3)、七人八猎虎、房屋		泡钉D(7)	铜銎铁腊剑Aa、F、铁剑A(3)	鞘饰C、E、茎首	玉管A(108)、坠AI(3)、A、石坠B、玛瑙扣B、填B、管(174)、A(5)、绿松石扣C(9)、珠(5)、琉璃珠	海贝	被M5、M9叠压打破

续表一

墓号	分期	墓向(度)	墓室尺寸(长×宽-深)	葬式	铜工具	铜兵器	铜装饰品	铜礼仪器	马具	铁器	金银器	玉石器	其他	备注
M68X2						矛 G (2)、剑 A I (5)、A II (2)、A III、C I、C II、C III (2)、D II (14)、Ea I (15)、Ea II、G I、G II (2)、IV (2)、镖 A I E、鞘 (2)	扣饰方 B II、猴边 IV、弧边 I、"凹"字形牌 III			铜銎铁腊 剑 Aa		玉管 A (59)、坠饰 A II (7)、玛瑙首 扣 B (188)、珠 (171)、绿松 石扣 A (4)、C (14)、D I (3)、小珠	铜夹 (2)、环 串 泡 (100)、蚌 饰 (8)、海贝	
M69	3	274	6.76×5.6 - 3.58	二女	锄尖 A III、C (2)、梯 B (2)、镂 II (2)、铲方 B II (2)、斧方 A II (2)、C III (2)、椭刀 D (2)、卷刃器 A II (4)	戈 无胡 D (2)、矛 E I (2)、J (2)、牛头 II (5)、镦 E (2)、无胡 B (10)、C I (6)、C II (2)、C III (4)、D II (4)、剑 Ea III (2)	钏 A III (36)、泡 C (2)、杖 头饰 B (10)、銮 C (2)、泡形饰 (10)、泡形 (2)	樽钉 B (14)、泡钉 B (59)、牛头 II (5)、鼓 3、贮贝器 鼓 座、鼓形 形、叠 鼓形、桶形、执伞俑 (2)、鼓形座		铁锄 A (7)、铜敲 铁矛 C (2)、矛	鞘饰 B (13)、钏 A (40)、B (12)、心形片 饰 (7)、卷边长方 形、数边小 (90)、泡饰 B 形 A (3)、珠 (225)、灯笼 (2)、管 (19)、环 (25)、细 (285)、神兽 形片饰 A I (6)、葫芦形 饰、花形饰 C (26)、D (33)	玉镯 A (2)、B (7)、C (2)、D (5)、E (4)、F (3)、玦 A (10)、B (117)、髓形 饰 A (58)、B (8)、C (11)、管 I (12)、珠 II (859)、球 (130)、管条 (53)、髓条、坠 A III (2)、纺轮 C (3)、石 甲虫饰 A、玛 瑙填 A (44)、管 A (356)、B (195)、C (307)、D I、半 (2532)、绿 球、横条、松 石扣 A (38)、C (11)、D I (63)、D II、D IV (6)、E、珠 IV (371)、黄珠 (4)、小珠、(2)、蚀花 琥珀珠、琉璃 石髓珠、管 (24)、珠 (3)	铜釜 III、炉、盒、匣 壶 (2)、镜、厄 后 (2)、镜、圆片状 形珠 B (3)、漆 器 盒、陶杯、漆 (2)、海贝	被 M4、M6、M10 叠压打破

续表一

墓号	分期	墓向（度）	墓室尺寸（长×宽－深）	葬式	随葬器物									备注
					铜工具	铜兵器	铜装饰品	铜礼仪器	马具	铁器	金银器	玉石器	其他	
M70	2	265	残1.6×1.1－0.2	一男	削AI（2）	叉A、剑EaⅢ、镖BⅢ				铜茎铁腊剑Ab		玉镯B、玛瑙扣B（2）		被M50、M57打破
M71	2	275	2.4×1.1－1.48	一男	斧椭AⅡ、AⅢ、E（2）、镩A、多边C、AⅡ（2）、削AI、BⅡ、削AI（2）、B	戈无胡A、B、D、长胡A、矛AI（2）、CI、DⅡ、EⅢ、戚B、剑AI（2）、EaI（5）、FI、GI、鞘AⅢ、镦EI、腹甲I、臂甲I	扣饰圆AⅢ、BⅡ（5）、BⅣ、方AⅡ、猴边A、疗牛	牛角（5）		削I、凿（5）、卷刃器（2）、铜茎铁腊剑A		玉镯B、麟形饰A（29）、B（5）、石坠C、玛瑙扣A（11）、珠（43）、绿松石小珠	海贝	
M72	2	300	2.45×1.09－0.55	一男	斧方CI	矛EⅡI、H、镦A、B、C	扣饰圆BⅡ、方BI					玛瑙扣B（5）		打破M74
M73	2	305	2.4×0.66－0.9	二男	斧方AⅡ	矛EI、镦A	扣饰圆AⅣ、方AⅡ							
M74	2	300	2.05×0.8－1.28	二男	斧方AⅡ	矛BⅢ、剑EbI、镦D（2）	扣饰圆AⅣ							被M72打破又打破M77
M75	2	310	2.2×0.64－0.9	一女			钏BI（12）							
M76	3	305	2×0.7－0.3	一男	斧方AⅡ、凿AⅡ、卷刃器AⅡ	镦CⅢ、镖A、臂甲Ⅱ	扣饰圆BⅢ		策BI（70）、泡AB（3）、C（2）	斧AI、卷刃器、铜茎铁腊剑Ab		玛瑙扣A（2）、B（9）	漆器铜铺首、衔环	
M77	2	305	2×0.7－0.6	一男		矛BI（2）								被M74打破
M78	2	310	2.6×1－0.9	一男		矛AI								
M79	1	285	2.2×0.64－0.9	一男		矛EI、剑AI	扣饰圆BⅡ							

续表一

墓号	分期	墓向(度)	墓室尺寸(长×宽-深)	葬式	铜工具	铜兵器	铜装饰品	铜礼仪器	马具	铁器	金银器	玉石器	其他	备注
M80	2	266	2.2×0.58-0.2	一男	斧方BI	矛I、剑EaI	扣饰圆BII、方AII							被M25打破
M81	2	269	1.76×1.1-0.3	一男		矛AI、剑Ea III、镦EII(3)	簪、扣饰圆BII、方AII							被M25打破
M82	3	273	2.85×1.3-0.3	一男 一女	斧方BII、CII	矛AIII、BIII、镦CII、剑Ea III	扣饰圆BIII(3)、钏AIII(8)、杖头饰A			铁刀A、铜散铁矛BII、铜茎铁腊剑Ab		玉玦D(2)、玛瑙扣B(9)、甲虫形、管A(21)、B(10)、C(31)、珠A(6)、D、珠(71)、绿松石扣A(6)、D、鼓形小珠、琥珀珠、枣、蚀花石髓珠		
M83	2	295	2.1×0.6-1.2	一男	斧椭F(2)、削B(2)	矛BI(2)、镦AI、剑AIII	扣饰圆BV					石坠A、B		
M84	2	305	1.5×0.75-0.7	一女			钏BI(12)							
M85	3	84	5.82×4.83-5.9	一男	锄尖AIV、梯AIII、镂II、斧方BIII、礼、削AII、卷刃器AII	戈无胡D、矛CIII、DIV、叉AII、棒AII、BII、C、镦CIV、剑EaIII(2)、镖AI(2)、弩机、盾饰AIII(2)、C	扣饰圆BIV(2)、方AIII	贮贝器桶形	管AII(26)、节约V(2)、三通筒AII、铃BII、策BI、I、马冠(4)、(11)	铁刀B(5)、铜茎铁腊剑F(2)、铁剑AI(2)、铜散铁矛C(2)、铁铤铜镦矛II(25)、铁镦III(8)、铁衔	鞘饰AII、簪饰B(45)、卷边长方形饰C(2)、泡A(18)、DIV(10)、珠大A(60)、中B(20)、小(8)、球形(14)、神兽饰AII(115)、形片饰AII(6)、花形饰B(11)	玉镯B(3)、玦E(2)、玛瑙扣B(85)、管(15)、绿松石A(16)、石扣A(39)、B(7)、C、D(2)、石坠B、长方形石板、圆形石片	铜卮、镜、圆片形(5)、漆器、盒、簋(2)、铜圈足、陶弹丸(25)	被M39打破
M86	4	80	2.7×2.1-0.9	二男	锄尖AIV、斧方BIII、磨B(2)、卷刃器AI	矛CIII、剑Eb II、镖A、B、D、盾饰AIII(3)、C(10)	扣饰圆AIII、BII(3)、方BIII、雕花板饰、指环	盖弓帽I、II	铃AIII(6)、泡AIII(6)、BII(2)	铁锯、刀B(3)、铜散铁矛C(2)、铜茎铁腊剑F(3)、铁衔		长方形石板、方形石斧(2)、玛瑙扣II(16)	铜釜II(2)、镜、带钩、圆筒状器(2)、漆盾(5)、盒、簋(2)、铜圈足、漆器环饰II、盘铜釦、鉴耳、陶壶	

大写字母表示型，小写字母表示亚型，罗马数字表示式。括号中数字为件数，未注明者均为1件。

表二　铜锄登记表　　　　　　　　　　　　　　　　　　　　　　（单位：厘米）

器类	编号	数量	型式	长	宽	銎宽	形　制
尖叶形铜锄	M68:328	1	AⅠ	残28.5	24.4	7	锄叶宽，圆肩较平上鼓，最宽处较高，銎断面呈三角形，两侧有对称钉孔。
	M57:204	1	AⅡ	24.1	19.2	6.5	锄身略窄，圆肩上鼓，下段稍长。三角形銎两侧饰雷纹，有对称钉孔。
	M51:84	1	AⅡ	残23.3	17.2	6	銎两侧有对称钉孔。表面镀锡。
	M69:226	1	AⅢ	26.8	残21	6.2	锄身较窄，圆肩下斜外鼓，最宽处在中部偏上。三角形銎两侧饰雷纹。
	M50:63	1	AⅢ	25.5	20.6	6	銎两侧饰雷纹。
	M86:040	1	AⅣ	27.6	21	6.7	锄身较窄，圆肩下垂外鼓，最宽处在中部。三角形銎口部有凸弦纹三道，两侧有对称钉孔。
	M85:90	1	AⅣ	残22.2	残14.8	6.5	锈蚀残损较多，銎内留残曲木柄。
	M49:5	1	AⅣ	17	12	5	锄身较小，銎部饰二道弦纹和一道曲线纹，有对称钉孔。
	M68:329	1	BⅠ	27.5	23.1	7	折肩，三角形銎两侧有对称钉孔。锄身平。
	M68:326	1	BⅠ	27	23.3	7	銎两侧有对称钉孔。
	M68:325	1	BⅠ	27.6	23.2	6.8	銎一侧有钉孔。
	M68:327	1	BⅠ	26.7	23.2	6.6	銎两侧有对称钉孔。表面镀锡。
	M51:317	1	BⅡ	30.3	23.3	5.7	锄身下段向上翘，两侧较直。三角形銎两侧有对称钉孔，肩上沿及銎饰雷纹。表面镀锡。
	M47:216	1	BⅡ	27	23.1	6	肩上沿及銎饰雷纹，銎背面有一钉孔。
	M69:223	1	C	27.2	22.7	5	折肩，銎断面呈梯形。锄叶两侧下段近尖处作半圆形。銎正面饰云纹，两侧及锄身上沿饰雷纹。表面镀锡。
	M69:220	1	C	残27.2	22.7	5	銎正面饰云纹，两侧及肩上沿饰雷纹。
	M47:215	1	D	残28.2	22.5	5.5	銎断面呈半圆形，圆肩下斜外鼓。銎近口处有凸弦纹四道，正面饰卷云纹。
	M51:316	1	异	24.2	15.5	4.6	圆肩下斜，锄身两侧波状弯曲，下段上翘。三角形銎三面各有一钉孔，正面饰一蝉形纹，近口处有凸弦纹三道。

续表二

器类	编号	数量	型式	长	宽	銎宽	形　　　制
梯形铜锄	M57:200	1	AⅠ	19.5	刃19	4	锄身略呈梯形，銎断面作梯形。锄身两侧呈阶梯状向上内收三级，銎正面与两侧对应呈台阶状向下渐低，刃微弧。銎部饰小乳丁组成的雷纹。近口处有凸弦纹三道。
	M47:217	1	AⅠ	刃19.5	19.5	4	銎部饰小乳丁组成的雷纹，近口处有弦纹三道。
	M51:327	1	AⅡ	20.6	刃21.8	4	平刃较宽。銎部饰刻线和小乳丁组成的雷纹，近口处有凸弦纹三道。表面镀锡。
	M50:83	1	AⅡ	残20.5	残22.5	3.8	锄身两侧阶梯间呈弧形，銎部饰雷纹和弦纹三道。
	M85:55	1	AⅢ	18.8	残17.6	3.3	锄身两侧阶梯位于肩部，二级。刃部高，面积大，平刃。銎正面无台阶。
	M69:225	1	B	17	刃10.8	3.8	锄身略呈上大下小的梯形，肩宽稍下斜，平刃较窄。銎断面呈梯形正面有二钉孔。表面镀锡。
	M69:224	1	B	残16.8		3.8	銎正背面有对称钉孔。
镂孔铜锄	M68:319	1	Ⅰ	29.6	残刃9	3.3	锄身略呈半圆长条形，顶部稍圆有方銎，上段较宽，平刃较窄，底与两侧折接，壁薄。底部有两排三角形孔。表面镀锡。銎长6.1厘米。
	M68:318	1	Ⅰ	25.6	残刃11.2	3	底无镂孔，銎长9.6厘米，一端封闭。
	M50:73	1	Ⅱ	24.3	刃6.2	3.4	壁厚，底部有较多菱形镂孔，孔较小。銎长3.2。
	M47:218	1	Ⅱ	22.8	残刃4.8	3.5	底部镂菱形孔较多，较大。銎长2.9厘米。
	M69:221	1	Ⅱ	24.7	刃5	3.8	底部上段镂菱形小孔。表面镀锡。銎长3.6厘米。
	M69:222	1	Ⅱ	残23.6	残5.7	3.4	底部上段镂菱形孔。銎长3.4厘米。
	M57:216	1	Ⅱ	24.6	刃5.6	3.4	底部镂菱形孔较多。銎长3.4厘米。
	M51:326	1	Ⅱ	残24.1	残5.4	3.5	底部镂菱形孔较多。銎长3厘米。
	M85:56	1	Ⅱ				锈蚀残破严重，仅能辨形。

表三　铜铲登记表　　　　　　　　　　　　　　　　　　　　　　　　　　（单位：厘米）

编号	数量	型式	长	刃宽	銎宽	銎高	形　　制
M57:166	1	AⅠ	残20.7	8.6	4.6	1.8	铲身略呈长方形板状，刃稍宽，正面中线隆起銎，断面半圆形，下端分成三股脊。銎口部伸出，口内凹。铲身较窄，刃内弧。銎较低，下端脊直，正面有对称钉孔。
M56:3	1	AⅠ	残13.7		4.1	2.9	刃残。
M57:162	1	AⅡ	20.5	9.7	3.6	2.5	铲身稍宽，平刃。銎较高，下端脊微下弧，正面为浮雕蛇头，背面有一钉孔。
M51:337	1	AⅢ	残20.5	10.2	3.5	2.8	铲身较宽，下段向上翘。銎高，下端脊下弧，正面为浮雕蛇头。两肩斜直。表面镀锡。
M47:99	1	AⅢ	20.6	残10	3.5	2.7	出土时銎内留有95厘米长的残直木柄。
M50:76	1	AⅢ	残20.4	残9.5	3.5	2.6	銎正面有二，背面有一钉孔。
M68:342	1	BⅠ	21.6	10.1	5.1	2.7	銎断面呈三角形，铲身上段两侧上翘。身较长，曲肩，刃微内弧，銎三面各有一钉孔。
M69:219	1	BⅡ	17.5	残9.1	4	2.7	铲身较短，较厚。斜直肩，平刃。三角形銎下端作三脊，正面饰雷纹，三面各有一钉孔。表面镀锡。
M69:218	1	BⅡ	残17.5	残9.7	4	2.7	同上。

表四　铜斧登记表　　　　　　　　　　　　　　　　　　　　　　　　　　　（单位：厘米）

器类	编号	数量	型式	长	刃宽	銎宽	銎高	形　　制
方銎铜斧	M57:205	1	AⅠ	9.1	残4.3	3.1	2.2	銎口作横长方形，较直。刃窄，双面刃微弧。銎部有对称钉孔。表面镀锡。
	M57:213	1	AⅠ	残9.5	残4.2	3	2.8	銎部有对称钉孔。
	M47:84	1	AⅠ	9.1	残3.5	2.4	2.1	平刃，銎部有对称钉孔。
	M64:16	1	AⅡ	残11.3	5.7	3.2	2.9	銎口近方形，近銎口处有箍状弦纹一道。双面弧刃，銎部有对称钉孔。
	M73:4	1	AⅡ	10.6	5.2	2.5	2.2	銎部有对称钉孔，近銎口处有箍状弦纹一道。
	M74:5	1	AⅡ	残10.5	残4.9	3	2.3	同上。
	M76:10	1	AⅡ	12.4	残6.1	3.4	3.1	同上。
	M50:82	1	AⅡ	残16.8	残5.9	3.6	3.3	斧身长。銎部有对称钉孔，近銎口处有箍状弦纹一道。
	M69:186	1	AⅢ	11.8	残5.7	3.2	2.9	銎口处有箍状弦纹三道，銎两面饰头上尾下的龙纹及方格纹，有对称钉孔，平刃。表面镀锡。
	M69:187	1	AⅢ	残11.5	残5.6			同上。銎口残缺变形。
	M47:80	1	AⅢ	残15.1		3.8	2.8	器身长，近銎口处有箍状弦纹三道。刃部残缺。
	M68:293	1	BⅠ	残11.9	5.7	2.4	2.2	通体细长，銎下段略内收。刃部较长，双面弧刃，銎部有对称钉孔。表面镀锡。
	M80:5	1	BⅠ	11.2	6.6	2.8	2.8	无钉孔。
	M51:16	1	BⅠ	残9.6	残4	2.1	2	銎部有对称钉孔。
	M28:6	1	BⅠ	残11.1	5.5	2.7	2.8	同上。
	M43:1	1	BⅠ	残10.1	残4.9	2.5	2.3	同上。
	M66:3	1	BⅠ	残12.3	残4.8	2.8	2.4	同上。
	M53:11	1	BⅠ	12.1	残5.3	2	1.8	同上。
	M52:1	1	BⅠ	残11	残5	2.5	2.5	銎部一面有一钉孔。
	M82:1	1	BⅡ	残9.5	3.2	2.3	2.1	近銎口处有箍状弦纹一道，銎部有对称钉孔。刃微弧，使用后偏一侧。
	M47:83	1	BⅡ	残11.7	残4.5	3	2.9	近銎口处铸四细线组成的粗弦纹一道，銎部有对称钉孔。
	M50:65	1	BⅢ	残11.2	4.1	3.2	2.4	近銎口处有箍状弦纹二道，銎两面各有2或4钉孔，弧刃稍残。表面镀锡。

续表四

器类	编号	数量	型式	长	刃宽	銎宽	銎高	形　　制
方銎铜斧	M86:045	1	BⅢ	残10	残5.3	3.1	2.1	銎两侧合范线粗壮突出，近口处有箍状弦纹三道，两面有对称三角形钉孔。平刃。
	M85:96	1	BⅢ	残14.6	残6.6			近銎口处有箍状弦纹二道。平刃。銎口残损。
	M53:10	1	CⅠ	残15.2	7.2	3.3	3.2	銎部较长，近口处一侧附半环单耳。刃较上述二型略宽，微弧近平。銎部有对称钉孔。
	M57:154	1	CⅠ	13.5	残7	3.5	3.2	半环单耳，銎部一面有钉孔。
	M63:2	1	CⅠ	残13.3	7.4	3.2	3	半环单耳，銎部有对称钉孔。
	M72:2	1	CⅠ	残15.2	残7.5	3.3	3.1	同上。
	M82:2	1	CⅡ	残10.6	6.6	2.5	2.3	近銎口处有箍状弦纹一道，銎部有对称钉孔。
	M62:15	1	CⅡ	残11.6	残6.7	2.9	2.4	同上。
	M69:208	1	CⅢ	15.3	残7	3.1	3	近銎口处有箍状弦纹三道，銎两面饰头上尾下的龙纹及方格纹。
	M69:202	1	CⅢ	残14.6	残6.5	3	3	同上。
	M68:315	1	D	残13.9	9.9	2.9	2.8	銎两侧内弧，有对称钉孔，刃部宽大，双面弧刃。表面镀锡。
	M68:313	1	D	残14	残8.4	2.8	2.7	銎两侧内弧，有对称钉孔，刃部宽大，双面弧刃。表面镀锡。銎部钉孔未穿透。
	M54:2	1	E	残10.3	4.4	2.7	2.5	銎部长，两侧向下内收，有对称钉孔。刃部短，两端外翘，单面弧刃。

器类	编号	数量	型式	长	刃宽	銎径	形　　制
椭圆銎铜斧	M68:347	1	AⅠ	15	残8.4	2.7~3.6	銎断面呈椭圆或扁圆形，口齐平。双面弧刃较窄。銎部有对称钉孔。表面镀锡。
	M68:364	1	AⅡ	15	残8.2	3.3~3.4	銎一侧附半环单耳，附耳处有弦纹二道。銎口近圆形，弦纹间饰扭辫纹，下饰有菱形和三角形组合图案。表面镀锡。銎内留残曲木柄，断面作椭圆形。
	M68:365	1	AⅡ	残15.6	残7.9	3~3.8	椭圆形銎，半环单耳，弦纹二道。环銎铸多道云纹、锯齿纹、三角形和菱形纹组合图案。
	M48:1	1	AⅡ	13.5	7.8	2.8~4	半环单耳，銎两面铸太阳纹和乳丁纹，环銎铸多道栉纹、云纹、雷纹等组合图案。

续表四

器类	编号	数量	型式	长	刃宽	銎径	形　制
椭圆銎铜斧	M71:11	1	AⅢ	14.6	9.6	2.5~3.8	宽刃外弧，銎一侧附半环单耳，环銎铸多道锯齿纹、涡纹、缠绕纹和三角形纹组合图案。
	M50:47	1	AⅢ	残13	8	2.4~3.6	同上。銎部有对称钉孔，纹饰锈蚀不清。
	M52:8	1	AⅢ	残12.6	6	3~3.4	单耳残，銎附耳处有二道弦纹，下为云纹、菱形和三角形纹组合图案。
	M57:203	1	BⅠ	13.6	残6.6	3.1~4	銎部两侧附半圆双耳，銎口齐平，束腰。双面弧刃较窄，銎部有对称钉孔。
	M51:286	1	BⅡ	15.4	8.9	3.1~3.9	半圆双耳，銎口内弧，刃较宽。銎饰云纹一道，下有一蝌蚪形纹。表面镀锡。
	M47:40	1	BⅡ	残13.8	残7.4	3~3.6	同上。
	M30:2	1	BⅡ	残10	残4.3	1.9~2.7	同上。无纹饰。
	M51:328	1	C	残14.1	7.9	2.8~3.8	双面弧刃，起刃平面极高，两侧饰编结纹，上端有对称钉孔。銎一侧附半环单耳，附耳处有弦纹二道，间饰云纹。表面镀锡。
	M57:158	1	C	13.2	残6.8	2.6~3.8	同上。仅刃弧出较少。
	M47:39	1	C	残13	残6.9	2.5~3.6	同上。单耳未穿透。
	M57:175	1	D	11	11	1.5~4.1	通体扁平且短，双面刃宽大外弧，两端外翘。銎断面呈两面平的扁椭圆形，口内弧，銎部有弦纹二道，靠下一道正面向下卷曲，略作二半圆形，两面各有一钉孔。
	M69:201	1	D	残10.6	残9.3	2.1~4	同上。近銎口处有弦纹一道。
	M69:203	1	D	残10.4	残9.3	1.6~4	同上。
	M71:10	1	E	12.7	残5.1	3.6~4.4	通体浑厚，双面窄刃。銎断面呈竖椭圆形，一侧附半环单耳，有对称钉孔，饰菱形和三角形纹。
	M71:9	1	E	13.5	残5.2	3.8~4.4	同上。无耳。
	M83:4	1	F	残13.6	残5	2.6~3.8	通体细长，单面窄刃稍弧。銎背面较平，正面有一钉孔，口微内弧。
	M83:1	1	F	残8.5	残3	1.8~2.2	同上。銎部有对称钉孔。

续表四

器类	编号	数量	型式	长	刃宽	銎宽	銎高	形　制
半圆銎铜斧	M68:366	1	AI	残14.2	8.7	3.8	2.6	銎两侧稍内弧，刃部宽大，微弧。銎部有对称钉孔，正面饰菱形和三角形纹。
	M68:344	1	AI	14.2	残6.4	3.8	2.6	同上。无钉孔。
	M51:306	1	AII	15.2	残10	3.7	2.5	銎较长，下部较细，一侧附半圆单耳。銎正面口部饰栉纹一道，下有一蝌蚪形纹。表面镀锡。
	M50:61	1	AII	残15.3	残9	3.6	2.5	同上。
	M47:38	1	AII	残15	残9.4	3.6	2.3	同上。单耳残。
	M71:45	1	AII	残16.1	残10.9	3.5	3.3	銎背面两侧有折棱，无纹饰。
	M68:348	1	B	15.9	残8.5	4	3.5	通体浑圆，厚重。銎口近方，刃微弧。表面镀锡。出土时銎内留有表面涂红色的残曲木柄。
	M68:345	1	B	16.1	残5	4	3.8	通体浑圆，厚重。銎口近方，刃微弧。表面镀锡。
多边銎铜斧	M68:314	1	A	15.3	11.2	3.7	2.9	单面刃宽阔，外弧。銎断面略作三角形，正面中线起脊棱。表面镀锡。
	M51:131	1	B	12.1	残2.5	1.5	1.4	通体细长，銎正面起四棱，断面如八边形的一半，背面平，单面窄刃，微弧。刃使用后偏一侧。表面镀锡。
	M47:92	1	B	残11	残3	1.4	1.5	銎部有对称钉孔。
	M68:311-1	1	B	残12	3.2	1.6	1.1	銎正面残损。
	M68:311-2	1			残12.4	3.3	1.6		銎正面残损较多。
	M71:49	1	C	残10	3.1	2	1.8	銎部起棱，断面呈八边形，较长，有对称钉孔。双面弧刃窄。
	M68:346	1	C	残15.2	8	2.8	2.7	刃宽，銎壁厚。表面镀锡。
礼仪铜斧	M57:159	1	A	残16.4	7.1	4.1	2.5	椭圆形銎铸有浮雕的战斗凯旋图案。通体细长，双面平刃较窄。銎两面图案相同。
	M47:35	1	A	残16.4	残8	4	2.7	同上。
	M85:84	1	A	残17.2	残7.2	4.2	2.8	同上。
	M51:332	1	A	残16.5	7.2	4	2.8	銎两面图案不同。表面镀锡。
	M51:331	1	B	残16.7	9.5	3.9	3.5	半圆形銎，正面铸浮雕蝉纹。刃部略作三角形，扁平，单面刃，微弧近平。蝉停立。表面镀锡。

续表四

器类	编号	数量	型式	长	刃宽	銎宽	銎高	形　　制
礼仪铜斧	M51:330	1	B	残16.3	8	3.3	3.3	銎部蝉张翅，头部为鳞纹。表面镀锡。
	M47:207	1	C	残16.3	7.7	4.4	3.6	半圆形銎，正面铸浮雕蛇头。单面弧刃。銎口有箍状弦纹一道。
	M64:17	1	D	残16.9	9.5	4.4	3	斧身两侧呈阶梯形向上内收，单面弧刃。六边形銎，口有箍状弦纹一道，环銎铸四道三角形、同心圆、变形云纹组合图案。
	M51:307	1	E	20.9	8	4.8	4	刃部向上弯曲。两侧弧出，中部下凹，单面弧刃下曲。六边形銎，口有箍状弦纹三道。表面镀锡。銎长10.8。

表五　铜锛登记表 （单位：厘米）

编号	数量	型式	长	刃宽	銎宽	銎高	形　　制
M61:1	1	A	残11.1	残3.8	3.4	2.3	銎长，刃部短，两端外翘。
M63:4	1	B	残11.9	5.8	3.2	2.2	半圆形銎，单面刃。刃部较小，弧刃。銎两侧斜直向下内收，有对称钉孔。刃用偏一侧。
M47:85	1	B	残10.1	残3.8	2.3	1.5	刃微弧近平。
M51:133	1	B	残10.5	残4.1	2.3	1.6	弧刃稍平，銎部有对称钉孔。
M71:46	1	B	残9.4	残4.9	2.4	2.2	弧刃。

表六　铜凿登记表　　　　　　　　　　　　　　　　　　　　（单位：厘米）

编号	数量	型式	长	刃宽	銎宽	銎高	形　制
M57：212	1	AⅠ	残12.2	残1.2	1.9	1.6	长条形，一端作刃，另一端内空为銎。双面刃较窄，正背两面斜直，下聚成刃锋。銎略呈方形。
M53：13	1	AⅠ	残12.5	残1.4	1.5	1.4	同上。
M51：140	1	AⅡ	11.8	1.4	2	1.8	刃较窄，正背两面銎部斜直稍平，刃部急剧倾斜聚成刃。平刃，近銎口处饰雷纹一道。
M47：89	1	AⅡ	残12	残1.6	1.5	1.5	同上。銎部有对称钉孔。
M50：72	1	AⅡ	残12.2	残1.6	2.1	1.9	同上。
M38：9	1	AⅡ	残8.4	残1.3	2.1	2.1	同上。
M76：14－1	1	AⅡ	残7.1	残1.1	1.9	1.9	形制基本同上，但无钉孔。
M47：88	1	AⅢ	残13.3	1.3	2.3	2.1	双面刃较窄，正背两面近下端急斜成刃。銎部有对称钉孔，近口处有箍状弦纹一道。表面镀锡。
M86：1－3	1	B	11.2	1.9	2.1	1.2	单面刃，銎断面呈梯形。正面较窄，近下端急剧下斜出刃，两侧也稍内收，使刃稍宽，背平。銎部有对称钉孔，留有残木柄。
M86：046	1	B	11.8	2.4	2.5	1.1	同上。

表七　铜削登记表   （单位：厘米）

编号	数量	型式	长	刃长	銎径	形　制
M70：3	1	AⅠ	残18.6	10.2	0.8～2	柄作扁圆銎状，内空，口内凹呈鸭嘴张开状。刃扁平，前端尖，单刃平直，背微弧。柄较扁，中部有三道细弦纹。
M70：4	1	AⅠ	残15.9	残7.6	1.0～2	柄近刃的一段略细。
M68X1：19－3	3	AⅠ				仅存柄端。
M53：8	1	AⅠ	残22	残12.8	1.3～2.2	柄部无纹饰。
M68：225	1	AⅠ	残11	残2	1.1～1.7	同上。
M71：17	1	AⅠ	残9.6	残2.2	0.9～1.9	柄部起棱，断面呈八边形。
M57：100	1	AⅠ	残19	残8.7	1.2～2	柄部无纹饰，尖端残。
M68X1：13－3	1	AⅠ				甚残破，仅能辨器形。
M50：27	1	AⅡ	残21.8	13.3	1.2～2.1	柄较圆，中部下侧附半环单耳。刃微内曲。柄附耳处有细弦纹五道。
M47：123	1	AⅡ	残26.5	残18.8	1.3～2	同上。柄部无纹饰。
M63：10	1	AⅡ	残18	残9.2	1.3～2	柄部饰云纹。
M85：49	1	AⅡ	残17	残8.6	1.0～2	同上。柄部无纹饰。
M71：50	2	AⅡ	残21.3 残10.2	残13.7 残1.8	1.8～1 0.9～1.8	环柄饰多道弦纹和云纹。
M59：4	1	AⅡ	残16.7	残12	0.9～1.5	柄部无纹饰。
M51：160	1	AⅡ	残13.1	残4.8	1.3～2	同上。
M68X1：19－2	2	AⅡ				仅存柄端。
M71：22	1	B	22	16		实心细长柄，后端尖，前端与刃背直线相连。刃略内曲，背较厚，后端立一兽。圆柄。
M47：121	1	B	残15	10		同上。刃背立兽略残。
M51：157－2	1	B				残损重。刃背立兽。
M83：10	2	B	残22 残17.7	残6.8		刃背无立兽。仅存长柄。
M51：302	1	B				残损重。柄扁平，断面呈竖长方形。
M68：324	1	B				残损重。刃背立兽。
M35：2	1	B	残18.3	残9		柄断面呈半圆形。刃部向下弯曲，凹背弧刃，正面突起成单面刃。
M30：6	1	C	残19.7	残12.7		通体扁平，作小无格剑形。刃部断面呈菱形，双刃，后端圆。柄实心扁平，首端圆。柄及刃后段饰曲线纹、锯齿纹、平行线纹、菱形纹和三角形纹图案。
M30：8	1	C	残10.4	残3		柄及刃后段饰菱形纹。

表八　铜卷刃器登记表　　　　　　　　　　　　　　　　（单位：厘米）

编号	数量	型式	通长	刃宽	銎宽	銎高	形　制
M68:71	1	AⅠ	残17.8	2.1	2.2	1.4	形如矛而小，刃部向上卷曲。半圆銎，刃正面中线起棱。平面呈长菱形，銎较长，留有残木柄。表面镀锡。
M57:209	1	AⅠ	残7.7		2	1.5	同上。刃残。
M29:2	1	AⅠ	残5.2		2.1	1.3	同上。刃残。
M68:52	1	AⅠ					残作四段。
M53:12	1	AⅡ	12.9	2.1	1.8	1.4	刃较短，前锋略弧，前端圆。半圆銎。
M51:134	1	AⅡ	残13.6	1.8	1.8	1.2	銎正面沿中线平，两侧起棱，正背面有二对称钉孔，两侧面饰网格纹。
M76:13	1	AⅡ	残9.8	1.2	1.9	1.3	半圆銎。
M47:90	1	AⅡ	残13.6	1.5	1.8	1.3	銎正面中线有一排圆形小孔。
M69:185－1	1	AⅡ	残13.3	1.5	1.5	1.3	銎正面中线有二小圆孔。
M69:185－3	1	AⅡ	残13.5	1.5	2.1	1.2	同上。
M69:185－2	1	AⅡ	残7.5	残1.6	1.3	1.1	銎口略呈方形。
M86:043	1	AⅡ	残13.9	1.7	2.4	1.3	半圆銎，正背面中线各有二小圆孔。
M85:91	1	AⅡ	残12	残1.3	2.2	1.5	銎口较大，接刃处较小。
M69:185－4	1	AⅡ	残7.1	残1.9			銎口残。
M47:91	1	B	14.6	1.8	1.7	1.4	刃较短，前端圆且较宽，后端长。銎正面顶部平，两侧起棱，断面略呈六边形。前段收细成实心半圆形，近口处有弦纹二道。表面镀锡。

表九　铜戈登记表　　　　　　　　　　　　　　　　　　　　　　　　　　　　（单位：厘米）

器类	编号	数量	型式	通长	援长	阑宽	形　　　制
无胡铜戈	M51:310	1	A	26.3	20.1	7.7	援狭长，微向上弯曲，尖锋稍圆，前端较厚，中线起棱；后段有一太阳纹，中央圆孔未穿透，阑侧二穿。长方形内，阑侧一长方形孔。援末及内上铸单人形图案。表面镀锡。
	M51:348	1	A		残13.8		仅存援前段。
	M71:14	1	A	23.1	17.6	6.3	援末饰二人、内上饰三人形图案。
	M57:184	1	A	25.8	19.6	7.6	援末及内上饰一人形图案。
	M57:182	1	A	残23.5	残17	8	同上。
	M47:72	1	A	残26.5	残20.3	7	同上。
	M47:70	1	A	残25.5	残19.5	8.4	援末饰二人、内上饰三人形图案。出土时有长120厘米的残木柲。
	M50:57	1	B	残26.2	残20.3	8.8	援扁平略直，上刃平，下刃微上斜，前锋尖。援末及内上均饰三人形图案，圆孔及太阳纹呈椭圆形。表面镀锡。出土时有长65.5厘米的残木柲。
	M71:13	1	B	残27.2	残20.7	9.3	援末饰一人、内上饰三人形图案。
	M50:56	1	B	25.1	18.8	残8.5	同上。
	M51:303	1	B	残25.3	残19.3	9.6	援末及内上均饰三人形图案。
	M57:170	1	B	残26.5	残19.4	8.3	援末饰二人、内上饰五人形图案。
	M51:313	1	C	25.2	18.8	11.2	宽援稍上曲，上刃向内弯曲，下刃向上斜，三角形尖锋。援前段中线突起柱状脊，后段宽阔。阑长，两端出援外。太阳纹呈桃形，中央桃形孔未穿透。援末饰二、内上饰三简化人形图案。表面镀锡。
	M47:66	1	C	残24.2	残18.4	残8.5	同上。
	M68:271	1	C	25.5	19.4	11.2	同上。纹饰锈蚀不清。
	M68:340	1	C	残24	残18.4	10.2	太阳纹中央为圆孔。
	M57:172	1	C	残25.1	残18.7	11.8	太阳纹中央圆孔未穿透。
	M63:3	1	C	24	18.4	11.3	内上饰二人形图案。
	M68:179	1	C	残24.9	残18.8	残10.7	援末饰三人形图案。
	M68:87	1	C	残16	残15.3	残8.7	残损严重。

续表九

器类	编号	数量	型式	通长	援长	阑宽	形　制
无胡铜戈	M51:305	1	D	残26.6	残20.1	8.6	扁平直援，前端锋刃齐平。援末饰水滴纹。内上饰三人头，两侧人头之发上卷图案。表面镀锡。
	M47:36	1	D	残25.6	残19.2	8.5	同上。出土时为长133厘米的残木柲。
	M71:15	1	D	残27.3	残21	8.5	太阳纹中央为圆孔。援末饰水滴和三角形纹。
	M57:171	1	D	残25.7	残19.5	8.6	同上。
	M85:88	1	D	残27	残19.7	8.2	太阳纹中央圆孔未穿透。
	M68:338	1	E	23.1	18.1	10.3	宽援上曲，曲刃，下刃斜直，前端上折，上刃向内双曲。尖锋略作三角形上翘，援前段突起圆柱脊。阑宽，两侧出援。太阳纹呈桃形，中央有圆孔。内上饰三简化人形图案。援末纹饰锈蚀不清。
	M68:339	1	E	23.2	18.3	残8.5	同上。纹饰锈蚀不清。
	M68:309	1	E	22.8	17.8	9.2	同上。
	M51:282	1	F	残23	残16.6	7.9	援窄，微上曲，后段平直，前段上曲，中线突起圆柱脊，尖锋呈三角形。太阳纹呈桃形，中央有桃形孔。援末饰二人、内上饰三人形图案。附铜柲，断面椭圆形，向下渐扁，上端有扁长方形孔以受内，顶端一立体公牛立在鼓形座上；下端有扁平镦，底端为双面刃有双刃尖锋。环柲铸多道锯齿、云纹、牛形纹等组合图案，镦上纹饰一面为持剑羽人；另一面为同心圆纹，四周扭绳纹。通长69.6厘米。戈和柲表面镀锡。
	M69:207	1	F	残24.3	残18.4	残7.4	内上饰二人形图案。
	M69:206	1	F	残24.9	残18.7	残7	同上。
	M68:341	1	G	22.6	16.4	9.6	窄援平直，前端略宽向上弯曲。下刃平直前端上折，上刃内曲前端下折，三角形尖锋。援中线突起圆柱状脊。内后端窄。

器类	编号	数量	型式	通长	援长	胡高	形　制
长胡铜戈	M57:169	1	A	28.7	23.3	12.9	四穿，长方形内。援狭长，后段中线有宽大突起极高的脊。直援较平，尖锋圆，后段脊两侧有凹槽，向后渐高渐宽，至胡前止。内空，前端有方形孔。

续表九

器类	编号	数量	型式	通长	援长	胡高	形　制
长胡铜戈	M47:69	1	A	25.4	20.1	13.3	援中脊上有二对称钉孔。
	M51:285	1	A	28.5	23.1	14.3	同上。
	M71:7	1	A	23.8	18.2	残13.1	同上。
	M68:336	1	A	32.4	26.7	残13.4	五穿，援末及内上饰乳丁纹。
	M68:337	1	A	残32.5	残26.2	15.4	五穿，援末及内上饰乳丁纹。
	M51:304	1	B	28.1	21.8	14.7	曲援狭长，中段弯曲，前端弧刃，锋尖聚在上缘。宽脊向后渐高，后端成两翼。内前段作两枋交叉状，后段似牛头，角、耳两侧伸出。胡上三穿，两翼、胡和内上饰以云纹为主的图案，脊后段饰剔点纹。表面镀锡。
	M47:74	1	B	残27.2	残22	残14.3	同上。
	M57:183	1	B	残26.2	残20.3	14.5	同上。

器类	编号	数量	型式	通长	援长	銎长	銎径	形　制
横銎铜戈	M51:315	1	A	残27.2	残20.1	10.1	2.1~3	无阑无胡，援内间有横銎，断面呈椭圆形，上端封闭。援狭长稍上曲，中线起棱，尖锋略圆，后段中空与銎相通。銎短，长方形内上有四兽。表面镀锡。
	M47:73	1	A	残26.1	残18.8	9.8	残2.3~2.9	同上。
	M57:173	1	A	残10.6	残13.4	10.1	2.2~3	同上。
	M68:68	1	B	残23.1	残17.2	10.9	2~2.9	援宽较短，上曲，三角形尖锋，前段中线突起圆柱脊，后段饰太阳纹，中央有圆孔。方形内，援末饰二人、内上饰三人形图案。銎口内凹，环銎铸多道云纹、雷纹、锯齿纹、弦纹等组合图案。
	M51:335	1	B	残23.9	残17.2	11	2.3~3.6	同上。环銎铸多道云纹和弦纹图案。
	M68:49	1	B	残19.7	残14	10.9	2~2.9	同上。太阳纹中央圆孔未穿透。

续表九

器类	编号	数量	型式	通长	援长	銎长	銎径	形　　制
横銎铜戈	M51:284	1	C	27.7	20.5	15.3	2.4~2.9	长銎，直援狭长，后段宽阔中空与銎相通；前锋偏弧刃，上聚尖锋。中线有脊，两侧各有槽二道。方形内，后端稍窄。援上饰太阳纹，中央圆孔未穿透，前有一大鲩，后为缠蛇纹。内上饰缠蛇纹。环銎饰多道缠蛇、网格、雷纹等组合图案。表面镀锡。
	M47:68	1	C	残27.9	残20.4	15.3	2.3~2.9	同上。
	M57:168	1	C	25.6	18.6	15	2.3~3	同上。
	M51:308	1	D	26.2	18.6	9	2.2~3.2	通体铸成立体的右手反握一字格剑。手及腕臂中空作銎，剑首作内略呈方形。剑腊作援，直而扁平，尖锋稍圆，后部有一圆孔。銎手背上有菱形纹。表面镀锡。
	M57:167	1	D	26.7	19	9.2	2.2~3.3	援刃微曲，后部圆孔四周有太阳纹。
	M47:65	1	D	残26.3	18.8	残8.7	2.2~3.2	同上。
	M57:181	1	E	残32.2	残24	11.2	2.6~3.7	无内。长援微上曲，曲刃，前段中线有棱；后段宽平，铸四人浮雕。銎背铸一立体的立虎；两面为七人猎虎浮雕，两端之人高大，头伸出銎背，呈双面浮雕。表面镀锡。
	M47:71	1	E	残27.9	残19.8	11.4	2.4~3.8	同上。出土时有长78厘米的残木柲。

表一〇　铜矛登记表　　　　　　　　　　　　　　　　　　　　　　　　（单位：厘米）

编号	数量	型式	通长	刃长	刃宽	骹径	形　　制
M71:20	1	AⅠ	33	22	3.8	1.6～3.1	刃狭长，后锋直短，与前锋圆直角相接，中线略有脊。扁圆骹，口内凹，两侧对称半圆耳，环骹饰多道云纹、双旋纹、雷纹、弦纹等组合图案。刃后端铸三角形纹。
M64:2	1	AⅠ	残30.8	残21.2	3.2	1.6～2.2	同上。
M59:1	1	AⅠ	残25.2	残15.2	3	1.3～2.6	同上。
M81:4	1	AⅠ	31.7	21.2	3	1.7～2.7	同上。
M61:6	1	AⅠ	残30.7	残19.8	3.8	1.8～3.5	同上。
M71:21	1	AⅠ	残25.3	残15.1	3.3	1.6～2.6	同上。环骹纹饰还有圆点纹。
M53:23	1	AⅠ	36.3	27.1	3.8	1.9～3	同上。
M63:12	1	AⅠ	26.8	16.6	2.9	1.7～3	同上。
M78:1	1	AⅠ	残16.4	残7.7	残2.5	1.4～2.1	环骹纹饰还有锯齿纹。刃残损严重。
M57:101	1	AⅠ	残27.4	残16.4	3.3	1.6～2.7	同上。
M48:2	1	AⅡ	残27.5	残19.4	残4.6	2.4	圆骹贯刃大部，半环单耳。刃中后段中线作圆柱脊，后端较宽。
M68:196	1	AⅡ	残29.3	残22	残4.8	2.2	骹侧半圆双耳，环骹饰多道云纹、双旋纹、弦纹等组合图案。
M66:1	1	AⅡ	残22	残12.1	残4.1	2.3	同上。
M52:3	1	AⅡ	残16.6	残10.2	3.4	2.3	骹口内凹，半环双耳，环骹饰多道云纹、曲线纹、栉纹等组合图案。
M51:283	1	AⅢ	28.7	20.5	4	2	刃后锋平，前端双刃急聚成三角形刺，中线起脊。后端铸三角形纹和双旋纹。圆骹，环骹饰多道三角齿纹、回旋纹、蚕纹、雷纹、弦纹等组合图案。表面镀锡。
M57:192	1	AⅢ	残27.2	残18.9	残4	2.1	同上。
M47:104	1	AⅢ	残28.2	残20.2	残4	残1.9	同上。残损严重。
M57:197	1	AⅢ	28.6	18.9	4	2	环骹饰多道弦纹、栉纹、蚕纹、回旋纹等组合图案。
M51:300	1	AⅢ	残26.2	残16.8	残3.7	2	同上。

续表一〇

编号	数量	型式	通长	刃长	刃宽	骹径	形 制
M47:98	1	AⅢ	28.4	19.1	4.1	2	同上。
M47:29	1	AⅢ	29.4	20.2	4.6	2.2	环骹饰菱形纹。
M82:3	1	AⅢ	23.7	16.3	3.7	2.5	骹短，口内凹。纹饰锈蚀不清。
M83:7	1	BⅠ	残30.9	20.3	3.1	1.7~2.7	刃狭长，后锋圆短，前锋内弧，中线稍显脊。扁圆骹，口内凹，两侧半圆双耳。环骹饰多道回旋纹、云纹、雷纹组合图案。
M30:9	1	BⅠ	残35.7	残25	3.1	1.7~2.7	环骹饰多道回旋纹、云纹、雷纹、同心圆纹、三角形纹组合图案。
M77:1	1	BⅠ	残26.5	残16.3	残3		刃后端饰三角形纹和旋纹。残损严重。
M77:2	1	BⅠ	残21.7	残13.5	残3.1		残损严重。
M83:3	1	BⅠ	残16	残9.1	残2.4	1.9~2.7	同上。无纹饰。
M57:193	1	BⅡ	残32.5	残19.6	残4	2	刃较宽，内弧，中线圆柱脊与圆骹贯连。脊上饰二蛇缠绕，环骹饰多道双旋纹、穗状纹、雷纹等组合图案。
M51:321	1	BⅡ	残35.8	残22.5	残4.7	1.9	同上。
M47:32	1	BⅡ	32.5	22.5	4.9	残1.8	同上。
M57:199	1	BⅢ	25	16.1	3.8	2	刃微内弧近直，前端急聚成刺，中线圆柱脊后与圆骹贯接，前作脊棱。
M51:299	1	BⅢ	残25.3	残15.6	3.9	2.2	同上。
M62:1	1	BⅢ	残25.5	残17	4.5	1.9	同上。
M74:1	1	BⅢ	16.7	10.4	3.2	2.5	同上。
M82:6	1	BⅢ	20.2	12.6	3.5	2	同上。
M71:5	1	CⅠ	35	21.2	4.3	2	刃呈柳叶形，前锋斜直微弧，后锋圆稍宽，中线圆柱脊。圆骹长，半圆双耳。环骹上段饰多道回旋纹、绹纹、弦纹等组合图案。
M68:141	1	CⅠ	48.8	34.3	5.2	2.1	刃较长，前端急聚成三角形刺。表面镀锡。
M68:140	1	CⅠ	残49.2	34.4	5.3	2.1	同上。
M68:144	1	CⅠ	残48.7	35	5.1	残1.9	同上。
M68:147	1	CⅠ	39.7	35.1	5.2	2.2	同上。

续表一〇

编号	数量	型式	通长	刃长	刃宽	骹径	形　　制
M68：132	1	CⅠ	残45.8	残31.3	5.2	2.1	同上。
M68：137	1	CⅠ	残48.3	残33.6	5.2	2.1	同上。
M68：135	1	CⅠ	49.4	34.6	5.2	2.1	同上。
M68：146	1	CⅠ	残48.5	残34.1	5.2	2.1	同上。
M68：145	1	CⅠ	48.5	34.1	5.1	2.1	同上。
M68：139	1	CⅠ	49.1	34.7	残4.3	2.1	同上。
M68：66	1	CⅠ	残40.1	残31.1	残5.1	残1.6	同上。刺、骹口残损。
M68：131	1	CⅠ	49.3	34.6	5.2	2.1	同上。
M68：148	1	CⅠ	49.3	34.5	5.1	2.1	同上。
M68：241	1	CⅠ	残49.1	残35	5.2	残2	同上。刺、骹口残损。
M68：143	1	CⅠ	残48	33.2	5.2	残1.9	同上。骹口残损。
M68：298	1	CⅠ	残47.8	残33	5.2	2.1	同上。
M68：136	1	CⅠ	残48.5	残33.7	5.3	2.1	刺、骹口残损。附残木柲一小段。
M68：138	1	CⅠ	48.5	33.9	5.2	2.1	附残木柲一小段，表面涂红色。
M68：142	1	CⅠ	残45	残30.6	5.2	2	附残木柲一小段，表面涂红色。
M47：33	1	CⅡ	28.3	18	4.5	残2.1	刃前端较宽，急聚成三角形刺，中线脊棱直达刺尖。表面镀锡。
M38：4	1	CⅡ	残28.3	残17.2	3.5	1.9	同上。
M47：103	1	CⅡ	34.5	23.9	5.7	残2.4	环骹饰多道绚纹、菱形纹、云纹等组合图案。
M85：87	1	CⅢ	残24.7	残16	残3.9	3	刃后锋前倾，双刃弧形，前端急聚成刺，中线圆柱脊。
M50：51	1	CⅢ	残26.4	残15.5	残4	2.1	刺、骹口残损。
M85：102	1	CⅢ	残24	残15.5	残4.7	2.7	同上。
M86：048	1	CⅢ	12.2	7	3.3	2.2	器形小。
M61：4	1	CⅢ	残14	残7.3	残2.8	残2	器形小，刺、骹口残损。
M85：101	1	CⅢ	残51.2	残38.5	残5	2.6	刃特长，后端较窄。骹短，内留残木柲。锈蚀残损严重。

续表一○

编号	数量	型式	通长	刃长	刃宽	骹径	形　制
M85:103	1	CⅢ	残23.5	残14	5	2.4	锈蚀残损严重。刃大部残失。
M68:161	1	DⅠ	28.7	18	3.3	1.9	刃后锋长，前倾，最宽处近中部，中线起脊。圆骹，半圆双耳。环骹上段饰菱形纹。表面镀锡。
M68:164	1	DⅠ	残32.5	残20.4	残4	2.2	同上。
M68:162	1	DⅠ	残30.4	残19	残4.3	2.2	同上。
M63:1	1	DⅠ	残36.9	残21.4	4	2.3	双耳近骹口，环骹饰多道锯齿纹、绹纹、菱形纹、三角形纹等组合图案。
M43:2	1	DⅠ	21.7	9.6	2.7	2	刃短，骹长，无耳。
M53:9	1	DⅠ	30.5	19.5	残4	2.1	骹口处有箍状弦纹二道。
M71:4	1	DⅡ	24.1	15.9	4	1.7	刃部较宽，脊后端和骹饰栉纹、蚕纹图案。
M51:323	1	DⅡ	残24.1	残16.6	4.8	2	同上。
M57:190	1	DⅡ	残20.7	残12.5	4.1	1.9	同上。
M68:357	1	DⅡ	残24	残15.5	残4.7	2	同上。
M68X1:38	1	DⅡ	残22.2	残14.2	4.2	1.8	同上。
M47:93	1	DⅡ	残24.3	残17.6	残4.2	2	同上。
M45:10	1	EⅠ	31.7	20.7	4.1	2.1	刃后锋前倾，微内弧，与前锋圆角折接，中线起脊。圆骹。
M73:1	1	EⅠ	25.3	18	3.7	1.9	半环双耳，环骹饰云纹等，锈蚀不清。
M50:66	1	EⅠ	28.3	18	3.4	2.3	半圆双耳，环骹饰菱形纹。
M69:156	1	EⅠ	28	18.2	4.2	2.2	无耳。无纹饰。
M69:152	1	EⅠ	残24.6	残16	残4.5	2	同上。
M28:8	1	EⅠ	17.2	8.7	2.8	2	同上。
M52:2	1	EⅠ	13	5.5	1.9	2	同上。刃短，骹长。
M79:1	1	EⅠ	残12.3	残5.8	2.3	残1.8	同上。
M57:221	1	EⅡ	32.6	22.3	4.7	2.4	刃后锋内弧明显，两侧折角突出。刃末骹上端有箍二道，箍间呈枣形。
M51:320	1	EⅡ	残34.7	24.8	残4.6	残2.1	同上。骹口残损。

续表一〇

编号	数量	型式	通长	刃长	刃宽	骹径	形　　制
M47:28	1	EⅡ	残29.8	残21.2	4.8	残2.1	同上。刺，骹口残损。
M72:1	1	EⅡ	42.4	28.8	残6.5	2.8	器形大，骹上二箍间平直，骹口饰弦纹二道。
M57:165	1	EⅢ	32.5	18.4	4.9	2.1	刃后锋曲，内弧至末端外圆。刃后端和环骹饰三角形纹、雷纹、绹纹组合图案。
M57:198	1	EⅢ	24.5	15.5	残5.4	2.4	环骹饰雷纹、菱形和栉纹等组合图案。
M51:281	1	EⅢ	残33.9	23.8	残5.4	2.4	同上。
M51:301	1	EⅢ	残24.4	残22.5	残5	2.1	同上。
M71:3	1	EⅢ	30.1	19.5	5.4	2.4	同上。
M57:194	1	EⅢ	残43.4	残32.4	5.6	2.6	刃长，两侧折角处各有一小圆孔，分别悬挂反绑双手的二铜人。环骹上段饰多道双旋纹、雷纹、三角齿纹等组合图案。
M47:34	1	EⅢ	残45.3	34.5	残5.8	残2.5	刃侧折角处有小圆孔及铜丝，无铜人。
M51:280	1	F	24.6	15	7.9	2.3	宽叶形刃，短而阔，中线起脊，两侧扁平。圆筒状长骹。表面镀锡。
M47:105	1	F	残24.4	残13.7	残8	2.8	刃后端饰太阳纹和三角形纹。
M57:163	1	F	残26.1	残14.6	8.1	2.8	刃中线圆柱脊，后端饰太阳纹和三角形纹。骹口饰绹纹一道。
M50:52	1	F	残27.1	残15.3	残9.3	2.2	同上。
M57:195	1	F	残28.6	残18	6	2.1	形状特殊，刃前端窄长伸出，后端饰雷纹和旋涡纹，环骹上段饰多道回旋纹、雷纹、绹纹、栉纹等组合图案。骹下段为浮雕蹲蛙。
M68:163	1	G	残24.4	残16.5	3.8	1.8~2	曲刃，中线脊厚。圆骹略扁，半圆双耳，口内凹。环骹饰多道三角形纹、绹纹、云纹、同心圆纹等组合图案。
M68X1:6-1	1	G	残8.4	残5	3.7	1.4	刃、骹残损严重。
M68X1:6-3	1	G					残损严重，仅存骹部一段。
M47:31	1	H	17.2	11.1	3.1	2	刃后锋后掠成倒刺状翼，前端急聚成三角形刺，中线圆柱脊。圆骹，环骹饰多道三角形纹、双旋纹、栉纹、雷纹等组合图案。表面镀锡。
M57:214	1	H	残16	残8.4	3.3	2	同上。

续表一〇

编号	数量	型式	通长	刃长	刃宽	骹径	形　制
M51:353	1	H	残16.9	残10.4	2.8	1.9	同上。
M50:53	1	H	残19.5	残11.5	残3.2	残2.5	骹部饰菱形纹。残损严重。
M54:1	1	I	12.8	6.5	残3	2.5	刃前端急聚成三角形刺，后锋直与前锋折接，中线脊较厚。圆骹下段较粗。
M35:1	1	I	残14.1	残8.1	3.5	2.2	同上。
M80:4	1	I	13.3	6.2	2.4	1.9～2.2	骹略扁，口内凹。
M69:200	1	J	残18.4	残17.2	6.8	2.3～4	宽刃，短骹，刃两侧扁平，扁圆骹贯入刃部，中线有棱，饰多道双旋纹、回旋纹、三角齿纹、雷纹、绚纹组合图案。刃前段大部残失。表面镀锡。
M69:199	1	J	残19	残17	6.3	2.3～3.9	同上。

表一一　铜殳登记表　　　　　　　　　　　　　　　　　　　　　　（单位：厘米）

编号	数量	型式	通长	鐏径	形　制
M68:133	1	I	38.8	2.4～3.3	上端矛与下端狼牙棒结合而成。基本作矛形，刃狭长，前锋微内弧，后锋平直，折接前锋。椭圆骹铸棘刺成棒，上段八棱，半圆双耳，口分二齿。棘刺间饰缠绳地纹，环骹下段为多道绚纹、同心圆、弦纹等组合图案。表面镀锡。
M68:134	1	I	38.9	2.2～3.4	同上。
M68:297	1	I	残37.5	2.4～3.3	半圆单耳，无棘刺，无纹饰。
M68:120	1	I	37.8	2.3～3.3	同上。
M50:26	1	I	残35.6	1.6～2.4	同上。
M62:9	1	I	残33.4	1.8～3.4	环骹下段饰多道云纹、锯齿纹等图案。
M47:122	1	I	残28.8	1.6～2.4	环骹下段饰多道云纹等图案，其余锈蚀不清。
M70:2	1	I	残31.6	1.4～2.3	同上。但无纹饰。
M51:157-1	1	I	残36.8	1.5～2.7	环骹下段饰多道云纹等图案，其余锈蚀不清。
M47:30	1	II	27.5	3.2	上端为有骹矛，矛棒相连处作铜鼓形。矛刃柳叶形，圆骹。八棱狼牙棒下端短圆鐏，口分作四齿。表面镀锡。
M51:63	1	II	残28.5	3.2	同上。
M57:187	1	II	残25.3	3.4	鐏口分作五齿。

表一二　铜戚登记表　　　　　　　　　　　　　　　　　　　（单位：厘米）

编号	数量	型式	通长	刃长	刃宽	銎径	形　制
M51：319	1	A	22.9	17.5	10.9		卵圆形扁平刃，前端尖出，中线起棱，刃末较厚，上侧铆接一立体铸的弧。方形内。刃中饰太阳纹，中央有圆孔，内后端饰卷云纹。表面镀锡。
M47：82	1	A	残17.6				同上。残损严重。出土时附长99厘米的残木柲。
M57：180	1	A	23	17.4	10.9		同上。上侧弧与器连铸。
M68：307	1	B	14.6	8.8	5.1	2.1～3.4	宽叶矛形，刃短而阔，中线起脊。扁圆短銎，侧铸一伏兔。刃后端饰菱形网格纹，环銎饰多道双旋纹、三角齿纹、绹纹等组合图案。
M68：304	1	B	19.7	13.6	7.6	2.8～3.8	銎口内弧，侧铸一立豹。刃后端饰雷纹，环銎饰多道回旋纹、绹纹、弦纹等组合图案。表面镀锡
M68：305	1	B	残16.2	残13.3	7.7		銎侧铸一立豹，銎口及豹残损。
M68：306	1	B	15.6	9.4	5.1	2.6～3.3	銎侧铸一伏兔。刃后端饰菱形网格纹，环銎饰多道双旋纹、三角齿纹、绹纹等组合图案。
M68X1：24	1	B	残16	残9	5.3	3～3.9	銎口内凹，一侧有半环耳。刃后端饰三角形纹，环銎饰多道羽状纹、三角齿纹、回旋纹、蚕纹等组合图案。表面镀锡。
M47：81	1	B	残14.5	残8.2	残5.2		刃及銎残损较严重。
M71：12	1	B	残14.8	残9.2	残5.9	2.5～3.1	同上。

表一三　铜钺登记表　　　　　　　　　　　　　　　　　　　　　　　　　　　（单位：厘米）

编号	数量	型式	通长	刃宽	銎径	形　制
M51:288	1	A	11.9	残15.6	2.4～3.3	新月形刃，宽而低矮，两端上翘。椭圆銎，口内凹，半环单耳。銎口铸沿口弯曲的弦纹三道，下段饰弦纹三道，间饰绳索纹。表面镀锡。
M47:79	1	A	残10.9	残14.4		同上。无纹饰。銎口残损。
M57:156	1	A	11.8	残15.5	2.4～3.3	同上。纹饰锈蚀不清。
M50:64	1	A	残11.4	残13.3	3.2～32	同上。
M51:333	1	B	9.9	残11.8	2.8～3.3	新月形刃，较宽略高，两端上翘，刃半圆形弧出。椭圆銎，口平，半环单耳。环銎下段铸多道弦纹、绹纹、双旋纹和三角齿纹等组合图案。表面镀锡。
M57:160	1	B	10	11.8	2.6～3.4	同上。
M47:75	1	B	残8.8	残11	2.3～残2.9	同上。纹饰锈蚀不清。
M51:309	1	C	14.7	11.2	2.3～3.5	椭圆銎下端铸浮雕蛇头，蛇口衔刃。半圆形刃较高，两端尖锐微上翘，刃极弧出。銎口平，半环单耳。环銎铸多道绹纹、回旋纹、雷纹、三角形纹等组合图案。表面镀锡。
M57:153	1	C	残14.3	残10.2	2.3～3.4	同上。
M47:77	1	C	残14.4	残10	2.2～残3.1	同上。
M51:340	1	D	残11.9	残11.2	2.6～3.7	椭圆銎铸浮雕蟾蜍，蹲伏，前足环作双耳，头向銎口。雌蟾蜍身宽，背上饰扁圆形纹。銎短较粗，刃较宽，两端向外平伸。表面镀锡。
M47:76	1	D	残11.9	12	2.7～3.8	同上。
M57:215	1	D	12.1	残12.5	2.6～3.7	同上。
M57:211	1	D	残14.8	9.1	2.2～2.8	雄蟾蜍身窄，銎较细长，新月形刃较窄，两端尖锐上翘。
M47:78	1	D	残13.1	残8	2.1～2.6	同上。
M85:85	1	D	残14.6	残8.2	残～2.2	同上。锈蚀残损严重。
M51:350	1	D	残9.8	7.5	残	同上。銎口段残失。
M69:190	1	E	残16.5	13.9	2.4～4.5	半圆形刃，扁平，中部有二个三角形镂孔，宽刃极弧出，两端齐平上翘。椭圆銎，口内凹。表面镀锡。
M69:194	1	E	残16.3	14.2	2.5～4.2	器形同上。
M51:21	1	F	9.9	7.7	1.8～3.2	靴形，扁平，横长方形刃，扁六边形銎偏一侧接刃，口中部下凹，两侧尖出，正面一道弦纹。

表一四　铜啄登记表　　　　　　　　　　　　　　　　　　　　　　（单位：厘米）

编号	数量	型式	通长	銎高	銎径	形　　制
M68:351	1	Ⅰ	残 24.5	5.2	3	直长刺，与銎正交成"丁"字形。圆銎短，两端开口。菱形刺，前端尖锐。表面镀锡。
M30:1	1	Ⅰ	残 12.8	4.8	2.2	圆刺，銎两端口处各饰勾连雷纹一道。
M71:6	1	Ⅱ	23	15	2~2.6	椭圆銎长，上端封闭。菱形刺前端扁平，双面刃，后端较宽连銎。銎背铸透空双面浮雕的四狐，中部饰太阳纹，两端多道双旋纹、三角齿纹等组合图案。
M57:161	1	Ⅱ	22.7	25.2	2~2.7	同上。
M68:333	1	Ⅱ	20.5	13.8	2.3~2.8	刺尖稍宽，銎中部饰五蛇盘曲，两端多道双旋纹图案。
M68:331	1	Ⅱ	20.7	13.7	2.3~3	同上。
M68:334	1	Ⅱ	25.2	14.8	2.2~2.7	銎背为三立鹿，中部饰太阳纹，两端多道双旋纹、三角齿纹等组合图案。
M68:335	1	Ⅱ	25.2	14.6	2.2~2.7	同上。
M51:334	1	Ⅱ	残 23.2	14.3	2.1~2.7	銎背为二立鹿，中部饰太阳纹，两端多道双旋纹、三角齿纹等组合图案。残损多。
M50:54	1	Ⅱ	残 16.8	残 13.7	2.2~2.7	同上。
M47:67	1	Ⅱ	24.5	13.3	2.1~2.7	同上。残损严重。
M68:332	1	Ⅲ	24.5	14.3	2.2~2.8	菱形刺后端宽与銎连。椭圆銎背铸四狐，中部饰太阳纹，两端多道雷纹、双旋纹、三角齿纹等组合图案。表面镀锡。
M68:330	1	Ⅲ	24.5	14.4	2.3~2.8	菱形刺后端宽与銎连。椭圆銎背铸四狐，中部饰太阳纹，两端多道雷纹、双旋纹、三角齿纹等组合图案。

表一五　铜叉登记表　　　　　　　　　　　　　　　　　　　　（单位：厘米）

编号	数量	型式	通长	銎径	形　制
M68:154	1	AⅠ	29	2.9~3.8	椭圆銎两面铸浮雕蛇头，张口接叉身，叉身长方形，束腰，前端分为二锋，两侧出刃，如蛇之舌，中线粗脊，分两股入两岔。銎后段饰菱形鳞纹如蛇身。表面镀锡。
M51:336-2	1	AⅡ	19.5	2.6~3.6	蛇头向銎口，叉身中线粗脊顶部平，饰二蛇身，互相缠绕前分两股如蛇尾。表面镀锡。
M57:157	1	AⅡ	残18.9	2.5~3.5	同上。
M47:64	1	AⅡ	20	2.7~3.6	同上。
M50:75	1	AⅡ	残16.5		同上。銎部残损。
M85:83	1	AⅡ	19.8	2.6~3.9	器形同上。锈蚀重。
M57:164	1	B	残19.1	2.8~4	叉锋短，锋间内弧刃。椭圆銎口内凹，半圆双耳。叉身后部及銎饰三角形纹、雷纹、绚纹等组合图案。
M51:336-1	1	B	残19	2.8~3.9	同上。表面镀锡。
M47:102	1	B	残18.5	2.8~4	同上。叉端残损。

表一六　铜棒锤登记表　　　　　　　　　　　　　　　　　　　　　（单位：厘米）

编号	数量	型式	通长	锤径	鋬径	高	形　　制
M68:266	1	AⅠ	17.5	4.9	4		空心棒，局部突有棱，顶微上鼓，上端较粗，下端收细作短圆鋬。器身遍镂形状、大小不一的孔。器短。
M51:341	1	AⅡ	57.5	5.2	3.4	狗4	空心八棱棒，上端稍粗，下端收细成长圆鋬，顶平，铸一体的立狗。鋬口分三齿。表面镀锡。
M47:101	1	AⅡ	44.5	3.7	2.9		空心七棱棒，顶无狗。
M50:60	1	AⅡ	53	4.3	2.9		空心八棱棒，顶无狗。
M85:72	1	AⅡ	残24	3.8	3.2		同上。锈蚀残损严重。
M57:179	1	AⅡ	47	3.4	2.9	狗3.8	空心八棱棒，顶立一狗。
M68:264	1	BⅠ	17.5	4.5	3.6		空心八棱棒，每面中线铸一排锥状刺，八棱短鋬。器短，刺细小，高0.5、径0.3厘米。
M68:265	1	BⅠ	17.7	4.6	3.6		器形同上。刺较稀。
M51:342	1	BⅡ	52.6	4.8	3.5	狗4	空心八棱棒，顶铸立体的立狗，下端收细作长圆鋬，鋬口分四齿。刺粗壮，高1.7、径0.7厘米。表面镀锡。
M57:174	1	BⅡ	47	3.8	3.1	狗残3.2	顶端铸一立狗，鋬口分三齿。
M50:58	1	BⅡ	53.5	4.4	3		鋬中微束，口分三齿。无狗。
M47:118	1	BⅡ	残39.5	3.6	残2.7		空心七棱棒，无狗。鋬口残损。
M85:89	1	BⅡ	残23	3.6	残3.1		空心六棱棒，弧顶无狗。
M51:339	1	C	26.7	4.7	3.3	通9.8	横空心圆棒，两端有底微外鼓，中部"丁"字形圆短鋬，遍镂菱形孔。
M50:62	1	C	26.5	4.6	3.2	通9.7	同上。镂孔大部未穿透。
M47:97	1	C	20	4.8	3.2	通9.7	两底平，镂孔未穿透。鋬凿长99厘米的残木柄。
M85:71	1	C	14.6	5	3.6	通11.9	两底及鋬未镂孔。
M57:176	1	C	24	4.7	3.1	通10.4	器形同上。未镂孔。

表一七　铜镦登记表　　　　　　　　　　　　　　　　　　　　　　　　（单位：厘米）

编号	数量	型式	通长	口径	形　制
M51:329	1	AⅠ	17.2	3～3.8	椭圆锥状，向下渐细且渐扁。下端两侧收成三角形尖，近口处有由四股细绳纹组成的箍状宽弦纹一道，上部有对称长方形钉孔。
M57:185	1	AⅠ	15.1	2.8～3.3	口部有箍状弦纹二道，中部有对称长方形钉孔。
M83:2	1	AⅠ	6.6	1.8～2.9	下端呈斜平的敲砸面，中部有对称钉孔。
M51:135	1	AⅠ	4.6	1.1～1.6	器形小，下端平。
M51:248－2	1	AⅠ	4	2～2.5	器形小，下端收向一侧。
M50:55	1	AⅡ	16.3	3～3.8	略突起八棱。口部有箍状弦纹一道，中部有对称钉孔。
M47:214	1	AⅡ	残14.2	?～3.5	口中有弦纹二道。
M47:224－8	1	B	7.9	2.7～3.6	半圆锥状。近口处两侧有对称钉孔。
M51:27	1	B	残7.1		口部残失。
M68:207	1	CⅠ	6.9	2.4	圆锥状。较粗短。近口处有对称钉孔。表面镀锡。
M68:192	1	CⅠ	6.3		口部残损。
M68:343	1	CⅠ	7	2.4	同上。
M68:308	1	CⅠ	5.4	2.2	尖端平。
M64:19	1	CⅠ	8.1	2.7	钉孔内留有铁钉。
M47:242－2	1	CⅠ	7.4	2.8	同上。
M47:242－1	1	CⅠ	残11.6		口部残损。
M47:242－4	1	CⅠ	7.8	3.5	形制同上。
M47:242－7	1	CⅠ	6.6	3.1	尖端平。
M69:197	1	CⅠ	7	1.9	较细。
M69:232	1	CⅠ	残6.9		较细。口部残损。
M69:229	1	CⅠ	残6.9	1.8	较细。尖残。
M69:195	1	CⅠ	残6.6		较细。口部残损。
M69:196	1	CⅠ	残4.6		同上。
M69:198	1	CⅠ	残6.3		同上。
M69:146	1	CⅡ	12.9	1.4	体细长。表面鎏金。

续表一七

编号	数量	型式	通长	口径	形 制
M69:227	1	CⅡ	残12.5		口部残损。
M69:228	1	CⅡ	14		同上。
M69:143	1	CⅡ			残损严重。表面鎏金。
M51:295-2	1	CⅡ	残9		尖端平。口部残损。与鼓形杖头同出。
M82:22	1	CⅡ	残8		口部残损。接鼓形杖头。
M44:23	1	CⅡ	7.8	1.2	口和中部有不同向的对称钉孔。
M51:47	1	CⅢ	10.4	3.3	下段一侧收作斜平面,尖端偏向另一侧。中部有对称钉孔。
M51:290	1	CⅢ	10.3	3.3	同上。
M76:15	1	CⅢ	11.2	3	近口处有箍状弦纹。
M47:224-5	1	CⅢ	11.2	3	近口处有对称钉孔,内存残秘和铁钉,尖端使用成圆形。
M85:73	1	CⅣ	11.2	3.8	体较长,圆口,下作八棱锥形。近口处有对称钉孔。
M85:70	1	CⅣ	11	3.3	近口处有对称钉孔。
M50:87	1	CⅣ	9.1	2.9	近口处有箍状弦纹两道和对称钉孔。
M47:244-9	1	D	8	2.9	略呈圆筒形,向下微收细,下端作圆锥状。近口处有对称钉孔,下端锥度较大。内存残秘和铁钉。
M47:224-6	1	D	5.6	3	下端锥度较大,与筒圆滑连接。
M51:29-1	1	D	7	3.1	下端锥度中,与筒圆滑连接。
M51:113	1	D	9.4	2.5	下端锥度较大,近口处有弦纹三道,对称钉孔,下刻折线纹。
M47:224-3	1	D	10.5	3	下端锥度中,近口处有弦纹两道,下刻折线纹。
M47:224-1	1	D	14.2		下端锥度较大,近口处有弦纹三道。残损。
M51:294	1	D	残12.5		下端锥度中,近口处有弦纹三道。残损。
M50:86	1	D	11.5	3.9	下端锥度小,与筒圆滑连接。
M57:45	1	D	10.7	2.4	下端锥度较大,内存残秘和铁钉。
M62:16	1	D	残10.5		下端锥度较大。残损。
M57:150	1	D	16	2.7	下端作六棱锥形,锥度小,尖使用圆钝。

续表一七

编号	数量	型式	通长	口径	形　　　制
M69:230	1	D	残4.2		下端锥度较大。残损严重。
M69:231	1	D	残4.4		同上。
M69:233	1	D	4.5		同上。
M69:234	1	D	4	1.7	器形小，下端锥度较大。
M57:191	1	E	2.3	1.8	器形小，圆筒状，口稍大，平底微下弧。
M49:2	1	E	3	2.2	上接鼓形杖头。
M50:68	1	E	5.4	2	同上。
M57:88	1	E	4.1	2.5	近口处有对称钉孔。
M51:351-3	1	E	2.4	2	同上。
M86:27	1	E	2.4	2.4	同上。
M51:296	3	E	2.5 2.3 残1.6	1.9 2.1	同上。
M51:176	1	异	5.4	1.9~3.9	断面略作菱形，下端细，平底。内存残木柲一段，断面作椭圆形，表面有交叉缠绕的细绳痕迹。残柲长25.2厘米。
M51:351-2	1	异	12.3	2	上段作长圆筒状，下段为立体鹿蹄形，近口处有对称钉孔。与鼓形杖头同出。表面镀锡。
M68:316	1	异	5.3	2.6~2.8	断面略作方形，两侧束腰，平底，下部有对称钉孔。

表一八 铜剑登记表 （单位：厘米）

编号	数量	型式	通长	茎长	格长	腊宽	形 制
M68X2:26-4	1	AⅠ	36.6	10		3.6	无格，空心扁圆茎，"八"字形首，顶端有小圆孔。腊狭长，锷斜直，腊茎间有"颈"较短。茎及"颈"饰绚纹、双旋纹和菱形纹组合图案。
M68X2:25-2	1	AⅠ	33.7	8.4		3.8	茎饰以绿松石小珠镶嵌成三角形纹。
M68X2:7-1	1	AⅠ	残41.2	8.2		3.6	茎纹锈蚀不清。
M68X1:39	1	AⅠ	残37.6	7.9		4.7	茎及颈饰绚纹、双旋纹和菱形纹组合图案。
M68X1:26-1	1	AⅠ	残31.6	7.4		3.3	茎饰三角形和剔点纹组合图案。
M68X2:28-1	1	AⅠ	残33.4	8.4		3.6	茎饰以绿松石小珠。
M68X1:26-3	1	AⅠ	残37.4	8		4.7	茎及颈饰绚纹、双旋纹和菱形纹组合图案。
M68X2:29-3	1	AⅠ	残32.6	7.4		残3.5	同上。
M68X1:42-1	1	AⅠ	残36.6	8.1		4.5	同上。
M68X1:3	1	AⅠ	残34.7	8.2		残3.7	茎纹锈蚀不清。
M79:3	1	AⅠ	残33.6	残9		残3.4	茎饰三角形和剔点纹组合图案。
M57:38	1	AⅠ	残25.4	8.4		残3.6	茎饰三角形纹。
M71:18	1	AⅠ	残37.7	8.3		残4.3	茎饰以绿松石小珠镶嵌成三角形纹。
M71:24	1	AⅠ	残29.7	7.2		残3.1	茎纹锈蚀不清。
M68:199	1	AⅠ	残13.8	7.3		残3.2	同上。残损严重。
M68:193	1	AⅠ	残				残损严重。茎饰以绿松石小珠和玛瑙片镶嵌成三角形纹。
M50:25	1	AⅠ					大部残损，茎饰三角形纹。
M47:62	1	AⅠ		残5.6			同上。
M57:118	1	AⅠ	残26.2				大部残损，仅存腊三段。
M68X2:25-1	1	AⅡ	残19	残8.8		残3	茎铸浮雕纹，后段为蟾蜍，前段为缠绕藤条，上有菱形纹。锈蚀残损严重。表面镀锡。
M68X2:29-4	1	AⅡ	残15.9	残8.6		残2.8	同上。
M68X2:7-2	1	AⅢ	残37	10.9		残4.3	首顶端圆孔呈管状伸出，茎饰绿松石小珠镶嵌的条带和突线组成的旋纹图案。

续表一八

编号	数量	型式	通长	茎长	格长	腊宽	形　　制
M83:5	1	AⅢ	残23.3	9.3		残2.5	茎饰多道双旋纹、弦纹。腊后端饰三角云纹。
M51:114	1	AⅣ	残35.3	9.2		残4	茎腊间"颈"较长,首较高,腊后锋内折窄小。茎饰三角齿纹、三角形纹图案。
M47:144	1	AⅣ	残23.6	9		残3.3	同上。附AⅣ铜鞘饰。
M63:6	1	BⅠ	残36.3	8.9		4.3	空心扁圆茎,半圆首上下分开如张开的蛇口,茎腊间有短"颈",无格。茎饰线条纹,近首处略作两个三角形,其间下凹如蛇双眼。腊后段中线饰蕉叶纹。
M57:25-1	1	BⅡ	33.7	11.1	7.6	5.2	首上下分开如张开的蛇口,有"一"字形窄格,茎腊间颈较长,接格中间。腊中线圆柱脊,双锷斜直,后端弧形外展接格两端。茎铸粗壮的平行短线纹。附AⅢ铜鞘饰。
M47:106	1	BⅡ	残25.1	11.1	残7.1	4.8	首蛇口内衔一支柱。
M47:175	1	BⅡ	残34.4	10.5	残6.3	5.2	同上。
M47:119	1	BⅢ	残26	12.3	8	4.6	茎铸成立体空心蛇头,首为蛇头,张口露齿,蛇颈弯曲为茎,后接格,有鳞纹。
M51:103	1	BⅢ	残18.2	12.4	8	4.6	同上。残断。
M57:95	1	BⅢ	残15.8	12.4	8.2	5.5	同上。残损严重。
M68X1:11-1	1	CⅠ	残28	10.2		残4.1	空心圆柱茎,稍束腰,中部出棱一道,半球首。无格,腊扁平,双锷斜直,后内折斜。环茎下段饰多道点线纹、连珠纹、三角形纹、绚纹、双旋纹和叶纹组合图案。双旋纹连二叶组成的圆形图案似人面。腊后段中线饰蕉叶纹。表面镀锡。附BⅡ铜镖。
M68X2:9-4	1	CⅠ	残30	10		残4.4	同上。
M68X1:26-2	1	CⅠ	残28.8	9.5		残3.7	茎中部无棱,环茎铸多道点线纹、云纹、三角形纹、绚纹组合图案。
M68X2:26-1	1	CⅡ	残29.3	10.3		3.8	无格,首半球突起,下有扁平环。腊中线起棱,后内折平。环茎铸浮雕人面,盘旋排列,一蛇盘绕其间。表面镀锡。
M68X1:10	1	CⅡ	残24.5	9.8		残3.5	同上。锈蚀残损严重。

续表一八

编号	数量	型式	通长	茎长	格长	腊宽	形　制
M68X2：13-1	1	CⅢ	残21.5	10.4	残4.6	3.9	"一"字形窄格，腊中线棱较厚。环茎铸浮雕人面，螺旋排列，一蛇盘绕其间。表面镀锡。
M68X2：10-1	1	CⅢ	残25.7	10.7	残5	残4.1	同上。残损严重。
M68X1：28-1	1	DⅠ	残28.1	10.1		残4	无格。空心扁圆茎，两侧微束腰，半圆形首。茎两面铸二凤，尾羽长，相互缠绕；下段为多道绹纹、回旋纹、弦纹组合图案。腊扁平。表面镀锡。附AⅠ铜鞘饰。
M51：110	1	DⅡ	残32	10.1	残7.4	5.4	"一"字形窄格，扁圆形首。腊后端宽，双锷斜直，中线起棱。首环形镶嵌绿松石小珠，环茎饰多道双旋纹、雷纹和弦纹等组合图案，接格处为三角齿纹和羽状纹。
M57：39-1	1	DⅡ	34	10.1	残6.5	5.3	同上。茎纹饰锈蚀不清，首绿松石小珠脱落。附AⅣ铜鞘饰。
M68X2：6-2	1	DⅡ	残28.6	10.1	残5.5	残4.5	同上。茎纹饰锈蚀不清，首绿松石小珠部分脱落。
M68X1：41-1	1	DⅡ	残14	10.1	残5	残5.1	同上。残损严重。
M68X1：41-4	1	DⅡ	残13	10.1	残4		同上。首饰太阳纹，锈蚀残损严重。
M68X2：6-4	1	DⅡ	残16.5	10.5			同上。
M68X2：21	1	EaⅠ	残35.6	9.5	6.9	4.9	空心椭圆茎，喇叭形空首，环首平行线镂孔。"一"字形窄格，茎稍束腰。腊后段宽，扁平，前段中线稍起棱，双锷略曲；后段饰三角云纹。环茎饰多道双旋纹、菱形纹、羽状纹等组合图案，接格处为一鸱鸮。表面镀锡。
M68X2：24-1	1	EaⅠ	残38.4	8.6	6.9	4.8	茎接格处饰羽状纹，残留藤条缠缑。
M68X2：18	1	EaⅠ	37.9	8.6	6.7	5.3	茎接格处饰羽状纹，首镂空大部未穿透。
M68X2：16	1	EaⅠ	残37.1	8.6	7	4.7	茎接格处饰羽状纹，首镂空未穿透。
M80：3	1	EaⅠ	残13.6	5.9	4	3	环茎饰多道双旋纹、栉纹、羽状纹等组合图案。首镂空大部未穿透。
M59A：3	1	EaⅠ	残27	8.7	5.8	4.5	环茎饰多道双旋纹、栉纹、羽状纹等组合图案。
M71：31	1	EaⅠ	残27.7	8.5	残6.6	4.7	同上。

续表一八

编号	数量	型式	通长	茎长	格长	腊宽	形　　制
M47:157-1	1	EaⅠ	残23.5	残3.8	残6.2	5.1	同上。残损严重，纹饰锈蚀不清。附AⅡ铜鞘饰。
M71:23	1	EaⅠ	32	8.9	7	5	环茎饰多道双旋纹、绚纹、弦纹等 组合图案。腊后端饰菱形云纹。
M71:16	1	EaⅠ	残28.7	8.3	6.6	4.7	腊无纹饰，茎纹饰锈蚀不清。
M47:53	1	EaⅠ		残3.3	5.4	4.7	铜质差，锈蚀残损严重。茎纹饰可辨羽状纹。
M47:145	1	EaⅠ	残17.2	残7.3	残5	残4.2	茎起六棱，纹饰锈蚀不清。残损严重。
M47:167	1	EaⅠ	残18.2	残3.8	残4.2	残4.1	残损严重。茎纹饰可辨双旋纹、弦纹等。
M68X2:29-1	1	EaⅠ	38.4	8.6	6.9	3.9	茎接格处饰羽状纹。首镂空部分未穿透。表面镀锡。
M68X2:29-6	1	EaⅠ	36.7	8.9	6.8	5	茎接格处饰羽状纹，残留藤条缠缑。
M68X2:5-2	1	EaⅠ	37.8	8.8	6.9	4.7	同上。
M68X2:29-2	1	EaⅠ	36	8.7	6.8	5	同上。首镂空部分未穿。
M68X2:27-1	1	EaⅠ	残37.3	9	6.8	5.2	同上。
M68X2:26-2	1	EaⅠ	39.7	8.9	7	残5	同上。
M68X2:5-1	1	EaⅠ	36.6	8.6	7	5.2	同上。
M68X2:9-3	1	EaⅠ	残29.7	8.8	6.6	5	同上。
M68X2:28-3	1	EaⅠ	残36.6	8.8	6.8	4.8	同上。
M68X2:29-5	1	EaⅠ	残37	8.8	6.8	5	同上。
M68:215-1	1	EaⅠ	37.1	8.5	6.6	4.8	同上。
M71:52	1	EaⅠ	残26.6	8.8	6.7	5	茎饰乳丁纹和曲线地纹，两端各有一道雷纹，接格处为绳结纹。腊后段饰云纹和曲线。
M71:29	1	EaⅠ	残30.3	9	6.8	4.7	同上。
M72:7	1	EaⅠ	残28.3	8.6	残5.7	残4.8	同上。茎首残损严重。
M68X2:2	1	EaⅡ	38.2	8.4	7	5.1	腊中线稍起棱，双锷微曲，前端急聚成锋。首镂空大部未穿透，环茎饰多道回旋纹、三角齿纹、羽状纹等组合图案，接格处为羽状纹。
M68X2:13-2	1	EaⅡ	38.6	8.6	7	4.8	同上。首镂空未穿透。

续表一八

编号	数量	型式	通长	茎长	格长	腊宽	形 制
M68X2:23-1	1	EaⅡ	残38.1	8.5	6.7	4.7	同上。首镂空部分未穿透。
M68X2:15	1	EaⅡ	残37.5	8.5	6.7	残4.4	同上。
M68X2:27-2	1	EaⅡ	残37.4	8.6	7	4.5	同上。
M68X2:20-2	1	EaⅡ	37.3	8.7	6.8	5	同上。
M68X2:23-2	1	EaⅡ	37.7	8.5	6.9	5	同上。
M68X2:12	1	EaⅡ	37.5	8.6	6.9	5	同上。
M50:29	1	EaⅡ	29.2	8.4	6.7	4.2	同上。纹饰锈蚀不清。
M68X2:20-1	1	EaⅡ	残31.1	8.6	残5.9	残3.7	同上。残损严重。纹饰锈蚀不清。
M68X2:22	1	EaⅡ	残24.9	8.7	残6.2	残4.5	同上。残损严重。
M68:234	1	EaⅡ	残19.9	残5.1	6.5	5	同上。
M57:102	1	EaⅡ	残29.5	8.6	6.7	4.9	同上。纹饰锈蚀不清。
M68X2:3	1	EaⅡ	残11.3	8.6	6.9	4.9	同上。腊前段残失。
M68X2:1	1	EaⅡ	残32	8.6	残6	5	同上。
M68X2:24-2	1	EaⅡ	残24	8.5	残6.4	4.7	同上。残损严重。
M68:73	1	EaⅡ	残26.6	8.6	6.9	残4.2	同上。
M68X2:9-1	1	EaⅡ	残33.4	8.6	残4.8	残4.6	同上。
M68X2:7-3	1	EaⅡ	残38.4	8.7	7	4.7	同上。锋残损。
M66:2	1	EaⅡ	残13.8	残4.7	残4.5	3.5	器形小，环茎饰多道菱形纹、变形雷纹、三角形纹等组合图案。首残失。
M68:27	1	EaⅡ	残27.8	残2	6.5	4.6	铜质差，锈蚀残损严重，茎后段残失，茎表面鎏金。
M81:3	1	EaⅢ	残28.6	8	6.2	4.7	腊中线圆柱脊，较厚，双锷微曲。环茎饰多道回旋纹、雷纹、同心圆纹等组合图案，接格处为羽状纹。
M28:3	1	EaⅢ	残23.5	8.3	5	4	同上。环茎饰多道回旋纹、羽状纹等组合图案。
M52:7	1	EaⅢ	残26	7.9	5.4	4.6	同上。纹饰锈蚀不清。
M82:4	1	EaⅢ	残27.4	8.1	6.2	4.5	同上。首镂空未穿透。

续表一八

编号	数量	型式	通长	茎长	格长	腊宽	形　制
M63:9	1	EaⅢ	残30.5	8.4	4.9	4.4	同上。纹饰锈蚀不清。首镂空大部未穿透。
M55:1	1	EaⅢ	残25.5	7.4	残3.6	残4	同上。
M64:10	1	EaⅢ	残19.5	8.1	5.7	4.8	环茎饰多道回旋纹、雷纹、同心圆纹等组合图案，接格处为羽状纹。
M47:120	1	EaⅢ	残30.6	8.7	残6	5	环茎饰多道回旋纹、羽状纹等组合图案，接格处为羽状纹。首镂空未穿透。
M70:5	1	EaⅢ	残23.7	残7.7	残5.6	残4.7	同上。纹饰锈蚀不清。残损严重。
M53:22	1	EaⅢ	残27.7	残6.7	6	4.5	同上。纹饰锈蚀不清。首残损。
M47:208	1	EaⅢ	残20.2	8.2	6.2	5.2	同上。纹饰锈蚀不清。
M47:174-1	1	EaⅢ	残19.3	7.9	残4.8	残4.6	环茎饰多道回旋纹、羽状纹等组合图案，接格处为羽状纹。残损多，附B铜鞘饰。
M69:183	1	EaⅢ	残16.8	残1.6	5.7	5	同上。茎大部残失。
M57:98	1	EaⅢ					大部残缺，仅可辨形。
M69:184	1	EaⅢ	残19.8	残1.7	残4	残4.3	同上。茎大部残失。
M85:48	1	EaⅢ					大部残缺，仅可辨形。
M85:50	1	EaⅢ					同上。
M59:6	1	EaⅢ	残5.5				大部残缺，仅存腊段可辨形。
M38:7	1	EaⅢ	残28.3	7.7	4.5	4.1	同上。纹饰锈蚀不清。首镂空大部未穿透。
M43:3	1	EaⅢ	残30.1				同上。纹饰锈蚀不清。
M45:2	1	EaⅢ	残26.8	8.8	6	4.7	环茎饰多道回旋纹、羽状纹等组合图案，接格处为羽状纹。首镂空部分未穿透。
M45:11	1	EaⅢ	残24.6	7.6	4.9	3.9	环茎饰多道回旋纹、羽状纹等组合图案，接格处为羽状纹。残损严重。
M47:127	1	EaⅣ	残33.6	9.1	残5.6	残5.2	腊中线圆柱脊两侧微凹成纵，双锷微曲，前端急聚成锋。茎中镶嵌玛瑙片一道，两端饰多道回旋纹、雷纹、三角齿纹等组合图案，接格处为羽状纹。表面镀锡。
M51:120	1	EaⅣ	残30	9.7	残7	5.4	茎中镶嵌绿松石，首镂空未穿透。
M57:34	1	EaⅣ	残24.3	9.4	7.7	5.3	茎中玛瑙片脱落，首镂空部分未穿透。
M47:147	1	EaⅣ	残14.8	残9.4	残5.5	残5.5	茎中玛瑙片脱落，首镂空大部未穿透。

续表一八

编号	数量	型式	通长	茎长	格长	腊宽	形　　制
M47:107	1	EaⅣ	残 10.2	残 5.1	残 6.1	残 5.4	茎中玛瑙片脱落，残损严重。
M47:108	1	EaⅣ	残 18.6	9.6	残 4.5	残 4.2	茎中玛瑙片脱落，首未镂空，残损严重。
M51:115	1	EaⅤ	残 34.5	9.5	残 6.5	5.5	腊后端稍宽厚作吞口状，前端较宽，双锷微曲，中线棱两侧微凹成纵。茎中线起棱，中铸浮雕缠绕绳索纹，两端饰多道回旋纹、雷纹、三角形纹组合图案。
M51:183-1	1	EaⅤ	残 28.4	9.7	7.2	5.5	同上。附 E 金鞘饰。
M51:126	1	EaⅤ	残 37.2	9.7	7.2	5.3	同上。
M51:159	1	EaⅤ	残 17.5	9.8	7.1	5.4	同上。腊残损严重。
M74:2	1	EbⅠ	残 24.3	8.4	6.9	4.5	茎中稍粗，两面中线镂一排长方形孔未穿透，两旁有折棱，断面略呈扁十边形。腊短，中线厚微起棱，双锷微曲。首镂空未穿透。
M73:2	1	EbⅠ	24	8	6.3	4.5	茎镂孔和折棱不明显。
M50:15	1	EbⅠ	残 22.5	9.8	残 7.2	5.3	茎断面略呈八边形。
M51:155-1	1	EbⅡ	残 38.6	9.3	6.8	5.8	茎两面中线镂一排长方形孔，两旁折棱，断面略呈六边形。腊长，后端作吞口状，前端较宽，双锷微弧，中线棱两侧微凹成纵。
M47:211-1	1	EbⅡ	残 31.5	残 8.8	残 6.3	5.2	茎断面略呈十边形。首残损。附 C 金鞘饰。
M86:049	1	EbⅡ	残 30	8.7	6.4	4.5	茎棱不明显，两面镂二排孔。
M57:27-1	1	E	残 29.3	10.7	8.3	5.2	茎两端细，中稍鼓，两端环茎铸多道雷纹、弦纹组合图案，接格处为羽状纹。附 AⅡ铜鞘饰。
M51:122-1	1	E	残 33.5	10.6	8.4	5.8	首未镂空。附 AⅡ铜鞘饰。
M57:36	1	E	残 16.2	8.2	5.8	4.5	首镂空部分未穿透，茎中鼓部铸螺旋纹。
M68X2:10-2	1	FⅠ	38.8	7.8	7.9	5.7	空心圆柱茎，稍束腰，圆空首，有玉标首。腊长，双锷弯曲较大，后端宽。环茎饰四道雷纹和弦纹图案，接格处为双旋纹。玉标首椭圆锥形，长 3.3，首径 3.8~7.4 厘米。
M51:104	1	FⅠ	残 33.3	7.8	残 5.4	残 5.3	环茎饰多道雷纹和羽状纹图案。玉标首长 2.3、首径 3.2~4 厘米。

续表一八

编号	数量	型式	通长	茎长	格长	腊宽	形　　制
M71:19	1	FⅠ	残32.1	8.2	7	5.2	茎纹饰锈蚀不清。玉标首长2.4、首径2.2~3.5厘米。
M56:1	1	FⅠ	28	8.2	5.8	4.2	茎稍扁，环茎饰多道锯齿纹、云纹等图案，接格处为羽状纹。腊后端饰三角云纹。无玉标首。
M57:33	1	FⅠ	残29.1	7.4	6.6	5.2	腊双锷弯曲较小，环茎饰多道弦纹。
M61:5	1	FⅠ	残26.2	9.1	5.5	4.5	同上。纹饰锈蚀不清。
M54:3	1	FⅠ	22	7.8	4	3.4	茎稍扁，环茎饰多道雷纹、云纹、乳丁纹等图案。
M47:109	1	FⅠ	残29.1	残7.6	6.7	5.2	腊中线起脊，纹饰锈蚀不清。
M47:110-1 M47:110-2	1 (鞘)	FⅡ	残22.8 22.8	8.6	11.4	8.7	椭圆平首，茎中线起棱，断面略呈菱形。"一"字形格长，腊短宽阔，中线圆柱脊，双锷弯曲，前端急聚成三角形锋。首铸多圈云纹、羽状纹、三角形纹组合图案，环茎饰多道回旋纹、雷纹、绹纹、栉纹等组合图案。表面镀锡。鞘短宽，口平，两侧弯曲，中部尖出，末端呈心形向上斜翘。背面上部有二穿系。正面饰雷纹、涡纹、乳丁连珠纹组合图案。鞘内衬垫薄木片。
M57:99-1 M57:99-2	1 (鞘)	FⅡ	23.8 29.2	9.4	12	9	同上。鞘背面中、下部各有二对小孔。
M51:100-1 M51:100-2	1 (鞘)	FⅡ	23.5 28.7	9.3	12.4	8.9	同上。鞘背面上下各有二小孔，正中一小孔。
M51:184	1	FⅡ	残27.4	8.2	10.8	8.8	首饰云纹，环茎饰多道回旋纹、穗状纹、绹纹、三角形纹等组合图案，腊后段饰三角云纹。茎、格表面鎏金。
M51:181-1	1	FⅡ	残12	9.4	11.1	9.6	环茎饰多道雷纹、绹纹、穗状纹、回旋纹等组合图案。格表面鎏金。腊大部残。附E金鞘饰一片。
M51:204-1	1	FⅡ	29.1	9.2	13.5	12	空首附玉标首，环茎饰多道回旋纹、绹纹、小乳丁纹等图案。腊后段纹饰锈蚀不清。玉标首径4.8~6.1厘米。附E金鞘饰。

续表一八

编号	数量	型式	通长	茎长	格长	腊宽	形 制
M57:26	1	GⅠ	残28.6	10	残5.4	4.6	空心圆柱茎，稍束腰，首作倒置铜鼓形，鼓足为空首，腊后段宽，双锷弯曲较多。茎起六棱，环茎饰多道回旋纹、绚纹、栉纹等组合图案，接格处为一鸥鸮。
M71:28	1	GⅠ	残29	9.5	5.9	4.4	同上。
M68X2:9-2	1	GⅠ	残28.1	9.9	残5.2	残4.4	同上。锈蚀残损严重。
M51:156-1	1	GⅠ	33.5	9.7	5.7	4.4	腊前段狭长，双锷急聚成三角形锋。表面镀锡。附AⅢ铜鞘饰。
M68:84	1	GⅠ	残22.3	9.9	5.8	4.5	同上。
M57:93	1	GⅡ	29.2	10.5	6	4.7	环茎饰重叠菱形纹，腊后段饰曲线云纹图形，双锷弯曲较小。
M47:158	1	GⅡ	残24.8	残9.6	残5.7	4.4	腊前段中线起脊。残损严重。
M68X2:11	1	GⅡ	残23	9.6	5.8	4.7	同上。腊前段残损。残损严重，仅存腊残段。
M51:102	1	GⅡ	残33.2	10.3	7	4.6	腊前段中线起脊。
M68X2:28-4	1	GⅡ	残29.1	9.4	5.8	4.7	同上。首残。
M51:154-1	1	GⅢ	残30.7	9.6	5.7	5	环茎铸浮雕藤条缠猴，上有菱形纹，接格处为人面和曲线纹。腊前段中线起棱，双锷弯曲较多，后段饰一大鲵。表面镀锡。
M57:32	1	GⅢ	残27.5	9.4	5.9	4.9	同上。茎接格处和腊后段纹饰锈蚀不清。
M68X1:2	1	GⅢ	28	9	5.8	4.8	同上。
M68X1:42-2	1	GⅢ	残26.7	9	5.7	4.8	同上。
M47:160	1	GⅢ	残21.4	残9.6	5.7	4.6	同上。
M47:143	1	GⅢ	残27.7	9.6	5.6	4.5	同上。
M68X2:17	1	GⅣ	残36.5	9.9	9.3	6.5	双锷弯曲较小。茎两面各铸一浮雕箕踞而坐之人，浑身缠蛇，足下相互缠绕的蛇身经格延腊后段。
M57:35	1	GⅣ	残34.9	9.6	6.1	4.9	环茎铸浮雕人面，螺旋排列，一蛇盘绕其间。腊后段铸一浮雕双手持短棒舞蹈之人。
M51:101	1	GⅣ	残35.8	9.6	6.3	4.8	环茎铸浮雕人面，腊后段铸舞蹈人。

续表一八

编号	数量	型式	通长	茎长	格长	腊宽	形　　制
M68X2∶26－3	1	GⅣ	残26.9	7.3	5.8	4.4	茎两面各铸一浮雕猎首立人，右手持短剑，左手提人头。表面镀锡。
M68∶199	1	GⅣ	残10	9	残3.3		茎铸浮雕猎首立人。腊大部残失。
M68X1∶7	1	GⅣ	残20	残8.3	残5.4	残4.5	茎铸浮雕猎首立人。锈蚀残损严重。
M57∶28－1	1	GⅤ	33.5	11.9	7.8	4.6	环茎铸一浮雕立鹤，首尾相交，以多道回旋纹、双旋纹、绚纹、三角齿纹等组合图案作地纹，接格处为羽状纹。双锷微曲，锋圆。附B铜鞘饰。
M51∶123－1	1	GⅤ	残27.9	11.3	8	4.6	同上。附AⅣ铜鞘饰。
M57∶37	1	H	残32.2	11.8		3.3	矛形剑，略似AⅠ矛，骹口内凹铸一立体的虎，不能装柲作首。腊中线起棱，两侧微凹成纵。环茎饰多道雷纹、双旋纹组合图案，腊后段饰三角形纹。
M51∶124	1	H	残34.8	13.2		3.3	首铸作豹，茎侧半圆双耳，环茎饰多道双旋纹、弦纹组合图案，腊后段为羽状纹。
M72∶7	1	H	残20.5	11.5		残3	首铸作扁圆球，茎侧半圆双耳。环茎饰多道回旋纹、雷纹、三角齿纹组合图案，扁圆球饰方格网纹，腊后段饰蕉叶纹。
M68X1∶4	1	I	残33	残6.8	残4	残3.9	"山"字形格，格于腊端沿腊两侧和中线分三股，两侧内弧，茎端圆。空心圆柱茎束腰，圆形平首微鼓。腊中线脊粗壮，双锷斜直。茎两面铸双头连体公鸡，多道弦纹间米点纹作地纹。表面镀锡。
M68X1∶40	1	I	残9.9	残6.8	残3		同上。锈蚀残损严重。
M50∶23	1	J	残43.3	9.7	6.3	3.8	腊狭长，中线棱厚，两侧微凹成纵，棱顶有血槽直贯锋，双锷微弧。"凹"字形格和圆盘状首另铸。腊后铸兽面纹，其余布满浅圆形凹痕。首表面鎏金。

表一九 铜镖登记表 （单位：厘米）

编号	数量	型式	通长	宽	形 制
M45:1	1	A	15	4.3	扁方筒状，下端圆尖，断面略呈扁长方形，正背面略向外弧，侧面向上内收。正面中线隆起宽脊，口部有大致作方形的缺口，两侧稍曲。背面有三角齿和同心圆纹。正背面刻有符号。
M76:3-2	1	A	10.9	4	正面缺口作方形。
M51:216-3	1	A	11.8	4.7	正面残失。
M57:29-3	1	A			残碎。
M57:30-3	1	A			残碎。
M57:31-3	1	A			残碎。
M47:168-3	1	A	11.2		正面口部残失。
M47:162-2	1	A			残碎。
M50:34-2	1	A	残15.5	3.7	正面缺口上沿有"桥"连接，呈方形孔。
M62:3-2	1	A	12.3	4.5	正面口部残失。
M53:21	1	A	12.6	4.3	正面口部残失。
M86:11	1	A	18	4.1	正面缺口上沿有"桥"连接，呈方形孔，脊两侧有辫纹。背面纹周围有小圆点纹。
M47:169-3	1	A			残碎。
M47:163-2	1	A			残碎。
M85:94-2	1	A	14		口中两侧残。
M68X1:29-2	1	A	残11.4	4	两侧直，下端尖。
M68:118-1	1	A	11.3	4.2	两侧直。
M68:116-1	1	A	残9.8	4.2	同上。
M68:58	1	A	12.5		同上。口部残。
M68:119-1	1	A			仅存下端，表面有包裹织物痕。
M68X1:5-2	1	A			两侧直，两端残。
M68:157-2	1	A	残10.7	4.3	正面口部残失。
M68:156-2	1	A			仅存上端。
M68:25-3	1	A			仅存下端。
M68:54	1	A			同上。
M51:216-3	1	A	11.8	4.7	正面口残失，背面有三角齿和同心圆纹。

续表一九

编号	数量	型式	通长	宽	形　制
M68:102-1	1	BⅠ	7.7	口残3.4 底2.6	扁圆筒状，底较窄，平底微下弧。两面有三对长方形小孔。表面鎏金。
M68:101	1	BⅠ	7	底2.6	口部残失，内留铁刃。
M68:36	1	BⅡ	残5.2	底4	扁圆筒状，束腰，底较宽微上弧，两侧有很窄的侧面。表面鎏金，内留木鞘痕。
M68X1:11-2	1	BⅡ	残4.8	底4	表面鎏金，内留木鞘痕。
M68:360-1	1	BⅡ	3		附于M68:360铜茎铁腊剑末端。
M47:139-2	1	BⅢ	19.7	口3.9 底2.5	扁圆筒状，底较窄，平底微下弧，正面中线起棱。上段两侧有很窄的侧面。背面有三小孔。
M68:102-2	1	BⅢ	残5.1	底2.9	仅存下段，正面有细线刻和剔细点纹。
M68:89	1	BⅢ		底2.1	仅存底部。表面鎏金。
M70:6	1	BⅢ			残碎。
M68:254	1	BⅣ	21.1	口4.3	扁圆筒状，三角形尖底。两面中线起棱，棱两侧微凹。身两侧面向外折出，中线成折棱。正背面饰卷云纹和米点地纹。底尖端有一小孔。
M68:223-1	1	BⅣ	残11	4	正面棱较宽，呈半圆脊。正背面无地纹。上段残失。
M38:6	1	CⅠ	3.9	口2.1 底1.7	扁方筒状，平口，平底较窄。正面有不规则的云纹、方格纹和复线三角纹组合图案，背面近口处有二小孔。
M68:215-2	1	CⅡ	5.7	口3	口内凹，中部平。三角形尖底。正面饰卷云纹和米点地纹。表面镀锡。
M68:117-1	1	CⅡ	残5.7		正面中线起棱。上段残失。
M68:223-2	1	CⅡ	残6		上段及背面残失。
M68:24-4	1	CⅡ	残6.4		正面饰不规整卷云纹和栉纹，表面鎏金。上段及背面残失。
M68:56-2	1	CⅡ	残5.5		正面为突起动物纹和米点地纹，表面鎏金。仅存下段。
M68:	1	CⅡ	5	口3.3	背面残。
M68:176	1	DⅠ	5.7	口3.8 底3	六边形筒状，断面略作菱形，两侧面较窄，平底较窄。表面鎏金。
M68:59	1	DⅠ			残碎。表面鎏金。
M47:175	1	DⅡ	3.8	口3.8 底3.5	平底稍宽，正背面中线起棱较高，两侧弧形下凹。表面镀锡。
M68X1:41-3	1	E	残10.3	口5.7	扁方筒状，断面呈圆角长方形，平口较宽，向外有折边，两侧弯曲向下渐窄，下段内弧。正面饰锯齿纹间连续回旋纹组成的图案。表面镀锡。
M68X2:28-5	1	E			仅存下段一部，锈蚀严重。

表二〇　铜鞘饰登记表　　　　　　　　　　　　　　　　　　　　（单位：厘米）

编号	数量	型式	长	宽	形　制
M68X2:25-3	1	AⅠ	28.2	上 9.8 下 4.6	两侧上、中和下部有三处对称伸出，上、中部略呈长方形，下部呈半圆形。下端略呈倒梯形宽出。中间纵向稍弧起。背面有五突起的穿系。正面为浅浮雕，中间为三蛇缠绕，下端为男女二人相跪坐。上端伸出为面向同侧的青龙、白虎，中部伸出饰兔头，下部伸出饰卷云纹。
M68X2:28-2	1	AⅠ	27.9	上 9.8 下 4.4	同上。
M68X1:40-2	1	AⅠ			残碎。
M68:67-2	1	AⅠ		上 9.5	仅存上部。
M51:122-2	1	AⅡ	残 36.8	上 11 下 6.7	下端两侧弧形宽出，中间平。正面中间缠绕的三蛇其中二蛇口衔鱼，上端两侧为面相对的青龙、白虎。中部伸出略呈梯形，兔头简化。背面有八对称穿系。
M57:27-2	1	AⅡ	37.2		两侧为八对称双孔。
M47:157-2	1	AⅡ			背面有对称穿系，残损严重。
M51:156-2	1	AⅢ	残 37.7	上 11 下 3.4	上、中部二处对称伸出，上部较短，中部较高。中间突起，中线起棱。两侧有五对称双孔。正面中间为二蛇缠绕，上端为一鸥鹆纹，下端作浅浮雕的一人。表面镀锡。
M57:25-2	1	AⅢ	残 29.5		残损多，纹饰浅。
M71:26	1	AⅢ			仅存下部一小段。
M47:144-2	1	AⅣ	残 37	上 12.6 下 6.3	通体平，正面无纹饰。用连续穿孔，中间连线作剑腊形，上段沿周边，下端边沿有双孔。
M51:123-2	1	AⅣ			下部残碎。
M57:39-2	1	AⅣ	残 29.5	上 13.4	连续孔未穿透，两侧有对称双孔。下端残失。
M51:154-2	1	B	残 27.7	上 11.9	上、中部二处对称伸出，上部较长。通体平。中间中部为镂空三角形和半圆形，上部饰雷纹和复线水滴纹。中部伸出略呈三角形，饰复线三角形纹。下部残损。
M47:174-2	1	B			大部残失，仅可辨形。
M57:28-2	1	B	残 36		镂孔未穿透。一侧残损。

表二一 铜弩机登记表 (单位：厘米)

编号	数量	通高	郭长	形　　制
M51:287	1	14.2	11.9	部件全，郭前端两侧斜内收窄，面上有槽。悬刀扳部前面向右斜，沿两棱边凿与侧面对穿的八小孔。各部件上阴刻"二"，郭内铸阳文。栓塞帽作六边形。
M57:40	1	17.3	10.5	部件全，郭前端台阶状折收窄。各部件上阴刻隶书"河内工官七百卅丙"，栓塞帽作方形。
M85:54	1	15.6		无郭，栓塞帽作方形。
M47:239－1	1	13.2		无郭、栓，仅有望山、悬刀，制作粗糙单薄。望山和扳两面铸雷纹。
M47:239－2	1	12.5		同上。望山顶残。
M57:41	1	11.6		仅有望山、悬刀。制作粗糙单薄。
M68:279	1	13.8		同上。
M68:267	1	13.5		同上。
M68:272	2	11.3		同上。铜质差，杂质多。
M86:4－7	1			仅存一栓塞，帽作半球形。

表二二　铜镞登记表　　　　　　　　　　　　　　　　　　　　　　（单位：厘米）

编号	数量	型式	通长	刃（翼）宽	铤径	形　制
M73:6	1	A	残4.3	1	0.6	镞身柳叶形，前端急聚成刺，空心圆铤，镞尖至铤末中线起棱。
M72:3-2①	1	A	残3.1	1.1		同上。铤口残。
M63:15-2①	1	A	残5.2	0.9	0.5	同上。
M53:5	1	B	残6.2	2.1	0.8	镞身扁平宽叶形，前锋弧刃，后锋齐平，中线有一后端封闭的血槽。空心圆铤。
M64:8	2	B	残4.4	残1.6	0.6~0.7	同上。残损严重。血槽较浅。
M38:10	1	B	残5	残1.5	0.5	刃较长，残损严重。
M76:9	1	B	残2.4	残1.2	0.8	铤内存残木槁。
M72:3-2②	1	B	残2.4	残0.9		同上。仅存刃部。
M59A:6	1	B	残4.3	残1.3	0.6	刃后锋向前倾斜。
M86:22	1	B	残4.3	1.3	0.7	同上。
M72:9	1	C	残4.4	1.1	0.6	镞身狭长，前锋斜直，后锋稍前倾，中线粗脊，两侧有后端贯通的血槽，空心圆铤。
M68:170	1	C	残3.5		0.7	刃一侧残损。
M68:105	9	D	残5.2	1.6	0.6~0.7	镞身长，前锋微弧，后两翼后掠，中线粗脊，两侧有后端贯通的血槽。部分残损严重。
M68:48	1	D	残4.3	残1.5	0.6	同上。
M68:170	2	D	残5	1.6	0.7	铤内存残木槁。
M68:95	2	D	残4.1	1.6	0.6~0.8	残一翼。铤内存残木槁。
M68:121	1	D	4.5	残1.3	0.8	双翼略残。
M68:198	3	D	5	1.6	0.7~0.8	铤内存残木槁。
M68:290	2	D	残4.5		0.7	翼残。
M68:352-2①	5	D	残5.3	残1.5	0.8~0.9	同上。
M68:291	2	D	残4.3	1.5	0.8	同上。
M68:170	1	D	残5.3	1.6	0.7	锋稍残。
M68:269-2①	20	D	5.2	1.5~1.7	0.7~0.9	同上。
M68:277-2①	8	D	5	1.6	0.7~0.9	同上。
M63:15-2②	2	D	残5.9	残1.2	0.7	同上。
M64:8	1	D	残4.4	残1.7	0.7	刃宽，锋圆钝。

续表二二

编号	数量	型式	通长	刃（翼）宽	铤径	形　制
M57:146-2①	1	D	残3.9			同上。
M74:4	2	D	残4.1		0.6~0.7	同上。
M86:22	1	·5.3	残1.7	0.7	同上。
M68:263	3	D	残4.1			残损严重，仅存刃之一部。
M71:35	1	EⅠ	5.7	1.5	0.3	镞身较宽，后锋两翼后掠，中线粗脊，两侧有血槽。实心圆铤。
M51:48	4	EⅠ	残5.5	1.6	0.2~0.3	锋圆钝。
M51:68-2	2	EⅠ	5.6~6.1	1.7~2.3	0.3	刃宽。
M63:17	1	EⅠ	残4.1		0.4	同上。
M57:117	2	EⅠ	残3.3			同上。
M57:146-2②	1	EⅠ	残4			同上。
M43:7	2	EⅠ	5.9	1.5~1.6	0.2~0.4	铤末尖锐。
M28:5	1	EⅡ	5.4	残1.4	0.3	中脊两侧血槽后端贯通，有菱形关。双翼稍残。
M81:5	3	EⅡ	残5.5	1.5	0.2-0.3	同上。
M43:7	1	EⅡ	5	1.6	0.3	一翼弯曲。
M64:8	1	EⅡ	残5.5		0.4	同上。
M28:4	1	EⅡ	残4.8		0.3	同上。
M38:2	1	EⅡ	残2.1		0.3	同上。
M47:219	8	F	残6.6		0.7~0.9	空心长圆锥形。部分内存残槁。表面镀锡。
M68:170	1	F	残3.8			同上。
M68:95	1	F	残5.6		0.6	同上。
M68:121	2	F	5.5		0.7~0.8	内存残槁。
M68:198	1	F	残6.1		0.8	同上。
M68:290	2	F	残5.1		0.6~0.7	同上。
M68:352-2②	4	F	残5.4			同上。
M68:291	1	F	残5		0.7	同上。
M68:263	3	F	残4.8		0.7~0.8	同上。
M68:269-2②	10	F	残6.3		0.6~0.8	同上。
M68:277-2②	4	F	5.6		0.6~0.8	同上。
M68:115	16	F	残5.2		0.7~0.8	同上。

表二三　铜箙饰登记表　　　　　　　　　　　　　　　　　　　　　　（单位：厘米）

编号	数量	通高	口径	形　　制
M51:68－1	1	6	3.7～9.3	薄铜片锻作半圆筒形，下有平底，正中有一小圆孔。正面和底部有排列整齐的小乳丁。锥刺点线纹形成的地纹，为围乳丁的蟠螭纹、长方形边框和三角形等组合图案。内残存竹片。
M43:4	1	5	3.7～10.3	下端较窄，底残。正面也有乳丁和锥刺地纹。背面两侧各有一身体突起、边沿刺点线纹的兽，形似兔，相背而坐。
M63:15－1	1	残5.1		正面为大小相间的乳丁，地纹还有辫纹。
M28:7	1	残5.7		正面为小乳丁。
M72:3－1	1			正面为小乳丁，地纹还有线刻的蟠螭纹。残损严重。
M62:11	1			正面为小乳丁，无地纹。残损严重。
M68:121－1	1	残7.1		同上。内残存竹片。
M50:85	1	残5		正面为小乳丁。
M68:352－1	1	残12.5		器形较大，正面为小乳丁，无地纹。内残存竹片。
M68:269－1	2	6.7		同上。内残存竹片。
M68:277－1	1	残6.3		同上。
M71:25	1	残5		正面为小乳丁，地纹还有线刻的蟠螭纹和锯齿纹。残损严重。
M71:35－1	1	残5.8		正面为小乳丁，无地纹。
M53:6	1			同上。残损严重。
M57:135－2③	1			同上。残损严重。

表二四　铜盾饰登记表　　　　　　　　　　　　　　　　　　　　　　（单位：厘米）

编号	数量	型式	直径	通高	刺高	形　　制
M68:86	1	AⅠ	6.9			圆形铜片，中央半球形突起，背空，有横梁。正面凹作浅盘状。中央再突起半球形饰太阳纹。
M51:85	1	AⅠ	4.2			中央突起顶端较尖。
M68:85-3①	1	AⅠ	3.1			中央作环形短管状再突起。
M68:251-1	1	AⅠ				残损严重，仅能辨器形。
M68:200	1	AⅡ	14.2	5.3		中央管状再突起，管顶为鎏金的凹面小圆盘。背面为"十"字形横梁。正面镀锡。
M68:201	1	AⅡ	14			同上。较残破。
M50:77	1	AⅢ	10.7	3.3	2.1	正面中央再突立一实心圆锥形长棘刺，微凹，鎏金，背面为一横梁，棘刺尖使用圆钝。
M50:78	1	AⅢ	10.4	残1.4	残0.2	正面鎏金，刺大部残损。
M50:79	1	AⅢ	9.2	3.2	2.1	正面鎏金，边沿残损。
M68X1:1	1	AⅢ	7.4	2.9	1.8	刺粗，尖使用圆钝。背面为十字相交横梁。
M50:84	1	AⅢ	9.1	残1.2	残0.2	刺大部残失。
M57:147	2	AⅢ	9.2	2	0.9	边沿稍残。
		AⅢ	6.5	2.5	1.6	刺较高。
M53:19	2	AⅢ	9	2.4	1.4	背面横梁残失。
		AⅢ	9.2	2.1	1.2	边沿稍残。
M57:132-2	3	AⅢ	4.5	1.5	0.8	边沿残损较多。
		AⅢ	9.1	1.8	0.9	残失近半。
		AⅢ	残6.1	残1.3	残0.2	边沿残损较多。刺大部残。
M86:1-2①	3	AⅢ	7	1.8	1.2	器盘较厚。
		AⅢ	7	2	1.4	同上。
		AⅢ	7	1.8	1.2	同上。
M68:273-3	1	AⅢ	7			刺及中央突起顶部残失。
M68:85-3②	1	AⅢ				残失太多，仅能辨器形。
M51:26	1	AⅢ		残2	1.2	器盘残缺较多。
M68:203-2	1	AⅢ				残失太多，仅能辨器形。

续表二四

编号	数量	型式	直径	通高	刺高	形　　制
M85:4	1	AⅢ				残失太多，仅能辨器形。
M85:26	1	AⅢ				残失太多，仅能辨器形。表面鎏金。
M68:202	2	AⅢ	6.7	3	2.4	边沿稍残。
		AⅢ		2.8	2.2	器盘残缺较多。
M57:135-1①	1	AⅢ		2	1.2	同上。
M68:83	3	AⅢ	6.2	残2.1	残1.3	刺尖残。
		AⅢ	7.8	残1.8	残0.9	同上。
		AⅢ				残失太多，仅能辨器形。
M68:92	1	AⅢ	5.7	1.6	0.6	中央突起侧面有三小圆孔。
M51:82	1	ΛⅢ	4.2	1.5	0.6	中央突起侧面有四个三角形孔。
M68:61	1	AⅢ			1	较残碎。
M57:130	1	B	3.6	1.6	0.9	圆片平，器形较小，正面中央再突立一实心圆锥形长棘刺。突起侧面有对称四孔。
M51:172	1	B	4.5	1.8	1.1	突起侧面有对称四孔。边沿稍残。
M51:214	1	B	4.5	2.3	1.6	边沿残损较多。
M51:26	1	B			1	较残碎。
M57:132-3	2	B		2	1.1	较残碎。
		B				残失太多，仅能辨器形。
M86:36	1	C	9.1	2.9	1.3	圆片正面球面状上凸，周围平沿一圈，中央再突立一实心圆锥形长棘刺。背面为一横梁。
M86:047	1	C	9	2.8	1.4	边沿有一小孔。
M86:050	1	C	8.8	2.5	1.1	边沿稍残。
M86:15	1	C	6.7	1.8	0.7	同上。
M86:1-2②	4	C	9.5	2.9	1.3	同上。
		C	9.1	3	1.5	器壁较厚。
		C	9.6	3	1.5	同上。
		C	9	2.8	1.3	边沿稍残。

续表二四

编号	数量	型式	直径	通高	刺高	形　　制
M86：13	1	C	6.7	1.7	0.8	边沿稍残。
M86：16	1	C	6.5	1.9	1	刺尖残。
M47：200	2	C	6.8	2	1	边沿稍残。
		C	6.5	残1.5	残0.3	中央突起侧面有三小孔。刺残。
M51：25	1	C			1.2	较残碎。
M51：26	2	C			1.6	残失太多，仅能辨器形。
		C			1.2	残失太多。中央突起侧面有三小孔。
M85：3	1	C				残失太多，仅能辨器形。
M50：36	1	C			残0.7	同上。
M50：45	1	C			残0.8	同上。正面鎏金。
M57：132	1	C			残0.6	残失太多，仅能辨器形。
M51：293	1	C			1.5	同上。
M62：13	1	C			0.8	同上。
M62：14	1	C	6.6			中部残损。
M62：12	1	C	残5.3	2	0.8	边沿残损较多。
M50：42	1	C	7.7	2.7	1.5	同上。
M57：135－1②	8	C	残6.9	残1.6	残0.5	同上。中部稍残。
		C		残1.5	残0.3	残失太多，仅能辨器形。正面鎏金。
		C		3.2	2.4	边沿残损较多。
		C			0.8	残失太多，仅能辨器形。
		C			残0.7	同上。
		C			残0.7	同上。
		C			残0.4	同上。
		C				同上。
M68：251－2	1	C	残4.8	2	1.3	边沿残损较多。
M68：281－2	5	C	6.8	2.5	1.5	边沿稍残。

续表二四

编号	数量	型式	直径	通高	刺高	形　　制
M68:281-2	5	C			1.4	残失太多，仅能辨器形。
		C			1.1	残失太多，仅能辨器形。
		C			残1	同上。
		C			残0.4	同上。
M47:249-2	6	C	残6.1		1.8	较残碎。
		C			残0.4	残失太多，仅能辨器形。
		C			残0.1	同上。
		C			残0.2	同上。
		C				同上。
		C				同上。
M47:238	17	C	10.9	4	2	边沿稍残。
		C	9.8		残0.6	中部残损。
		C	9.4		残0.3	同上。
		C	9.9		残0.2	同上。
		C	11.9		残0.5	同上。
		C	10.2		残0.2	同上。
		C	9.2		残0.6	同上。
		C			1.8	残失太多，仅能辨器形。
		C			残0.6	同上。
		C			残0.8	同上。
		C			残1	同上。
		C			残1.1	同上。
		C			残0.9	同上。
		C			1.9	同上。
		C			1.5	同上。
		C				同上。
		C				同上。

表二五　铜甲登记表　　　　　　　　　　　　　　　　　　　　　　　　　　　　　（单位：厘米）

器类	编号	数量	型式	高	径	形　制
铜 胫 甲	M57：146－3	2	Ⅰ	残 25.9～27.4		表面鎏金。
	M51：314	2	Ⅰ	残 30～32		表面鎏金。其中一件中部边沿原有一长约 2.5 厘米的裂隙，用表面鎏金的铜丝铆固三处。
	M47：229－1	2	Ⅰ	残 26.5		表面鎏金。
	M68：323	1	Ⅰ			残碎，仅能辨形，不能测量。
	M68：90	1	Ⅰ			残碎，仅能辨形，不能测量。表面鎏金。
	M51：42	1	Ⅰ			残碎，仅能辨形，不能测量。表面镀锡。
	M53：29－2	1	Ⅱ	23.9	上 11.2 下 8.7	三片弯曲铜片，侧面相连围成圆筒。上下沿平，每片相应的上宽下窄，边沿都有双连小孔，三片的弯曲弧度和宽窄不等。分别宽 5.7～8.9、7.2～9、8～10.4（残）厘米。
	M53：29－3	1	Ⅱ	23.7		残碎。仅一片较好，宽 5.6～9.2 厘米；另一片较大，残宽 11 厘米。
铜 臂 甲	M71：33	1	Ⅰ	残 20.9	上 8.9 下 6.5	整片薄铜片卷曲成椭圆筒状，中间收束，下段内收较多，正面上沿凹入，两侧高低不同。下沿平。背面留开口。上沿有一行穿孔，下沿有二行穿孔。多处残损。
	M63：16	1	Ⅰ	残 16.4		残损较多，仅能辨形。
	M68：350	1	Ⅰ	残 19.1		残损较多，仅能辨形。表面鎏金。
	M68：195	1	Ⅰ			残碎，仅能辨形，不能测量。表面鎏金。
	M68：292－1	1	Ⅰ			残碎，仅能辨形，不能测量。表面鎏金。
	M68：294－1	1	Ⅰ			残碎，仅能辨形，不能测量。
	M51：81	1	Ⅰ	残 19.5	上 8.2 下残 7	圆筒状，下端稍细，背面留开口。上端正面连接出护手片，下段残损缺失。上端饰有半圆突起的弦纹一道，连有突起呈半圆弧形的纹饰。
	M53：29－4	1	Ⅰ	残 16.8		同上。残损较多，仅能辨形。上下两端各饰一道半圆突起的弦纹。

续表二五

器类	编号	数量	型式	高	径	形 制
铜臂甲	M53:29-1	1	Ⅱ	残20.4	上8.8~10.4 下7~7.7	三片弯曲铜片，侧面相连围成椭圆筒，下沿有卷边。中间一片较窄，上端较宽略呈菱形，两侧各有三个圆孔，上沿有双连小孔；两侧片形状相同，方向相反，下沿对称向后斜，内侧边沿与中间片对应有重合的三个圆孔，其余三边沿有双连小孔。中间片上端略残。中间片残高20.4、宽4.4~8.1、两侧片高19.7、宽6.4~7.2厘米。
	M50:9	1	Ⅱ	22.1	下7~7.5	两侧片上段残。中间片宽4.2~8.8、侧片残高16.6、宽6.5~7.9厘米。
	M62:11-1	1	Ⅱ	20.1	上9.4~12.5 下7~8	一侧片稍残。中间片宽3.6~8.6、侧片高19.5、宽6.7~8.5厘米。
	M50:16	1	Ⅱ			残碎。仅一侧片较大，残高11、宽7.3厘米。
	M51:171	1	Ⅱ	残20.9		中间片及侧片残缺不全。中间片残宽5、侧片残高20.1、宽9.1厘米。表面鎏金。
	M57:128	1	Ⅱ	21	上9~13 下7.2~8	一侧片残。中间片上端中部原有一长约3.5厘米的裂隙，用铜丝铆固连接二处，并在出口处铸接。宽4.1~8.6、侧片高19.7、宽6.3~7.8厘米。
	M57:126	1	Ⅱ			残碎。中间片残高16.4、宽4.2厘米。
	M76:11	1	Ⅱ	21.2	下约6~7	下沿无卷边。中间片下段一侧残，侧片残缺不全。中间片上端宽8.3，侧片下端宽6.5厘米。
	M68:210	1	Ⅱ	21.4		残碎。中间片残高21.4、宽4.8~10.8厘米。
铜护手甲	M51:292-2	4	大	15~15.5	16.3	略呈心形的平片，上端中部略作倒梯形突出，上沿内弧。上部突起一条弯曲粗线，两侧和下部各有一突泡，边沿有小突泡一周，其外和中间有双连小孔。1件上端稍残，1件下端稍残，2件残损不能测量。
	M47:44	1	小	12.9	12.9	器形较小。下端尖稍残。
	M51:73	4	大	残14.6	16.1	均部分残损。
		1	小	12.8	13	下部残损。
	M57:146-1	8	大			残碎，仅能辨形，不能测量。
		2	小			残碎，仅能辨形，不能测量。

表二六 铜扣饰登记表 (单位：厘米)

器类	编号	数量	型式	直径	形 制
圆 形 铜 扣 饰	M57:20	1	A I	9.1	面无镶嵌物，弧形突起，素面无纹。背面上部有一矩形齿扣。
	M51:127	1	A I	10	同上。
	M68X1:36	1	A II	8.8	素面稍凹呈浅盘状，周边略厚，沿薄如锋。
	M71:41	1	A III	10.2	面稍凹呈浅盘状，中央突起小乳丁。饰八芒太阳纹，芒间为重叠三角形纹。
	M86:44	1	A III	6.3	同上。素面。
	M55:2	1	A IV	6	面稍凹，中央玛瑙扣样突起。周围饰纹五圈，由里向外为圆点纹、栉纹、圆圈纹、栉纹、圆圈纹。
	M53:3	1	A IV	7	饰纹四圈，由里向外为栉纹、栉纹、锯齿纹、卷云纹。
	M73:3	1	A IV	6.8	饰纹四圈，由里向外为圆点纹、栉纹、卷云纹、栉纹。
	M74:3	1	A IV	残5.7	同上。
	M52:6	1	A IV		同上。残碎，仅可辨形。
	M68X1:44	1	A V	8.3	面稍凹呈浅盘状，中央突起覃形圆柱，高1.3厘米。柱顶部饰三瓣花纹，面上有三圈纹饰，由里向外依次为折勾连云纹、绞绳纹和连续云纹。表面镀锡。
	M43:5	1	B I	7.4	面凹呈浅盘状，中央作玛瑙扣状突起，周围镶嵌绿松石小细珠。靠里隔出一窄槽，只容镶嵌一粒细珠。绿松石珠作碎粒状。
	M59A:2	1	B I	7.5	镶嵌物全脱落。
	M61:3	1	B I	8.5	镶嵌物大部脱落。
	M66:4	1	B I	7.5	同上。
	M28:2	1	B I	7	同上。
	M68X1:27－3	1	B II	19.8	面稍凹，中央镶嵌白色玛瑙扣，其外用黑色漆绘十五角光芒，周围镶嵌穿小孔的圆形绿松石小细珠。边沿表面镀锡。
	M68X1:12－2	1	B II	19.9	镶白色玛瑙扣。
	M68X1:13－2	1	B II	17	镶嵌物部分脱落。

续表二六

器类	编号	数量	型式	直径	形 制
圆形铜扣饰	M68X1:14-4	1	BⅡ	20	同上。
	M68X1:45-2	1	BⅡ	19.5	同上。
	M68X1:49-3	1	BⅡ	17.5	同上。挤压变形。
	M68X1:12-1	1	BⅡ	残20.5	镶红色玛瑙扣，绿松石珠部分脱落。
	M68X1:33	1	BⅡ	20.5	镶嵌物部分脱落。残为多块。
	M68X1:14-5	1	BⅡ	9.2	镶红色玛瑙扣，绘出十一角光芒。绿松石珠部分脱落。边沿表面镀锡。
	M47:155	1	BⅡ	20	镶红色玛瑙扣，绿松石珠部分脱落。
	M51:107	1	BⅡ	残19	镶嵌物部分脱落。残为多块。
	M68X1:27-2	1	BⅡ	17	镶嵌物部分脱落。
	M51:129	1	BⅡ	12	镶红色玛瑙扣，绿松石珠部分脱落。
	M51:222	1	BⅡ	20	镶嵌物部分脱落。
	M50:21	1	BⅡ	残9	镶嵌物全脱落。残为多块。
	M71:43	1	BⅡ	12	镶白色玛瑙扣，绿松石珠部分脱落。
	M28:1	1	BⅡ	18	镶嵌物大部脱落。
	M45:12	1	BⅡ	15.5	镶嵌物部分脱落。边沿残损多处。
	M71:44	1	BⅡ	13	镶白色玛瑙扣，绿松石珠部分脱落。
	M68X1:20	1	BⅡ	15.2	同上。
	M71:42	1	BⅡ	14	镶嵌物部分脱落。
	M45:6	1	BⅡ	残12	镶嵌物大部脱落。边沿大部残损。
	M53:24	1	BⅡ	12.5	镶嵌物部分脱落。
	M52:4	1	BⅡ	11.7	镶嵌物全脱落。边沿残损。
	M52:5	1	BⅡ	20.9	镶白色玛瑙扣，绿松石珠部分脱落。
	M57:3	1	BⅡ	20	镶嵌物部分脱落。边沿残损。
	M51:175	1	BⅡ	9.6	镶嵌物全脱落。边沿残损。
	M57:21	1	BⅡ	9	镶嵌物全脱落。残损变形。
	M64:5	1	BⅡ	9	同上。

续表二六

器类	编号	数量	型式	直径	形 制
圆 形 铜 扣 饰	M56:2	1	BⅡ	5	镶嵌物全脱落。
	M62:4	1	BⅡ	7.5	同上。
	M63:13	1	BⅡ	10.5	镶嵌物大部脱落。
	M57:1	1	BⅡ	20.1	镶嵌物部分脱落。
	M64:6	1	BⅡ	17.5	同上。
	M63:14	1	BⅡ	18	同上。残损变形。
	M54:4	1	BⅡ	15.5	镶嵌物全脱落。
	M80:2	1	BⅡ	7.3	同上。
	M53:25	1	BⅡ	7	同上。
	M43:6	1	BⅡ	6.8	同上。
	M76:5	1	BⅡ	9.5	同上。
	M82:9	1	BⅡ	8	同上。
	M82:10	1	BⅡ	残8	镶嵌物大部脱落。锈蚀严重。
	M86:41	1	BⅡ	11	镶嵌物全脱落。边沿残损。
	M47:117	1	BⅡ	残11	镶嵌物大部脱落。残损变形。
	M82:11	1	BⅡ	10.7	镶红色玛瑙扣,绿松石珠部分脱落。边沿残损。
	M71:35	1	BⅡ	11.4	镶白色玛瑙扣,绿松石珠部分脱落。
	M81:2	1	BⅡ	8.5	同上。
	M72:8	1	BⅡ	14	镶嵌物全脱落。
	M51:224	1	BⅡ		残损严重,仅能辨形,不能测量。
	M51:128	1	BⅡ		同上。
	M51:227	1	BⅡ		同上。
	M79:2	1	BⅡ		同上。
	M57:92	1	BⅡ		同上。
	M86:39	1	BⅡ		镶红色玛瑙扣,绿松石珠部分脱落。边沿残损。
	M86:30	1	BⅡ		残损严重,仅能辨形,不能测量。

续表二六

器类	编号	数量	型式	直径	形　　　制
圆 形 铜 扣 饰	M57:89	1	BⅡ		同上。
	M62:10	1	BⅡ		同上。
	M51:225	1	BⅡ		同上。
	M47:191-1	1	BⅡ		同上。
	M47:191-2	1	BⅡ		同上。
	M47:232-1	1	BⅡ		同上。
	M47:232-2	1	BⅡ		同上。
	M57:42	1	BⅡ		同上。
	M51:223	1	BⅡ		同上。
	M50:13	1	BⅡ	19.7	镶嵌物大部脱落。残损变形。
	M50:19	1	BⅡ	9.5	镶嵌物全脱落。残损变形。
	M68X1:49-2	1	BⅢ	9	中央镶红色扣，其外用黑色漆绘尖角光芒，周围分两圈镶嵌绿松石小珠。
	M68X1:14-3	1	BⅢ	19.9	镶白色玛瑙扣，绿松石珠部分脱落。
	M68X1:14-2	1	BⅢ	19	镶肉色玛瑙扣，绿松石珠大部脱落。
	M68X1:35-2	1	BⅢ	19.5	同上。边沿残损。
	M68X1:35-4	1	BⅢ	残19.5	镶嵌物全脱落。残损变形。
	M47:131	1	BⅢ	19	镶嵌物大部脱落。残损变形。
	M68X1:45-1	1	BⅢ	19	镶肉红色玛瑙扣，绿松石珠全脱落。
	M68X1:14-1	1	BⅢ	19.4	镶嵌物大部脱落。残损变形。
	M47:140	1	BⅢ	19.5	同上。
	M68:203-1	1	BⅢ		残损严重，仅能辨形，不能测量。
	M51:220	1	BⅢ		同上。
	M51:210	1	BⅢ		同上。
	M51:202	1	BⅢ		同上。
	M68X1:49-1	1	BⅢ		同上。
	M68:232-2	1	BⅢ	7	镶嵌物大部脱落。残损变形。

续表二六

器类	编号	数量	型式	直径	形　　制
圆形铜扣饰	M68X1:35-3	1	BⅢ	残19.5	同上。
	M68X1:27-1	1	BⅢ	残19.5	同上。
	M30:5	1	BⅢ	13.7	镶嵌物大部脱落。内圈宽，铸勾连云纹。外圈窄，只容一粒小珠。残损变形。
	M67:1	1	BⅢ		残损严重，仅能辨形，不能测量。
	M68:35-6	1	BⅢ		同上。
	M68:35-7	1	BⅢ	13	镶嵌物大部脱落。边沿镶包银，内外圈以金环分隔。残损变形。
	M68:35-3	1	BⅢ		残损严重，仅能辨形，不能测量。边沿镶包银，内外圈以金环分隔。
	M68:35-4	1	BⅢ		残损严重，仅能辨形，不能测量。绿松石珠作长方形块状。

器类	编号	数量	型式	直径	高	形　　制
圆形铜扣饰	M47:132-2	1	BⅣ	20.5		中心截顶圆锥形突起，上镶嵌红色玛瑙扣，背空。周围一圈平，镶嵌一米黄夹绿白色玉环，玉环内外镶嵌绿松石小珠。玉环径15厘米。
	M47:132-3	1	BⅣ	18.5	10	镶肉色玛瑙扣、灰白色玉环。绿松石小珠部分脱落。
	M53:20	1	BⅣ	20.9	11	镶白色玛瑙扣、白色玉环。绿松石小珠部分脱落。
	M57:91	1	BⅣ	19.5	12	镶肉红色玛瑙扣、浅绿色玉环。绿松石小珠部分脱落。
	M57:90	1	BⅣ	16.5	9	镶红色玛瑙扣、灰白色玉环。绿松石小珠部分脱落。
	M51:253	1	BⅣ	13.7		镶红色玛瑙扣。残损多。
	M51:193	1	BⅣ		13.5	镶红色玛瑙扣、灰白色玉环。绿松石小珠部分脱落。残损多。
	M51:163	1	BⅣ	15	9.5	镶红色玛瑙扣、浅绿色玉环。绿松石小珠部分脱落。
	M51:163	1	BⅣ	19	11	镶红色玛瑙扣、灰白色玉环。绿松石小珠部分脱落。残损多。
	M68:35-5	1	BⅣ			残损严重，仅能辨形，不能测量。
	M47:132-1	1	BⅣ	15.3	8.5	镶红色玛瑙扣、灰白色玉环。绿松石小珠部分脱落。残损多。

续表二六

器类	编号	数量	型式	直径	高	形　制
圆形铜扣饰	M47：140	1	BⅣ	20	11	镶红色玛瑙扣、白色玉环。绿松石小珠部分脱落。残损多。
	M47：148	1	BⅣ	20.5	10.5	镶白色玛瑙扣、白色玉环。绿松石小珠部分脱落。
	M68：253	1	BⅣ	18	11.5	镶红色玛瑙扣、灰白色玉环。绿松石小珠部分脱落。残损多。
	M71：40	1	BⅣ	22	14	同上。
	M51：226	1	BⅣ		15	残损严重，仅能辨形。镶米黄色玉环。
	M51：125	1	BⅣ	19.5	10.5	镶红色玛瑙扣、白色玉环。绿松石小珠部分脱落。残损多。
	M68：28	1	BⅣ		8.2	残损严重，仅能辨形。镶白色玛瑙扣、米黄色玉环。
	M68：29	1	BⅣ		10	残损严重，仅能辨形。镶红色玛瑙扣、暗褐色玉环。
	M68：33	1	BⅣ		15.2	残损严重，仅能辨形。镶红色玛瑙扣、米黄色玉环。
	M85：38	1	BⅣ			残损严重，仅能辨形，不能测量。
	M68：286	1	BⅣ		11	残损严重，仅能辨形。镶红色玛瑙扣、米黄色玉环。
	M47：232－3	1	BⅣ			残损严重，仅能辨形，不能测量。
	M51：180	1	BⅣ			同上。
	M68：190	1	BⅣ			同上。
	M51：203－1	1	BⅣ		10	残损严重，仅能辨形。镶米黄色玉环。
	M50：17	1	BⅣ			残损严重，仅能辨形，不能测量。
	M85：76	1	BⅣ		9	残损严重，仅能辨形。镶白色玉环。
	M50：22	1	BⅣ			残损严重，仅能辨形，不能测量。
	M68：15	1	BⅣ			同上。中央镶嵌红色玛瑙扣。
	M68：30	1	BⅣ		12	残损严重，仅能辨形。镶米黄色玉环。

续表二六

器类	编号	数量	型式	直径	高	形　制
	M68:34	1	BⅣ	22	13	镶米黄色玉环。边沿镶金边。
	M68X1:13-1	1	BⅣ	15		镶红色玛瑙扣、浅绿色玉环。绿松石小珠部分脱落。
	M83:6	1	BⅤ	残11.2		玉环外分两圈镶嵌绿松石小珠。镶嵌物全脱落。
长方形铜扣饰	M59A:5	1	AⅠ	10.3	6.5	牌饰作长方形，正面无镶嵌物。上下边沿作连弧形，素面。
	M68:230	1	AⅡ	11	5.5	牌饰面平，中突起横粗脊，上下边沿作卷云纹形，相邻云朵相互连接。两侧边直。上下沿有多道波浪纹，两侧为直线纹。
	M80:1	1	AⅡ	8	4	上下沿有多道波浪纹，两侧为直线纹。
	M54:5	1	AⅡ	8	4.2	同上。稍残。
	M71:39	1	AⅡ	10	4.9	中脊上饰一排同心圆纹，上下边沿云朵分开，伸出。两侧边各饰一列同心圆纹。
	M81:1	1	AⅡ	10	6.4	中脊上饰一排枼纹，周围铸有二道长方框形的勾连云纹和雷纹组合图案，两侧边沿各饰一列勾连云纹连接上下边沿的卷云纹。
	M62:5	1	AⅡ	9.8	6.3	同上。
	M73:5	1	AⅡ	9.8	6.5	同上。
	M51:240	1	AⅢ	18.9	13.7	器形较大，上下边沿卷云云朵分离远，伸出多，云朵下镂孔。中间呈四面坡屋顶状突起折棱脊，横脊两侧及突起周边饰锯齿纹，两端饰三角形纹。周围铸有多道长方框形的勾连云纹和雷纹组合图案，框上下弯曲处各有一排锯齿纹和一排勾连云纹，两侧边沿各有二列羽状纹
	M47:116	1	AⅢ	19	13.5	同上。
	M50:12	1	AⅢ			残损严重，仅能辨形，不能测量。
	M85:78	1	AⅢ			同上。
	M57:11	1	AⅢ			同上。

续表二六

器类	编号	数量	型式	直径	高	形　制
长方形铜扣饰	M72:5	1	BⅠ	9.3	6.5	牌饰面在预铸好的长方形和长方框形浅槽内镶嵌玉片、玛瑙片、绿松石小珠装饰。镶嵌物全失，上下边沿各饰一排同心圆纹。
	M68X2:30－2	1	BⅡ	11.1	5.3	中突起横粗脊，曲边长方框镶嵌绿松石穿孔小圆珠，周围铸多条平行线纹。上下边沿作卷云纹形，云朵分开，伸出。
	M64:1	1	BⅡ	残9	残6	绿松石珠全脱落，四周饰回旋纹。边沿残损。
	M51:237－3	1	BⅢ	19.4	13.7	牌饰面稍凹呈浅盘状，器形较大，中央镶嵌七片绿松石片，框形镶嵌绿松石穿孔小圆珠，周围铸多道锯齿纹、勾连云纹和雷纹组合图案。
	M51:221	1	BⅢ			同上。一侧残损。
	M51:236	1	BⅢ	残19	残13.7	同上。挤压变形。
	M51·237－2	1	BⅢ			残损严重，仅能辨形，不能测量。
	M51:237－1	1	BⅢ			同上。
	M50:11	1	BⅢ			同上。
	M47:153	1	BⅢ	11.4	8.3	中央镶嵌五红色玛瑙片，框形镶嵌绿松石穿孔小圆珠，周围铸雷纹一道。
	M47:115	1	BⅢ			残损严重，仅能辨形，不能测量。中央镶嵌玉片。
	M47:136	1	BⅢ			残损严重，仅能辨形，不能测量。
	M47:137	1	BⅢ			同上。
	M57:14	1	BⅢ	11	8	中央镶嵌白色玛瑙片，绿松石珠全脱落。
	M57:17	1	BⅢ			镶嵌物全脱落。一侧残损。
	M57:8	1	BⅢ	11	8	镶嵌物全脱落。残损一角。
	M57:15	1	BⅢ	11.5	7.5	中央镶嵌全脱落，绿松石珠部分脱落。残损二角。
	M68:243	1	BⅢ			残损严重，仅能辨形，不能测量。
	M82:8	1	BⅢ	11.5	8	镶嵌物大部脱落。
	M53:28	1	BⅢ	11.5	8.5	中央镶嵌玉片，绿松石珠部分脱落。
	M86:29	1	BⅢ			残损严重，仅能辨形，不能测量。
动物围边铜扣饰	M47:154	1	鸡	15.2	12.2	在长方形牌饰边沿铸有透空浮雕的雄鸡围边，牌面微凹。四边围9雄鸡，上2下3，两侧各2。雄鸡尾羽长，上扬卷曲垂地，翅羽向下后斜伸，于双足后及地，昂首，喙直，大顶冠，首尾相接。中央镶嵌7竖排列的白色玛瑙片，外框形镶嵌穿孔绿松石小圆珠，周围为卷云纹一周。

续表二六

器类	编号	数量	型式	直径	高	形 制
动物围边铜扣饰	M51:241	1	鸡	21	16	四边围10雄鸡，上下各3，两侧各2。中央镶嵌6竖直横排的红色玛瑙片，外框形镶嵌穿孔绿松石小圆珠，周围为绳纹一周。
	M57:6	1	鸡	18.5	15	四边围10雄鸡，上下各3，两侧各2。头尾相连作行走。框内镶嵌物脱落，周围饰卷云纹、绳纹各一周。
	M68:244	1	鸡			仅存一蹲卧雄鸡仰首鸣叫。
	M57:4	1	孔雀Ⅰ	残15.6	13.5	四边以6孔雀围边，上下各2，两侧各1。孔雀浮雕极浅，尾羽后伸垂地。中央镶嵌物已全脱落，框形镶嵌绿松石小珠，外框沿饰卷云纹一周。
	M51:275	1	孔雀Ⅱ	21	16	四边外圈围10孔雀，上下各3，两侧各2。孔雀浮雕较高，昂首，尾羽向后平伸，接后边孔雀前胸。内圈为蛇。中央镶嵌6竖置横排的玉片，框形镶嵌绿松石穿孔小圆珠，周边为卷云纹一周。
	M47:151	1	孔雀Ⅱ	15	12	四边以8孔雀围边，上下两侧各2。中央镶嵌8竖置横排玉管。外框形镶嵌绿松石小珠，周边饰卷云纹一周。
	M51:274	1	蛇	15	10.5	四边以8圆雕蛇围边，每边各2，头尾相交，蛇身相缠绕，蛇头立于四角，与邻边的蛇头两两昂首相对，蛇身间镂空。中央镶嵌的5竖置横排片饰已脱落，框形镶嵌碎粒状绿松石小珠，框边饰卷云纹一周。
	M57:7	1	蛇	14.5	11.5	四边以8蛇围边。中央及框内镶嵌物脱落，框边饰卷云纹一周。
	M51:235	1	豹	19.1	15.4	四面有两种动物内外两圈围边，外圈以10半立体透空浮雕豹围边，上下各3，两侧各2，豹身细腿长。内圈围4蛇。中间镶嵌8竖置横排的玉片，框形镶嵌穿孔绿松石小圆珠，周围饰卷云纹一周。
	M57:18	1	虎	12.4	10.3	四面以6虎围边，上下各2，两侧各1。虎侧身侧首，虎腿粗短。牌面稍凹，镶嵌玉片和周围的绿松石小珠已脱落。

续表二六

器类	编号	数量	型式	通长	高	形　　制
动 物 围 边 铜 扣 饰	M47:150	1	虎	13.3	9.7	四面以8虎围边，每边2，前一只局部或大部位于角处，使其看起来好像每边都有3虎。虎身粗，头转向正面。牌面稍凹，中央镶嵌5竖置横排的玉片，框形镶嵌绿松石小圆珠，边框饰卷云纹一周。
	M63:11	1	猴Ⅰ	13	8.4	以5猴围上端一边，猴作平面浅浮雕。牌面平，中央作横长方形，突起一横脊，其外镶嵌绿松石穿孔小圆珠，下边为卷云纹。
	M61:2	1	猴Ⅰ	9.5	6.5	以4猴围上端一边，镶嵌物脱落。
	M71:32	1	猴Ⅱ	12.6	8.2	以11浅浮雕猴围三边，两侧各3，上边4，右上角1，身侧，正面。牌面平，中央两侧3竖、中间3横镶嵌玉片。其外嵌绿松石小珠，外框上下沿饰圆圈纹。
	M68X1:51－4	1	猴Ⅲ	13.6	8.5	以7猴围三边，为透空浮雕。牌面平，中央两侧2竖、中间3横镶嵌7白色玛瑙片，外镶嵌绿松石穿孔小圆珠，周边为透空卷云纹，下端为浮雕穗状纹。
	M68X2:8	1	猴Ⅳ	14.5	9.5	以14猴围边，上下各4，左右各3。猴首尾相连并作卧状。中央两侧2竖、中间3横镶嵌7玉管，外镶嵌绿松石小珠，框边饰卷云纹。
	M47:152	1	猴Ⅳ	13	9.7	四边围9猴，上下各3，左2右1。猴首尾相连并作圆雕。牌面稍凹，中央镶嵌5竖置横排的椭圆形白色玛瑙片，框形镶嵌绿松石穿孔小圆珠，外为卷云纹一周。
	M68X1:15	1	猴Ⅳ	12.9	8.6	以12猴围边，上下各4，两侧各2，排列紧密。正面微凹，中央镶嵌5竖置横排的玉片，周围镶嵌绿松石穿孔小圆珠，其外为镶嵌有圆形绿松石的圆圈纹一周。
	M57:5	1	猴Ⅳ	14.8	11.8	以6猴围边，上下各2，左右各1。猴首尾相连并作圆雕。镶嵌物脱落，框边饰浅刻卷云纹。
	M68:232－1	1	猴Ⅳ	15.3	10.3	以12猴围边，上下各4，左右各2。猴首尾相连并作卧状。中央两侧2竖、中间3横镶嵌7玉管，外镶嵌绿松石小珠，框边饰卷云纹。扣饰的下端及左下角大部分残失。
	M51:273	1	猴Ⅳ	19.5	14.4	两圈动物围边，外圈9猴，内圈4蛇。牌面稍凹，中央镶嵌的管珠已脱落，周围镶嵌绿松石穿孔小圆珠，其外饰卷云纹。

续表二六

器类	编号	数量	型式	通长	高	形　　制
动物围边铜扣饰	M68X2:30-1	1	狐Ⅰ	11.5	6.4	以2狐围左右两侧边。侧身侧首，头部为立体圆雕。牌面平，中央两侧3竖、中间3横镶嵌9玉片，上下边沿饰双联同心圆纹。
	M47:149	1	狐Ⅱ	残13.3	9.5	以7狐围四边，上下左各2，右1。牌面微凹，中央镶嵌7竖置横排的竹节形白色玛瑙珠，框形镶嵌绿松石穿孔小圆珠，其外饰卷云纹一周。
	M57:12	1	狐Ⅱ	14	11.5	以6狐围边，上下各2，左右各1。镶嵌物脱落，框边饰卷云纹。
	M51:178	1	狐Ⅱ	20.9	16.5	两圈动物围边，外围10狐，上下各3，两侧各2。内圈为8蛇。中央镶嵌10竖置横排的白色玛瑙片，框形镶嵌绿松石穿孔小圆珠，其外饰卷云纹一周。
	M51:271	1	狮	19.5	15	以6透空浮雕狮围边，上下各2，两侧各1。头转正，眼大，嘴阔露长獠牙，耳贴在两侧较长，顶有上扬毛发。身粗，腿粗短，足爪大，尾短粗上扬，身上有长毛纹和圆形斑纹。中央嵌5竖置横排的白色玉管。外框形嵌绿松石小珠，框边饰卷云纹。牌面稍凹，扣饰较大。
	M57:13	1	狮	18.5	15.5	同上。镶嵌物全脱落。
透空浮雕铜扣饰	M57:9	1	虎	18	9.2	虎作奔跑状，前后肢分别相并前后伸展，尾上扬前卷，尾端接背，身上有长条斑纹。地面二蛇头向两端，蛇身缠绕，分别咬在虎前后爪上。
	M57:19	1	虎	10	7.5	同上。虎尾残。
	M47:112	1	虎	14.9	9.6	虎作欲跃扑出状，前后肢分别相并前伸，尾卷曲于背，头部残，身上有曲腰椭圆形斑纹。蛇身镂孔，分别咬虎前胸、穿虎裆胯咬虎尾。表面镀锡。
	M47:161	1	虎	15.5	9	虎垂首作捕食状，开口露齿，虎尾上翘至背部（已残）。
	M47:111	1	虎	16	9	虎作向上攀登状，尾上翘。虎头尾已残。地面二蛇分别咬虎颈和虎尾。
	M51:276	1	虎	19.5	14.3	虎作行走状，张口裂齿，尾上翘，身上有毛纹和曲腰椭圆形斑纹。蛇分别咬虎前后肢。
	M51:242	1	虎	残21.3	8.6	虎作狂奔状，全身前后伸展近直，前后肢分别相并伸展，头颈前伸，身躯细长，尾后伸直，尾端残。头和尾较厚，作两面浮雕。地面蛇分别咬虎前后肢。表面镀锡。
	M57:24	1	熊	16	8.8	熊身粗体短，短尾下垂，四肢分开作觅食状。蛇咬熊的前后肢。

续表二六

器类	编号	数量	型式	通长	高	形　制
透空浮雕铜扣饰	M57:22	1	熊		6.5	熊作奔跑状。熊首尾已残。
	M47:142	1	熊	14.4	7	熊前后肢分别相并伸展作奔跑状，地面蛇分别经熊口咬熊下颌和熊尾。
	M57:23	1	猪	15.5	9	猪前后肢分别相并奔跑，口露獠牙，鬃毛直立，尾上卷于背。蛇分别咬猪下颌和后肢。蛇身和猪尾残。
	M47:141	1	猪	15	8	猪作狂奔状，张口竖耳，蛇咬猪后肢和嘴。表面镀锡。
	M68X1:17-1	1	二牛	25	残11.5	二公牛交股，股重叠面相背而立，颈后突肩峰，颈下垂赘皮，长尾下垂。头略转向正面，角向两侧伸出，转前，上曲。前后肢分别相并直立。地面一蛇，头尾分别接二牛赘皮。
	M57:16	1	二牛	18	6	二牛相背而立，有肩峰，颈下有赘皮，尾夹于两股之间。地面二蛇，蛇身相缠。牛角残。
	M47:156	1	二牛	20	7	同上。
	M51:270	1	二牛	23.2	残14.4	二牛四肢分立，昂首，角上曲，尾夹于两股之间。地面二蛇，分别咬二牛赘皮。牛角尖残。表面镀锡。
	M68:214	1	二牛交合	15.6	9.9	公牛趴在母牛后背作交合状。母牛四肢分立，背平无肩峰，角转前上曲，公牛有肩峰。地面一蛇，咬公牛尾。
	M68X1:43	1	虎豹噬鹿	11	7	二虎一豹噬鹿。一虎扑咬鹿后背，一虎立于鹿前咬颈，一豹咬鹿前肢，鹿身前倾张口伸舌喘息。地面一蛇咬前虎尾，蛇尾穿后虎裆缠虎尾。
	M68X1:51-6	1	二虎噬鹿	10.9	6	二虎噬鹿。一虎扑咬鹿后背，一虎立于鹿前右前肢上搭，左前肢紧抓鹿前腿，张口作扑咬状。鹿前冲，张口露舌。地面一蛇咬前虎尾，蛇尾缠鹿后足。
	M68X1:17-2	1	虎豹噬鹿	12.5	6.5	二虎一豹噬鹿。一虎扑咬鹿后背，一虎立于鹿前咬颈，一豹于鹿腹下咬鹿后腿。鹿夹尾，垂首张口伸舌。地面一蛇咬鹿尾。
	M68:240	1	虎豹噬鹿	13.3	7.4	三虎一豹噬鹿。一虎扑咬鹿后背，一虎扑咬鹿颈，一小虎向前作惊走状。一豹俯于鹿身之下，咬鹿后腿。鹿张口伸舌，尾上翘。地面一蛇。

续表二六

器类	编号	数量	型式	通长	高	形　　　制
透空浮雕铜扣饰	M68X1:27-1	1	虎豹噬牛	10	6	二虎一豹噬牛。一虎跃踞牛背咬牛头颈，一虎钻于牛身下咬牛腹，尾上搭牛角，一豹立于牛身后咬牛臀。牛张口伸舌。地面一蛇昂首口咬虎尾。
	M68X1:16	1	四虎噬牛	13	6.5	四虎噬牛。一虎跃踞牛背咬牛肩，一虎被牛角洞穿，仍垂首咬牛前肢，一虎钻牛身下咬前肢，一小虎前肢揽住跃踞牛背的虎之尾，作吼叫状。地面一蛇。
	M68X1:51-1	1	虎豹噬牛	11.4	5.9	一虎一豹噬牛。虎前肢搭牛后背，张口欲噬。豹尾搭于牛角，身下垂咬牛前肢。牛张口伸舌挣扎。地面一蛇头前伸。
	M57:10	1	骑士猎鹿	15.9	9.7	骑士御马追猎一鹿，马与鹿前后足分别相并奔跑。骑士缠头帕，身着无领短袖长衣，腰扎带，跣足。左手控缰，右手持矛刺鹿。鹿角分叉，尾上翘，长口伸舌，向前狂奔。地面二蛇，咬鹿前腿和马后腿。
	M51:272	1	骑士猎鹿	23.9	14.4	骑士头帕两端较长上翘，身着无领短袖长衣，右手戴宽镯持矛，左手控缰。鹿身上有椭圆形斑纹。地面二蛇咬鹿前腿和马尾。表面镀锡。
	M47:113	1	骑士猎鹿	17.5	14.9	骑士头帕两端上翘较长，佩剑，手戴镯，跣足，左手控缰，右手持矛。地面一蛇，蛇首已残。
	M71:38	1	疗牛	11.6	8.3	人持物喂牛，公牛高大，无肩峰，角上曲，角根间系粗长绳，垂尾，伸舌舔食人手中物。人立牛前，右手握系牛绳，左手持物喂牛。头发梳成连续圆团长髻，穿对襟长衣，跣足，腕臂戴多钏，颈下挂一葫芦，推测可能为兽医或巫师在为病牛喂药。地面一蛇咬牛尾。
	M68X1:35-1	1	三人猎虎	10.5	6.7	人都螺髻，髻顶垂带。以两块有条纹的长条布搭挎双肩腰扎带为衣。虎后一人右手持剑，左手执虎尾。中一人右手持剑刺虎背。虎口咬一持匕人右臂，身下一犬。地面一蛇。
	M68X1:18	1	三人猎豹	11	7.2	人螺髻，衣外披带尾兽皮，手戴镯。一人爬豹背剑入豹身，后一人双手紧执豹尾。豹口咬一人前臂。豹下二犬咬豹腹和豹足。地面一蛇。
	M68X1:51-3	1	七人猎豹	11.1	8.8	人螺髻。豹背一人双手抱紧豹头，二人剑入豹身，一人抱后胯，后一人执豹尾。豹口咬住一人颈肩，仍剑入豹身。一人于豹下双手紧抱豹前肢。豹下前后各一犬。地面一蛇。

续表二六

器类	编号	数量	型式	通长	高	形　制
透空浮雕铜扣饰	M68X1：51－2	1	八人猎虎	11.8	6.6	人髻顶垂带。猎虎的五人肩扛矛状物，一人击鼓。迎接的一人抱雄鸡，一人捧酒，似欢迎归来。二犬穿行于人之间。地面一蛇身如竹。
	M68X1：30	1	五人缚牛	10.2	6.8	公牛雄健有力，角弯曲上翘，角间套有一绳，颈下系有双铃。人髻顶垂带，手戴多钏，跣足。其中三人推按牛身，一人揽牛尾，一人悬身紧抓牛双角。牛腹下蹲一只鸥鹆。地面一蛇身如竹。
	M68X1：51－5	1	十一人缚牛	13.4	10.3	人螺髻，跣足，手戴多钏。五人推按牛身。二人于前执牛绳。二人于后拉尾。一人大腿洞穿于牛角成倒立状，发型散乱。一人扳牛角。牛前立一铜柱，柱顶立一牛，柱身饰三角形纹和弦纹多道。地面一蛇身如竹。
	M68X1：17－3	1	十一人缚牛	10.5	6.5	十一人奋力将牛缚于圆柱。人髻顶垂带，手戴多钏。四人推按牛身。二人于前拉牛绳绕在圆柱上。二人于后拉尾。二人悬身各抱一牛角。牛下一人抱推牛前腿。牛前立一铜柱，柱顶立一牛，柱身饰三角形纹和弦纹多道。二人头残失。
	M68X1：17－4	1	房模扣饰	15.3	12	干栏式房屋，上下两层。前有二柱（一已残），柱上有纹饰，柱间有梯，梯上刻脚窝。后壁为井干式结构直落地面，与前柱齐平。壁正中开一方窗，窗口有一圆雕女人头像，饰银锭形发髻。头像下有一鼓。屋顶上宽下窄，屋面用交叉的长形木板覆盖，椽头有雕饰，脊上有菱形纹饰，顶部两侧各有一交叉牛角椽板，上有饰纹，背有矩形扣。
	M47：114	1	房模扣饰	11.8	残9.5	干栏式房屋，上下两层。地面立四圆柱，柱中支平台，柱顶支屋顶。平台上房屋也依柱建，墙呈栏板，正面开门。屋脊两坡用交叉的长形圆木覆盖，上饰菱形纹。背有矩形扣。
	M57：55	1	房模扣饰	11.5	残6.8	井干式房屋。侧面一门，无窗，前后墙上段宽出，两侧山墙顶部中间有一"斗"状结构，自"斗"斜立一柱支屋脊两侧，山墙前后各支一檩，屋面平，有斜线交叉的菱形刻线纹。压圆棍，顺椽板刻同心圆和半月形的"日月纹"。背有矩形扣。

表二七　铜鼓登记表　　　　　　　　　　　　　　　（单位：厘米）

编号	数量	型式	通高	面径	胴围	腰围	足围	形　制
M68:285	1	I	21	25.5	88.8	66.4	98.7	鼓面平，胴略上膨，腰上端细。胴腰间四单耳。足外侈。素面。表面镀锡。
M69:192	1	I	11.2	10.7~11.2				器形小，不甚圆，胴腰间四单耳。素面。表面镀锡。
M51:262	1	I	46.2	39.7	138.2	108.4	157.5	鼓面上立三骑马武士和一牛，鼓面和胴、腰部饰纹。
M69:171	1	II	23.4	27.6	99	71	102.2	鼓面中央圆形突起，胴最大径处近鼓面，胴腰间四双耳，腰略斜近直。鼓面和胴、腰部饰纹。表面镀锡。
M69:162	1	II	27.2	17.5	64.4	48	65.5	器形较小。鼓面突起，周围呈环形平底槽状，边沿对称立四舞俑。鼓表面鎏金。
M57:84	1	II	20.5	25.8~26.2	93.3	71.5	96	腰、足略下侈近直。制作粗糙，不甚圆，素面。
M50:89	1	II	22.3	27.5	98	73	107.3	腰直，下端外侈，足外侈。制作粗糙，不甚圆，素面。
M47:21	1	II	27	31.7	112.6	83.8	116	腰、足略下侈近直。制作较粗糙，素面。表面镀锡。
M69:136	1	II	9.5	10.7	39.6	30	43	器形小，壁厚，沉重。鼓面中央有一长方形孔。表面饰纹，鎏金，当为以孔插物的器座。

表二八　铜执伞俑登记表　　　　　　　　　　　　（单位：厘米）

编号	数量	类型	通高	俑高	鼓足径	形　制
M51:260	1	男	65.4	49.7	22.8	表面镀锡。
M51:261	1	男	62.5	45.9	23.6	表面镀锡。
M47:25	1	男	61.1	46.5	24.1	表面镀锡。
M47:26	1	男	64.5	49	24	表面镀锡。
M57:83	1	男	66.2	49	24.2	形同M51所出，稍瘦削。
M57:86	1	男	62.8	47	23.3	形同M51所出，稍瘦削。
M69:166	1	女	42.9			
M69:135	1	女	43			

表二九　铜盖弓帽登记表 （单位：厘米）

编号	数量	通高	管径	形　　制
M86:4－2	1	5.8	1	圆管状，顶部呈圆球形，圆管上部向上斜挑出一钩。钩上圆球下饰凸弦纹一道。
M51:145	14	3.8－3.9	0.5	顶部呈扁圆球形。
M64:9	1	3.9	0.5	同上。
M86:18	1	3.9	0.7	同上。
M57:226	8	3.7	0.5	同上。

表三〇　铜杖头饰登记表 （单位：厘米）

编号	数量	型式	通高	銎径	形　　制
M51:295－1	1	A	6.8	2	顶端为鼓形，下为圆筒状銎，銎口处有对称钉孔。与CⅡ细长圆锥形镦同出。
M51:351－1	1	A	残6.8	2	与鹿蹄形镦同出。
M82:26	1	A	残4.1	1.5	与CⅡ细长圆锥形镦同出。
M69:209	1	B	8.5	1.5	鼓足下连圆筒状銎，鼓面上铸一立体的公鸡。腹与鼓接，冠宽大，长尾上曲，翅羽下垂。表面镀锡。
M69:205	1	B	残7.7	1.5	鼓上为母鸡，头后有翎下垂，尾向后直伸。表面镀锡。銎内有范芯。
M69:210－3	1	B	残3.1		鼓上为母鸡，器形略小，残损多。
M69:210－2	1	B	残6	1.2	鼓上似为雄鸳鸯，头稍转向左，头后有翎，向后平伸。
M69:211	1	B	残6.5	1.5	鼓上似为雄鸳鸯，头略向右。
M69:210－1	1	B	残5.5	1.9	鼓上似雌鸳鸯，体丰满较长，尾向后平伸。表面镀锡。
M69:212	1	B	残5	1.9	鼓上似雌鸳鸯。
M69:213	2	B	残4.9 3	1.9	同上。
M69:204	1	B	残8.2	1.5	鼓上水鸟形与M69:160略同。
M69:159	1	C	6	1.9	鼓下无圆筒状銎，鼓上跪坐一女俑，发后梳，束银锭形髻，佩耳环，着对襟长袖长衣，双手垂放膝，跣足，通体鎏金。
M69:160	1	C	7.3	1.9	鼓面上蹲立一只展开双翅的水鸟，头略上扬，喙勾曲衔一蛇，蛇垂水鸟颈前咬水鸟颈，通体鎏金。
M49:4	1	C	4.2	2.6	鼓较大，鼓面上水鸟较小，似正在展翅戏水。

表三一 铜钏登记表 （单位：厘米）

编号	数量	型式	叠高	钏径	钏高	形 制
M29:1	5	AⅠ	9.6	6.3~7.8	1.7~2.3	环外周面镶嵌绿松石小珠二或三道，叠成一端较大的圆筒状。绿松石小珠呈碎粒状，大部脱落。
M58:1	4	AⅠ	8.4	5.9~7	2~2.1	同上。
M32:2	5	AⅠ	10	5.7~6.4	1.8~2.2	同上。
M32:1	5	AⅠ	9.7	5.7~6.4	1.7~2.1	同上。
M59B:10	5	AⅠ	8.9	6.2~6.7	1.6~2.1	同上。
M31:2	2	AⅠ	4	6~6.4	1.7~2.1	同上。
M31:1	5	AⅠ	7.9		1.3~1.7	同上。残碎。
M59B:7	6	AⅡ	12.2	5.9~7	1.8~2.2	叠成束腰圆筒状，一端略大。绿松石小珠呈碎粒状。
M59B:8	6	AⅡ	12.3	5.4~7.1	1.9~2.1	同上。
M34:1	5	AⅡ	10.9	6.2~7.8	2.1~2.2	同上。
M40:1	6	AⅡ	13.1	6~7.5	2~2.3	同上。
M46:1	5	AⅡ		残6.5~7.1	2~2.3	同上。三件残。
M41:2	5	AⅡ	10.2	5.8~6.9	1.9~2.2	同上。
M41:3	5	AⅡ			1.9~2.3	同上。残碎。
M59B:9	4	AⅡ	7.8	5.6~6.2	1.8~2.1	同上。
M69:105	6	AⅢ	18.9	5.6~8.6	3~3.4	叠成束腰圆筒状，两端的二件外侧向内折沿。
M69:106	6	AⅢ				残碎。能辨形。
M69:133	6	AⅢ				同上。
M69:134	6	AⅢ		6.1~9.2	4.1~4.2	三件残碎。
M69:109	6	AⅢ		7.2~8.8	3.2	五件残碎。
M69:108	6	AⅢ	残18.4	6.3~10.7	3.4~4.1	一件残碎。
M44:18	6	AⅢ	17	6.5~9.9	2.2~3.5	同上。
M44:22	5	AⅢ		7.3~9.5	2.9~4.1	五件残碎。
M44:2	5	AⅢ			3.1~3.8	残碎。能辨形。
M44:5	5	AⅢ			3.3~4.2	同上。
M82:18	4	AⅢ	14.5	6.8~8.9	3.4~3.9	一端无折沿。
M82:17	4	AⅢ			3.2~4	同上。残碎。
M49:19	2	AⅢ	5.5	5.2~6.6	2.1~3.3	一端无折沿。向一端收细。
M75:1	12	BⅠ	16	5.8~7.6	1~2.1	环外周面弧形内凹，无镶嵌物。环面厚，内侧平。
M84:1	6	BⅡ	8.4	3.6~5.4	1.1~1.5	同上。
M49:10	11	BⅡ	14.8	6.2~6.9	1.3~1.4	环面薄，中部向内弯曲。表面鎏金。
M84:2	6	BⅡ				残碎。能辨形。

表三二　"凹"字形铜牌饰登记表 （单位：厘米）

编号	数量	型式	通高	上宽	下宽	形　制
M57:56-1	1	Ⅰ	17.8	18.1		器物整体呈"凹"字形，上稍宽，通体无纹饰，无镶嵌。器物四周边沿凹槽内有钉孔，似为穿缀之用。残一角。
M51:164-1	1	Ⅰ				同上。已残。
M51:164-2	1	Ⅰ				同上。已残。
M50:31-2	1	Ⅰ				同上。已残碎，与M50:31-1重叠，外用布包裹后置墓中。两件表面粘有布痕，另一面整理时分开。
M51:239	1	Ⅱ	残17	17.7		器形呈"凹"字形。正中饰套叠"回"字形方框，纹饰从里到外依次为：S形云纹、栉纹、雷纹、波浪纹、勾连云纹。框边沿饰雷纹、波浪纹各一周。牌边凹槽内有钉孔一周，似为穿缀之用。边缘残失较多。
M50:31-1	1	Ⅱ	残17.4	18.7	16.4	同上。出土时器物表面粘连，锈蚀严重，故纹饰不清。下边缘残失。
M57:56-4	1	Ⅱ				已残。表面粘有布痕。
M68X2:4	1	Ⅲ	残17.5	18.4	16.1	器物呈倒置的"凹"字形。边沿凹槽内有钉孔，似穿缀之用，往内镶嵌梯形绿松石小珠，正中套叠"日"字形方框，分五个长条形方格。正中一格连铸有六个玛瑙扣状物，四周嵌绿松石小珠，再外两格竖嵌白色玛瑙扣各一排。下端无孔。
M57:56-2	1	Ⅲ	17.9	18.6		同上。镶嵌物全失，牌边沿缺损多处。残一下角。上边缘中部无孔。
M51:205	1	Ⅲ	残18.3	17.2		同上。牌边残缺多处。镶两排玉管状珠。
M68:235	1	Ⅲ				仅遗中部，镶玛瑙三排，边沿镶绿松石珠。
M57:56-3	1	Ⅳ	残17.8	18.2		器物呈倒置的"凹"字形。边沿凹槽内有钉孔，似穿缀之用。往里作倒"凹"字形开槽，槽边饰雷纹一周，槽内镶嵌物已失。正中饰"回"字形方框，外框上饰勾连云纹一周，内框上饰雷纹一周，框内镶嵌物全失。器物残缺较严重。
M51:247	1	Ⅳ				同上。残缺严重。

表三三　铜笭饰登记表　　　　　　　　　　　　　　　　　　　　　　　（单位：厘米）

编号	数量	类式	通高	片径	形　　制
M47:220	25	AⅠ	7.3	上 3.1×3 下 2.8×4.4	上片环在背面的下部，为半圆环。两侧稍直，正面微隆起，背面两侧孔作桥形纽状；下片呈横椭圆形。上片正面边沿饰栉纹一周，下片较宽，上沿伸出环较长。
M68:273-1	32	AⅠ		下 4.1×4.5	下片较圆。上片均残损。
M57:218-4①	24	AⅠ	7.3	上 3.7×3.5 下残 3.2×4.1	上片正面边沿饰栉纹二周。下片均残损。
M50:41-4②	13	AⅡ	7.8	上 4 下 3.4×3.7	上片作圆形，背面两侧孔作半圆环，正面平，饰栉纹一周。下片近圆，上沿伸出环较短。上、下片中央突起乳丁。正面鎏金。
M50:41-4①	10	AⅡ	7.9	上 4 下 3.5×3.9	下片稍大。
M85:92-5	26	AⅡ	7	上 3.5 下 2.8	上、下片中央锥状突起。
M57:218-4②	28	B	7.7	上 3.5×3 下 2.5×3	上片两侧直，略作直椭圆形，背面两侧孔作桥形纽状。挂环自下沿中央伸出，略呈圆形。上下片正面隆起，中央突起乳丁。上片正面边沿有凹弦纹一周。
M51:58-2	29	B	7.4	上 3.4×3.1 下 2.3×2.6	下片较小。
M47:250-1	27	B	7.7	上 3.5×2.8 下 2.5×3	同上。
M47:57	23	C	残 6.2	上 3.1 下 2×2.6	上片圆，中央突起乳丁，背面两侧孔作桥形纽状，二孔下端间另连有横梁，挂环自上片下沿伸出，另一端接横梁中部，略作方形，下片平，均残破。

表三四　铜节约登记表　　　　　　　　　　　　　　　　　　　　（单位：厘米）

编号	数量	类式	通高	片径	形　　制
M51：58-3①	2	Ⅰ	7	径4.1 下2.5×3	略呈圆形，中央突起乳丁，边沿侧面等分分布三扁方孔，背面中部空。略同辔饰，背面作三桥形纽状孔，下部两侧对称伸出二环，挂吊二下片，正面边沿饰圆点纹一周，下片中央突起乳丁。
M47：250-2	2	Ⅱ	6.5	径4.5 下2.5×3.1	底部孔作扁方短筒状伸出，两侧出环挂吊下片，正面微隆起，边沿饰栉纹一周，下片中央突起乳丁。表面鎏金。
M51：58-3②	2	Ⅱ		径4.3 下2.5×3	下片环残。
M57：218-3①	2	Ⅲ	5.6	径4.3	三孔都作扁方短筒伸出，两侧出环，正面微隆起，边沿饰圆点纹一周，底部筒饰栉纹。残一环及下片。
M47：59	2	Ⅳ	5.4	径3.8	无环及下片，正面中央锥状突起，边沿及三筒饰栉纹。
M47：229	1	Ⅳ	8.7	6.4	器形较大，正面微弧起，中央无突起。
M50：41-3	2	Ⅴ	5.5～5.7		顶部两筒间作三角形尖顶。正面中央半球形突起，边沿和三筒饰栉纹。
M47：220	2	Ⅴ	残7.8		同上。
M57：218-3②	2	Ⅴ	6.7		同上。
M85：92-4	2	Ⅴ	5.7		同上。
M68：273	1	Ⅴ			残碎，仅能辨形。

表三五　铜三通筒登记表

（单位：厘米）

编号	数量	类式	通高	宽	形　制
M47:244-2	1	AI	6.2	8.4	喇叭形圆筒连接在弧形弯曲的扁方筒中央，扁方筒较长。圆筒口部及扁方筒两端各饰凸弦纹两道，表面鎏金。
M57:218-2	4	AI	7.7 6.8	7.9 7.1	圆筒口部饰栉纹一周。
M47:233	2	AI	6.1	7.9	同上。
M51:31	1	AI	10.1	8.1	同上。
M51:28	1	AI			同上。残损严重。
M51:58-1①	1	AII	5.1	6.8	扁方筒较短而宽，前侧较厚，两端口阻一部。圆筒口饰栉纹一道，扁方筒两端各饰弦纹二道。
M85:92-3①	1	AII		5.9	圆筒口残。
M50:41-1	2	BI	5.8 6.1	5.5 5.6	扁方筒中部一侧横出梯形片，略下斜，随扁方筒弯曲而稍弯折，中线有折棱。圆筒口部及扁方筒两端各饰栉纹一道，梯形片边沿饰栉纹一周。
M47:58	2	BI	4.9 4.5	5.7 6	圆筒中部略弯曲。
M47:244-1	1	BI	5.3	7.6	扁方筒横出方形片，圆筒口部及扁方筒两端各饰弦纹二道。
M51:58-1②	1	BII	3.8	5.3	扁方筒另一侧出二半圆环。圆筒口部和扁方筒两端各饰栉纹一道，梯形片边沿饰栉纹一周。
M85:92-3②	1	BII			残损严重，仅能辨形。

表三六　铜铃登记表　　　　　　　　　　　　　　　　　　　　　　　（单位：厘米）

编号	数量	型式	高	木舌	形　　制
M68：321	1	A1	15		扁圆筒状。半圆形顶，中部有一半环纽，平口较窄。
M68：280－1	1	AⅠ	12.1		压扁变形。
M68：280－2	1	AⅠ			残碎，仅能辨形。
M47：226－1	1	AⅡ	10.5	残长7 宽1.5	器身矮，顶部两侧有二半环纽，中间有前后对称的长方形小孔，孔间有系舌铜丝残痕。口稍窄，两面有对称钉孔。残木舌作扁圆长条状，下端稍窄有小孔。
M86：2	1	AⅢ	10.3		顶部低平，两侧各斜伸出一短圆筒，口略宽，内沿有一道箍。
M85：92－1	1	AⅢ	残7		口部残损。
M51：30	1	AⅢ	残7.5	长4.8 径1.4	木舌作圆柱杆形，上端有一小孔。
M51：35	1	AⅢ	残5.4	长5 径1.2	同上。
M47：246	1	AⅢ	7.7	长5 径1.2	同上。
M47：226－2	1	AⅢ	残8.8		同上。
M57：219	1	AⅢ	9.5		同上。
M47：188	1	AⅢ			残碎，仅能辨形。
M51：279	1	B	4.3		扁圆筒状，上端窄，平顶，半圆环纽，口弧形内曲。身中部饰菱形纹。铃内顶部垂一半环纽，穿纽悬挂弯曲的铜丝。
M51：347－1	1	B	3.5		圆筒状，上端细，平顶，半环纽，口平。
M30：12	1	B	残3.6		扁圆筒状，半圆形顶，纽残。平口较宽。身上饰圆点纹三条。铃内上部有一横梁，穿梁悬挂一弯曲铜丝。

表三七　铜策登记表　　　　　　　　　　　　　　　　　（单位：厘米）

编号	数量	型式	长	宽	形　制
M53:16	2	A	4.2 3.7	3.4 3	方形框略扁，框侧中央横出一齿，齿前端较宽、圆钝。框断面作三角形；框断面作圆角扁方形。
M51:32	1	A			框断面作半圆形。残损严重，仅能辨形。
M57:218-1①	1	BⅠ	6.5	7	框略作方形。框后侧中央呈细轴，套铸后端为环的齿，齿作长条形，可绕轴旋动，前端落在框前侧中央的凹槽内。框断面作梯形。
M76:4	1	BⅠ	6.6	7.1	框扁平。
M85:92-2	1	BⅠ	7.9	残7.6	框正面有二道弧形凹槽。
M47:231-1	1	BⅠ	9.7	10.5	器形大，框正面弧形下凹。
M47:231-2	1	BⅠ	8.4	9.1	同上。
M47:231-3	1	BⅠ			同上。残碎。
M47:231-4	1	BⅠ			同上。
M57:133	1	BⅠ	6.3	7	框正面弧形下凹。
M50:59	1	BⅠ	7	7.6	框正面突起，断面呈半圆形。
M68:320	1	BⅠ	6.5		同上。大部残。
M50:41-6	1	BⅠ	7	7.6	框正面突起，断面呈半圆形。框一角及齿前段残失。
M51:24	1	BⅡ	4.1	5.3	框作横长方形，框正面弧形下凹。
M51:277-1	1	BⅡ	4.6	5.5	同上。
M51:37	1	BⅡ	6.9	9.1	框两端向后伸出，遍体鎏金。
M51:38	1	BⅡ	6.1		同上。
M57:148	1	CⅠ	4.6	5.2	框内有横梁，梁中立对称半圆形桩，桩上有小孔，以铁轴穿桩孔和齿环铆固。框略作圆角方形，横梁位于框中部，齿较短，前端稍细，搭接在框前侧上。
M51:277-2	1	CⅠ	4.3	4.7	同上。
M50:44	1	CⅡ	5.4	5.1	框前圆后方，前宽后窄，横梁靠后，齿较长，前端较宽，落在框前侧的凹槽内。
M50:46	2	CⅡ		4.2	同上。大部残。
M85:9	1	小	2.5	2.1	器形略同于C型Ⅱ式，唯齿前端搭接在框前侧上。表面鎏金。
M57:218-1②	2	小	3 2.9	2.4 2.5	同上。
M85:69	3	小	2.4	1.9	同上。
M50:49	2	小			同上。残碎。

表三八　铜马珂登记表 （单位：厘米）

编号	数量	通长	宽	形　制
M50：43	3	11～12.1	6.2	略作葫芦形薄片。正面铸浮雕的一龙及一树枝。折边有小圆孔十，两侧对称四，上下端各一。正面鎏金。
M50：47	5	9～11.5	5.9～6.2	同上。
M85：10	1	残9.5		同上。
M85：11	1	残8		同上。
M85：5	1	11.8	6.4	同上。折边有小圆孔六。
M85：6	1	12.5		同上。
M85：62	1	残7		同上。
M85：68	1	12.5		同上。
M85：7	1			残碎。仅能辨形。
M85：67	1			残碎。仅能辨形。
M85：12－1	1			残碎。仅能辨形。
M85：17	1			残碎。仅能辨形。

表三九　铜泡钉登记表　　　　　　　　　　　　　　　　（单位：厘米）

编号	数量	类式	通高	泡径	泡高	形　制
M68：110－1	13	AⅠ		1.9～2	0.8	泡作半球形，较低。背略空，垂扁钉足。钉足残。表面镀锡。
M68：294－2	2	AⅠ		2	0.8	钉足残。
M62：11－2	2	AⅠ		1.9～2	0.8	同上。
M50：5	3	AⅡ	1.2～1.3	1.3	0.7	泡面较高，尖钉足短。泡面鎏金。
M50：40	3	AⅡ	1.3～1.4	1.3	0.7	泡面鎏金。
M86：37	6	AⅡ		1.5～1.8	0.8～1.1	同上。足钉残。
M69：3、4、7、9、12、13～29、31～33、35、36、38～58、144、172、216、235～242	60	B		2.9～3.1	0.9	圆锥形泡较低，背略空，尖钉足较长。钉足大部锈蚀残破，或歪斜。
M68：85－1	7	C	1.6～1.9	3.9～4.2	0.7	泡面低，中央圆环突起，边沿有于槽内的乳丁一周，钉足作圆纽状，较高。
M68：233	1	C		4.1	0.7	钉足残。
M68：85－2	1	D	1	5	0.7	泡面半球形，较低，周边平，边沿两侧对称伸出三角形尖角，圆纽状钉足较低。泡面中央饰卷云纹，边沿有宽槽内的射线纹一周。表面鎏金。
M68：60	1	D	1	5	0.7	表面鎏金。
M68：213	1	D		5	0.7	同上。钉足残。
M68：303	1	D	1.1	5	0.8	表面鎏金。
M68：224	2	D	1.1	5	0.8	同上。
M68：94	15	D	1.1	5	0.7	同上。
M68Ⅺ：25	7	D	1.1	5	0.7	同上。
M68：251	1	D				同上。残碎。

表四〇　铜泡登记表

（单位：厘米）

编号	数量	型式	径	高	形　制
M51：119	29	A	1.3～1.5	0.6～0.7	半球形泡。
M68：110－4	1	A	1.5	1	同上。
M53：30－1	14	A	1.3～1.5	0.5	同上。
M76：1－1	70	A	1.1～1.3	0.4～0.5	同上。
M62：11－2	4	A	1.5	0.5	同上。
M50：8	29	A	1.2～1.3	0.7	大部残损。
M57：217	18	A	1.3～1.4	0.6	大部残损。
M51：34	11	A	1.2～1.3	0.5～0.6	大部残损。
M47：195	68	A	1.2～1.6	0.4～0.7	大部残损。
M64：18	1	A	1.7	0.6	残。
M68：110－2	49	B	1.4～1.6	0.2～0.3	半球形泡较低，饰太阳纹。
M62：11－3	5	B	1.2～1.8	0.3	泡面无纹饰，仅一件边沿有弦纹一道。
M38：1	3	B	1.8～2.3	0.3～0.4	二件饰太阳纹，一件饰弦纹。
M76：1－2	3	B	1.5～1.8	0.3～0.4	一件饰太阳纹。
M57：122－1①	9	B	1.8～2.3	0.2	太阳纹芒作乳突状。
M50：10	3	B	2.1	0.4	同上。表面鎏金。
M53：30－2	2	B	1.7	0.3	饰太阳纹。
M47：195	6	B	1.9～2.6	0.4	太阳纹芒作乳突状。
M51：91－1	5	B	1.7～3	0.4	二件饰太阳纹。
M86：4－6	2	B	2.2～4.1	0.4～0.6	饰太阳纹。
M47：249－1	4	C	5.1～5.2	1.1	圆锥形泡。器形大，背面横梁宽。表面鎏金。
M53：17	1	C	5.1	1.1	器形大。表面鎏金。
M69：216	2	C	8.5	3.6～4	器形大，背面无横梁，边沿有对称的四双联小孔，饰卷云纹。出于头部两侧，当属头饰。
M68：110－3	23	C	1.9～3.4	0.5～0.9	器形小，正面饰太阳纹，部分芒作乳突状。
M53：30－3	3	C	1.7～2.6	0.3～0.6	器形小，二件饰太阳纹。
M57：122－1②	5	C	1.8	0.4	器形小，素面。

续表四〇

编号	数量	型式	径	高	形　　制
M76:2	2	C	2.6	0.4	同上。
M47:230-1	42	C	1.6~2	0.4~0.5	同上。
M51:15	33	D	长2.2~2.3 宽1.2~1.3	0.6	长椭圆形，半圆隆起，背面二横梁。表面鎏金。
M47:61	2	D	长2.3 宽1.1	0.6	长椭圆形，一端圆，另一端尖。表面鎏金。
M47:237	17	D	长2.3 宽1.1	0.6	同上。
M51:356	14	E	1.6~1.7	1.1~1.2	形状如同螺蛳尾部。表面鎏金。
M63:8	2	F	4.2	1	半球形较低，中央圆环突起，环内有一乳突，横梁宽，呈桥形突起。正面饰槽内圆点组成的六角星纹和圆环纹。
M68:93-1	16	G	长4.3~4.4 宽2~2.1	1.4~1.5	半球形泡，周边有平沿，平沿下部较长，略似兽面，两侧向上出尖耳，向下弯曲，下端尖。镂曲线和三角形孔。泡背横梁作桥形。表面鎏金。
M68:93-2	2	H	长1.9 宽1.1		略呈蝌蚪形，尾短，泡背横梁作桥形。表面镀锡。
M50:33	4	I	长2.2 宽1.6	1.3	立体兽形，俯卧，头部较清晰，转向左侧，似虎，身躯四肢不甚分明，底略呈椭圆形。表面鎏金。

表四一　圆片形铜器登记表　　　　　　　　　　　　　　　　　（单位：厘米）

编号	数量	型式	径	高	形　制
M68：322－1	1	A	7.1	1	中部下凹，作浅圈底，周边向下斜折。背面下折空处有对称的宽横梁，可供穿缝。表面镀锡。
M68：322－2	1	A	7.1	1	同上。
M68：276	6	A	7.1	1	二件残。表面镀锡。
M69：121	3	B	7.2	残1.5	圆片平整。中央直立圆柱形纽，均残，无纹饰。
M85：12－2	1	C	7		圆片正面向下微凹。边有小圆泡一周，中央有一长方形孔。背面作宽条半圆环的半球形泡，半圆环穿入长方孔焊接在圆片中央。泡顶出半圆环，附一节两端有圆环的链，与圆筒形小铃顶端的圆环扣连。整器两面鎏金。残碎，背面半圆环残失。
M85：13	1	C	7.1		边稍残，铃，链半圆环残失。鎏金。
M85：16	1	C			片残，铃，半圆环残失。鎏金。
M85：65	1	C			同上。
M85：63	1	C			同上。
M85：60	1	C	8.6		残碎，链残失。
M51：166	4	D	11.5～11.7		无孔，正面鎏金。
M68·273－3	4	D	6.3		中央有一圆孔。孔径1.7。
	4	D			中央无一圆孔。正面鎏金。

表四二　五铢铜钱登记表 ＼　　　　　　　　　　　　　　　　　　　　　（单位：厘米）

型式	数量	直径	郭厚	穿宽	形　　　制
Ⅰ	3	2.5	0.15	1	钱文笔画较粗无锋棱。五字中间两笔斜直略弯曲；铢字的金字头呈菱形，四点较短，朱字头方折，上下两端与金字齐平。
	1	2.5	0.15	1	正面穿上一横郭。
Ⅱ	2	2.6	0.15	0.9～1	钱文笔画较细显锋棱。五字中间中间两笔弯曲，和上下两横相接处向内靠拢；铢字的金字头稍小。正面穿上一横郭。
	5	2.5～2.6	0.15	0.9～1	正面穿下一半星。
	4	2.3～2.4		0.9～1	周郭被磨或凿去一部分。
	6	2.3～2.4		0.9～1	磨郭。正面穿上一横郭。
	3	2.3～2.4		0.9～1	磨郭。正面穿下一半星。
Ⅲ	3	2.5	0.12～0.15	0.9～1	五字中间两笔弯曲；铢字的金字头呈三角形，四点较长，朱字头部分圆折，或中间一竖稍高，略高于金字。
	3	2.5	0.12～0.15	0.9～1	正面穿上一横郭。
	4	2.5～2.6	0.12～0.15	0.9～1	正面穿下一半星。
	13	2.3～2.4		0.9～1	周郭被磨或凿去一部分。
	2	2.3～2.4		0.9～1	磨郭。正面穿上一横郭。
	5	2.3～2.4		0.9～1	磨郭。正面穿下一半星。

表四三　铜銎铁斧登记表　　　　　　　　　　　　　　　　　　　　（单位：厘米）

编号	数量	型式	通长	铜銎长	刃宽	銎口 宽－高	形　　　制
M57：201	1	AⅠ	11.1	8.9	3.8	2.6－2.3	銎两侧束腰，窄平刃。銎两面饰龙纹。近口处弦纹纹三道。
M57：202	1	AⅠ	11.2	8.8	3.2	2.5－2.3	銎两面饰龙纹，近口处弦三道。
M51：19	1	AⅠ	残10.8	7.6	3	2.1－2.1	銎正面饰回旋纹，近口处弦纹二道，铁刃残。
M51：17	1	AⅠ	残9.3	8.9	3	2.7－2.6	銎两面铸小乳丁米点纹，近口处弦纹二道。铁刃残。
M76：12	1	AⅠ	残9.2	7.7	2.2	2.2－2.2	銎两面对称钉孔，铁刃残。
M68：70	1	AⅠ	残10.1	9.9	2.5	2.5－2.3	銎有一钉孔，铁刃残。
M50：69	1	AⅠ	11.7	9	2.8	2.5－2.3	銎两侧饰龙纹，近口处弦纹三道。
M51：18	1	AⅠ	10.6	8	2.7	2.3－2.1	銎两面饰雷纹、网格纹。銎口裂。
M51：132	1	AⅠ	11	8.3	2.3	2.1－1.9	銎两面对称钉孔，近口处弦纹二道。
M51：22	1	AⅠ	11.8	8.9	2.5	2.3－2.2	同上。
M47：129	1	AⅠ	10.1	8	3.2		銎口一侧残失。
M51：20	1	AⅡ	10.5	8.4	4.8	2.7－2.4	双圆肩，宽平刃。銎两面饰云纹，近口处弦纹二道，肩饰涡纹。铁刃残。
M47：130	1	B	9.9	8	2.8	2.3－1.9	半圆銎，两面两排孔，近口处箍状弦纹一道，窄刃弧出。
M51：23	1	B	10	8.1	4.5	2.6－2.2	銎两面中线起棱，断面略呈圆角三角形。宽平刃。

表四四 铜錾铁凿登记表 （单位：厘米）

编号	数量	通长	刃宽	錾口 宽-高	形 制
M51：141	1	14	1.2	1.6-1.4	铁刃扁平较宽，錾两面饰雷纹，近口处粗弦纹。留12厘米长的残木柄。
M51：144	1	13.9	1.1	1.5-1.3	錾两面饰雷纹，铁刃端残。留20.4厘米长的残木柄。
M68：312-1	1	残11	1.2		錾两面对称钉孔，铁刃，錾口残。
M68：312-2	1	14.5	1.7	1.7-1.4	錾两面对称钉孔。
M47：241	1	残17.7	0.6		铁刃细窄，錾口残。
M57：206	1	残12.7	1.2	1.9-1.4	錾两面饰雷纹，铁刃端残。
M57：207	1	残13	1.4	1.4-1.4	同上。
M71：48-1	1	残8.6	1.9	1.4-1.2	錾两面对称钉孔，铁刃端残。
M71：48-2	1	残12.4		1.3-1.1	錾两面对称钉孔，铁刃残失。
M71：48-3	1	残9		1.4-1.4	同上。
M71：48-4	1	残7.4	1.4	1-0.7	錾两面对称钉孔，铁刃端残。
M71：48-5	1	残7.1			铁刃残失。
M63：5-1	1	残10.3	1.1	1.3-1.3	錾两面对称钉孔，铁刃端残。
M63：5-2	1	残8.1		1.5-1.4	錾两面对称钉孔，铁刃残失。
M51：136	1	15.3	1.1	1.7-1.5	錾正面饰雷纹，背面为连续回旋纹，近口处箍状弦纹二道。
M47：199	1	15.6	0.4	1.6-1.5	铁刃细窄。
M51：137	1	残11.4		1.6-1.5	錾正面饰雷纹，背面为连续回旋纹，近口处箍状弦纹二道。
M50：70	1	12.7	1.1	1.8-1.5	錾两面对称钉孔。

表四五　铜銎铁卷刃器登记表 （单位：厘米）

编号	数量	通长	刃宽	銎口宽-高	形　　制
M51:139	1	14.2	1.6	2-1.5	半圆銎，两面中线各一排小孔。长叶形铁刃，前端圆。
M51:138	1	14.4	1.8	2-1.5	同上。
M71:48-7	1	残7.5			半圆銎，铁刃，銎口残失。
M71:48-6	1	残11		1.7-1.3	半圆銎，铁刃残失。
M51:143	1	残9.2		1.9-1.4	銎顶部平，两面中线各一排小孔。铁刃残失。
M51:142	1	残7.5			銎顶部平，两面中线各一排小孔。铁刃，銎口残失。
M57:208	1	残12.5	1.7	1.7-1.5	銎顶部平，两面中线各一排小孔。铁刃前端残失。
M76:14-2	1	残9.7	1.8	1.8-1.7	銎顶部平，两面中线各一排小孔。铁刃残失。
M57:210	1	14.2	1.7	1.6-1.4	銎顶部平，两面中线各一排小孔。铁刃前端稍宽，圆。
M50:71	1	16.9	2.9	1.9-1.2	銎顶部平，两面中线各一排小孔。铁刃作宽叶形，稍上曲近平。
M45:5	1	残10.1	1.4		銎顶部平，两面中线各一排小孔。铁刃，銎口残失。
M68:312-4	1	残11.4		1.7-1.2	銎顶部平，无孔。铁刃残失。
M68:312-3	1	残11.6		1.6-1.2	同上。
M47:159	1	残8.1		1.7-1	同上。

表四六　铜骹铁矛及铁矛登记表　　　　　　　　　　　　　　　　　　（单位：厘米）

编号	数量	型式	通长	刃长	刃宽	骹径	形　　制
M57：196	1	AⅠ	16.5	8.8	2.6	2.7	铜骹圆，刃形与CⅡ铜矛相类，后段为铜。短小，扁平，前锋微弧。
M51：46	1	AⅡ	残 20.2	残 6.5	残 3	2.7	刃形与CⅢ铜矛相类，刃部全为铁。后锋长圆，前倾，中线起脊。骹长，口有箍状弦纹二道，间有对称钉孔。
M51：45	1	AⅡ	残 19			2.6	骹口处有箍状弦纹三道，刃残。
M47：247－4	1	AⅡ	残 8			2.4	骹口有箍状弦纹三道，间有对称钉孔。刃残。
M68：152	1	BⅠ	残 32.3	残 20	残 4.8	残 2.3	形如铍，后段为铜。后锋较宽，内弧前倾较少，两侧折角突出，略似EⅡ铜矛。骹口稍残。
M68：295	1	BⅠ	残 12.2	4	3.2	2.1	骹口，铁刃残。
M68：149	1	BⅠ	残 31	残 25.4	4	残 2	骹口，铁刃刺残。
M68：165	1	BⅠ					残损严重。
M47：247－13	1	BⅡ	31.7	22.9	3.8	3	后锋内弧至末端外圆，前倾较多，略似EⅢ铜矛。刃铜部饰对称双旋纹，骹口弦纹四道。
M47：247－5	1	BⅡ	29.5	19.8	3.5	2.1	骹两面中线各一排小孔，骹口箍状弦纹二道，间对称钉孔。
M47：247－11	1	BⅡ	34.5	22.5	3.5	2	骹口箍状弦纹二道，间对称钉孔。
M47：55	1	BⅡ	残 23.7	19.5	2.7		刃铜部饰云纹。骹口，铁刃残。
M82：5	1	BⅡ	残 11	残 5	3	残 1.7	骹口，铁刃残。
M51：61	1	C	残 36.8	19.5	4.1	2.7	铁刃铜骹间有圆铁杆，较短，刃长，较宽，中线起棱。骹口箍状弦纹三道，间对称钉孔。刃稍残。
M68：150	1	C	残 31			2.8	骹口两侧对称钉孔。刃残。
M47：247－8	1	C	残 31.5	15	2.5	残 1.6	骹口段残失。
M69：153	1	C	残 46.4	残 32.2	残 6.3	2.3	刃极长大，长叶形，后锋圆宽，中线圆柱脊。刃稍残。
M57：50	1	C	21.8	6	2	2.2	刃细小，扁平。骹口弦纹三道，间对称钉孔。
M86：35	1	C	27	8.2	2	2.6	骹上段及铁杆略方，刃细小。骹口箍状弦纹三道，间对称钉孔。
M47：224－2	1	C	残 8.8				骹上段及铁杆方。骹口，铁刃残失。

续表四六

编号	数量	型式	通长	刃长	刃宽	骹径	形　　　制
M86:26	1	C	28.5	8	2	2.6	刃细小。骹口箍状弦纹二道。
M68:184	1	C	残 13.8			残 2.7	骹口，刃残失。
M68:180	1	C	残 19.7			残 2.9	同上。
M68:151	1	C	残 18			残 2.3	同上。
M68:208	1	C	残 13.5			2.2	骹口弦纹三道。刃残失。
M57:43	1	C	残 22.4			2.2	骹口弦纹三道。刃残。
M57:47	1	C	残 18			2.2	同上。
M57:46	1	C	残 25.5			2	骹口弦纹三道。刃残失。
M57:48	1	C	29.8	9	2.5	2.1	骹口弦纹二道。
M47:43	1	C	残 21.6	残 4.5	1.7	残 2.2	骹口弦纹四道。刃刺残。
M47:235	1	C	22.7	8	2.5	残 1.8	骹口残破。
M47:247-9	1	C	残 29.8	残 7.5	2.5	2.2	骹口弦纹四道。刃刺残。
M51:62	1	C	残 13			2.2	骹口弦纹三道。刃残失。
M51:324	1	C	34	8.5	残 2.5	2.1	骹略作八棱，骹口弦纹三道。刃残。
M53:7	1	C	残 21.6	残 2	残 2	2.2	骹口弦纹三道。刃残。
M53:14	1	C	残 24			2.5	同上。刃残。
M62:2	1	C	残 23.5	残 6	残 2	2.2	骹口弦纹三道。刃稍残。
M45:7	1	C	残 23	残 6	2.3	2.2	骹口弦纹三道。刃刺残。
M64:7	1	C	残 27.6	残 8	残 2.1	2.1	同上。刃刺残。
M69:149	1	C	残 20.5	残 4.5	2.5	残 2.1	骹口，刃刺残。
M51:318-2	1	C	48.2	13.8	2.3	1.9	刃骹间铁杆长，刃较长，中线起棱。骹口弦纹三道。
M50:6	1	C	36.8	9.4	2.1	2.4	刃骹间铁杆中有一道箍，其上杆方，其下杆渐粗，下端内空作骹，铜骹短仅作骹口，有弦纹三道。
M51:318-1	1	C	36.7	9.0	残 1.9	2.1	骹上段作六棱，骹口弦纹三道。骹表面镀锡。
M51:56	1	C	残 47.4	残 19.3	2.8	2.4	刃部长，下两侧吊二铜人，刃骹间杆较粗。骹口弦纹三道，间对称三角形孔。

续表四六

编号	数量	型式	通长	刃长	刃宽	骹径	形　　制
M57:49	1	C	残32	残6.5	2.3	2.2	骹口弦纹三道，刃刺残。
M47:247-10	1	C	残38.2	7.5	2.4	2.1	骹口弦纹三道。
M47:245-1	1	C	残33.5			2.1	骹口弦纹三道。刃残失。
M68:324	1	C					刃、杆、骹口残失。
M47:233	2	C					骹口破碎，弦纹三道。刃、杆残失。
M47:245-2	1	C	残10			2.1	骹口弦纹三道。刃、杆残失。
M47:247-1	1	C					骹口破碎，弦纹三道。刃杆残失。
M47:247-2	1	C					残破，仅能辨器形。
M47:247-3	1	C					同上。
M47:247-6	1	C					同上。
M47:247-7	1	C					同上。
M47:247-12	1	C					同上。
M85:108	1	C	残12.5			2.1	骹口弦纹三道。刃、杆残失。
M85:114	1	C	残9.4				骹口，刃、杆端残失。
M53:1	1		残17.3	9.5	2.6	残2	铁矛。器形小，刃窄，后锋前倾，中线圆柱脊，脊两侧有槽。骹口残。
M85:100	1		残64.5	残42.3	残4	残3.8	形似铍，极长大。刃扁平狭长如剑，中线微起棱。骹粗直。骹口刃刺残。
M50:50	1		残27.4	残9	2	3	骹刃间有短杆，下端渐粗，内空作骹。刃小扁平，后锋圆前倾。
M69:150	1		残43	残15.5	残3	2.4	刃狭长，后锋稍圆前倾。骹极长。

表四七　铜茎铁腊剑登记表　　　　　　　　　　　　　　　　（单位：厘米）

编号	数量	型式	通长	铜茎长含吞口	铁腊宽	形　制
M71:26－1	1	Aa	残33.8	11.5	2.9	铜茎与EaⅤ铜剑相类。空心圆茎，喇叭空首，镂平行线孔，"一"字形长格，腊侧铸吞口以固铁腊。环茎铸多道粗弦纹、回旋纹组合图案。
M68X2:14	1	Aa	残26.5	11.5		首镂孔未贯穿。腊较宽，残碎。
M68X1:8	1	Aa	残15.7	11.3	3.3	首弧出如覃，镂三角形孔，环茎铸多道弦纹、回旋纹、雷纹、栉纹组合图案。腊大部残。
M51:111	1	Ab	33.2	12.2	3.7	茎与EbⅡ铜剑相类。空心扁圆茎，喇叭空首。茎两面中线各一排长方形镂孔。茎两面各起四棱，环首平行线镂孔。
M82:12	1	Ab	26.1	11	2.5	茎两面各起四棱，环首平行线镂孔未贯穿。
M51:54	1	Ab	残16.5	12	3.3	腊残。
M51:66	1	Ab	残13.5	12.5	3.1	同上。
M51:67	1	Ab	残12.6	12.1	3.1	同上。
M51:69	1	Ab	残20	12	3.4	同上。
M51:70－1	1	Ab	残13.1	12.5	3	同上。
M51:71－1	1	Ab	残16.5	12	3.4	同上。
M51:158	1	Ab	残18.4	12.2	3.5	同上。
M47:54	1	Ab	残20.6		3	茎残。
M47:189	1	Ab				残碎，仅可辨器形。
M47:209	1	Ab	残13.9	12.4	3.2	腊残。
M47:210	1	Ab	29.2	12.5	3.2	器形同M51:111。
M47:212	1	Ab	残19.4	12.5	3.1	腊前段残。
M50:14	1	Ab				残碎，仅可辨器形。
M57:94	1	Ab	残14	13.2	3.4	腊残。
M53:15	1	Ab		11.5	3.1	同上。
M70:1	1	Ab		11.6	2.4	同上。
M64:15	1	Ab	残31.2	13.5	3.1	腊锋稍残。
M76:3－1	1	Ab		12.3	2.2	腊残。

续表四七

编号	数量	型式	通长	铜茎长含吞口	铁腊宽	形　制
M68:74	1	Ab		残9.9		茎起十棱，两面各镂四竖长方形小孔。腊、首残。
M51:117	1	B	残26.7	12	2.4	茎与G铜剑类似。鼓形首，空心棱形柱茎，两面铸二蝉形纹。
M51:118	1	B		11		腊残失。
M68:360	1	C	72.5	13.6	4.5	茎与BⅢ铜剑类似。立体蛇头形茎，表面鎏金。铁腊狭长，表面附木鞘痕，鞘末附BⅡ铜镖。
M68X1:46	1	C	残33.2	15.4	7.8	宽腊曲锷，中线圆柱脊，表面附木鞘痕。
M68:225	1	C		13.3		茎表面鎏金，腊残失。
M68:237	1	C	残12	残10	3.5	腊、首残。
M47:190-1	1	D	30	9.4	6.8	茎与FⅡ铜剑类似。空心扁圆茎，中线起棱，中部宽带状突起，扁圆形平首。腊短而宽阔，双锷弯曲，中线起棱。环茎铸多道回旋纹、绹纹、双旋纹、雷纹组合图案，宽带突起环为浮雕的缠绕绳索，表面鎏金。
M51:116	1	D	30	10	7.6	茎饰云纹和羽状纹，宽带突起环无纹。宽腊，中线圆柱脊。
M68:227	1	D		10		茎饰云纹和羽状纹，宽带突起环为银。腊残。
M68:25-1	1	D	残25.6		7.1	茎宽，表面镶嵌物脱落，两面各有三排九孔。腊中线起棱较厚。首端残。附银鞘饰和A铜镖。
M68:67-1	1	D		10	6.9	茎格首两端包铸金，成色较低，淡黄色，铸回旋纹和羽状纹组合图案。中间镶嵌物脱落。扁圆平首错金呈扁圆形。腊中线圆柱脊。附AⅠ铜鞘饰。
M68:32	1	E	残36.3	11.7	3.5	空心圆茎略扁，首弧出呈覃形，中央镶嵌菱形绿松石。格首两端包铸金，中段铸银有粗弦纹间凹槽多道。腊狭长，表面附木鞘痕，饰绿松石穿孔小圆珠镶嵌的雷纹。腊锋残。
M68X1:6	1	E		11.5		茎格首两侧包铸银，中段铸金。腊残失。
M51:254	1	E	残24.3	14	3.9	茎格首两端包铸金，中段铸银，金银间镶嵌绿松石小珠，吞口两面镶嵌绿松石小珠。腊锋残。
M68:231	1	F	61.4	19	4	首面错为银，中央镶嵌菱形绿松石。茎错四道金箍，接格处一道银箍。格两面粗线条上镶嵌金，底镶嵌银，分四格内为对顶三角齿纹，两侧各七圆形齿。

续表四七

编号	数量	型式	通长	铜茎长含吞口	铁腊宽	形 制
M57:29-1	1	F	残50.7	20.4	4.5	宽格长腊。空心椭圆柱茎,稍束腰,蕈形首。格极宽,略作束腰长方形,腊端沿腊两侧和中线伸出三股,两侧各突出三枚三角形齿。首面铸四半圆纹,中央错金作菱形。茎饰米点纹,两端各一道连珠纹。格两面饰粗线条分作四格图案。铁腊狭长,双锷平直,中线起棱。附金鞘饰和A铜镖。
M51:216	1	F	68	20.3	4.4	首面错为金,中央镶嵌银呈菱形,中线隆起棱。茎米点地纹上铸圆圈纹和四出线纹,两端各一道连珠纹。格两侧各五齿,三角形和圆形尖顶齿相间,两面粗线条分四格内为对顶三角齿连成的交叉纹。腊表面附木质鞘痕。附D金鞘饰和A铜镖。
M68:56-1	1	F	残54.5	18	4.1	茎与BⅠ铜剑相类,首尖出上下分开如蛇口。表面错金银,首端边沿和中线为金,余为银;接格处二金箍间宽银箍,首端为二银箍间宽金箍。格粗线条分二格内为对顶三角齿纹底镶嵌金;两侧各五圆形齿,齿和中线圆形纹错金。附CⅡ鎏金铜镖。
M51:217	1	F	残69.5		5	首面中央错金作菱形,茎饰米点纹,两端各一道连珠纹。格粗线条分四格,两侧各四齿,三角形和圆形尖顶齿相间。附D金鞘饰。
M51:213	1	F	67		4.5	首面中央错金作菱形,格粗线条分四格内为对顶三角齿纹,两侧各五齿。
M51:109	1	F	73		4.2	格两侧各五齿,腊扁平。附AⅠ金鞘饰。
M51:108	1	F	78.5		4.5	格粗线条分四格,两侧各四齿。附AⅠ金鞘饰。
M47:164	1	F	65.5		4.7	格两侧各五齿。
M47:168-1	1	F	63		4.3	格两侧各四齿。附AⅡ金鞘饰。
M47:169-1	1	F		20	4.5	格两侧各五齿。附AⅡ金鞘饰和A铜镖。
M47:162-1	1	F	残62.5		4.5	首面中央错金作菱形,格两侧各五齿。附A铜镖。
M47:213	1	F	残23.6		4.7	首面错为金,中央错银作菱形。格两侧各五齿。
M47:171-1	1	F	残57		4.7	腊扁平。附AⅡ金鞘饰中段一节。
M57:30-1	1	F	残35		4.5	格两侧各五齿。附AⅡ金鞘饰和A铜镖。
M57:31-1	1	F	55.5		4.5	格两侧各五齿。腊扁平。附D金鞘饰和A铜镖。

续表四七

编号	数量	型式	通长	铜茎长含吞口	铁腊宽	形　　制
M50:34-1	1	F	残 52		4.2	首面中央错金作菱形，格两侧各四齿。附 A 铜镖。
M45:3	1	F	60		4.2	格两侧各五齿。
M45:9	1	F	49.8		4.2	格两侧各四齿，粗线条分四格。腊扁平。附皮鞘残片。
M64:11	1	F	63		4.2	格两侧各五齿。
M62:3-1	1	F	58.5		4.2	格两侧各五齿。腊扁平。附 A 铜镖。
M53:21	1	F		20.2	4.2	格两侧各五齿。附 A 铜镖。
M85:82-1	1	F	68.4		4.5	格两侧各五齿。附 AⅡ 金鞘饰。
M85:86	1	F	残 29		4.5	格两侧各五齿。
M86:25	1	F	69		4.2	同上。
M86:11	1	F	66.5		4.2	格两侧各五齿。腊扁平。附 A 铜镖。
M68土:1-1	1	F	残 41		4.2	格两侧各五齿。
M68:53	1	F	残 22		4.7	腊残失。
M68:217	1	F	残 55.3	21.3	4.3	首面错为金，中央错银作菱形。格两侧各五齿。
M68:26	1	F		18.8		格两侧各五齿。腊残失。
M68:69	1	F	残 25.8		4.3	格两侧各四齿，粗线条分四格内为一粗斜线。
M68:57	1	F	残 22.7		4.7	格两侧各五齿。
M68:169	1	F	残 46.3		4.2	同上。
M68:191	1	F		19.3		同上。腊残失。
M68:155-1	1	F	残 42	18	4	格两侧各三枚三角形齿，粗线条分四格。附 AⅠ 金鞘饰。
M68X1:5-1	1	F		18.6		格侧，腊残失。附 A 铜镖。
M68X1:29-1	1	F		19		格两侧各五齿。腊残失。附 A 铜镖。
M68X1:42-2	1	F	残 32.2		3.7	格两侧各五齿。
M68:300	1	G	74	11.4	4.1	椭圆柱茎，中间一道箍，接格处突起一道粗脊作窄格，首端也突起粗脊一道。首伸出镂孔为人形头顶云朵，茎表面鎏金。原可能有镶嵌。腊表面附木质鞘痕，镶嵌绿松石穿孔小圆珠成卷云纹。

表四八　铁剑登记表　　　　　　　　　　　　　　　　　　　　　　　　　　（单位：厘米）

编号	数量	型式	通长	腊长	腊宽	形　制
M51：229	1	A	残79	61.8	3.2	长剑，双锷平直，中线稍起棱。茎较细，断面长方形。心形铜格，铜凹盘形首。腊表面附木质鞘痕和绢绸痕，茎附残木柄痕。
M51：228－1	1	A	111.5	86	3.2	极长，腊薄，中线起棱。"凹"字形玉格，雕琢蟠螭纹。茎附木柄和细绳缠缑痕。附玉璏。
M51：233－1	1	A	残54.5	60	3.7	腊薄，扁平。心形金格。附银镖。
M47：170－1	1	A	84.7	72.3	4.5	腊较宽、厚，扁平。心形铜格。
M47：139－1	1	A	残82	79	4	腊中线起棱，心形铜格。附BⅢ铜镖。
M47：163－1	1	A				腊中线起棱，心形铜格。附A铜镖。
M50：28	1	A	残67	61.5	3.5	腊薄，中线起棱，铜凹盘形首。茎残。
M57：54	1	A	残68.3	残55	3.6	腊厚，中线起棱。
M57：53	1	A	残47.9		3.7	茎长附缠缑痕，腊中线起棱，附木质鞘痕。
M85：81	1	A			3.5	残碎。心形铜格鎏金。
M85：94－1	1	A				残碎。附A铜镖。
M86：19	1	A	101	82.3	3.3	腊狭长，中线起棱。
M86：20	1	A	残87.9	76	3.6	同上。铜凹盘形首。锋，茎残。
M86：21		A	99.7	86	3.3	腊狭长，中线起棱。茎首残。
M68：178	1	A	残64	40.3	3.9	腊厚，中线起棱。
M68：72	1	A	残79	56	3.4	同上。
M68：123－1	1	A	残59	46.7	4	同上。附AⅠ金鞘饰中段一节。
M68X1：22	1	A	残45.7	30	3	腊中线稍起棱。
M68X1：9－1	1	A	86.3	65	3.4	同上。附C金鞘饰。
M68：158－1	1	A	残41.8		3.7	腊中线稍起棱。附AⅠ金鞘饰下段。
M68：157－1	1	A				仅存腊残段。附AⅠ金鞘饰上段和中段一节、A铜镖。
M68：250－1	1	A	残39			仅存腊残段。附C金鞘饰。
M68X1：21－1	1	A			4	仅存腊残段。附金镖。
M68：183	1	A	残26.5	残14	4.2	鎏金铜凹盘形首，腊较宽，中线起棱。

续表四八

编号	数量	型式	通长	腊长	腊宽	形　制
M68:182	1	A	54	40.3	3.8	铜凹盘形首，腊中线稍起棱。
M68:130	1	A	残42.3		3.2	腊中线稍起棱，茎残。
M68:211	1	A	残81		4.8	腊表面附木质鞘痕，茎残。
M68:189	1	A				腊断残多段，茎残失。
M68:188	1	A				腊多段锈蚀结在一起。
M57:97	1	A	残56	残42	3.3	茎缠緱，细绳编成粗緱缠绕。腊中线起棱。
M68:185	1	A	残21.7		2.9	仅存腊残段，茎残失。
M51:219	1	B	81.4	63.5	4.7	腊宽，厚。中线圆柱脊，两侧有较深的凹槽。铜"凹"字形格，铜圆首稍扁，镶嵌玉标首。腊、茎附木质痕。
M68:156-1	1	B			6	腊断残多段，宽，茎残失。附AⅠ金鞘饰中段二节和A铜镖。

表四九　金银钏登记表　　　　　　　　　　　　　　　　　　　　（单位：厘米）

编号	数量	型式	叠高	钏径	钏高	重量（克）	总重（克）	形　制
M69:109	10	A	14.4	6.1~7.1	1.4~1.5	25.2~32.1	275.5	金钏。环面高，向内弧形弯曲。每件一端稍大，各件大小不一，依次渐小，重叠成一端较大的圆筒状。
M69:104	10	A		6.5~7.8	1.5~1.6	28.5~38.1	342.4	同上。
M69:103	10	A		6.6~7.9	1.6~1.7	24.6~28.6	260.2	同上。
M69:110	10	A	14.3	6.8~8.4	1.4~1.5	31~43	363.5	金钏。环面錾突起点线纹连成的三角形纹、三角云纹和菱形纹图案。
M69:102	6	B	11	7.3~8.1	1.5~1.6	30~36.1	198.8	金钏。环面中部向外弯折出突脊一道。并有一件玉镯叠于金钏叠成的圆筒小端。
M69:101	6	B		7.5~8.3	1.5~1.8	27.1~42.7	192.7	同上。
M47:48	1	C		4.8	2.3		31	金钏。环面高，锻成内外凹凸的粗弦纹多道。
	2	C	2.3	4.7	1.15	8.2~9.4	17.6	银钏。环面锻成内外凹凸的粗弦纹多道。
M51:185	2	D		9.3		33.8~33.9	67.7	金钏。用圆金丝弯曲成圆环，两端齐平对拢。

表五○ 金银夹登记表 (单位：厘米)

编号	数量	型式	通长	宽	重量（克）	形 制
M47：184－4①	1	束腰长方形	6.3	4	40.9	金片锻剪，弯曲对折而成。顶端对折处中部二小孔，两侧边沿各錾有突起点线纹。两面中线錾突起点线纹，其下两旁有突起圆泡围点线纹圈。
M47：184－4②	1	束腰长方形	5.2	4	33	金质。两面中线锻突脊，其上两旁有圆泡，其下两旁为小圆泡围点线纹圈。
M47：184－4③	1	束腰长方形	5.2	4.2	27.6	金质。两面中线锻突脊，其上两旁有圆泡围点线纹圈，其下两旁为小圆泡围点线纹圈。
M51：146①	1	束腰长方形	5.4	3.9	34.2	金质。两面中线锻突脊，其上两旁有圆泡，其下两旁为小圆泡围点线纹圈。
M51：146②	1	束腰长方形	3.8	3.2	13.1	金质。两面中线錾突起点线纹。顶端一小孔。
M68：35－2①	1	束腰长方形	4	3.2	16.7	金质。两面中线錾突起点线纹。
M68：35－2②	1	束腰长方形	3.9	3.3	13.2	同上。
M51：182	1	半圆形	5.5	5.5	48.5	中部两旁锻突起圆泡围点线纹圈。
M51：161①	1	半圆形	5.1	5.6	二件残片总重30	银质。边沿錾突起点线纹，中部为细线刻纹。上沿刻纽绳纹，中间为侧身而立的神兽，鸟首兽身，回首向后，喙长稍曲，翅粗长，弯曲向前飘，拱背，前足低后足高，粗尾下垂。其下三圆泡围点线纹。
M51：161②	1	半圆形	4.9	5.2		银质。神兽长鼻直伸，前端稍细下曲，双耳长大，眼作小突泡，粗尾平伸稍下曲。其卜二圆孔和一半圆泡。

表五一　金葫芦形饰登记表　　　　　　　　　　　　　　　　　　　　　　（单位：厘米）

编号	数量	型式	通长	泡径	重量（克）	形　制
M68:8	1	A	2.8	1.4	13.2	略作葫芦形，中部为空心单圆泡，断面扁圆形，上下两端分别伸出侈口圆筒。泡两面有太阳纹，筒上饰弦纹。
M68:238	1	A	3.2	1.4	14	圆泡两面铸太阳纹。
M68:252	1	A	3	1.3	11.5	同上。
M68:222	1	A	2.1	1.1	4.6	同上。
	1	A	2.4	1	7.5	泡大致作方形，断面略呈菱形，无纹饰。筒上饰弦纹。线条粗细不一。
M51:186	1	B	3.9	1.5	11.7	双泡略作心形，断面呈菱形，两面有心形卷云纹。筒上饰弦纹。线条粗细不一。
M57:155	1	B	3.4	1.2	11	双心形泡，两面有心形卷云纹。
M68:252	1	B	2.3	0.7	6.4	双泡呈宽带状，断面作六边形。筒上饰弦纹。
M69:80	1	B	3.5	1.2	10.4	双泡为圆形，断面扁圆，两面有同心圆纹。

表五二　金银泡登记表　　　　　　　　　　　　　　　　　（单位：厘米）

编号	数量	型式	直径	高	重（克）	总重（克）	形　制
M47：165	12	A	1.2～1.3	0.4	1.3～2.8	22.5	金铸，半球形，较粗糙，不甚规整，背面铸有横梁。较小。
	12	A	1.6	0.4	1.9～3	27.6	金铸，背面铸有横梁。较大。
	4	A	1.8	0.6			金铸，下部有对称小孔，穿铁横梁。3件铁梁残失。
M85：111	4	A	1.4～1.6	0.3～0.4	0.7～1.1	3.6	金锻，下部两侧有对称小孔。
M51：109	15	A	1.5～1.7	0.3～0.4	0.9～1.4	16.8	同上。
M68：109	1	A	1.5	0.2	0.7		同上。
M85：24	6	A	1.4～1.6	0.3～0.4	0.7～0.8	4.3	同上。
M85：61	1	A	1.5	0.4	残0.5		银锻，下部两侧有对称小孔。局部残。
M57：151	2	A	2～2.1	0.6			金包铜胎。
	2	A	2.1	0.6			银包铜胎。
M57：87	2	A	1.9	0.5			金包铜胎。
	1	A	1.8	0.5			银包铜胎。
M85：18	7	A	1.3～1.4	0.5～0.6			金包铜胎。
M68：109－1	4	B	1.9	0.3	6～6.9	25.2	金铸，泡面较低，正面铸有太阳纹。
M68：109－2	5	B	1.9～2	0.3	2.1～4.4	19.4	银铸，泡面较低，正面铸有太阳纹。
M51：88－1	16	B	1.6	0.3	2.6～3.6	46.3	金铸，泡面较低，正面铸有太阳纹。
M51：88－2	9	B	1.8～2.4	0.3～0.5			金包铜胎。
M47：230－2①	26	B	2.1～2.3	0.35			同上。
	32	B	1.7～1.8	0.35			同上。
	7	B	2.2～2.3	0.3			银包铜胎。
	2	B	2.3	0.3		6	银铸，泡面较低，正面铸有太阳纹。太阳纹芒作乳丁状。
M57：124	4	B	2.3～2.4	0.3～0.4			金包铜胎。
M57：173	1	B	2.2	0.3	3.2		金铸，残约1/2。

续表五二

编号	数量	型式	直径	高	重（克）	总重（克）	形　制
M51:91-2①	8	B	2.1	0.4	2.7~3.6	22.6	银铸，部分太阳纹芒作乳丁状。
	7	B	1.3~1.6	0.3	1.7~2	13	银铸。
	12	B	2.4~2.5	0.5~0.6			银包铜胎。部分太阳纹芒作乳丁状。
M57:122-2③	5	B	2.3~2.4	0.4			金包铜胎。太阳纹芒作乳丁状。
	7	B	2.3~2.4	0.4			银包铜胎。太阳纹芒作乳丁状。
	1	B	2	0.4	3.9		银铸。太阳纹芒作乳丁状。
M51:88-3	16	C	1.9~2.2	0.3~0.4	4.7~7.7	89.3	金铸。圆锥形。
	2	C	2.1	0.6			金包铜胎。
M51:173	3	C	2.2	0.5	6.2~6.4	19	金铸。圆锥形。
M57:124	4	C	1.6~1.7	0.4	3.2~5.1	18.4	同上。
	4	C	2.3~2.4	0.6			金包铜胎。
M57:134	3	C	2.4	0.7			同上。
M57:2	1	C	2.5	0.8			同上。
	2	C	2.6	0.7			银包铜胎。
M57:87	2	C	2.4	0.6			金包铜胎。
	1	C	2.4	0.6			银包铜胎。
M51:91-2②	1	C	1.9	0.3	1.2		银铸。
M57:122-2④	5	C	1.9~2	0.3	1.4~3.5	13	同上。
M68:249-2	4	DⅠ	1.7	0.2		3.4	银锻。泡面稍隆起，中央突起圆锥形小乳突，背面无横梁。
M57:124	1	DⅡ	1.3	0.3	1.9		金铸。泡面中央圆丘状突起，边沿稍突起脊一周。背面铸一横梁。
	2	DⅡ	1.9	0.5	3.9、4.5	8.4	金铸。
M47:230-2②	3	DⅡ	1.9	0.4	2.2~2.9	7.5	银铸。
M51:91-2③	3	DⅡ	1.9	0.5	2.1~3.2	7.2	同上。
M51:88-4	6	DⅢ	2.2	0.4~0.5	5.2~6.1	33.6	金铸。泡面中央圆形突起，周围铸有乳丁一圈，背面铸一横梁。
M51:91-2④	9	DⅢ	2.1	0.4	2.7~3.4	27.9	银铸。

续表五二

编号	数量	型式	直径	高	重（克）	总重（克）	形　　制
M85:33	10	DⅣ	1.1	0.2		2.5	金锻。泡面中央圆形突起，周围锻小圆泡一圈，两侧有对称小孔。背面无横梁。器形小。
M68:88	5	E	1.7	0.2		2	金锻。泡面平，周沿下折，中央凿一圆孔，周围有凹弦纹一圈。背面无横梁。
M47:60	1		1.1～1.3	0.4	2.4		金铸。甲虫形。椭圆形，阴线勾出甲虫的头和翅。
M69:63-2	1		1.1～1.6	0.3	2.2		金铸。甲虫形。椭圆形，尾端尖，阴线勾出甲虫的头、双眼和翅。
M69:63-1	1		1.4	0.4	2.6		金铸。甲虫形。圆形，阴线勾出甲虫的头、双眼、翅和翅上的云纹。
M69:63-4	1		1～1.4	0.4	2.3		金铸。甲虫形。椭圆形，两端尖，阴线勾出甲虫的头、双眼和翅，翅面下凹。
M69:63-3	1		1.1～1.6	0.3	1.8		金铸。甲虫形。椭圆形，两端尖，阴线勾出甲虫的头、双眼和翅，翅较大，下凹。

表五三　金银花形饰登记表　　　　　　　　　　　　　　　　　　（单位：厘米）

编号	数量	型式	长宽	高	重（克）	总重（克）	形　制
M68：103	1	A	3.3	0.2	1.8		金锻。五联圆泡，中一周四，呈四瓣花形。圆泡稍突起，顶平，有宽弦纹一圈，周边向下弯折。
M51：96	14	B	3.8~4	0.4	9.4~13.7	144.3	金铸。半球形泡，背空，周有平沿，中间泡两侧连接较宽，并各有一小孔。铸工粗糙，每件均有疵孔。
M47：41－1	24	B	2.4	0.4		40	金锻。器形较小。
M47：41－2	20	B	2.4~2.5	0.2		30.4	金锻。圆泡较低，周围平沿錾凹点线纹一圈。
M51：89	23	B	2.2~2.5	0.4	1.8~3.3	59.4	金锻。器形较小。
M85：14	2	B	4.1~4.2	0.5		11.8	同上。
M85：23	1	B	4	0.5	4.4		同上。
M85：25	2	B	4.1~4.2	0.5		11.9	同上。
M85：30	1	B	4.1	0.5	6.6		同上。
M85：42	1	B	4	0.5	3.7		同上。残失一泡。
M85：19	4	B	4~4.2	0.5	5.6~7.1	22.9	金锻。
M69：90	4	C	2.1	0.3	5~5.6	21	金铸。圆泡不甚规整，周围沿呈两级台阶状。中间泡两侧连接较宽，并各有一小孔。背面为浇铸毛面。附一绿松石扣。
M69：91	7	C	2.1	0.3	5.2~6	39.4	金铸。
	1	C	2.5	0.2	7		同上。
M69：94	10	C	2.1	0.3	5.3~5.7	55.1	同上。
M69：89	4	C	2.1	0.3	5~5.5	21.4	金铸。附绿松石小扣一件。
M51：76	29	D	1.8~1.9	0.2	3.5~5.2	122	金铸。圆泡小，突起较低，顶较平，周围沿宽，并有凹弦纹。器形小，圆泡周沿上有凹弦纹二圈，中间泡两侧连接较宽，并各有一小孔。
M69：92	3	D	1.6	0.4	2.8	8.4	金铸。器形小，圆泡周沿上有凹弦纹二圈。背面中部铸一半圆环纽。
M69：140－1	3	D	2.5	0.2	6.9~7.3	21.2	金铸。圆泡周沿上有宽弦纹一圈，内铸小乳丁点线纹。

续表五三

编号	数量	型式	长宽	高	重（克）	总重（克）	形　制
M69:140-2	5	D	2.4	0.2		12.8	银铸。圆泡周沿上有宽弦纹一圈，内铸小乳丁点线纹。泡不甚规整。
M69:66	6	D	1.6~1.7	0.2	2.6~4.4	21.4	金铸。器形小，圆泡周沿上有凹弦纹二圈。背面中部铸一半圆环纽。
	7	D	1.6~1.8	0.2	2.7~4.6	23.2	金铸。器形小，圆泡周沿上有凹弦纹二圈。
	1	D	1.3	0.1	1.8		金铸。圆泡周沿上有凹弦纹一圈。
	1	D	1.9	0.1	3.1		金铸。圆泡周沿上有宽弦纹一圈，内铸小乳丁点线纹。
	4	D	1.6	0.2		2.9	银铸。圆泡周沿上有宽弦纹一圈，内铸小乳丁点线纹。
M47:63	13	D	1.5~1.6	0.2	1.7~2.7	28.3	金铸。圆泡周沿上有宽弦纹一圈，内铸小乳丁点线纹。
	19	D	1.5~1.6	0.2		16	银铸。圆泡周沿上有宽弦纹一圈，内铸小乳丁点线纹。
M69:94	3	D	1.6~1.8	0.2	2.5~4.4	9.5	金铸。器形小，圆泡周沿上有凹弦纹二圈。

后　记

　　李家山第二次发掘至今已十余年了，如今发掘报告得以面世，每一位参与工作的考古工作者和广大研究者都将为之高兴。参加发掘的每位同志对当年野外发掘的情景肯定记忆犹新，1991 年底至 1992 年初，江川的天气很特别，多次连绵阴雨，常年不见雪的江川那年却下起了雪，李家山山顶阴冷潮湿，发掘工地泥滑路烂，给墓葬清理带来许多困难。然而，考古队员们不畏艰难，始终以饱满的热情投入工作，保证了发掘任务的圆满完成。江川县公安局广大干警们和联防队员们不辞辛劳，确保了发掘现场和出土文物的安全。

　　这次发掘由张新宁领队主持，主要成员有戴宗品、康利宏、杨帆、王桂蓉、杨杰、马勇昌、李洪海、徐文德、张智美、刘学义、伏汝祥、赵运宇、王涵、杨忠德、覃生和朱云生。此次发掘规模大，出土器物多，器物锈蚀破损严重，后期的整理工作相当繁琐、复杂而耗时。幸得云南省文化厅、玉溪市文化局、江川县文化局等部门的大力支持，并获玉溪市文管所、江川县文管所、江川县博物馆等单位的鼎力相助，加之各位工作人员的通力合作，终于使整理和发掘报告编写工作得以完成。

　　前后参加整理工作的主要人员有王桂蓉、杨帆、张聪、莫建云、王涵、杨杰、马勇昌、李洪海、王洪君、李永学、刘学义、张智美、伏汝祥、石明荣、杨忠德、覃生、陈玲、汪惠坤、李红成、蔡竹玲、张水芬、赵强、李传、杨宝文、胡小春、张金芬、覃丽、郭华、李彦丽、杨素梅、周玉松、马丽辉、杨庆科、曹正开、周双明、李天友、郑坤生和褚元宝。

　　整个整理和报告编写工作由张新宁负责并执笔完成，其中，器物修复由莫建云、张聪、杨忠德、赵强、胡小春等完成，线图绘制由王桂蓉、伏汝祥、周玉松、覃生、杨素梅等承担，摄影由魏辉抗和张新宁完成，线图和照片汇编由黄颖完成。

　　发掘和整理工作的完成同时凝聚着各级领导和多位专家的心血。国家文物局曾派出多位部门领导、专家亲临发掘工地和整理现场进行检查指导；云南省文化厅贺光曙厅长、熊正益副厅长和文物处领导多次亲临现场指导，帮助解决实际困难；云南省文物考古研究所已故胡振东所长、已退休王大道副所长和现任杨德聪所长、刘旭副所长和肖明华副所长经常过问和督促发掘和整理工作，解决具体问题；邱宣充、李昆声、张永康、黄德荣、马文斗等专家学者对资料整理和报告编写提出过宝贵意见。在此谨向他们表示衷心的感谢。

编　者
2007 年 5 月

LIJIASHAN AT JIANGCHUAN

—— The Second Report on Excavation

(Abstract)

Lijiashan cemetery is located in Jiangchuan County, Yunnan Province. The first excavation was carried out in 1972, when 27 tombs dated from the Warring State period to the early East Han Dynasty were discovered and yielded a large number of grave goods. It is the other important discovery since the excavation of Shizhaishan tomb of the King of Dian in Jinning.

From Demember, 1991 to April, 1992, the Yunnan Provincial Institute of Cultural Relics and Archaeology, Yuxi City Administrative Office of Cultural Relics and Jiangchuan County Bureau of Cultural Affairs etc. jointly carried out the second excavation at Lijiashan cemetery and acquired many important discoveries. This excavation was named one of the National Ten New Archaeological Discoveries. And Lijiashan cemetery has been listed among the important cultural relic sites under state-level protection by the State Council.

Lijiashan tombs of Jiangchuan are located at Lijiashan, a mountain on the north-west corner of Xingyun Lake, within the basin of Yungui Gaoyuan, about 80 kilometers south to Kunming City and 40 kilometers south to the famous Tomb of King of Dian at Shizhaishan. The tombs are mustered on the flat mountaintop or along the south-west hillside near the mountaintop. Besides, some isolated tombs scatter along other mountainsides.

In the second excavation and thenceforth 60 tombs have been uncovered. All the tomb pits are opened beneath the surface soil with part of tomb mouth and the upper of tomb pit destroyed. About half of them are found overlapped or destroyed by the succeeding tombs. All have rectangular earthen pits. During the digging of a small number of tombs, hard rocks in the pit often change the shape of pit, forming an irregularly shaped ercengtai along the tomb side. The earthen pits are usually backfilled with the soil or rocks dug out. In lager scale tombs, after a period time of the burial, round pit would be dug in the backfilled earth where a very heavy cone-shaped limestone would be buried with its top end upward.

The tombs can be divided into big, small and medium ones. In the big ones, over a hundred or hundreds grave goods of a great variety were found in each tomb.

The pit mouth of medium tombs measured 2 − 3 meters in length, over 1 meter in width and more than 1 meter in depth. The quantity and quality of burial objects of them usually vary widely.

The pit mouth of small tombs often measures 2 meter in length and less than 0.9 meter in width and around 1 meter in depth. The number of burial good is often less or around 10 and the variety are also quite scant.

The tomb pits are often layed from east to west with the head of tomb occupant pointing west. The trace of wooden outer and inner coffins is found in all the big tombs. In the medium ones, the trace of inner coffin was also left. The outer coffin is in a shape of character "井" and the inner one is composed of thick planks to form a rectangular chest.

A kind of cerecloth, *zhuru* is often found in big or medium tombs, which is comprised of various kinds of beads, pipes, buttons, flakes of gold, jade, agate, turquoise and colored glaze stitched in lines onto the silk.

Skeletons are mostly decayed. From the remains, we can judge the tomb occupant lying in an extended supine position. Most tombs are single buried and a part of them are joint tombs which jointly buried two men or two women, or a man and a woman.

In big tombs, abundant burial goods of a great variety are unearthed in or under the inner coffin, or in the space between the outer and inner coffins, varying in quantity from over one hundred to several hundreds for each tomb.

Among the burial goods, bronze wares account for the overwhelming majority. Besides, there are iron, golden, jade and stone wares, potteries and artifacts made of agates, turquoise and colored glaze and so forth.

Bronze wares include ritual ones such as drum, saving box, Chime-bells, figurine holding a umbrella and cover of umbrella and so on, productive tools such as hoe, spade, axe, chisel, tool with a rolled blade, weapons and items for ceremony including *ge* (dagger), *yue* (tomahawk), hammer, sword, crossbow, bronze arrowhead and pieces of amour, goods or adornments for daily use, e.g., buckle, mirror, bracelet, kettle, dish, and harness such as gag bit, bell, bridle, whip and so on.

Iron articles include implements and weapons such as iron axe and chisel with a bronze hole, chop, sword with an iron stem, arrowhead and gag bit and so forth.

Among the golden and jade articles there are golden hair pin, decoration of waistband, bracelet and jade bracelet and *jue*.

Few potteries are found among the grave goods except for several pottery pot and cup with a bronze lid.

Bamboo and lacquer wares have almost rotten away. Among the bamboo wares there found flake of human form, brand with carved design and container for arrows. Lacquer wares are made of wood or bamboo which include box, dressing case and so forth. Some of them are inlayed with rim, handle or ear of gold, silver and bronze, that is *kouqi* with silver mouth and yellow (golden) ear.

Weapon and harness are not found in women's tombs. On the contrary, golden or bronze bracelet and bronze saving boxes are unearthed more there and no bronze bracelet has not been seen in the men's tombs. Especially, models of chicken, mandarin duck and water bird which is used to decorate the head of bronze seems to be used for women's use only.

The grave goods from medium and small tombs mainly consist of bronze wares and vary widely in quantity from a few to dozens. For the male, the basic combination of burial goods is comprised of bronze sword, axe, spear and buckle. For the female, bronze bracelet is the primary object. Cerecloth *zhuru* yields from a part of tombs and a few tombs yield no burial goods.

The tombs in this excavation fall into four stage.

Tombs belong to the first stage have their earth pits filled with soil of the color of lamb liver. Bronze wares predominate among the burial objects. No combination of bronze and iron or iron wares and other items of the Han style are found. So are the adornments. The date of this stage is determined to the middle of Western Han Dynasty before Emperor Wu established county here.

Tombs belong to the second stage have their earth pits filled with earth and stone dug out from the pits, a part of which have irregular *ercengtai* and joint tombs of two human beings. As that of the first stage, bronze wares still predominate among the burial objects. In the big tombs, burial articles used for ritual, cemetery and funeral which bear the characristics of Dian Style are unearthed together with items of Han style such as crossbow, mirror, belt hook, lacquers and a large amount of golden wares, combinations of bronze and iron as well as the iron wares. The combinations of bronze and iron also appear in the medium tombs. The date of this stage is about from the middle to the later of Western Han Dynasty after Emperor Wu established county here.

Tombs belong to the third stage have big earth pit. Among the burial objects, iron wares, combinations of iron and bronze wares, lacquers increase. Combinations of iron and bronze wares, iron wares, adornments of jade and stone commonly turn up in both medium and small tombs. Articles of Han style such as harness, lacquer adornments are buried in many tombs. The date of this stage is about from the late of Western Han Dynasty to the beginning of Eastern Han Dynasty.

In the forth stage, burial articles of Dian style decrease rapidly. Wares for ritual, funeral, ceremony purpose and many of the jade and stone wares disappear and replace them with *zeng*, incense of Han style. The date of this stage is thought to be the first half of Eastern Han Dynasty.

The big tombs in the second excavation all belong to the second and third stages. Though they were buried after the establishment of county in present Yunnan, no matter the scale of tomb earth pit, or the abundance of burial goods exceeds that of tombs of the same type in the early of Western Han Dynasty. It indicates that the upper class of Dian still own high social status and enjoyed economic privileges before their death.

In their tombs, thought yielded many object of Han style, e. g. bronze mirror, iron sword, bronze crossbow and beans of colored glaze, together with wares and tools of both Dian and Han style, made with metallurgy technology introduced from Central Plains and reflect the custom of Han culture, the main body of burial object are still artifacts representing traditional culture of Dian, such as bronze drum, saving box, weapon for ceremony, implements, farm tools, various kinds of buckles, bracelet, jade *jue*, agate beans, button, turquoise beans and so forth. This condition had lasted to the middle and late of Eastern Han Dynasty before it declined gradually.

The tombs excavated have provided important material data for the study of relationship between Han Dynasty and Dian, that between the bureaucracies dispatched by Han Dynasty and upper class of Dian as well as the dominating manner of Han in Dian. They also have brought light to the evolvement of social structure, the change and decline of culture of Dian.

The unearthed flesh color chalcedonic bean is originated in the valley of Indian River. The bronze box decorated with inlayed gold leaf design is produced in the seacoast area of Mediterranean Sea. From their introduction into present Yunnan, we can find material evidence for the study of ancient "shushendudao", namely the South Silk Road and cultural exchange between ancient China and the west.

1. 李家山墓地全景

2. 李家山墓地俯视

彩版一　李家山墓地

1. M50 墓坑内石块

2. M47 出土"珠襦"

3. M68 出土"珠襦"麻布残片

4. M69 主棺底板上的绳痕

彩版二　大型墓内遗迹现象

1. M28

2. M32

彩版三　M28 与 M32

1. M34

2. M47墓口

彩版四　M34 与 M47

1. M47 椁板

2. M47 椁内

3. M47 底板下随葬器物

彩版五　M47

1. M51 墓口

2. M51 椁板

彩版六　M51

1. M51 棺内随葬器物

2. M51 棺下随葬器物

彩版七　M51

1. M57 墓口

2. M57 椁内

彩版八　M57

1. M57 棺内珠襦下

2. M57 墓底

彩版九　M57

彩版一〇　M57 出土珠襦

1. M68 墓口

2. M68 椁内

3. M68 墓底

彩版一一　M68

1. M68X1

2. M68X2

彩版一二　M68

1. M71

2. M50

彩版一三　M71 与 M50

1. M53

2. M69

彩版一四　M53 与 M69

1. M69 椁内

2. M69 主棺

彩版一五　M69

1. M69 主棺下

2. M69 主棺头端

彩版一六　M69

1. M82

2. M49

彩版一七　M82 与 M49

1. M85

2. M85 椁内

彩版一八　M85

1. 尖叶形铜锄 M68：328

2. 尖叶形铜锄 M57：204

3. 尖叶形铜锄 M69：226

4. 尖叶形铜锄 M86：040

5. 尖叶形铜锄 M68：327

6. 尖叶形铜锄 M51：317

7. 尖叶形铜锄 M69：223

8. 尖叶形铜锄 M47：215

9. 尖叶形铜锄 M51：316

彩版一九　尖叶形铜锄

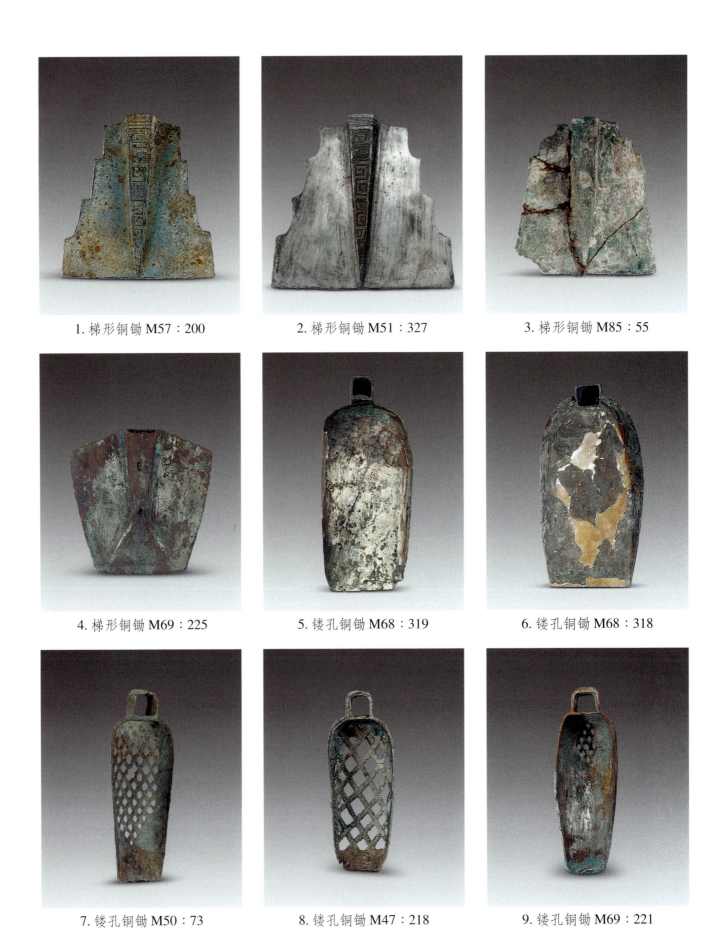

1. 梯形铜锄 M57：200   2. 梯形铜锄 M51：327   3. 梯形铜锄 M85：55

4. 梯形铜锄 M69：225   5. 镂孔铜锄 M68：319   6. 镂孔铜锄 M68：318

7. 镂孔铜锄 M50：73   8. 镂孔铜锄 M47：218   9. 镂孔铜锄 M69：221

彩版二〇　梯形铜锄与镂孔铜锄

1. 铜铲 M57：166   2. 铜铲 M57：162   3. 铜铲 M51：337

4. 铜铲 M68：342   5. 铜铲 M69：219   6. 方銎铜斧 M57：205

7. 方銎铜斧 M64：16   8. 方銎铜斧 M69：186

彩版二一　铜铲与方銎铜斧

1. 方銎铜斧 M68：293

2. 方銎铜斧 M82：1

3. 方銎铜斧 M50：65

4. 方銎铜斧 M53：10

5. 方銎铜斧 M82：2

6. 方銎铜斧 M69：208

7. 方銎铜斧 M68：315

8. 方銎铜斧 M54：2

彩版二二　方銎铜斧

1. 椭圆銎铜斧 M68：347

2. 椭圆銎铜斧 M68：364

3. 椭圆銎铜斧 M71：11

4. 椭圆銎铜斧 M57：203

5. 椭圆銎铜斧 M51：286

6. 椭圆銎铜斧 M51：328

7. 椭圆銎铜斧 M57：175

8. 椭圆銎铜斧 M71：10

9. 椭圆銎铜斧 M83：4

彩版二三　椭圆銎铜斧

1. 半圆銎铜斧 M68：366

2. 半圆銎铜斧 M51：306

3. 半圆銎铜斧 M68：348

4. 多边銎铜斧 M68：314

5. 多边銎铜斧 M51：131

6. 多边銎铜斧 M71：49

7. 多边銎铜斧 M68：346

8. 礼仪铜斧 M57：159

彩版二四　半圆銎铜斧、多边銎铜斧和礼仪铜斧

1. 礼仪铜斧 M51：332（正）　　　2. 礼仪铜斧 M51：332（背）　　　3. 礼仪铜斧 M51：331

4. 礼仪铜斧 M47：207　　　5. 礼仪铜斧 M64：17　　　6. 礼仪铜斧 M51：307

彩版二五　礼仪铜斧

1. 礼仪铜斧 M51：330

2. 铜锛 M61：1

3. 铜锛 M63：4

4. 铜凿 M57：212

5. 铜凿 M51：140

6. 铜凿 M47：88

7. 铜凿 M86：1-3

彩版二六　礼仪铜斧、铜锛与铜凿

1. 铜削 M70：3

2. 铜削 M50：27

5. 铜削 M30：6

3. 铜削 M71：22

4. 铜削 M35：2

6. 铜卷刃器 M68：71

7. 铜卷刃器 M53：12

8. 铜卷刃器 M51：134

9. 铜卷刃器 M47：91

彩版二七　铜削与铜卷刃器

1. 无胡铜戈 M51：310

2. 无胡铜戈 M50：57

3. 无胡铜戈 M51：313

彩版二八　无胡铜戈

1. 无胡铜戈 M51：305

2. 无胡铜戈 M68：338

3. 无胡铜戈 M68：341

彩版二九　无胡铜戈

彩版三〇　无胡铜戈 M51：282

1. 长胡铜戈 M57：169

2. 长胡铜戈 M51：304

4. 横銎铜戈 M68：68

3. 横銎铜戈 M51：315

彩版三一　长胡铜戈与横銎铜戈

1. 横銎铜戈 M51：284

2. 横銎铜戈 M51：308

3. 横銎铜戈 M57：1819

彩版三二　横銎铜戈

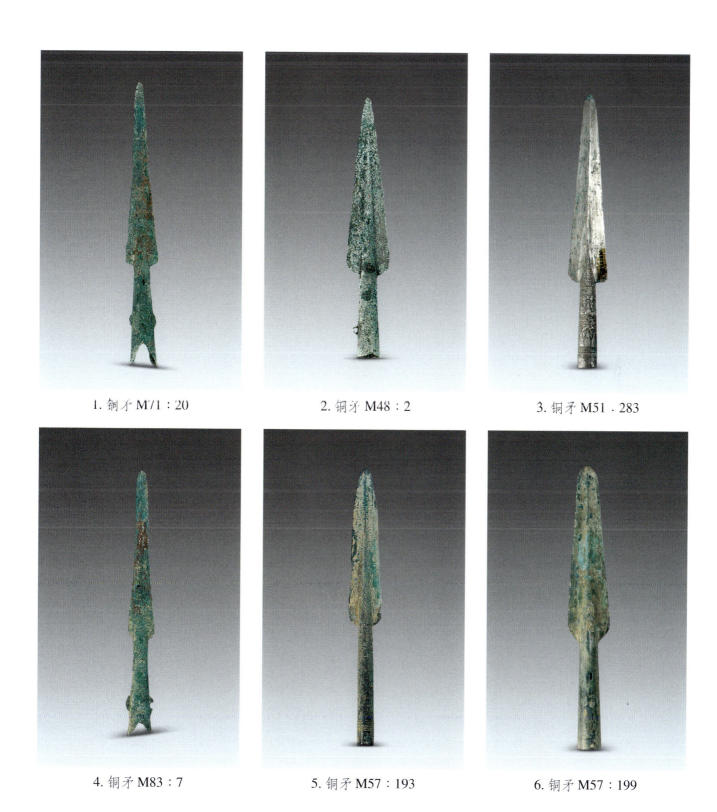

1. 铜矛 M71：20　　　　2. 铜矛 M48：2　　　　3. 铜矛 M51．283

4. 铜矛 M83：7　　　　5. 铜矛 M57：193　　　　6. 铜矛 M57：199

彩版三三　铜矛

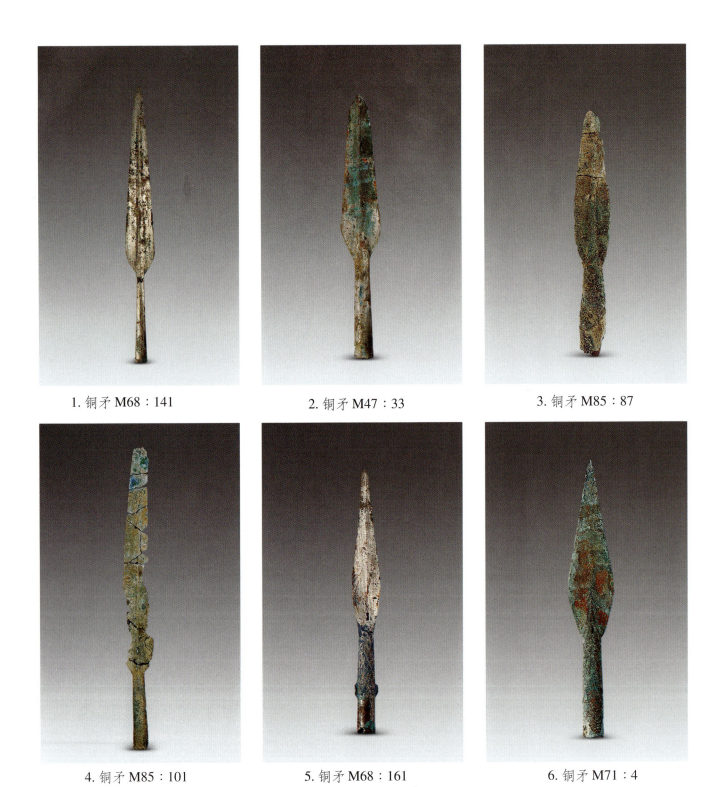

1. 铜矛 M68：141   2. 铜矛 M47：33   3. 铜矛 M85：87

4. 铜矛 M85：101   5. 铜矛 M68：161   6. 铜矛 M71：4

彩版三四 铜矛

1. 铜矛 M45：10　　　　3. 铜矛 M57：165

2. 铜矛 M57：221　　　4. 铜矛 M57：195　　　5. 铜矛 M57：194

彩版三五　铜矛

1. 铜矛 M51：280

2. 铜矛 M57：163

3. 铜矛 M68：163

4. 铜矛 M47：31

5. 铜矛 M54：1

6. 铜矛 M69：200

彩版三六　铜矛

1. 铜殳 M68：133

2. 铜殳 M47：30

3. 铜殳 M51：63

彩版三七　铜殳

1. 铜戚 M51：319

2. 铜戚 M68：307

3. 铜戚 M68X1：24

4. 铜戚 M68：304

彩版三八　铜戚

1. 铜钺 M51：288

2. 铜钺 M51：333

3. 铜钺 M51：340

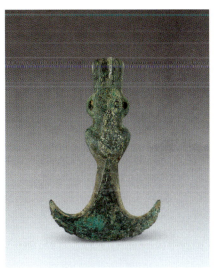

4. 铜钺 M57：211

5. 铜钺 M51：21

6. 铜钺 M51：309

7. 铜钺 M69：190

彩版三九　铜钺

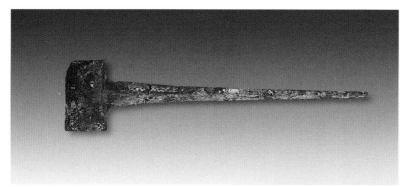

1. 铜啄 M68∶351

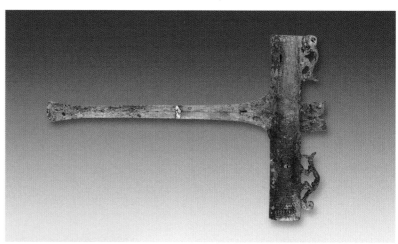

2. 铜啄 M71∶6

3.铜啄 M68∶334

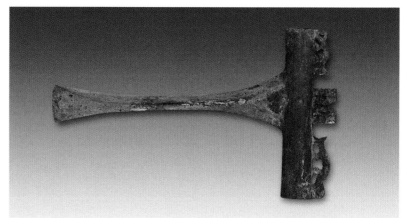

4.铜啄 M68∶332

彩版四〇　铜啄

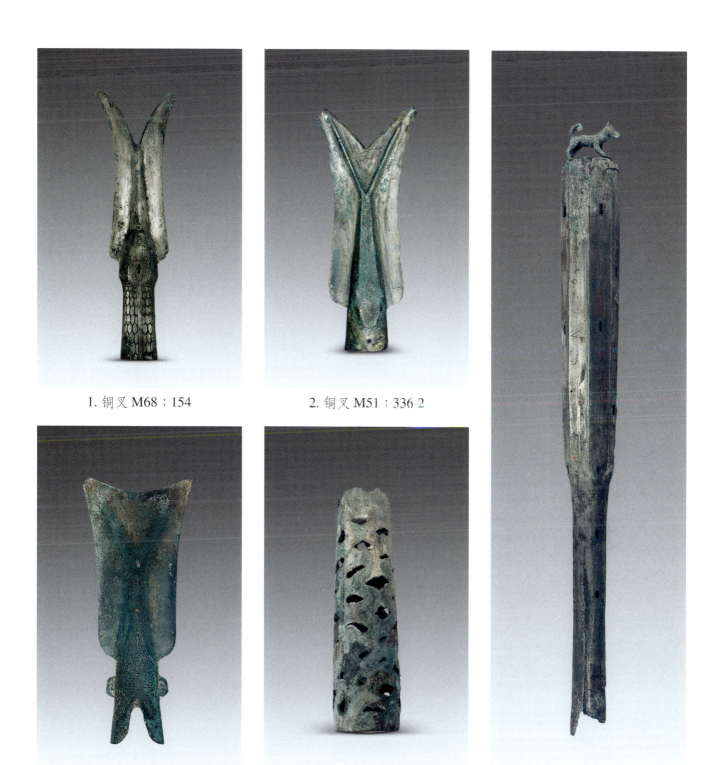

1. 铜叉 M68：154　　　　　　2. 铜叉 M51：336-2

3. 铜叉 M57：164　　　4. 铜棒锤 M68：266　　　5. 铜棒锤 M51：341

彩版四一　铜叉与铜棒锤

1. 铜棒锤 M51：342

2. 铜棒锤 M68：264

3. 铜棒锤 M51：339

4. 铜棒锤 M57：176

彩版四二　铜棒锤

1. 铜镦 M51：329

2. 铜镦 M51：135

3. 铜镦 M51：248-2

4. 铜镦 M50：55

5. 铜镦 M47：224-8

6. 铜镦 M68：207

7. 铜镦 M69：146

8. 铜镦 M51：47

9. 铜镦 M85：73

彩版四三　铜镦

1. 铜镦 M47：224-9

2. 铜镦 M47：224-3

3. 铜镦 M57：150

4. 铜镦 M57：191

6. 铜镦 M51：176

7. 铜镦 M51：351-2

5. 铜镦 M68：316

彩版四四　铜镦

1. 铜剑 M68X2：26-4

2. 铜剑 M68X2：25-1

3. 铜剑 M68X2：7-2

4. 铜剑 M63：6

5. 铜剑 M57：25-1

6. 铜剑 M47：119

彩版四五　铜剑

2. 铜剑 M68X2：26-1

3. 铜剑 M68X2：13-1

1. 铜剑 M68X1：11-1

4. 铜剑 M68X1：28-1

5. 铜剑 M51：110

彩版四六　铜剑

1. 铜剑 M68X2：21

2. 铜剑 M68X2：24-1

3. 铜剑 M68X2：24-1 局部

4. 铜剑 M71：52

5. 铜剑 M68X2：2

6. 铜剑 M81：3

彩版四七　铜剑

1. 铜剑 M47：127

2. 铜剑 M51：115

3. 铜剑 M74：2

4. 铜剑 M51：155-1

5. 铜剑 M57：27-1

6. 铜剑 M68X2：10-2

彩版四八　铜剑

1. 铜剑 M57：33

2. 铜剑及鞘饰 M47：110-1、-2

3. 铜剑 M57：26

4. 铜剑 M51：156-1

5. 铜剑 M57：93

彩版四九　铜剑

1. 铜剑 M51：154-1 　　　　2. 铜剑 M68X2：17 　　　　3. 铜剑 M68X2：17 局部

4. 铜剑 M68X2：26-3 　　　　5. 铜剑 M57：35 　　　　6. 铜剑 M57：28-1

彩版五〇　铜剑

1. 铜剑 M57：37

2. 铜剑 M51：124

5. 铜剑 M50：23

3. 铜剑 M72：7

4. 铜剑 M68X1：4

彩版五一　铜剑

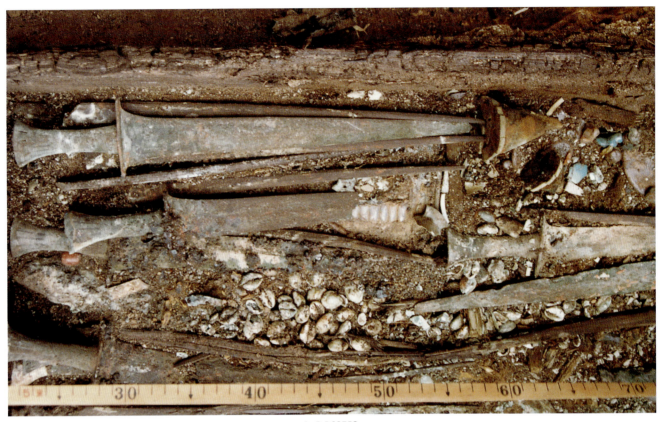

1. M68X2

2. M68X2

彩版五二　M68X2 铜剑的放置情况

1. 铜镖 M76：3-2   2. 铜镖 M45：1   3. 铜镖 M68：102-1

4. 铜镖 M68：36   5. 铜镖 M47：139-2   6. 铜镖 M68：254

7. 铜镖 M38：6   8. 铜镖 M68：215-2   9. 铜镖 M68：176

彩版五三　铜镖

1. 铜镖 M47：175

2. 铜镖 M68X1：41-3

3. 铜鞘饰 M51：156-2

彩版五四　铜镖与鞘饰

1. 铜鞘饰 M68X1：25-3　　　　　　　　2. 铜鞘饰 M51：122-2

彩版五五　铜鞘饰

1. 铜鞘饰 M47：144-2   2. 铜鞘饰 M51：154-2

彩版五六　铜鞘饰

1. 铜弩机 M51：287　　　　　　　2. 铜弩机 M51：287 局部

3. 铜弩机 M57：40　　　　　　　4. 铜弩机 M47：239-1

彩版五七　铜弩机

1. 铜镞 M73：6

2. 铜镞 M53：5

3. 铜镞 M72：9

4. 铜镞 M68：105

5. 铜镞 M71：35

6. 铜镞 M28：5

7. 铜镞 M47：219

彩版五八　铜镞

1. 铜箙饰 M51∶68-1

2. 铜箙饰 M43∶4

3. 铜鍱M68∶302-4

彩版五九　铜箙饰与铜鍱

1. 铜盾饰 M68：86

2. 铜盾饰 M57：130

3. 铜盾饰 M50：77

4. 铜盾饰 M68：200

5. 铜盾饰 M68X1：1

6. 铜盾饰 M86：36

彩版六〇　铜盾饰

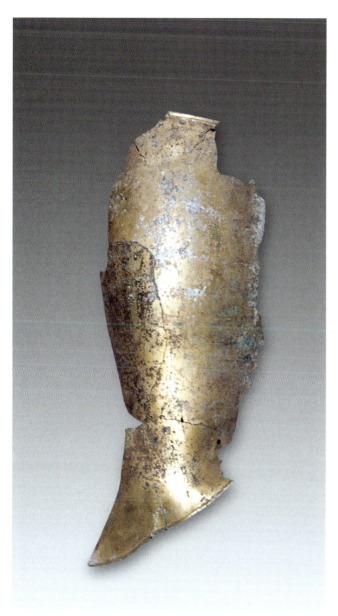

1. 铜胫甲 M51：314

2. 铜臂甲 M71：33

3. 铜护手甲 M51：292-2

4. 铜臂甲 M51：81

彩版六一　铜甲

1. 铜胫甲 M53：29-2

2. 铜臂甲 M53：29-1

彩版六二　铜甲

1. 铜鍪 M68：194

2. 铜釜 M51：150-1

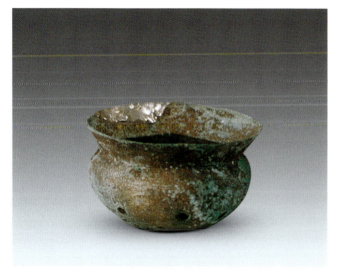

3. 铜釜 M57：144

4. 铜釜 M86：053

5. 铜釜 M86：052

6. 铜釜 M69：191

彩版六三　铜鍪与铜釜

1. 铜甑 M86：1

2. 铜炉 M47：24

4. 铜壶 M69：168

3. 铜炉 M69：137

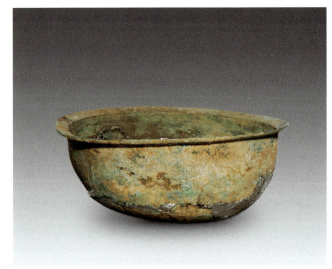

5. 铜洗 M86：4

彩版六四　铜生活用具

1. 铜杯 M68：362

2. 铜匜 M69：189

3. 铜盒 M69：167

4. 铜罐 M51：344

5. 铜卮 M69：138

6. 铜薰炉 M49：15

彩版六五　铜生活用具

1. "山"字纹镜 M69：175

2. 蟠螭纹镜 M47：206

彩版六六　铜镜

1. 百乳镜 M57：137

2. 百乳镜 M50：37

3. 昭明镜 M49：17

4. 日光镜 M85：95

5. 日光镜 M47：205

6. 羽状地纹镜 M51：289

彩版六七　铜镜

1. 变形四螭纹镜 M86：7

2. 连珠纹镜 M49：16-2

3. 铜簪 M47：240、
M81：6、M57：104

4. 铜钗 M69：179

5. 泡形铜头饰 M69：216

6. 铜带钩 M53：2、M57：96

7. 铜带钩 M86：31、M51：244

彩版六八　铜镜、头饰与带钩

1. 圆形铜扣饰 M71：41

2. 圆形铜扣饰 M55：2

3. 圆形铜扣饰 M68X1：44

4. 圆形铜扣饰 M43：5

彩版六九　圆形铜扣饰

1. 圆形铜扣饰 M68X1：14-5

2. 圆形铜扣饰 M68X1：27-3

3. 圆形铜扣饰 M68X1：49-2

4. 圆形铜扣饰 M68X1：14-3

彩版七〇　圆形铜扣饰

1. 圆形铜扣饰 M30：5

2. 圆形铜扣饰 M68X1：13-1

3. 圆形铜扣饰 M47：132-2

4. 圆形铜扣饰 M83：6

彩版七一　圆形铜扣饰

1. 长方形铜扣饰 M59A：5

2. 长方形铜扣饰 M71：39

3. 长方形铜扣饰 M81：1

彩版七二　长方形铜扣饰

1. 长方形铜扣饰 M72：5

2. 长方形铜扣饰 M68X2：30-2

3. 长方形铜扣饰 M51：240

彩版七三　长方形铜扣饰

1. 长方形铜扣饰 M47：153

2. 长方形铜扣饰 M51：237-3

彩版七四　长方形铜扣饰

1. 鸡围边铜扣饰 M47：154

2. 孔雀围边铜扣饰 M51：275

彩版七五　动物围边铜扣饰

1. 蛇围边铜扣饰 M51：274

2. 豹围边铜扣饰 M51：235

彩版七六　动物围边铜扣饰

1. 虎围边铜扣饰 M57：18

2. 虎围边铜扣饰 M47：150

彩版七七　动物围边铜扣饰

1. 猴围边铜扣饰 M63：11

2. 猴围边铜扣饰 M71：32

彩版七八　动物围边铜扣饰

1. 猴围边铜扣饰 M68X1：51-4

2. 猴围边铜扣饰 M47：152

彩版七九　动物围边铜扣饰

1. 猴围边铜扣饰 M68X1：15

2. 猴围边铜扣饰 M51：273

彩版八〇　动物围边铜扣饰

1. 狐围边铜扣饰 M68X2：30-1

2. 狐围边铜扣饰 M47：149

彩版八一　动物围边铜扣饰

1. 狐围边铜扣饰 M51：178

2. 狮围边铜扣饰 M51：271

彩版八二　动物围边铜扣饰

1. 透空浮雕铜扣饰 M57：9

2. 透空浮雕铜扣饰 M47：112

3. 透空浮雕铜扣饰 M51：242

彩版八三　透空浮雕铜扣饰

1. 透空浮雕铜扣饰 M47：142

2. 透空浮雕铜扣饰 M57：24

3. 透空浮雕铜扣饰 M57：23

彩版八四　透空浮雕铜扣饰

1. 透空浮雕铜扣饰 M68X1：17-1

2. 透空浮雕铜扣饰 M51：270

3. 透空浮雕铜扣饰 M68：214

彩版八五　透空浮雕铜扣饰

1. 透空浮雕铜扣饰 M68X1：43

2. 透空浮雕铜扣饰 M68X1：51-6

彩版八六　透空浮雕铜扣饰

1. 透空浮雕铜扣饰 M68X1：16

2. 透空浮雕铜扣饰 M68X1：51-1

彩版八七　透空浮雕铜扣饰

1. 透空浮雕铜扣饰 M57：10

2. 透空浮雕铜扣饰 M71：38

3. 透空浮雕铜扣饰 M51：272

彩版八八　透空浮雕铜扣饰

1. 透空浮雕铜扣饰 M68X1：35-1

2. 透空浮雕铜扣饰 M68X1：18

彩版八九　透空浮雕铜扣饰

1. 透空浮雕铜扣饰 M68X1：51-3

2. 透空浮雕铜扣饰 M68X1：51-2

彩版九〇 透空浮雕铜扣饰

1. 透空浮雕铜扣饰 M68X1：30

2. 透空浮雕铜扣饰 M68X1：51-5

彩版九一　透空浮雕铜扣饰

1. 房屋模型铜扣饰 M68X1：17-4

2. 房屋模型铜扣饰 M47：114

3. 房屋模型铜扣饰 M57：55

4. 房屋模型铜扣饰 M57：55（侧视）

彩版九二　房屋模型铜扣饰

1. 铜鼓 M69:192   2. 鼓形器座 M69:136

3. 铜鼓 M51:262

彩版九三　铜鼓

1. 铜鼓 M68：285

2. 铜鼓 M69：171

彩版九四　铜鼓

彩版九五　铜鼓 M69：162

1. ①正面　　　　　2. ②正面　　　　　3. ②背面

4. ③正面　　　　　5. ③背面　　　　　6. ④正面

彩版九六　　铜鼓 M69：162 局部

1. 鼓形铜贮贝器 M68：287

2. 鼓形铜贮贝器 M47：2

彩版九七　鼓形铜贮贝器

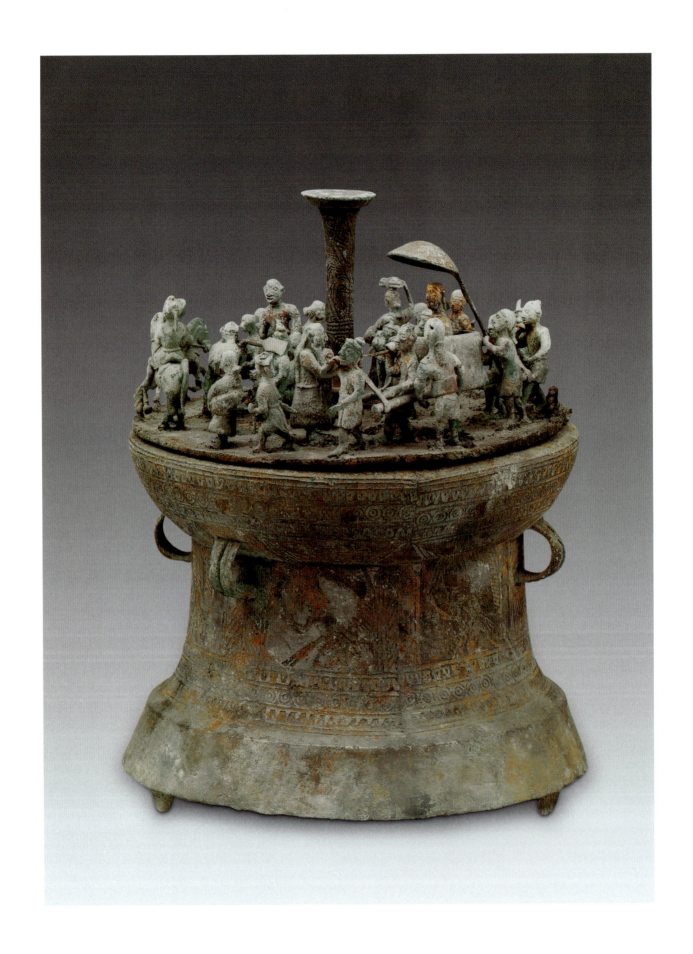

彩版九八　鼓形铜贮贝器 M69：157

1. 鼓形铜贮贝器 M69 : 157 局部

2. 鼓形铜贮贝器 M69 : 157 局部

彩版九九　鼓形铜贮贝器 M69 : 157 局部

彩版一〇〇　鼓形铜贮贝器 M69：163、164

1. 桶形铜贮贝器 M47：23

2. 桶形铜贮贝器 M57：85

彩版一〇一　　桶形铜贮贝器

1. 桶形铜贮贝器 M51：263

2. 桶形铜贮贝器 M51：263 局部

彩版一〇二　桶形铜贮贝器 M51：263

彩版一〇三　桶形铜贮贝器 M69：139

1. 桶形铜贮贝器 M69 : 139 局部

2. 桶形铜贮贝器 M69 : 139 局部

彩版一〇四　桶形铜贮贝器 M69 : 139 局部

1. 铜樟钉 M51：6、M57：103

4. 铜牛头 M57：116

2. 铜樟钉 M68：166、M69：1

5. 铜牛头 M68：47

3. 铜牛角 M71：2

6. 铜牛头 M47：203-3

彩版一〇五　铜樟钉、铜牛角、铜牛头

1.铜鹿头 M51：39

2. 铜鹿头 M51：93

3.铜鹿头 M68：258

彩版一○六　铜鹿头

彩版一〇七　铜执伞俑 M51：260

彩版一〇八　铜执伞俑 M47 : 25

彩版一〇九　铜执伞俑 M69：166

1. 铜伞盖 M68：175

2. 铜盖弓帽 M86：4-2、M51：145

3. 铜鱼 M51：338-2、M51：338-1

4. 铜蛇纲网状器 M68：247

5. 铜蛇纲网状器 M47：86

6. 铜蛇纲网状器 M57：186

彩版一一〇　铜伞盖、铜盖弓帽、铜鱼、铜蛇纲网状器

彩版一一 铜编钟

1. 铜杖头饰 M51：295-1

2. 铜杖头饰 M69：209

3. 铜杖头饰 M69：205

4. 铜杖头饰 M69：210-2

5. 铜杖头饰 M69：210-1

彩版一一二　铜杖头饰

1. 铜杖头饰 M69：159

2. 铜杖头饰 M69：160

3. 铜杖头饰 M49：4

4. 神兽形铜片饰 M51：152

5. 神兽形铜片饰 M50：38

彩版一一三 铜杖头饰与神兽形铜片饰

1. 铜钏 M29：1

2. 铜钏 M59B：7

3. 铜钏 M69：105

4. 铜钏 M75：1

彩版一一四　铜钏

1. 铜钏 M49：10

2. 钺形铜片饰 M68：310

3. 贝形铜饰 M51：98

4. 孔雀形铜镇 M49：1

5. 铜夹 M68X2：25-4

彩版一一五　铜装饰品

1."凹"字形铜牌饰 M57：56-1

2."凹"字形铜牌饰 M51：239

彩版一一六　铜装饰品

1."凹"字形铜牌饰 M68X2：4

2."凹"字形铜牌饰 M51：205

彩版一一七　铜装饰品

1. "凹" 字形铜牌饰 M57：56-3

2. 雕花铜板饰 M86：6

彩版一一八　铜装饰品

1. 铜俑跪玉杆饰 M68：270　　　2. 铜俑跪玉杆饰 M68：270（侧视）　　　3. 铜指环 M86：38

4. 铜珠饰 M69：60-1、M51：252-2　　　5. 铜环串饰 M68X2：36-1　　　6. 铜圆片挂饰 M47：229-2

7. 铜当卢 M50：41-5　　　　　　　　8. 铜面具 M47：225

彩版一一九　铜装饰品

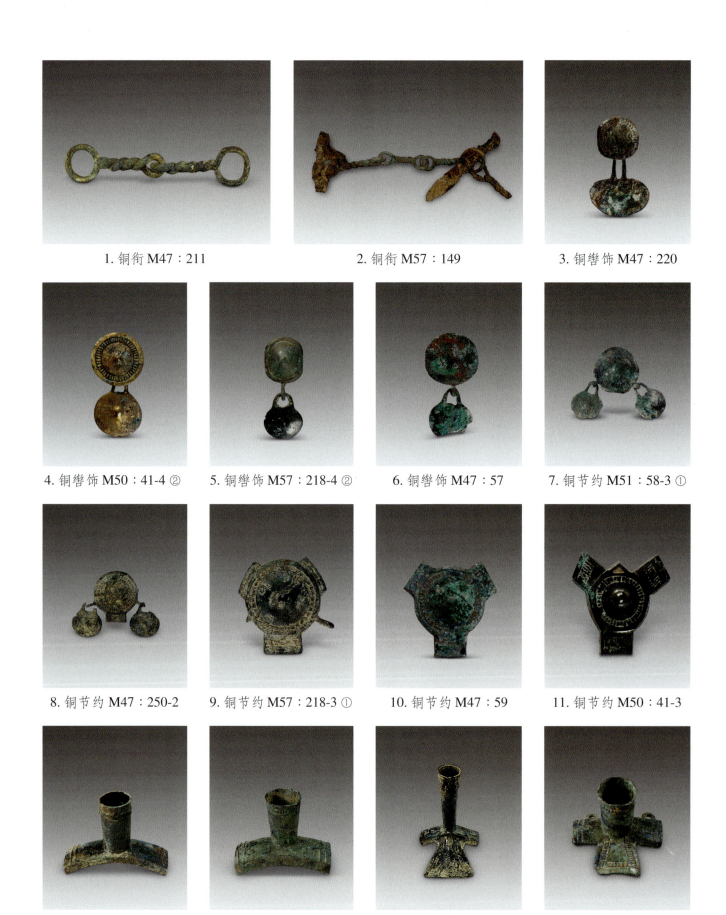

1. 铜衔 M47：211　　　　　2. 铜衔 M57：149　　　　　3. 铜辔饰 M47：220

4. 铜辔饰 M50：41-4 ②　　5. 铜辔饰 M57：218-4 ②　　6. 铜辔饰 M47：57　　　7. 铜节约 M51：58-3 ①

8. 铜节约 M47：250-2　　9. 铜节约 M57：218-3 ①　　10. 铜节约 M47：59　　11. 铜节约 M50：41-3

12. 铜三通筒 M47：244-2　13. 铜三通筒 M51：58-1 ①　14. 铜三通筒 M50：41-1　15. 铜三通筒 M51：58-1 ②

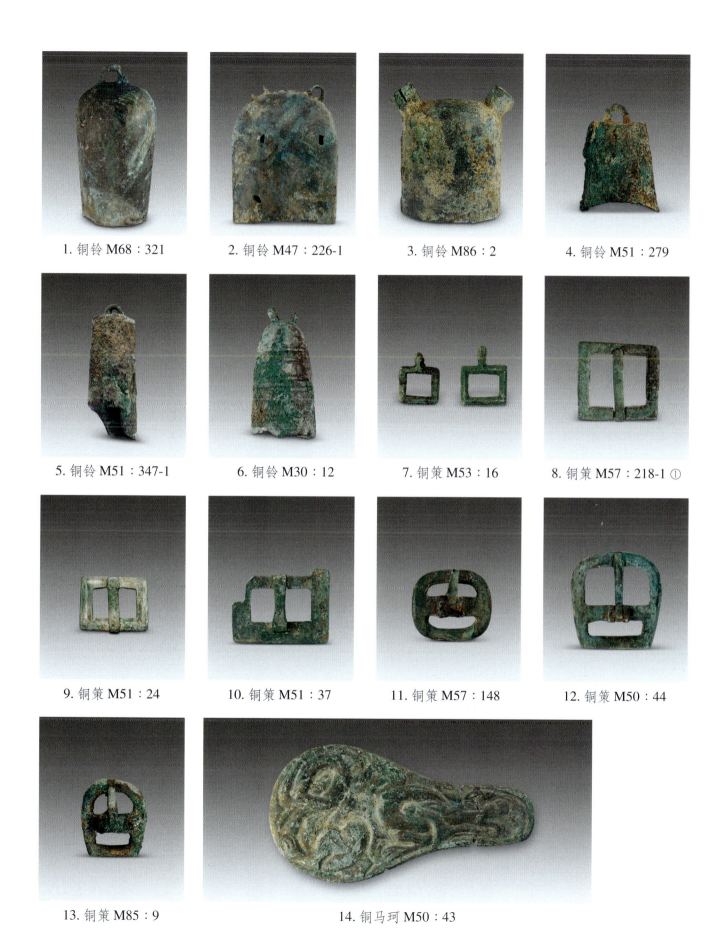

1. 铜铃 M68：321　　2. 铜铃 M47：226-1　　3. 铜铃 M86：2　　4. 铜铃 M51：279

5. 铜铃 M51：347-1　　6. 铜铃 M30：12　　7. 铜策 M53：16　　8. 铜策 M57：218-1 ①

9. 铜策 M51：24　　10. 铜策 M51：37　　11. 铜策 M57：148　　12. 铜策 M50：44

13. 铜策 M85：9　　14. 铜马珂 M50：43

彩版一二一　铜马具

1. 铜泡钉 M68：110-1　　2. 铜泡钉 M50：5　　3. 铜泡钉 M69：3　　4. 铜泡钉 M68：85-1

5. 铜泡钉 M68：85-2　　6. 铜泡 M51：119　　7. 铜泡 M68：110-2　　8. 铜泡 M47：249-1

9. 铜泡 M68：110-3　　10. 铜泡 M51：15　　11. 铜泡 M47：61　　12. 铜泡 M51：356

13. 铜泡 M63：8　　14. 铜泡 M68：93-1　　15. 铜泡 M68：93-2　　16. 铜泡 M50：33

彩版一二二　铜泡钉与铜泡

1. 圆片形铜器 M68：322

2. 圆片形铜器 M69：121

3. 圆片形铜器 M85：12-2

4. 圆片形铜器 M51：166

5. 圆片形铜器 M68：273-4

6. "十"字形铜器 M68：317

彩版一二三　圆片形铜器与"十"字形铜器

1. 铜钺形器 M51：130

2. 铜叉形器 M47：222

3. 铜球形器 M51：312

4. 铜勺形器 M49：16-3

5. 铜勺形器 M51：347-2

6. 铜锥形器 M51：347-3

7. 铜镞形器 M57：117

8. 铜圆筒状器 M51：106

彩版一二四　其他类铜器

1. 铜銎铁斧 M57：201　　　2. 铜銎铁斧 M51：19　　　3. 铜銎铁斧 M51：17

4. 铜銎铁斧 M51：20　　　5. 铜銎铁斧 M47：130　　　6. 铜銎铁斧 M51：23

彩版一二五　　铜銎铁斧

1. 铜銎宽刃铁凿 M51：141

2. 铜銎窄刃铁凿 M47：199

3. 铜銎铁凿 M51：137

4. 半圆形铜銎铁卷刃器 M51：139

5. 多棱形铜銎铁卷刃器 M57：210

6. 多棱形铜銎铁卷刃器 M50：71

7. 铁锸 M69：193

8. 铁锯 M86：051

彩版一二六 铁工具

1. 铜柄铁削 M71：51

5. 铁刀削 M51：246

2. 铜柄铁削 M38：5

6. 铁刀削 M86：24

3. 铁刀削 M82：13

7. 铁刀削 M86：8

4. 铁刀削 M44：35

8. 铁刀削 M51：218

彩版一二七　铁刀削

1. 铜骹铁矛 M57：196

2. 铜骹铁矛 M51：46

3. 铜骹铁矛 M68：152

4. 铜骹铁矛 M47：247-13

5. 铜骹铁矛 M47：247-54

6. 铜骹铁矛 M51：61

彩版一二八　　铜骹铁矛

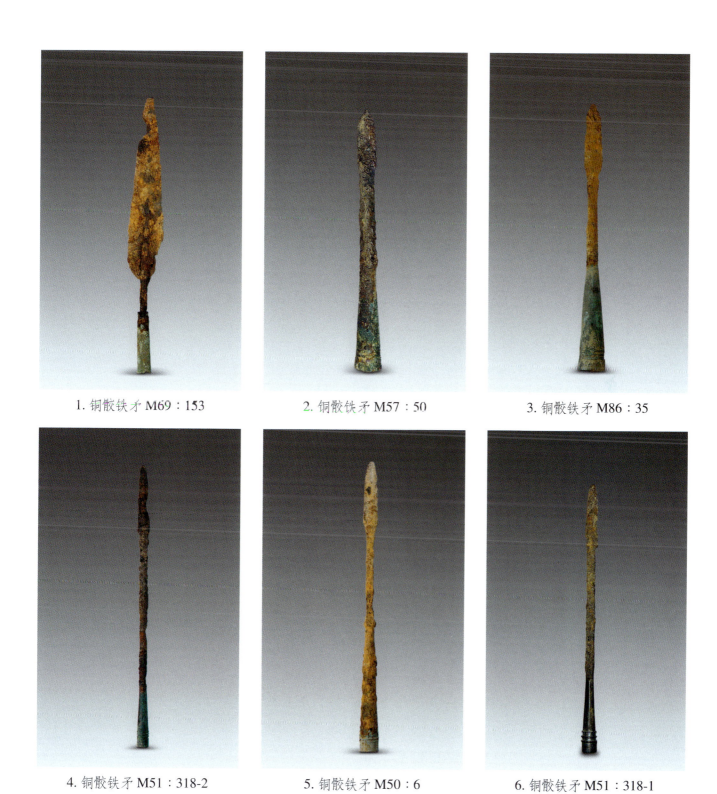

1. 铜骹铁矛 M69：153　　　2. 铜骹铁矛 M57：50　　　3. 铜骹铁矛 M86：35

4. 铜骹铁矛 M51：318-2　　5. 铜骹铁矛 M50：6　　6. 铜骹铁矛 M51：318-1

彩版一二九　铜骹铁矛

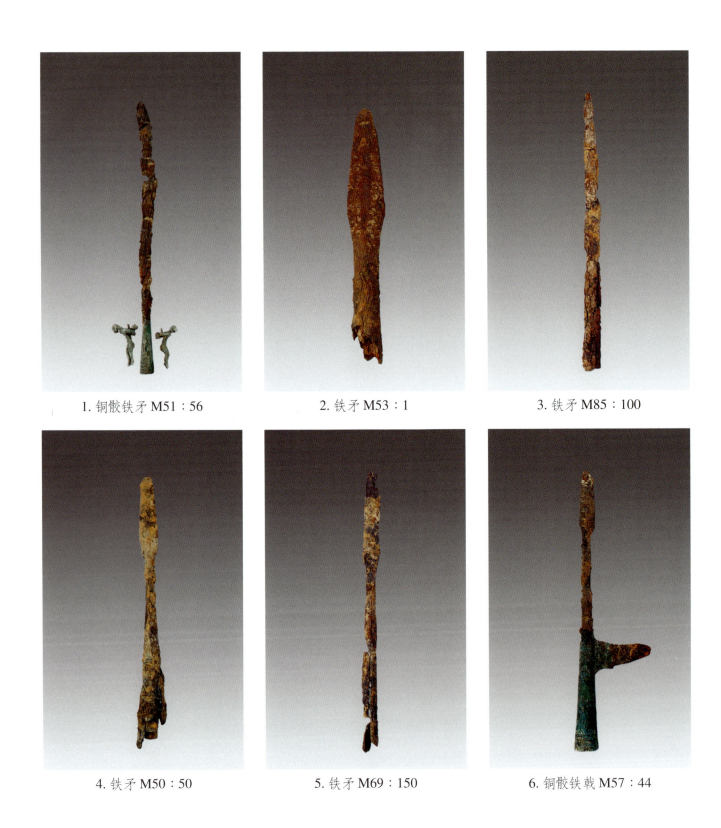

1. 铜骹铁矛 M51：56　　　　2. 铁矛 M53：1　　　　3. 铁矛 M85：100

4. 铁矛 M50：50　　　　5. 铁矛 M69：150　　　　6. 铜骹铁戟 M57：44

彩版一三〇　铁矛与铜骹铁戟

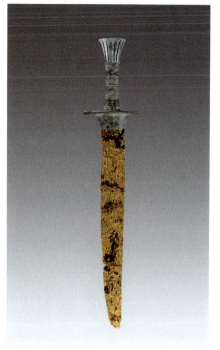

1. 铜茎铁腊剑 M71：26-1

2. 铜茎铁腊剑 M68X1：8

3. 铜茎铁腊剑 M51：111

4. 铜茎铁腊剑 M82：12

5. 铜茎铁腊剑 M51：117

6. 铜茎铁腊剑 M68X1：46

彩版一三一　　铜茎铁腊剑

1. 铜茎铁腊剑 M68：360

2. 铜茎铁腊剑 M68：360局部

3. 铜茎铁腊剑 M47：190-1

4. 铜茎铁腊剑 M68：67-1

5. 铜茎铁腊剑 M68：25-1

6. 铜茎铁腊剑 M51：254

彩版一三二　铜茎铁腊剑

1. 铜茎铁腊剑 M68X1：6

2. 铜茎铁腊剑 M68：32

3. 铜茎铁腊剑 M57：29-1

4. 铜茎铁腊剑 M51：216

5. 铜茎铁腊剑 M68：231

6. 铜茎铁腊剑 M68：56-1

彩版一三三　铜茎铁腊剑

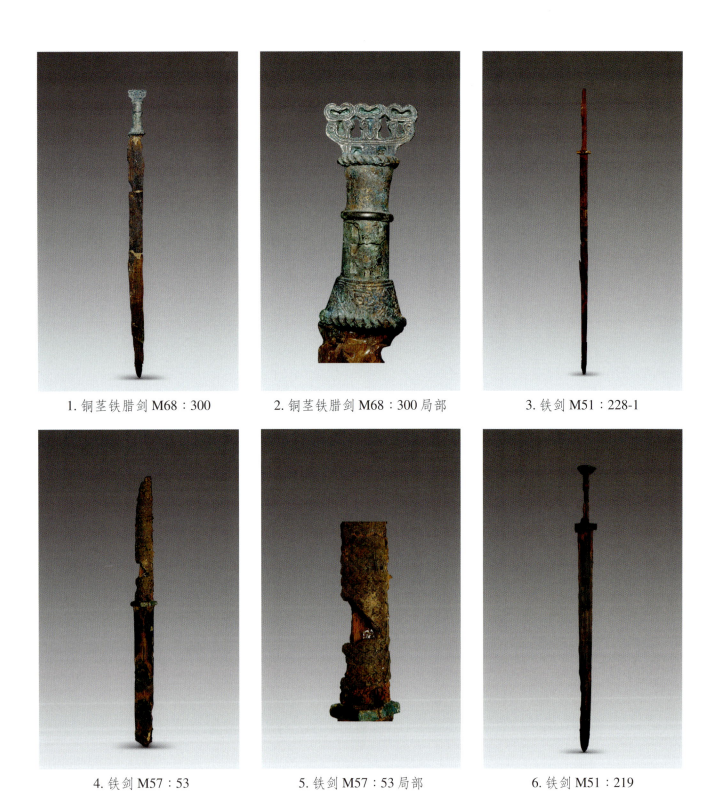

1. 铜茎铁腊剑 M68：300   2. 铜茎铁腊剑 M68：300局部   3. 铁剑 M51：228-1

4. 铁剑 M57：53   5. 铁剑 M57：53局部   6. 铁剑 M51：219

彩版一三四　　铜茎铁腊剑与铁剑

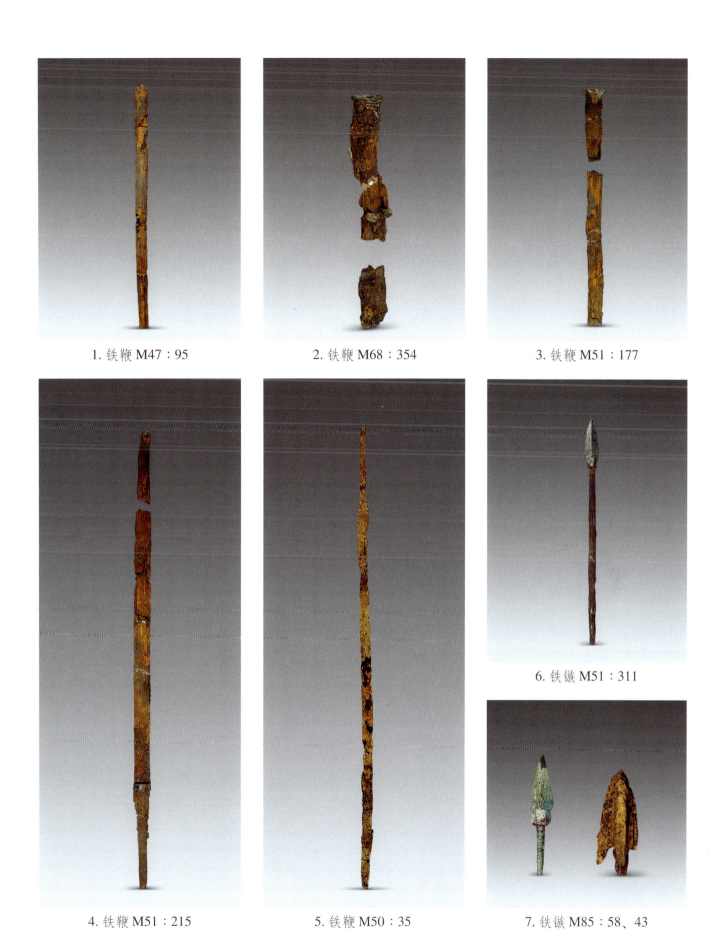

1. 铁鞭 M47：95

2. 铁鞭 M68：354

3. 铁鞭 M51：177

4. 铁鞭 M51：215

5. 铁鞭 M50：35

6. 铁镞 M51：311

7. 铁镞 M85：58、43

彩版一三五　铁鞭与铁镞

1. 铁泡 M68：77 ①

2. 铁泡 M68：77 ②

3. 铁泡 M68：77 ③

4. 铁衔 M86：042

5. 铁衔 M50：41-2

6. 铁簪 M64：14

7. 错金铁器 M68：212

彩版一三六　其他类铁器

1. 金鞘饰 M68：299　　　　　　　　　　2. 金鞘饰 M51：109-2

彩版一三七　金鞘饰

1. 金鞘饰 M47：190-2   2. 金鞘饰 M85：82-2

彩版一三八　金鞘饰

3. 金鞘饰 M69：115-3

2. 金鞘饰 M69：73-2 ①

1. 金鞘饰 M69：73-1 ①

彩版一三九　金鞘饰

1. 金鞘饰 M69：73-4

2. 金鞘饰 M69：73-3 ①

3. 金鞘饰 M68：128

彩版一四〇　金鞘饰

1. 金鞘饰 M69：73-5

2. 金鞘饰 M69：115-1

3. 金鞘饰 M51：121

彩版一四一　金鞘饰

1. 金鞘饰 M68X1∶9-2　　　　　　　2. 金鞘饰 M47∶211-2

彩版一四二　金鞘饰

1. 金鞘饰 M68：250-2

3. 金鞘饰 M68：360-2

2. 金鞘饰 M57：31-2

彩版一四三　金鞘饰

1. 金银鞘饰 M51：116

2. 金银鞘饰 M51：204

彩版一四四　金银鞘饰

1. 金鞘饰 M51：183

2. 金鞘饰 M68：274

彩版一四五　金鞘饰

1. 金鞘饰 M51：181-2

2. 金鞘饰 M68：228、245

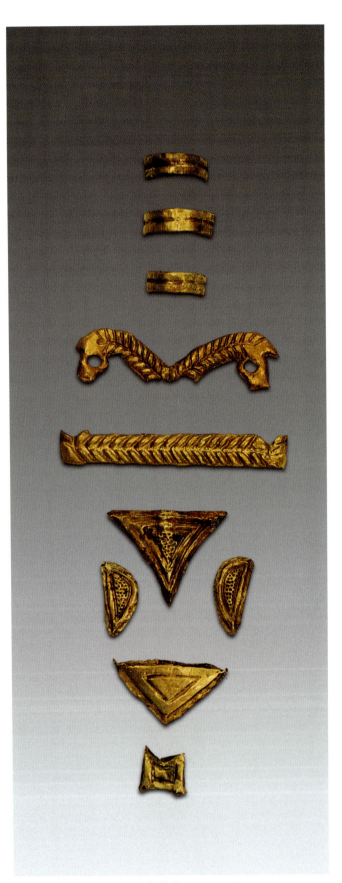

3. 金鞘饰 M68：96

彩版一四六　金鞘饰

1. 银鞘饰 M68：239

2. 金银鞘饰 M68：31

3. 银鞘饰 M68：25-2

彩版一四七　金银鞘饰

1. 银镖 M51：233-2、M47：252

2. 银镖 M51：248-1 ①、②

3. 金镖 M68X1：21-2（正、背）

4. 银茎首 M68X1：37

5. 银茎首 M68：358

6. 金镦 M68：302-3、-2

7. 银镦　M68：205

8. 金盾饰 M47：234

9. 金盾饰 M57：132-1

彩版一四八　金银兵器饰

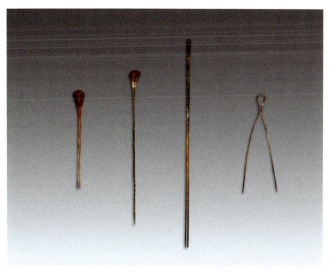

1. 金簪 M47：177、M51：257、M51：79、银簪 M85：1

2. 银发针 M68：42、金指环 M51：256-1

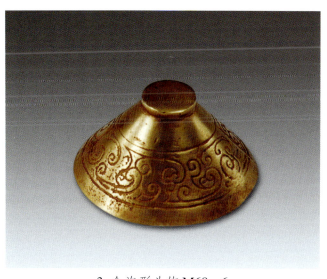

3. 金泡形头饰 M68：6

4. 银泡形头饰 M68：78

5. 金钏 M47：48

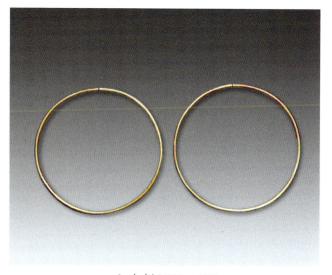

6. 金钏 M51：185

彩版一四九　金银佩饰品

1. 金钏 M69：109

2. 金钏 M69：110

3. 金钏 M69：102

彩版一五〇　金钏

1. 金腰带饰 M68：35-1

2. 金腰带饰 M51：206

彩版一五一　金腰带饰

1. 金夹 M47 : 184-4 ①

2. 金夹 M47 : 184-4 ②

3. 金夹 M51 : 182

4. 银夹 M51 : 161 ①

5. 银夹 M51 : 161 ②

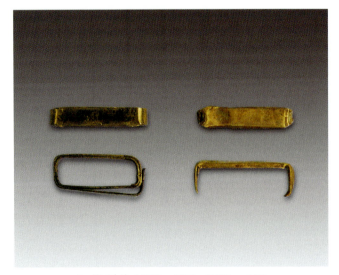

6. 框形饰 M57 : 136、M51 : 153

彩版一五二　金银夹与框形饰

1. 圆形金片饰 M47：183

2. 圆形银片饰 M47：193

3. 心形金片饰 M69：59-1

4. 鼓形金饰 M68：248

5. 鼓形银饰 M69：99

6. 金葫芦形饰 M68：8

7. 金葫芦形饰 M68：222

8. 金葫芦形饰 M51：186

9. 金葫芦形饰 M68：252

彩版一五三　金银佩饰品

1. 圆片金挂饰 M68：353-1

2. 圆片金挂饰 M68：353-4

3. 圆片金挂饰 M68：353-3

4. 圆片金挂饰 M51：57-1

5. 圆片金挂饰 M51：57-2

6. 长方形金片饰 M57：121-2

7. 长方形金片饰 M85：32

8. 卷边长方形金饰 M68：44

9. 卷边长方形金饰 M68：249-1

10. 卷边长方形金饰
M51：252-2

11. 卷边长方形金饰
M68：353-2

12. 卷边长方形金饰
M69：59-2

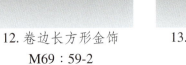

13. 卷边长方形金饰
M85：36

彩版一五四　金银佩饰品

1. 卷边方形金饰 M68：126　　　　2. 卷边梯形金饰 M68：127　　　　3. 银泡钉 M68：206

4. 金泡 M47：165　　　　5. 金泡 M51：109　　　　6. 金泡 M68：109-1

7. 银泡 M68：109-2　　　　8. 金泡 M51：88-3　　　　9. 银泡 M68：249-2

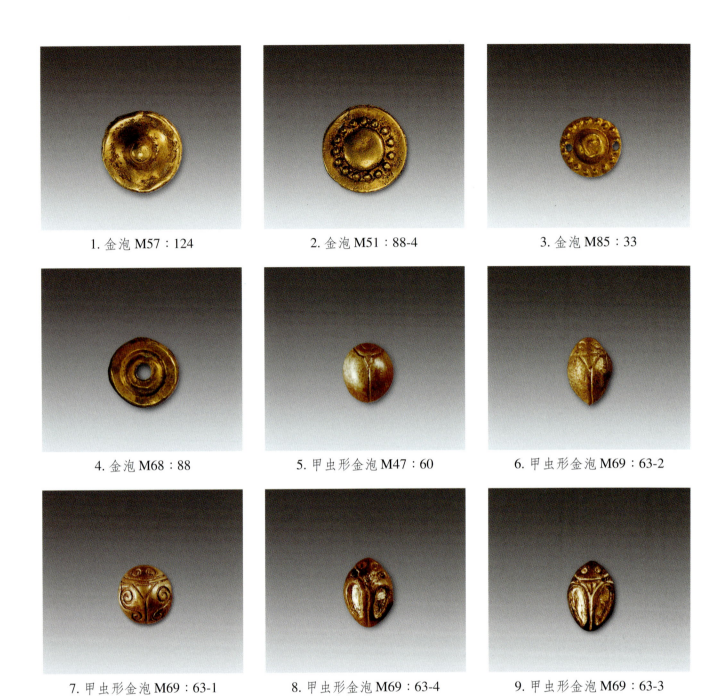

1. 金泡 M57：124

2. 金泡 M51：88-4

3. 金泡 M85：33

4. 金泡 M68：88

5. 甲虫形金泡 M47：60

6. 甲虫形金泡 M69：63-2

7. 甲虫形金泡 M69：63-1

8. 甲虫形金泡 M69：63-4

9. 甲虫形金泡 M69：63-3

彩版一五六 金银佩饰品

1. 枣核形金珠 M57：72

2. 枣核形金珠 M57：80

3. 枣核形珠 M51：252

4. 球形金珠 M47：47-1

5. 灯笼形金珠 M68：22-2

6. 灯笼形金珠 M47：47-2

7. 管状金珠 M68：22-1

8. 环状珠 M47：47-3

9. 管状金珠 M51：251

10. 横条珠 M47：173

11. 细珠 M47：184-1

12. 连珠条形金饰 M68：104

彩版一五七　金银珠襦饰品

1. 神兽形金片饰 M69：93

2. 神兽形金片饰 M50：2

3. 神兽形金片饰 M51：174

4. 神兽形金片饰 M47：204

彩版一五八　神兽形金片饰

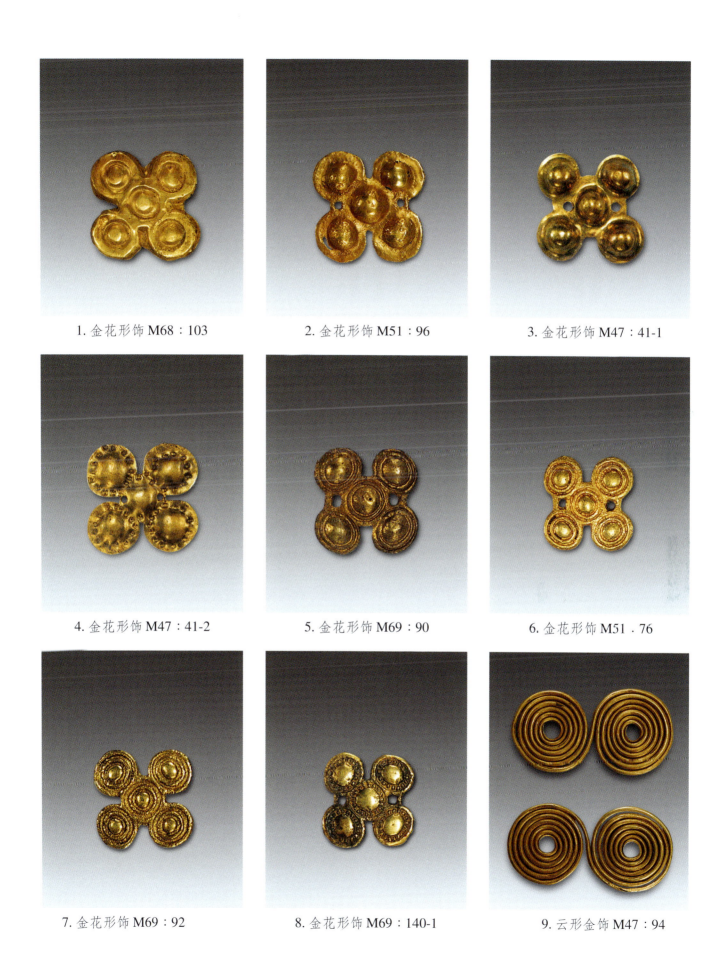

1. 金花形饰 M68：103　　　　2. 金花形饰 M51：96　　　　3. 金花形饰 M47：41-1

4. 金花形饰 M47：41-2　　　　5. 金花形饰 M69：90　　　　6. 金花形饰 M51·76

7. 金花形饰 M69：92　　　　8. 金花形饰 M69：140-1　　　　9. 云形金饰 M47：94

彩版一五九　金花形饰与云形金饰

1. 人形竹片 M68：108 　　　　2. 人形竹片 M47：198 　　　　3. 刻纹竹牌 M51：238

4. 刻纹竹牌 M51：354 　　　　　　　6. 漆奁银钿 M49：16-1

5. 竹箧 M68：352 　　　　　　　7. 漆盒 M69：174

彩版一六〇　竹器、漆器

1. 漆盘铜釦 M86：3

2. 漆卮饰件 M51：50、51

3. 金釦 M68：284

4. 银釦 M68：205

5. 金盖饰 M68：219

6. 金盖饰 M68：124

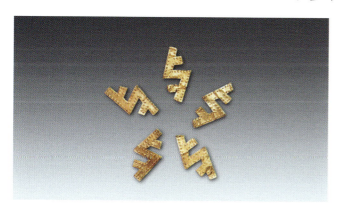

7. 金盖饰 M51：36

8. 金盖饰 M68：250-2

9. 金盖饰 M51：90

10. 金盖饰 M68：98、171

彩版一六一 漆器饰件

1. 金纽饰 M68：64

2. 铜纽饰 M30：10、M50：88

3. 铜环 M76：7

4. 铜环 M50：81、80

5. 铜耳 M30：3

6. 铜器盖 M68：356

7. 铜镖形饰 M57：220

8. 铜釦 M69：176-1、-2

彩版一六二　漆器饰件

1. 玉镯 M51：232

2. 玉镯 M47：146-2

3. 玉镯 M51：105

彩版一六三　玉镯

1. 玉镯 M69：126-1

2. 玉镯 M69：111-1

3. 玉镯 M69：126-5

4. 玉镯 M51：231-2

5. 玉镯 M69：126-2

6. 玉镯 M69：111-2

彩版一六四　玉镯

1. 玉玦 M69：129-1

2. 玉玦 M51：191

3. 玉玦 M57：52

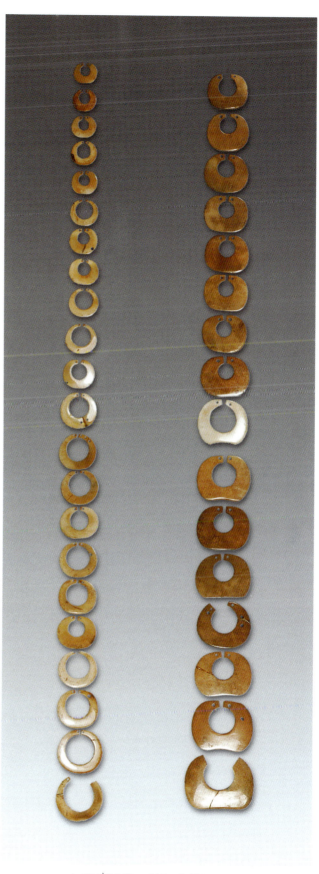

4. 玉玦 M69：112、M51：99-2

彩版一六五　玉玦

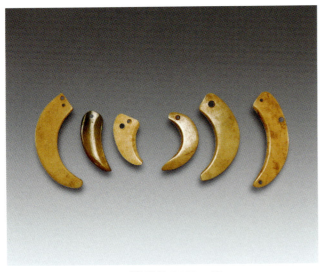

1. 玉觿形饰 M68：10

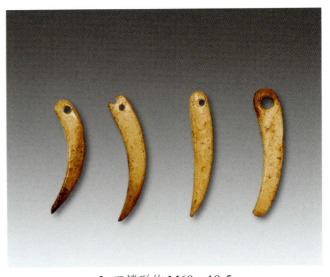

2. 玉觿形饰 M68：18-5

3. 玉觿形饰 M51：325

4. 玉觿形饰 M47：176

5. 玉管 M51：208-1

6. 玉管 M69：62-1

彩版一六六　玉觿形饰与玉管

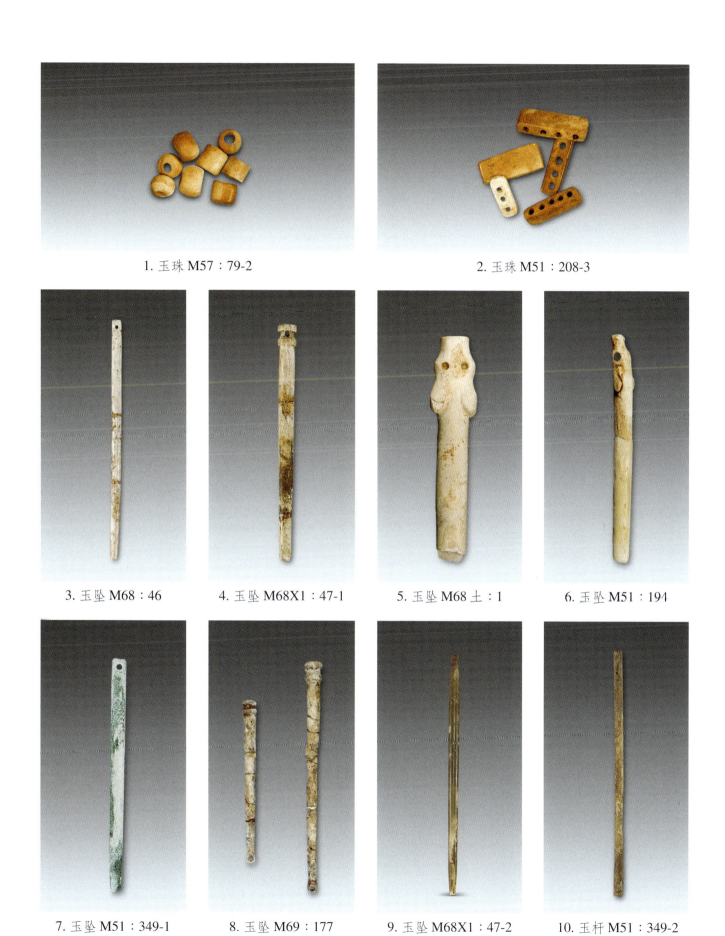

1. 玉珠 M57：79-2

2. 玉珠 M51：208-3

3. 玉坠 M68：46

4. 玉坠 M68X1：47-1

5. 玉坠 M68土：1

6. 玉坠 M51：194

7. 玉坠 M51：349-1

8. 玉坠 M69：177

9. 玉坠 M68X1：47-2

10. 玉杆 M51：349-2

彩版一六七　玉饰件

1. 玉标首 M68X2：34

2. 玉标首 M51：243

3. 玉璏 M51：228-2

4. 玉珌 M51：179

5. 玉韘 M51：297-2

6. 玉扣 M47：124-2

7. 玉扣 M51：169-1、M82：15、
M51：249-2

8. 玉策 M47：20

9. 玉纺轮 M69：181

彩版一六八　玉饰件

1. 石坠 M29：3、M68X1：48

2. 石坠 M62：7

3. 石板 M85：106

4. 石坠 M71：47

5. 方形石器 M86：4-3

7. 石甲虫饰 M69：182

6. 石斧 M86：32

8. 石纺轮 M65：1

彩版一六九　石器

1. 玛瑙扣 M71∶30

2. 玛瑙扣 M68X1∶53

3. 玛瑙扣 M82∶20

4. 玛瑙瑱 M69∶85

5. 玛瑙瑱 M68∶19-2

6. 玛瑙瑱 M68∶17-2

彩版一七〇　玛瑙器

1. 玛瑙管 M69：67-1

4. 玛瑙管 M44：17-1

2. 玛瑙管 M47：133-1

5. 玛瑙珠 M57：69

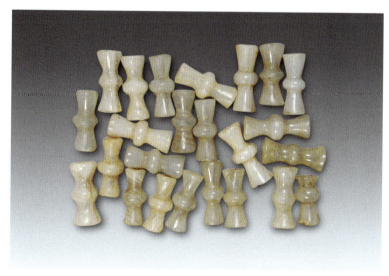

3. 玛瑙管 M68：23-1

彩版一七一　玛瑙器

1. 绿松石扣 M68：16-1 ②

2. 绿松石扣 M51：249-1

彩版一七二　绿松石扣

1. 绿松石扣 M51：97-3

2. 绿松石扣 M51：97-2

3. 绿松石扣 M51：249-5 ①

4. 绿松石扣 M51：249-5 ②

5. 绿松石扣 M69：65-2 ⑤

6. 绿松石扣 M68：16-1 ①

7. 绿松石扣 M47：184-1 ⑧

8. 绿松石扣 M51：249-5 ③

彩版一七三　绿松石扣

1.绿松石扣 M44：4

2.绿松石扣 M69：132-1 ④

3.绿松石扣 M51：249-5 ④

4.绿松石扣 M85：20-2

5.绿松石扣 M44：3

6.绿松石扣 M68：16-1 ③

7.绿松石扣 M69：64

彩版一七四　绿松石扣

1. 绿松石珠 M69：132-1 ②

3. 绿松石珠 M82：24

4. 绿松石珠 M49：26

2. 绿松石珠 M69：132-1 ①

5. 绿松石珠 M44：39

6. 绿松石珠 M41：4

彩版一七五　绿松石珠

1. 琥珀珠 M82：16

2. 琥珀珠 M49：20

3. 琥珀珠 M47：51-1 ①

4. 水晶珠 M49：22

5. 蚀花石髓珠 M69：67-2

6. 蚀花石髓珠 M68：21-3

彩版一七六　琥珀珠、水晶珠与蚀花石髓珠

1. 方形琉璃片饰 M51：75

2. 琉璃珠 M68X1：52-2、M51：209-2 ②

3. 琉璃管 M47：184-1 ⑤

4. 琉璃珠

彩版一七七　琉璃器

2. 陶罐 M68：260

1. 陶杯 M69：165

3. 陶弹丸 M85：44

彩版一七八　陶器

1. 陶壶 M51：345

2. 陶壶 M85：98

3. 陶壶铜盖 M69：214、215

4. 陶壶 M86：33

彩版一七九　陶壶

1. 泡形饰 M68：349

2. 泡形饰 M68X2：19

3. 海贝

彩版一八〇　贝器